Steven Schuh

Umfragen als Anker?

Steven Schuh

Umfragen als Anker?

Studien zur Wirkung
rezipierter Umfrageergebnisse

VS VERLAG FÜR SOZIALWISSENSCHAFTEN

Bibliografische Information der Deutschen Nationalbibliothek
Die Deutsche Nationalbibliothek verzeichnet diese Publikation in der
Deutschen Nationalbibliografie; detaillierte bibliografische Daten sind im Internet über
<http://dnb.d-nb.de> abrufbar.

Die vorliegende Arbeit mit dem Titel „Umfrageeffekte als Ankereffekte? Eine experimentelle
Studie zum Einfluss rezipierter Umfrageergebnisse auf Urteile und Entscheidungen" wurde vom
Fachbereich 02 Sozialwissenschaften, Medien und Sport der Johannes Gutenberg-Universität
Mainz im Jahr 2008 als Dissertation zur Erlangung des akademischen Grades eines Doktors der
Philosophie (Dr. phil.) angenommen.

1. Auflage 2009

Alle Rechte vorbehalten
© VS Verlag für Sozialwissenschaften | GWV Fachverlage GmbH, Wiesbaden 2009

Lektorat: Katrin Emmerich / Tilmann Ziegenhain

VS Verlag für Sozialwissenschaften ist Teil der Fachverlagsgruppe
Springer Science+Business Media.
www.vs-verlag.de

Umschlaggestaltung: KünkelLopka Medienentwicklung, Heidelberg
Druck und buchbinderische Verarbeitung: Rosch-Buch, Scheßlitz
Gedruckt auf säurefreiem und chlorfrei gebleichtem Papier
Printed in Germany

ISBN 978-3-531-16496-0

Inhaltsverzeichnis

Abbildungs- und Tabellenverzeichnis

Abbildungen:

Tabellen:

Vorwort

Mit Prognosen ist das so eine Sache. Als Doktorand gelangt man zu dieser Einsicht spätestens, wenn der erste anvisierte Abgabetermin für die selbstverständlich noch unvollendete Dissertation verstrichen ist und die eigentlich gut gemeinten Nachfragen von Freunden und Bekannten diese Fehleinschätzung schmerzvoll spürbar machen. Erst viel später wagt man sich zu fragen, ob es vielleicht nur die letztlich allzu optimistische Prognose gewesen sein könnte, die den Glauben an einen erfolgreichen Abschluss lange Zeit getragen hat und ob es ohne sie vielleicht nie zu diesem Vorwort gekommen wäre?

Über die Fähigkeit von Prognosen, Ergebnisse in ihre Richtung zu beeinflussen, lässt sich jedenfalls trefflich spekulieren. Das vorliegende Werk zur Wirkung veröffentlichter Umfrageergebnisse kann dies nicht nur theoretisch dokumentieren, es lädt mit seinen empirischen Einsichten auch dazu ein. Zugleich macht diese Arbeit deutlich, dass wohl kein Politiker ausschließlich dank positiver Prognosen Wahlen gewinnt und keine Dissertation nur wegen ihnen Vollendung finden dürfte. Erfolg hat immer viele Väter. Deshalb möchte ich mich bei all den Menschen bedanken, ohne die es nicht möglich gewesen wäre, meine Dissertation im März 2008 dem Fachbereich 02 – Sozialwissenschaften, Medien und Sport der Johannes Gutenberg-Universität Mainz vorzulegen und meine Promotion abzuschließen.

Mein erster Dank geht an Professor Dr. Christina Holtz-Bacha, die mich nach Abschluss meines Studiums ermuntert hat zu promovieren und mir jederzeit mit gutem Rat zur Seite stand. Bedanken möchte ich mich auch bei Professor Dr. Axel Mattenklott für sein Engagement als Zweitgutachter. Ein Dank gebührt weiterhin allen, die mich vor Ort bei der Durchführung der experimentellen Studien unterstützt haben: namentlich Professor Dr. Friedrich Krotz und Dr. Helena Bilandzic sowie Jasmin Alley, Katrin Roeske, Michael Schwieger, Markus Wagner und schließlich Elmar Schwarzl, der sich ein doppeltes Dankeschön verdient hat: Er und Johanna Mertins haben sich als strenge Kritiker mit einer ersten Version der Arbeit auseinander gesetzt und durch ihre Anregungen die endgültige Fassung ungemein bereichert. Abschließend und ganz besonders möchte ich meinen Eltern Gisela und Armin Schuh danken. Ohne sie wäre diese Dissertation nicht zu bewältigen gewesen, weder emotional noch finanziell. Ihnen widme ich deshalb dieses Buch.

Steven Schuh
München, im Februar 2009

1 Einleitung

Dass sich bei der 2000er US-Präsidentschaftswahl erstmals seit 1888 jener Kandidat durchsetzte, der zwar die Mehrheit der Wahlmänner, nicht aber die Mehrheit der abgegebenen Stimmen auf sich vereinen konnte, geriet beim 54. präsidialen Urnengang zur Kuriosität am Rande: Das politische wie juristische Ringen um den Wahlausgang in Florida sorgte für weitaus größere Schlagzeilen. Nach öffentlich gewordenen Schwierigkeiten mit den elektronischen Wahlmaschinen sicherte sich George W. Bush die schließlich zur 43. US-Präsidentschaft führenden 25 Wahlmänner des *Sunshine State* hauchdünn und möglicherweise nur durch die gut einen Monat nach der Wahl höchstrichterlich unterbundene Nachzählung tausender Stimmen.

Zweifel an der Repräsentativität des vom *US Supreme Court* verfügten Wahlausgangs in Florida wurden von unterschiedlicher Seite geäußert.[1] Auf das in westlichen Demokratien mittlerweile zum mahnenden Beispiel avancierte „Zähldebakel" (Bauer, 2004: 5) zumindest anzuspielen, ließen sich dann auch jene nicht nehmen, deren Profession die Beschreibung sozialer Wirklichkeit ist. Zu ihrer Jahrestagung 2001 in Montreal, Kanada, gaben sich die in der *American Association of Public Opinion Research* vereinigten Meinungsforscher jovial und ließen das offizielle T-Shirt mit dem Slogan beflocken: „Polling – Now more accurate than the election itself". Für Werbung in eigener Sache ist der Slogan der Demoskopen indes kaum geeignet. Zwar wird gelegentlich das Unbehagen gegenüber repräsentativen Bevölkerungsumfragen mit vermuteten Ungenauigkeiten bei der Erhebung von Befragungsdaten sowie deren Anwendung erklärt, tatsächlich aber ist die Präzision veröffentlichter Repräsentativerhebungen trotz gelegentlicher Ausrutscher[2] insgesamt nur wenig kritikwürdig. Bei der US-Präsidentschaftswahl 2000 etwa wichen die Vorhersagen der großen Meinungsforschungsinstitute bei durchgehender Prognose eines Kopf-an-Kopf-Rennens zwischen Demokraten und Republikanern nur um wenige Pro-

---

[1] Pomper (2001: 129) etwa mutmaßt: „If all ballots had been counted as intended by the voters in Miami, Palm Beach, Jacksonville, and overseas, Gore probably would have won the state and the presidency." Gale et al. (vgl. 2001) arbeiten unterschiedliche Annäherungen an den Einfluss des richterlichen Urteils auf den Wahlausgang übersichtlich auf.

[2] Bei der Wahl zum 16. Deutschen Bundestag vom 18. September 2005 wichen die letzten Umfrageergebnisse für die Unionsparteien deutlich vom Ergebnis des Urnengangs ab. Statt der prognostizierten 41 bis 42 Prozent erhielten CDU und CSU zusammen nur 35,2 Prozent der Stimmen (vgl. Paul, 2006: 190). Die Abweichung liegt damit klar über der für Wahlumfragen (in der Regel mind. 1.000 Befragte) üblichen Fehlerspanne.

zentpunkte vom offiziellen Wahlergebnis ab (vgl. National Council of Public Polls, o.J.) und auch das *Institut für Demoskopie Allensbach* verzeichnete für seine Prognosen von 1957 bis 1998 nur geringe durchschnittliche Abweichungen von in der Regel unter zwei Prozent (vgl. Noelle-Neumann & Petersen, 1996: 25f).

Die schärfste Kritik kommt aber ohnehin von anderer Seite – und ist freilich gegen die als Beleg exakter Meinungsforschung angeführten Kongruenzen von letzten Umfragedaten zu Wahlergebnis gefeit. Mehr noch: Es ist gerade jene Übereinstimmung, welche die Besorgnis der Kritiker erregt. Spätestens seit den ersten Vorhersageerfolgen ihres Pioniers George Gallup nämlich sieht sich die Umfragezunft mit dem Vorwurf konfrontiert, Meinungsverteilungen nicht nur exakt zu messen, sondern Meinungen über den Weg der – stetig wachsenden – Medienpräsenz gleichsam zu beeinflussen. Als treueste Gefährten jener Kritik haben sich Konstrukte wie *Bandwagon-* oder *Underdog-Effekt* zu großer argumentativer Popularität aufgeschwungen. Ein vergleichbarer empirischer Widerhall ist jedoch nicht auszumachen. Entsprechende Befunde zeichnen vielmehr ein diffuses Bild zwischen Wirkung und Wirkungslosigkeit rezipierter Umfragen. Zugleich ist das individuelle Entscheidungsverhalten bisher allzu häufig ausgeblendet worden und damit die theoretischen Hintergründe der postulierten Effekte.

Abseits der Auseinandersetzung mit etwaigen Umfrageeffekten hat die Suche nach den Prozessen zwischen Stimulus und Response dagegen Tradition: Seit Ende der 1960er Jahre widmet sich die Psychologie der Informationsverarbeitung den Ursachen des menschlichen Urteils- und Entscheidungsverhaltens und hat mit der Entlarvung mentaler Faustregeln, sogenannter Urteilsheuristiken, bereits unterschiedliche sozialwissenschaftliche Fragestellungen bereichern können. Diese Urteilsheuristiken auch zur Erklärung etwaiger Umfrageeffekte heranzuziehen, ist deshalb viel versprechend, weil sich mit der Verankerungsheuristik ein Konstrukt anbietet, das sich speziell mit den Einflüssen wahrgenommener numerischer Stimuli befasst. Die Wirkung rezipierter Umfrageergebnisse, zweifellos numerischer Natur, vor dem Hintergrund dieser Verankerungsheuristik zu beleuchten, ist deshalb Gegenstand dieser Arbeit.

1.1 Fragestellung und Vorgehensweise

Die Erforschung von Umfrageeffekten ist bislang lückenhaft geblieben. Empirische Befunde sind zwar reichlich vorhanden, die Versuchsanlagen aber so unterschiedlich wie die sich ergebenden Aussagen zur Existenz von Einflüssen. Dass ein erklecklicher Anteil solcher Studien einen mitreißenden Einfluss rezipierter demoskopischer Daten messen kann (vgl. Kap. 2.2.3), hat zwar zu großer Popularität bestimmter Wirkungsvermutungen geführt, aber nur wenige Forscher animiert, nach den Prozessen zu fahnden, die sich hinter diesen Wirkungen verbergen könnten (vgl. Kap. 2.2.4).

Ins Blickfeld der Ursachendiskussion ist zuletzt immer stärker die Möglichkeit kognitiver Prozesse als Erklärungsmuster etwaiger Umfragewirkungen gerückt (vgl. Hardmeier & Roth, 2003; Mutz, 1992). Wie in anderen Teilbereichen der Medienwirkungsforschung stützt man sich dabei auf Erkenntnisse der Kognitionspsychologie, nach denen die menschliche Informationsverarbeitung dem Paradigma der Ökonomisierung folgt.[3] Viel Aufmerksamkeit haben in diesem Zusammenhang mentale Faustregeln der Urteilsbildung erfahren, wie sie Amos Tversky und Daniel Kahneman in ihren Aufsätzen beschreiben konnten. Urteilsheuristiken, so die Faustregeln im psychologischen Jargon, machen eine rationelle Urteilsfindung möglich, deren Qualität in der Regel rationalen Urteilen nahe kommt. Unter gewissen Umständen aber bedingen sie Fehlschlüsse. Mit der Verankerungsheuristik wird in dieser Arbeit eine dieser mentalen Faustregeln als Ursache etwaiger Umfrageeffekte untersucht, die den Einfluss numerischer Stimuli auf Urteile und Entscheidungen beschreibt (vgl. Kap. 2.3.3).

Anliegen dieser Arbeit ist es also, einen Beitrag zur Erforschung von Umfrageeffekten zu leisten, indem die Verankerungsheuristik auf ihre Anwendbarkeit im Umfragekontext überprüft wird. Der in empirischen Auseinandersetzungen mehrfach gezeigten Wirkung demoskopischer Meinungsquantifizierungen soll damit ein Konstrukt aus der Kognitionspsychologie zur Seite gestellt werden, das bei der Suche nach den Hintergründen für die vermuteten Effekte bisher außer Acht gelassen wurde. Um dem Untersuchungsgegenstand angemessen begegnen zu können, wird im theoretischen Teil der Arbeit die Meinungsforschung als Gegenstand von Berichterstattung und Rezeption aufgearbeitet, der Forschungsstand zur Wirkung veröffentlichter Umfragen dargestellt und in die der Verankerungsheuristik zu Grunde liegenden kognitiven Mechanismen eingeführt. Anschließend werden in mehreren Experimenten die aus dem Forschungsstand abgeleiteten Annahmen überprüft. Damit ist diese Arbeit wie folgt aufgebaut:

Den theoretischen Grundlagen widmet sich das auf diese Einleitung nachfolgende zweite Kapitel. Hier wird zuerst in das Thema eingeführt, indem das Instrument Umfrage historisch beleuchtet wird. Anschließend wendet sich die Arbeit der Umfrage als Medieninhalt zu. Im Mittelpunkt stehen hierbei die Liaison von Demoskopie und Journalismus, die Intensität der Umfrageberichterstattung sowie deren Inhalte. Weiterhin wird dargestellt, dass Untersuchungen zur Rezeption von Umfragen ein reges Interesse des Publikums an demoskopischen Stimmungsquantifizierungen belegen und somit eine notwendige Bedingung etwaiger Effekte veröffentlichter Umfragen erfüllt wird.

---

[3] Verwiesen sei hier beispielhaft auf die Rolle der Verfügbarkeitsheuristik im Zusammenhang mit der Wirkung medial vermittelter Fallbeispiele auf Urteile und Entscheidungen (z.B. Daschmann, 2001).

Im zweiten Teil des nachfolgenden Kapitels gilt der Fokus den Wirkungen medial vermittelter, rezipierter Umfragen. Dass dabei zunächst die sozialwissenschaftliche Dimension interessiert, nicht aber demokratietheoretische oder rechtliche Fragestellungen, ist Teil einer knappen thematischen Abgrenzung. Danach wird ein Blick auf die Anfänge der Wirkungsdebatte geworfen, die bereits in den 1930er Jahren für Schlagzeilen sorgen konnte – buchstäblich und zwar in der renommierten US-Tageszeitung *New York Times*. Ein nächster Abschnitt zeigt auf, dass die Vehemenz der Auseinandersetzung zwischen Vertretern und Kritikern veröffentlichter Umfragen heute wie damals auf schwachen empirischen Füßen steht, in den Befunden aber durchaus ein bestimmtes Muster zu erkennen ist. Anschließend wendet sich die Arbeit den theoretischen Überlegungen zu, die bisher die Diskussion um die Ursachen etwaiger Umfrageeffekte bereichern konnten, ohne die Frage nach dem Warum abschließend erhellen zu können. Dass aber kognitive Konzepte zur Wirkung von Umfragen einen zumindest viel versprechenden Ansatz bieten, leitet über zu den für diese Arbeit entscheidenden psychologischen Grundlagen.

Hier wird zunächst beschrieben, dass die menschliche Informationsverarbeitung ökonomisch erfolgt, um nachfolgend menschliche Urteilsprozesse zu fokussieren, die diesem Paradigma entsprechend ebenfalls vielmehr rationell als rational verlaufen. Erläutert werden mentale Faustregeln oder Urteilsheuristiken, die als erfahrungsbasierte Vorgehensweisen zumeist zu adäquaten Urteilen führen, allerdings offensichtliche Urteilsverzerrungen verantworten, wenn mental verfügbare Informationen objektiven Ansprüchen nicht genügen. Die mit einer etwaigen Wirkung von rezipierten Umfragen in Verbindung zu bringende Verankerungsheuristik rückt anschließend ins Zentrum. Es wird dargestellt, welches Funktionsprinzip sich hinter dieser mentalen Faustregel verbirgt, welche Einflussgrößen eine Rolle spielen und welche Mechanismen nach neuesten Erkenntnissen hinter der Wirkung numerischer Stimuli auf ein zu treffendes Schätzurteil stehen. Im vierten Teil folgen schließlich eine Zusammenfassung der theoretischen Grundlagen und die Entwicklung forschungsleitender Annahmen. Dazu werden theoretisch Umfragewirkung und Verankerungsheuristik in Verbindung gesetzt und schließlich prüfbare Hypothesen abgeleitet.

Das dritte Kapitel widmet sich dann der empirischen Hypothesenprüfung. Zuerst wird dargelegt, warum nur ein experimentelles Vorgehen zur Überprüfung der Hypothesen in Frage kommt und welcher Versuchsaufbau der Studie angemessen ist und daher Anwendung findet. Im zweiten Teil dieses Kapitels werden die zur Prüfung der Hypothesen vorgenommenen experimentellen Untersuchungen und deren Ergebnisse ausführlich dargestellt und aufgearbeitet. Im vierten und letzten Kapitel dieser Arbeit erfolgt schließlich eine umfassende Diskussion der Befunde.

1.2 Hintergrund und Relevanz der Fragestellung

Die Frage nach der Rolle der Massenmedien müsse man als eine der größten Fragen unserer Zeit betrachten, gleichrangig etwa mit der Frage der Überbevölkerung. Mit diesem Vergleich leiteten Noelle-Neumann, Schulz und Wilke (vgl. 1997a: 9) 1994 die Relevanz einer dritten, überarbeiteten Auflage des *Fischer Lexikon Publizistik Massenkommunikation* her. Tatsächlich sind Begriffe wie „Informationsgesellschaft" oder „Mediendemokratie" mittlerweile allgegenwärtig (vgl. Massing, 2004), mancherorts wird gar der Übergang von einem parlamentarisch-repräsentativen zu einem medial-präsentativen System erkannt (vgl. Sarcinelli & Schatz, 2002a: 10). Zu beobachten ist für die letzten Jahrzehnte wohl zumindest eine Gesamtentwicklung zu einer „kommunikationsakzentuierten Gesellschaft" (Saxer, 1998: 52). Verantwortlich für den Bedeutungsgewinn medial vermittelter Information, so der breite Konsens, ist der Übergang von der güterproduzierenden zur postindustriellen, arbeitsteiligen Dienstleistungsgesellschaft, in dessen Folge Bildung, Einkommen und Freizeit zugenommen haben. Damit hat sich nicht nur die Menge der verfügbaren Information verändert, gewandelt hat sich zugleich das dem Individuum zur Verfügung stehende Informationsspektrum: Während einst Eigenerfahrungen das Gros des täglichen Informationsinputs repräsentierten, hat sich der Anteil medial vermittelter Informationen auf Kosten des Anteils an Eigenerfahrungen stetig verbreitern können (vgl. Daschmann, 2001: 17).

Das Informationsaufkommen in der Informationsgesellschaft fordert die mentalen Kompetenzen des Individuums immer stärker heraus. Dem Anstieg der Datenmenge stehen begrenzte kognitive Fertigkeiten des Menschen gegenüber. Der Umgang mit Informationen muss in zunehmendem Maße effizient erfolgen, das heißt möglichst sinnvoll bei möglichst geringem kognitiven Aufwand (vgl. Daschmann, 2001: 18). Hierzu greift das Individuum auf bewährte Verarbeitungsroutinen zurück und verzichtet damit auf komplexe rationale Verarbeitungsprozesse zugunsten eines rationellen Vorgehens. Im Rahmen der Urteils- und Entscheidungsfindung werden solche Routinen als mentale Faustregeln oder Urteilsheuristiken begrifflich fixiert. Befunde aus der Psychologie zeigen, dass eine ganze Reihe alltäglicher Urteile auf solche mentalen Faustregeln zurückgeht. Nur in seltenen Fällen erarbeiten sich Menschen rationale Urteile unter hohem kognitivem Aufwand (vgl. Fiske & Taylor, 1991). Diese „Alltagsrationalität" (Brosius, 1995) hat sich bewährt. Zumeist führen rationelle Urteilsroutinen zu sinnvollen Entscheidungen und Handlungen. Mentale Faustregeln können aber zu systematischen Verzerrungen führen, wenn auf rationellem Weg inadäquate Informationen für das zu treffende Urteil herangezogen werden.

Das dem Individuum zur Verfügung stehende Informationsspektrum ist heute mehr denn je indirekten, vor allem medial vermittelten Ursprungs. Die Frage nach der Rolle der Medien ist demnach auch eine Frage der alltagsrationalen Verarbeitung medial vermittelter Information (vgl. Schenk, 2002: 237ff). Anschaulich zeigen dies Studien zum Einfluss publizierter, exemplarischer Einzelfallinformationen auf Urteile und Entscheidungen der Rezipienten (vgl. Daschmann, 2001; Zillman & Brosius, 2000). In der Debatte um eine etwaige Wirkung von Umfragen ist die von Brosius apostrophierte Alltagsrationalität bisher weitgehend unbeachtet geblieben. Gleichwohl dreht sich auch diese Debatte im Kern um die Aufnahme von Medieninformation und deren Verarbeitung. Denn demoskopische Lagedaten zur Stärke von Parteien, zur Popularität von Personen oder zum gesellschaftlichen Rückhalt bestimmter Standpunkte sind Bestandteil der alltäglichen Berichterstattung und werden durch das Publikum entsprechend rege rezipiert. Als Teil der Informationsflut sind auch wahrgenommene Umfragen verdächtig, nicht rational, sondern rationell verarbeitet zu werden und Urteile entsprechend verzerren zu können. Eine in der Psychologie eingehend untersuchte Urteilsroutine, die Verankerungsheuristik, kann diesen Verdacht erhärten, beschreibt sie doch Urteilsfehler auf Basis verarbeiteter numerischer Information.

Dass die Frage nach der Wirkung veröffentlichter Umfragen dabei so alt ist „wie die Demoskopie selbst"[4] (Gallus, 2002: 30), raubt ihr keineswegs die Aktualität. Erst im Jahr 2000 wurde ihretwegen an den Hauptausschuss des österreichischen Nationalrates der Antrag zur Bildung einer parlamentarischen Enquete-Kommission „betreffend mögliche Beeinflussung von Wahlkämpfen bzw. Wahlergebnissen durch Veröffentlichung von Meinungsumfragen unmittelbar vor Wahlen bzw. durch Bekanntgabe von Teilwahlergebnissen vor dem amtlichen Wahlende" gestellt. Der zwei Jahre später veröffentlichter Bericht konnte die grundsätzliche Möglichkeit einer Beeinflussung trotz prominenter Experten nicht entkräften (vgl. Parlamentarische Enquete Kommission, 2002). Viel deutet zumindest darauf hin, dass die Veröffentlichung von Umfragen insbesondere vor Wahlen und Abstimmungen zu den Signalen in den Medien gehört, welche die soziale Wahrnehmung der Menschen beeinflussen können (vgl. Donsbach & Weisbach, 2005: 108).

---

[4] So alt wie die Demoskopie ist zumindest der heute annähernd rituell gepflegte Konflikt zwischen Politik und Meinungsforschung um die Wirkung rezipierter Umfragen (vgl. Brettschneider, 2000: 477). Erste kritische Stimmen zu den Einflüssen von Umfragen konnten sich allerdings schon in den frühen 1930er Jahren Gehör verschaffen, als die Veröffentlichung von Stimmungsbildern noch nicht in den Händen der wissenschaftlichen abgestützten Meinungsforschung lag (vgl. Robinson, 1937: 46). Die Frage, ob publizierte Stimmungsbilder den Stimmbürger beeinflussen können, ist somit eigentlich älter als die gezeichnete Konfliktlinie zwischen Demoskopen und Politikern. An dieser Zuspitzung könnte es aber liegen, dass eine Antwort weiterhin aussteht, weil eine eingehende Aufarbeitung womöglich zugunsten instrumentalisierbarer Befunde vernachlässigt worden ist.

2 Umfrageeffekte als Ankereffekte: Der theoretische Hintergrund

2.1 Umfragen in den Medien

Manchmal bräuchte es eben etwas mehr als einfach Londoner Luft zu schnüffeln. So begründete einst ein britischer Zeitungsverleger plakativ, wie Umfragen zu einem festen Bestandteil journalistischer Berichterstattung im Vereinigten Königreich avancieren konnten (vgl. Worcester, 1980: 561). Bei allem Charme dieses Bildes: Allein die Luft der britischen Metropole für die zunehmende Anzahl veröffentlichter Meinungsverteilungen verantwortlich zu machen, greift wohl zu kurz, auch wenn der rapide Rückgang der Londoner Smogwerte (vgl. Lomborg, 2002) just mit der Karriere der Meinungsforschung koinzidiert. Vielmehr ist spätestens seit den Anfängen der Demoskopie Mitte der 1930er Jahre in den USA – etwas zeitverzögert auch in anderen westlichen Demokratien – ein anhaltender Trend zu beobachten, nach dem journalistische Erzeugnisse Umfrageergebnissen stetig mehr Platz eingeräumt haben. Insbesondere im Vorfeld des Wahlentscheids sind demoskopisch erfasste Meinungsverteilungen mittlerweile eklatanter Teil der Berichterstattung und durch den Rezipienten kaum zu ignorieren. Aber auch abseits dieser direkten politischen Gestaltungsmöglichkeit des Souveräns nimmt der journalistische Verweis auf meinungsklimatische Konstellationen beträchtlichen Raum ein.

Im Hinblick auf die Debatte zur Wirkung rezipierter Umfrageergebnisse ist eine eingehende Aufarbeitung dieser eben skizzierten Relevanz von Umfragen für das Medienprodukt sinnvoll. Im Folgenden ist daher die Liaison von Demoskopie und Journalismus zu beleuchten, die Intensität der Umfrageberichterstattung zu erörtern und ein Blick auf die Inhalte publizierter demoskopischer Befunde zu werfen. Weil neben der Publikation von Umfragen zweifellos die Rezeption derselben notwendige Bedingung für eine Wirkung auf den Rezipienten ist, gilt es auch hier, einschlägige Studien und deren wichtigste Einsichten vorzustellen. Zu Beginn dieses Abschnitts allerdings soll eine kleine Geschichte der Meinungsforschung erzählt werden, um in die Thematik einzuführen. Die Karriere der Meinungsforschung in den USA und Deutschland wird dabei ebenso berücksichtigt wie der Niedergang der einst populären Strohabstimmungen, für welche die Wahlprognosen der US-Zeitschrift *Literary Digest* exemplarisch stehen.

2.1.1 Kleine Geschichte der Umfrage

Die Geburtsstunde der Bevölkerungsbefragung wird gerne mit den späten 1930er Jahren und dem Wirken von George Gallup in Verbindung gebracht. Dies ist aber nur in soweit zutreffend, als es sich hier um den Beginn der modernen Umfrageforschung handelt, welche sich stichprobentheoretischer Überlegungen bedient. Frühe Befragungsaktivitäten, die sich diesem mathematisch-statistischen Zugang entziehen, lassen sich dagegen bis ins England des 18. Jahrhunderts zurückverfolgen (vgl. Meyen, 2002: 60). Für die USA wird gemeinhin auf das Jahr 1824 verwiesen, als in Harrisburg im Bundesstaat Pennsylvania politische Wahlveranstaltungen zugleich Schaubühne erster sogenannter Strohabstimmungen (*straw polls*) wurden (vgl. Smith, 1990: 25; Crossley, 1957: 159).[5] Ebenfalls aus dem 19. Jahrhundert datieren die ersten Belege für Befragungen auf deutschem Boden. Meyen (vgl. 2002: 60) verweist beispielhaft auf die Enqueten des *Vereins für Sozialpolitik*.

Ihren medialen Frühling erlebten jene Strohabstimmungen dann zu Beginn des 20. Jahrhunderts: Die „Spannung und den Nachrichtenhunger" (Noelle, 1940: 34) der Leser und damit zugleich die eigene Auflage im Visier, initiierten US-amerikanische Printmedien eine Vielzahl von Vorwahlbefragungen, um den Wahlausgang antizipieren zu können; je mehr Befragte desto besser, so der naive Konsens der Durchführenden (vgl. Noelle-Neumann & Petersen, 2005: 3). Pionierarbeit leistete die US-Tageszeitung *Chicago Record*, wie Frankovic (vgl. 1998: 152) zu berichten weiß, welche 1896 alle 833.277 registrierten Wähler Chicagos schriftlich um eine Stimmabgabe bat. Beachtliche 240.000 Zuschriften wurden zur Auswertung herangezogen, erste mathematische Gewichtungsversuche unternommen und schließlich eine Prognose veröffentlicht, die für Chicago den späteren Wahlsieger und 24. US-Präsidenten William McKinley und dessen Wähleranteil ziemlich genau vorhersah. 1904 dann konnte der *New York Herald* im Vorfeld der US-Präsidentschaftswahl immerhin 30.000 New Yorker zur Teilnahme an seiner „Probewahl" animieren. Zwei Jahre später bedienten die Zeitungen *Baltimore Sun* (Maryland, USA) und *Columbus Dispatch* (Ohio, USA) den Trend und 1908 folgten weitere Publikationen mit Vorwahlbefragungen dieses Stils (vgl. Noelle, 1940: 34f).

Die Popularität des neuen Instruments führte schnell zu einer Ausweitung der Befragungsaktivitäten über den politischen Bereich hinaus. Schon 1907 wurde durch das *Chicago Journal* die erste Sachbefragung (*issue poll*) lanciert, die eben nicht die Wahlchancen der Präsidentschaftskandidaten abbildete, sondern in diesem Fall

---

[5] Im Kontext basisnaher politischer Partizipation spielen sogenannte Strohabstimmungen – der Name verweist auf die ursprüngliche Prozedur hochzuhaltender Strohhalme als Zustimmungsbekundung – in den USA noch heute eine Rolle, beispielsweise bei parteiinternen Abstimmungen der Republikaner in Iowa (u.a. *Ames Straw Poll*). Darüber hinaus hat sich der Begriff aber als Synonym für nicht-repräsentative Bevölkerungsbefragungen etabliert. Auf diesen Zusammenhang beziehen sich sowohl vorangegangene als auch nachfolgende Verwendungen des Begriffs.

die Zustimmung zur städtischen Verkehrsmittelordnung – selbstverständlich mit dem Makel, nicht wie Vorwahlbefragungen einem objektiven Maßstab der Genauigkeit zu unterliegen. Nichtsdestoweniger hielt in den Folgejahren eine Reihe von Publikationen weitere Befragungen zu Sachthemen ab, etwa zur Aufhebung der Prohibition oder zur Umorganisation der Steuergesetzgebung (vgl. Noelle, 1940: 41f).

Breite Öffentlichkeit wurde solchen Strohabstimmungen aber erst durch das Engagement der in weiten Teilen der Vereinigten Staaten erhältlichen Zeitschrift *Literary Digest* zuteil. Diese bemühte sich 1916 und in den folgenden Wahljahren, den späteren US-Präsidenten schon vorab auf Basis vieler Hunderttausend Befragter zu ermitteln, die auf Postkarten-Stimmzetteln in Millionenauflage ihrer Präferenz Ausdruck verleihen konnten (vgl. Squire, 1988: 126). Bis einschließlich 1932 präsentierte der *Literary Digest* seinen Lesern tatsächlich zutreffende Vorhersagen über den künftigen Präsidenten. Die Leser belohnten dieses Kunststück mit einer stetig steigenden Nachfrage[6] und kürten die Zeitschrift so zur Institution von Rang, wie Noelle (1940: 36) berichtet:

> 1928 wurden die Strohwahlen des Literary Digest schon geradezu als eine nationale Einrichtung betrachtet. Die ständig gesteigerte Anzahl der Befragungen machte es möglich, jede neuerliche Strohabstimmung als die ‚größte der Geschichte' zu proklamieren und damit das allgemeine Interesse wachzuhalten. Wer nicht selbst einen Postkarten-Stimmzettel ins Haus geschickt bekommen hatte und schon darum an dem Ausgang der Strohabstimmung lebhaften Anteil nahm, der wurde durch Radio und Presse mit dem Unternehmen des Literary Digest vertraut gemacht und über die erzielten Resultate auf dem Laufenden gehalten.

Die Vorhersageerfolge und die damit einhergehende Popularität des *Literary Digest* – selbst in Politikerkreisen und von der Konkurrenz wurden die Bemühungen des Magazins goutiert (vgl. Squire, 1988: 126; Noelle, 1940: 36) – konnten über Jahre die methodischen Schwächen der Strohabstimmungen überdecken, obschon diese in Fachkreisen offen diskutiert wurden (vgl. Keller, 2001: 32) und bereits die Prognosen von 1924 und 1928 durch deutliche Abweichungen vom tatsächlichen Wahlergebnis auffielen (vgl. Noelle, 1940: 36). Dass die Befragungen des *Literary Digest* letztlich dennoch zum Inbegriff mangelhaft durchgeführter Umfragen wurden[7], ist sicherlich der folgenschweren Fehlprognose von 1936 zuzuschreiben, mit welcher

---

[6] Noch 1914 wies der *Literary Digest* eine Auflage von 250.000 Exemplaren aus, um diese bis 1936 auf 1,6 Millionen zu steigern (vgl. Noelle, 1940).

[7] Noelle-Neumann und Petersen (vgl. 2005: 4) etwa attestieren der mit großem Aufwand präsentierten Online-Umfrage „Perspektive Deutschland", initiiert von der Unternehmensberatung *McKinsey*, dem *ZDF*, der Zeitschrift *Stern* und *T-Online*, sie sei „in ihrer Logik und Aussagekraft gleichwertig mit den ‚Stroh-Abstimmungen' des Literary Digest".

die Zeitschrift wohl auch ihr eigenes Ende einläutete (vgl. Squire, 1988: 127; Keller, 2001: 34).

Auf Basis von Telefonbucheinträgen und Autozulassungsregistern verschickte der *Literary Digest* in jenem Wahljahr einmal mehr über zehn Millionen Postkartenstimmzettel an US-Bürger und wertete schließlich 2,3 Millionen Einsendungen aus, um voreilig den republikanischen Kandidaten Alfred M. Landon zum Wahlsieger über den Demokraten Franklin D. Roosevelt zu küren: Statt der vorhergesagten 55 Prozent erhielt dieser aber nur 37 Prozent, Roosevelt dagegen konterte die ihm zugeschriebenen 41 Prozent mit einem Stimmenanteil von 61 Prozent und siegte letztlich mit 523 zu acht Wahlmännern äußerst deutlich (vgl. U.S. National Archives and Record Administration, o.J.).

Für die erhebliche Diskrepanz zwischen Prognose und Wahlergebnis wurde in der Fachwelt vorrangig die Form der Stichprobenziehung verantwortlich gemacht. Die Konzentration auf Telefon- und Automobilbesitzer habe systematisch unterprivilegierte Bevölkerungsteile vernachlässigt und damit zu einer Verzerrung in Richtung des republikanischen Kandidaten Landon geführt, so Noelle (vgl. 1940: 38).[8] Der am Pranger stehende *Literary Digest* versuchte zwar, sich diesem Vorwurf zu entziehen und betonte, eben auch die wenig Begüterten, die „lower strata" (Bewildered Digest To Try Poll Again, 1936; vgl. auch: Squire, 1988: 127) der Gesellschaft erreicht zu haben, blieb damit aber weitgehend ungehört. Gleichzeitig nämlich sagten George Gallup, Elmo Roper und Archibald Crossley auf Basis einer zufälligen und nur wenige Tausend Befragte umfassenden Stichprobe Roosevelts Wiederwahl zutreffend voraus, sorgten so für den Durchbruch repräsentativer Befragungen und besiegelten den Niedergang der Strohabstimmungen als ernstgenommenes Messinstrument gesellschaftlicher Befindlichkeiten (vgl. Keller, 2001: 34).[9]

In den Folgejahren löste die moderne Umfrageforschung konsequent nichtrepräsentative Massenbefragungen in den Medien ab: Im Mai des Jahres 1940 publizierten bereits 118 US-Zeitungen Gallups Umfragen und beförderten damit Gallups Stellung als „eine Art Nationalheiliger" (Loewenstein, 1971: 532). Vergessen war die erste Zurückhaltung der Presse: Im Februar 1934 musste sich Gallup noch mühen, 78 Zeitungen davon zu überzeugen, Mittel für ein zu gründendes *American Institute of Public Opinion* bereit zu stellen (vgl. Noelle, 1940). Darüber hinaus führten zwischen

---

[8] Wie Squire (vgl. 1988: 131; siehe auch Noelle-Neumann & Petersen, 1998: 315) noch einmal eruierte, ist der Fehlschlag des *Literary Digest* zum einen der nicht zufälligen Zusammensetzung der Brutto-Stichprobe zuzuschreiben, zum anderen dem geringen und selektiven Rücklauf.

[9] In demoskopischen Fachkreisen wird dieser Schluss allerdings nur bedingt geteilt. Kostengünstige wie schlichte Internet- oder TED-Umfragen als moderne Form der Strohabstimmungen sind das Sorgenkind einer Branche, die ihre Arbeit keinesfalls nur als „Spielerei zu Unterhaltungszwecken" (Noelle-Neumann & Petersen, 2005: 4) verstanden wissen will. In der Öffentlichkeit aber werde zwischen solchen und ernstzunehmenden Umfrageergebnissen kaum unterschieden, allzu oft gelte die Prämisse „a poll is a poll is a poll" (Yankelovich, 1996: 3).

1943 und 1948 mehrere staatliche US-amerikanische Institutionen methodisch vergleichbare Befragungen durch und bauten die Position der noch jungen Technik weiter aus, zu der Gallup (1944: 21) selbst schlicht anmerkt: „When samples are correctly selected, they do reflect opinions of the entire nation."

Und dennoch: 1948 musste die aufblühende Meinungsforschung ihren ersten Rückschlag hinnehmen. Sowohl Crossley, Roper als auch Gallup hatten dem republikanischen Kandidaten Thomas E. Dewey fälschlicherweise einen Wahlsieg über den demokratischen Amtsinhaber Harry S. Truman vorausgesagt und für kuriose Szenen am Wahlabend gesorgt: „On election night, a radio commentator pointed out that Truman had an early lead, but predicted that ‚he cannot win.'", erinnert sich die *New York Times* (The Times Looks Back: Presidential Election 1896-1996, o.J.), deren Kollegen vom *Chicago Daily Tribune* mit ihrer Schlagzeile „Dewey Defeats Truman" genauso falsch lagen wie der unbekannte Radio-Kommentator. Obwohl andere Befragungen auf Basis von Zufallsstichproben wie die des *Survey Research Center*s der Universität von Michigan unter Leitung Angus Campbells zu anderen, richtigen Ergebnissen kamen, geriet die Demoskopie anschließend vielfach unter Beschuss (vgl. Gallus, 2002: 29f; Kaase, 2000: 18f). Die Zeitschrift *New Yorker* etwa zog die Wissenschaftlichkeit demoskopischer Bemühungen grundsätzlich in Zweifel und verspottete die Meinungsforschung schließlich als Form der modernen Geisterbeschwörung (vgl. Frankovic, 1998: 156). Schwerer als jener Spott dürfte nur die Entscheidung vieler Zeitungsmacher gewogen haben, Umfragen vorerst gänzlich aus dem Programm zu nehmen (vgl. Merton & Hatt, 1949: 210). Dennoch, nachhaltig hat die 1948er Fehlprognose den Siegeszug der Demoskopie nicht beeinflusst.

Während in den USA demnach stichprobentheoretische Überlegungen und Bevölkerungsbefragungen seit der Fehlprognose des *Literary Digest* Hand in Hand gehen, sei in Deutschland kein Umfrageversuch vor 1945 repräsentativ gewesen, so Meyen (vgl. 2002: 61). Zwar verortet Paul Lazarsfeld (vgl. 1957: 39) erste bescheidene Anfänge der Meinungsforschung in Deutschland, doch wurden Fragebögen hierzulande auch nach Gallups erfolgreicher Stichprobenziehung an öffentlichen Plätzen ausgelegt, in der Presse abgedruckt oder in Schulklassen verteilt. Als bedeutendsten Grund des methodischen Hintertreffens identifiziert Meyen (vgl. 2002: 61f) die nationalsozialistische Diktatur zwischen 1933 und 1945. Diese habe zum einen viele Forscher aus Deutschland vertrieben, die den methodischen Fortschritt hätten prägen können, zum anderen sei in einem autoritären Staat jede Forschung suspekt, die auf persönliche Meinungen abziele. Selbst die Institutionen des repressiven Systems hätten konsequent auf Umfragen verzichtet und stattdessen auf traditionelle Methoden totalitärer Regime zurückgegriffen, um Stimmungen zu erfassen.

Abgesehen von Elisabeth Noelles (vgl. 1940) Dissertation über die Möglichkeiten der Meinungsumfragen nach mathematisch-statistischen Prinzipien, mit welcher sie 1940 in Berlin promovierte, beginnt die Geschichte der modernen Umfrageforschung in Deutschland erst mit dem Ende des zweiten Weltkriegs. Wenige Wochen nach der Kapitulation wurden im Befehlsbereich des Oberkommandos der westalliierten Streitkräfte (*Supreme Headquarters Allied Expeditionary Force*, kurz *SHAEF*) erste Umfragen über das Ausmaß nationalsozialistischer Orientierung und über das kollektive Schuldgefühl in der deutschen Bevölkerung lanciert (vgl. Kutsch, 1995: 418ff.). Veranstaltet wurden sie vom *SHAEF*-Dienstbereich *Political Warfare Intelligence*. Nach Auflösung des *SHAEF* im Juli 1945 richteten alle drei westlichen Militärregierungen eigene Abteilungen ein, die durch Umfragen ein Stimmungsbild der deutschen Bevölkerung zeichnen sollten. Im amerikanischen Sektor führte die *Opinion Survey Section* der US-Militärregierung von 1945 bis zur Gründung der Bundesrepublik Deutschland 72 Umfragen durch, schulte zu diesem Zweck auch deutsche Interviewer und exportierte damit die Errungenschaft der repräsentativen Befragung vehement ins Nachkriegsdeutschland (vgl. Schaefer & Miller, 1998: 8). In der britischen wie auch in der französischen Besatzungszone kam eine „einigermaßen adäquate Umfragetätigkeit" (Kutsch, 1995: 419) erst 1946 in Gang. Das schließlich 1947 in Bielefeld errichtete *Public Opinion Research Office* der Briten führte bis November 1949 mehr als 40 Umfragen durch, der in Baden-Baden beheimatete *Service de Sondage de l'Opinion Allemande* der französischen Militärregierung unternahm bis Ende 1947 insgesamt 15 Bevölkerungsbefragungen. Das Themenspektrum der alliierten Befragungstätigkeit war dabei breit gefächert und umfasste etwa die Zufriedenheit mit der Wirtschafts- und Sozialpolitik der Alliierten ebenso wie die Akzeptanz der Demokratisierungs- und Reorientation-Politik (vgl. Kutsch, 1995: 419).

Als erstes deutsches Meinungsforschungsinstitut wurde *Emnid* bereits am 1. Oktober 1945 durch Karl-Georg von Stackelberg gegründet, 1947 folgte das *Institut für Demoskopie Allensbach* (*IfD*), welches von US-amerikanischen Beobachtern schnell zum führenden Institut der noch jungen Bundesrepublik erklärt wurde (vgl. Meyen 2002: 64).[10] Ein wichtiges Ereignis für die Etablierung der Meinungsforschung in Deutschland war dann die erste Arbeitstagung über empirische Sozialforschung Ende 1951 in Weinheim (vgl. Raupp, 2007: 120). 130 Meinungsforscher und an Sozialforschung Interessierte tauschten sich unter Leitung des damaligen Präsidenten der *Deutschen Gesellschaft für Soziologie*, Leopold von Wiese, über die Anwendungsbereiche der Umfrageforschung aus. Reibungslos verlief der Start der Meinungsforschung im Nachkriegsdeutschland dennoch nicht: Zu heftig wurde das

---

[10] Das Aufblühen der Meinungsforschung zu dieser Zeit beschränkte sich freilich allein auf den westlichen Teil Deutschlands. In der Sowjetischen Besatzungszone bzw. in der am 7. Oktober 1949 gegründeten Deutschen Demokratischen Republik wurden erst mit dem VI. Parteitag der SED im Januar 1963 „verstärkt soziologische Forschungen" (nach Niemann, 1993: 16) eingefordert. Ein Beschluss des Sekretariats des Zentralkomitees der SED vom 21. April 1964 führte dann zur Gründung eines *Instituts für Meinungsforschung in der Deutschen Demokratischen Republik*, das bei der „Planung und Durchführung grundlegender wirtschaftspolitischer Maßnahmen, wichtiger innen- und außenpolitischer Maßnahmen und bei grundlegenden Argumentationen auf verschiedenen Gebieten" (nach Niemann, 1993: 17f) Hilfestellung leisten sollte.

neue Instrument und dessen wichtigste Vertreterin Elisabeth Noelle kritisiert. Demoskopie wurde als „Modetorheit" bezeichnet, eine gefährliche „Vermassung der Gesellschaft" herauf beschworen, Noelle unter Verweis auf ihre Arbeit für das NS-Wochenblatt *Das Reich* als Nazi beschimpft (vgl. Meyen, 2002: 65). Noelle (1971: 9) selbst verweist auf die fatale Wirkung der misslungenen Wahlprognosen im 1948er US-Präsidentschaftswahlkampf, welche die Meinungsforschung drei Jahre nach Kriegsende „mit einem Versagen auf die erste Seite der Zeitungen" gerückt habe.

Erich Peter Neumann gibt der deutschen Presse eine Mitschuld an den Startschwierigkeiten der Umfrageforschung hierzulande. Anders als in den USA, führt Neumann (vgl. 1958) aus, würde die Mehrheit der deutschen Journalisten die Demoskopie als geistigen Rivalen betrachten, der ihm das Monopol auf Erkenntnisse der öffentlichen Meinung streitig machen wolle. Dass mit der Presse vor allem ein wichtiger Auftraggeber fehlt, verdeutlicht Neumann mit einem Verweis auf Gallups mehr als 100 Publikationen umfassenden Kundenstamm. Diesen anfänglichen Widrigkeiten zum Trotz gründeten sich auf dem Gebiet der entstehenden Bundesrepublik nach und nach zahlreiche privat geführte Meinungsforschungsinstitute, deren Zahl bis heute stetig zugenommen hat (vgl. Gallus, 2002: 30). Zugleich darf die von Neumann angemahnte Scheu der deutschen Presse bzw. Medien, Umfragen aufzugreifen oder gar in Auftrag zu geben, mittlerweile als marginal betrachtet werden.

Zusammenfassen lassen sich die ersten knapp 70 Jahre Meinungsforschung daher als veritable Erfolgsgeschichte – einst befördert durch das Prognosedesaster des *Literary Digest* und die zutreffende Vorhersage der Pioniere Roper, Crossley und Gallup, die der Öffentlichkeit bewusst machten, „dass sich die Wahrscheinlichkeitsrechnung auf das Phänomen der politischen Meinung anwenden" (Keller, 2001: 35) lässt. Großen Anteil an diesem „Siegeszug der Demoskopie", wie Gallus (2002: 29) die Erfolge der Branche pragnant benennt, haben neben der methodischen Initialzündung von 1936 auch die Medien: Zum einen, weil sie wie im Falle Gallups und dessen *American Institute of Public Opinion* als Investoren aufgetreten sind, zum anderen, weil sie als Auftraggeber oder zumindest Multiplikatoren Umfrageergebnissen in großem Umfang Öffentlichkeit verschafft haben.

2.1.2 Journalismus und Demoskopie

„Polls are the media" – so spitzt Frankovic (1998: 156) die Beziehung von Medien und Meinungsforschung plakativ zu, welche nach ihrem Bekunden im letzten Viertel des vergangenen Jahrhunderts eine neue Qualität erreicht habe. Widerspruch dürfte sie bei den Beteiligten kaum ernten. Denn dass die Beziehung der beiden Branchen nicht nur eine gemeinsame Vergangenheit hat, wie die dargestellten Gründungsmodalitäten des *American Institute of Public Opinion* offenbaren, sondern dass die Liaison im Laufe der Zeit noch enger geworden ist, bestätigen die Beteiligten selbst. Crespi (1980: 463; vgl. auch Von Hoffman, 1980) etwa, Meinungsforscher von Rang, macht nicht nur eine zunehmende Verwendung des Umfrageinstruments in der journalistischen Praxis aus, sondern verweist vor allem auf die veränderte Urheberschaft publizierter Umfragen:

> Today, media sponsorship of public opinion polls has mushroomed. [...] Perhaps the most notable characteristic of this recent growth is the expansion of media-*conducted* polls, as differentiated from the media-*sponsored* poll. The result of this development is not merely that public opinion polls are, more than ever, featured news items, but that the institutional ties between polling and journalism are more tightly integrated than ever.

Das von Crespi attestierte Engagement der Medien in Sachen Meinungsforschung zeigt sich hierzulande beispielsweise in der regelmäßigen Zusammenarbeit von *Frankfurter Allgemeine Zeitung* und *IfD Allensbach* – seit Beginn der 1980er Jahre, seit 1991 monatlich, werden Allensbacher Umfrageergebnisse zu gesellschaftlichen und politischen Themen[11] in der *Frankfurter Allgemeinen Zeitung* präsentiert. Noch stärker fällt die Verquickung bei *ZDF* und *Forschungsgruppe Wahlen* aus: Die ehemalige *Forschungsgruppe Wahlen an der Universität Mannheim* gründete Anfang der 1970er Jahre den unabhängigen, gemeinnützigen Verein *Forschungsgruppe Wahlen e.V.* aus, mit dem Auftrag, ausschließlich und kontinuierlich für das *ZDF* zu forschen (vgl. Sprickmann Kerkerinck, 2003: 22). Noch viel intensiver freilich ist die Verbindung der Branchen in den USA, wo Zeitungen und TV-Sender eigene Demoskopen beschäftigen (vgl. Brettschneider, 2000: 482). Unabhängig von der Qualität solcher Kooperationen sieht die Wissenschaft verschiedene Ansatzpunkte, das Verhältnis beider Professionen zu beschreiben. Dabei fallen die Begriffe Nachrichtenwert, Konkurrenz, Präzisionsjournalismus und Publikumsorientierung (vgl. u.a. Hardmeier, 2000; Donovitz, 1999; Brettschneider, 1997: 249f):

Nachrichtenwert

Die Bedeutung von Umfragen für das journalistische Produkt analysierend, verweisen Paletz et al. (1980: 496) auf die Prinzipien journalistischer Nachrichtenauswahl: „Polls are newsworthy: they are topical, relate directly to issues in the news, are up-to-the-moment." Umfrageergebnisse erfüllen demnach bestimmte Kriterien, die die Publikationswahrscheinlichkeit erhöhen. Dem schließt sich Brettschneider (vgl. 1991: 15) an und spricht demoskopischen Befunden zahlreiche Eigenschaften zu, die sie für eine journalistische Auswahl prädestinieren. Darauf, dass die Nachrich-

---

[11] Eine Übersicht der Titel und Themen findet sich auf http://www.ifd-allensbach.de/Seiten/FAZ.html (Stand: 23.11.07).

tenselektion bestimmten Kriterien folgt, hat bereits Lippmann (vgl. 1922) hingewiesen und auch in journalistischen Lehrbüchern werden solche „Ingredienzen einer Nachricht nach Art eines Kochbuchs" (Schulz, 1997: 330) dargelegt. Darüber hinaus hat sich eine Reihe empirischer Studien der Nachrichtenauswahl angenommen und bestimmte Eigenschaften thematisiert, die aus journalistischer Perspektive ein Ereignis berichtenswert machen oder eben nicht (für einen Überblick Kepplinger, 1989). Weitgehend Einigkeit besteht in der empirischen Nachrichtenwertforschung etwa darin, dass Neues bzw. Überraschendes durch eine höhere Publikationswahrscheinlichkeit gesegnet ist (vgl. Esch, 2001: 42); als weiteres Kriterium wird unter anderem der Faktor Personalisierung genannt (vgl. Schulz, 1997: 328f)

Die Möglichkeit, auf Basis eines aktuellen Umfrageergebnisses ein kommendes Wahlergebnis scheinbar vorhersagen zu können, erfüllt das Selektionskriterium Neuheit auf spektakuläre Weise. Donsbach (1984: 388) bestätigt dies und sieht dementsprechend einen extrem hohen Informationswert darin, „bereits Wochen vor einer Wahl zu wissen, wer der Sieger sein wird." Und auch hinsichtlich anderer politischer Entscheidungen können hypothetische „Was wäre, wenn"-Befragungen vermeintlich Neues zu Tage fördern (vgl. Frankovic, 1998: 161). Ganz ähnlich steht es um Befragungsergebnisse, die aktuelle politische Entscheidungen oder Geschehnisse rückblickend beleuchten (vgl. Donovitz, 1999: 50).[12] Daneben erfüllen Umfrageergebnisse andere journalistische Auswahlkriterien. So sieht Crespi (vgl. 1980: 467) personenbezogene Umfrageergebnisse als willkommenes Stilmittel journalistischer Personalisierungstendenzen. Nahezu idealtypisch spiegelt sich die Verbindung von Umfrage und personalisierter Berichterstattung dann im sogenannten Horse-Race-Journalismus wider, der die wahlkämpferische Auseinandersetzung zweier alternativer politischer Angebote zum „einfachen Wettrennen" (Donsbach & Weisbach, 2005: 108; Lieske, 2003: 34) stilisiert. Der Wahlkampf wird hier unter Einbezug von Umfrageergebnissen auf die Frage reduziert, welcher Kandidat gerade in der Wählergunst vorne liegt, wer die größeren Sympathiewerte besitzt und ob sich die Position eines Kandidaten im Laufe des Wettstreits verbessert oder verschlechtert (vgl. Brettschneider, 1991: 31).

Das Ereignis Umfrageergebnis vereint so Eigenschaften, die themenübergreifende Kriterien journalistischer Nachrichtenauswahl erfüllen. Dementsprechend darf von einer hohen Publikationswahrscheinlichkeit demoskopisch erfasster Meinungsverteilungen ausgegangen werden (vgl. Hardmeier, 2000: 372). Dass dies für Wahlumfragen in besonderem Maße gilt, kann nicht überraschen, bedenkt man die möglichen gesellschafts- und machtpolitischen Konsequenzen, die sich durch die-

---

[12] Nicht zu vernachlässigen ist dabei die Bedeutung technischer Weiterentwicklungen wie dem Computer-Assisted Telephone Interviewing (CATI), die solche retrospektiven Meinungsanalysen schon innerhalb weniger Stunden verfügbar machen. Diesen Zusammenhang bemerkt auch Gollin (1987: 88) „If the news value of polls was the main cause of the growth of the media polling enterprise, [...] technological improvements greatly facilitated the process."

sen bedeutendsten Akt demokratischer Partizipation ergeben können[13] (vgl. Kaase, 1999: 65). Ganz in diesem Sinne schließlich hält auch Donovitz (1999: 51) die Publikation von zumindest Wahlumfrageergebnissen für „nachrichtenfaktoriell gesehen sehr wahrscheinlich".

Konkurrenz von Journalismus und Demoskopie

Die Nachrichtenauswahl aber allein auf Ereigniskriterien zurückzuführen, verkennt den Journalisten, der Nachrichten auswählt und bearbeitet. Dass dabei auch persönliche Attitüden Einfluss auf die Nachrichtenauswahl haben, wurde mehrfach beschrieben (u.a. Kepplinger, 1989: 5f). Für die Publikation von Umfragen könnte dies von Bedeutung sein, wenn journalistische Berufsauffassung und Demoskopie, die Minderheiten als Minderheiten deklariert und umgekehrt Mehrheiten als Mehrheiten ausweist, kollidieren. Diesen Aspekt vertieft Brettschneider (vgl. 1991: 19f): Er verweist auf das ehedem von Donsbach (vgl. 1982: 129f) ermittelte Selbstbild deutscher Journalisten, nach welchem diese ihre Rolle stark politisch definieren würden und sich zudem ihrer gesellschaftlichen Einflussposition bewusst seien. Daher sei es plausibel, dass Journalisten die Demoskopie mehr als Konkurrenten betrachten würden denn als Produzenten berichtenswerter Ereignisse. Brettschneider beruft sich hier auch auf Noelle-Neumann, die – ebenso Neumann (vgl. 1958) – deutschen Journalisten nachsagt, sie würden die Demoskopie als Rivalen betrachten, welcher ihnen das Monopol auf die Repräsentation der öffentlichen Meinung streitig machen wolle: „Die Demoskopie", erläutert Noelle-Neumann (1980: 4) ihre Sicht der Dinge, „hat dem Journalismus eine jahrhundertealte Aufgabe geraubt, die Bekanntgabe der öffentlichen Meinung."[14]

Die Stärke des Konflikts zwischen Journalismus und Demoskopie sollte demnach mit dem journalistischen Selbstverständnis variieren. Ein Journalist, der seine Tätigkeit als engagierten, anwaltschaftlichen Journalismus begreift und sich durchaus missionarisch berufen fühlt, die öffentliche Meinung im Sinne seiner Sache zu beeinflussen, wird sich daher eher gegen die Verwendung von Umfragen wenden als ein Journalist, der sich der neutralen und objektiven Vermittlung gesellschaftlicher Realitäten verschrieben hat (vgl. Brettschneider, 1991: 21). Das unverkrampfte

---

[13] Das große Interesse der Öffentlichkeit an Wahlen, besonders nationalen Wahlen, sei schon seit Beginn der Demokratisierungswelle in Europa Ende des 19. Jahrhunderts zu beobachten, konstatiert Kaase (vgl. 1999: 65) und führt fort, entsprechend habe hieraus sehr früh ein Engagement von Sozialwissenschaftlern an der Erforschung von Wahlen resultiert, das entscheidend zum hohen Entwicklungsstand und zur Kontinuität dieses Teilgebiets der Politischen Soziologie beigetragen habe.

[14] Dass auch US-amerikanische Journalisten dies einst so sahen, weiß Burns Roper (1980: 46), selbst Demoskop und Sohn des Meinungsforschungspioniers Elmo Roper, zu berichten: „The initial impact of journalism was to retard the growth of polling. Newsmen a few decades ago saw polling as competitive, as invation of the newsman's function a prerogatives."

Verhältnis US-amerikanischer Journalisten gegenüber Umfragen erklärt sich demnach aus der angelsächsischen Berufstradition, die schon lange letztgenanntem Paradigma folgt (vgl. Requate, 1995: 325). Doch auch für Deutschland darf angenommen werden, dass die beschriebenen Vorbehalte gegenüber Umfragen nur mehr wenig ausgeprägt sind. Ehmig (vgl. 2000: 307; auch Scholl & Weischenberg, 1998: 165ff) nämlich hat unlängst im deutschen Journalismus einen generationsbedingten Wandel ausmachen können und attestiert diesem eine Annäherung an das angelsächsische Berufsverständnis. So dürfte mittlerweile auch für Deutschland gelten, was Roper (1980: 48) einst für die USA formulierte: „the pendulum swing from media resistance to polls to a media embrace".

Präzisionsjournalismus

Ein grundsätzliches Miteinander journalistischer Arbeit und sozialwissenschaftlicher Methodik beschwört seit jeher das Konzept des Präzisionsjournalismus (*precision journalism*) und wirbt explizit um die journalistische Verwendung von Umfragen. Philip Meyer (vgl. 1973), auf den das Konzept zurückgeht, ermahnt Journalisten, Meinungsforschung eben nicht als Rivalen zu betrachten, sondern die Chancen sozialwissenschaftlicher Methodik für die journalistische Arbeit zu erkennen.[15] Dann sei der Journalist in der Lage, soziale oder politische Phänomene begründet zu interpretieren und Fehleinschätzungen auf Basis vager Eindrücke zu umgehen: „We journalists would be wrong less often if we adapted to our own use some research tools of the social scientists" (Meyer, 1973: 15).

Die Vorzüge des Präzisionsjournalismus betonen auch Demers und Nichols (vgl. 1987: 10f), die ihrerseits die Anfänge eines Journalismus dieser Prägung 1935 verorten. Das US-amerikanische *Fortune*-Magazin habe damals als erstes Medienprodukt eine wissenschaftlichen Ansprüchen verpflichtete Umfrage selbst initiiert und US-Bürger unter anderem danach befragt, wie viele Zigaretten ihre Mitbürger wohl pro Jahr rauchen oder für welches Auto sie sich beim nächsten Kauf entscheiden würden. Dennoch, erst durch die gleichnamige Publikation von Meyer wurde die Beziehung zweier Disziplinen, deren Aufgabe darin besteht, „die Ereignishaftigkeit der Welt raumzeitlich zu vereinfachen" (Haas, 1990: 214) konzeptualisiert und Präzisionsjournalismus gleichsam zum Synonym für Berichterstattung mit sozialwissenschaftlichen Ansprüchen.

In den USA wird der Präzisionsjournalismus, der sich neben Umfragen vornehmlich der Inhaltsanalyse als Methode bedient, als weitgehend etabliert angese-

---

[15] Donovitz (vgl. 1999: 64) verweist auf deutlich ältere Forderungen nach einer Integration Sozialwissenschaftlicher Methodik ins journalistische Ausbildungsprogramm. Max Weber beispielsweise habe bereits in den 1920er Jahren eine verstärkt sozialwissenschaftliche Orientierung des Journalismus angedacht.

hen (vgl. Brettschneider, 1997: 251). Für die journalistische Praxis in Deutschland spiele das Konzept dagegen nur eine untergeordnete Rolle, betont Brettschneider (vgl. 1991: 23). Haas (vgl. 1999: 112) hingegen möchte den Präzisionsjournalismus erst gar nicht als eigenes Konzept verstanden wissen: Präzision sei letztlich ein Qualitätskriterium für jeden Journalismus und ein komplementäres Miteinander konkurrierender Erkenntnissysteme daher grundsätzlich anzustreben.

Publikumsorientierung

Das Verhältnis von Demoskopie und Journalismus wird von Fachkundigen weiterhin über eine Publikumsorientierung der Medienschaffenden konzeptualisiert. Medienökonomen verweisen in diesem Zusammenhang auf eine Bedürfnisbefriedigung der Käuferschaft (vgl. Hardmeier, 2000: 372) und finden Bestätigung bei Noelle, die ihrerseits bereits 1940 einen umfragebezogenen „Nachrichtenhunger" (Noelle, 1940: 34) beim Publikum ausmachte. Für Donsbach und Weisbach (vgl. 2005: 108) schließlich folgt die Verwendung von Umfragen einem vermeintlichen Wunsch der Rezipienten nach einer Reduktion des komplexen politischen Prozesses. Dafür, dass die Verwendung von Umfragen einem vermuteten Konsumentenwunsch folgt, findet sich eine Reihe empirischer Anhaltspunkte, z.B. in qualitativen Interviews mit Journalisten, die der Ansicht sind: „Die Leute wissen auch gerne, ob sie mit ihrer Meinung über ein Thema im Trend liegen oder nicht" oder glauben: „Andererseits sehen sich die Leute gerne widergespiegelt in einer Zeitung. Wenn man liest, dass jeder dritte Berner am Sonntag bei einer Tankstelle Zigaretten einkaufen geht, dann erkennt sich ein großer Teil der Leute wieder in der Zeitung" (beide nach Hardmeier, 2000: 381).

Wie Hardmeier (vgl. 2000: 382) dann auf Basis einer quantitativen Erhebung unter Schweizer Journalisten zeigen kann, bilden die beiden vorgetragenen Stimmen zur Verwendung von Umfrageergebnissen keinesfalls die Ansicht einer Minderheit ab, sondern repräsentieren vielmehr den breiten Konsens der Zunft in dieser Sache: Der Aussage, „das Interesse der Bevölkerung an repräsentativen Meinungsumfragen und Befragungsresultaten ist groß", stimmen knapp zwei Drittel der 396 Befragten zumindest eher zu.[16] Immerhin jeder zehnte befragte Journalist unterstützt die Aussage sogar voll. Dass die Schweizer Medienschaffenden mit ihrem Bild von den Wünschen des Publikums keine Ausnahme bilden, belegt eine Befragung von Donsbach und Antoine (vgl. 1990: 172) unter politischen Berichterstattern in Deutschland und Frankreich. Weit über die Hälfte der dort befragten Journalisten

---

[16] Die Formulierung „stimmen eher zu" darf hier nicht als konkrete Antwortkategorie missverstanden werden. Die Analyse Hardmeiers (vgl. 2000: 381) beruft sich vielmehr auf die drei Zustimmungskategorien einer sechsstufig ausgeprägten Skala.

aus beiden Ländern vermuten wie ihre Schweizer Kollegen ein zumindest moderates Interesse des Publikums an Umfrageergebnissen.

2.1.3 Intensität von Umfrageberichterstattung

Vor dem Hintergrund des soeben skizzierten Verhältnisses von Journalismus und Demoskopie erscheint eine rege Verwendung von Umfrageergebnissen durch Medienschaffende konsequent. Mehr noch: Die rückläufige Rivalität von Journalismus und Demoskopie, bedingt durch ein verändertes Berufsverständnis der Journalisten sowie die gewachsene institutionelle Verzahnung beider Disziplinen, sollte sich in einer kontinuierlichen Zunahme der Umfrageberichterstattung im Zeitverlauf widerspiegeln. Dabei ist anzunehmen, dass auch Entwicklung und Einsatz neuer Techniken in der Meinungsforschung wie computergestützte Telefonumfragen (CATI) diesen Trend befördert haben (vgl. Raupp, 2003: 121; Hardmeier, 1999: 258).

Verwendung von Umfragen in Presse und Fernsehen

Tatsächlich kann Brettschneider (vgl. 2000: 481; 2003: 261) für Deutschland genau diese Entwicklung aufzeigen: Die vier deutschen Qualitätszeitungen auf ihre Berichterstattung über Wahlumfragen in den Wahljahren 1980 bis 2002 analysierend, zeichnet sich ein stetiger Anstieg der relevanten Artikel ab. Während 1980 in den letzten zwölf Wochen vor der Wahl 65 Artikel Umfragen oder Aussagen über Umfragen thematisieren, veröffentlichten Die Welt (Welt), Frankfurter Allgemeine Zeitung (FAZ), Süddeutsche Zeitung (SZ) und Frankfurter Rundschau (FR) 2002 im gleichen Zeitraum 651 Beiträge dieser Art. Von 1990 bis 2002 hat sich die Berichterstattung mit demoskopiebezogenen Inhalten von Wahl zu Wahl in etwa verdoppelt, von 1980 bis 2002 verzehnfacht. Raupp (vgl. 2003: 125f) untermauert diese Entwicklung mit einer ähnlich angelegten Erhebung zur Bundestagswahl 2002. Nur die letzten 30 Tage vor Wahl, die heiße Wahlkampfphase im Fokus, kann sie in Welt, FAZ, SZ und FR 334 umfragerelevante Artikel ausmachen und damit mehr als Brettschneider für die gesamten zwölf Wochen vor der Bundestagswahl 1998. Die Bedeutung dieser recht abstrakten Zahlenspiele für die tägliche Berichterstattung vor der Wahl 2002 fasst Raupp (2003: 126) pointiert in Worte: „Es gab nicht einen Tag [...], an dem nicht mindestens ein Artikel, in dem auf Wahlumfragen Bezug genommen wird, erschienen wäre." [17]

---

[17] Rössler (2003: 149) sieht demoskopische Inhalte 2002 auch im Fernsehen „nennenswert vertreten". Seiner Untersuchung nach verwies RTLs „RTL aktuell" in den elf Wochen vor der Wahl 14-mal auf

Umfragen sind allerdings nur in einer Minderheit der Fälle auch Berichterstattungsanlass: Holtz-Bacha (vgl. 2008) dokumentiert dies in ihrer Analyse von Pressebeiträgen, die im Rahmen der Vorwahlberichterstattung zur Bundestagswahl 2005 erschienen sind[18]. Nur für ein knappes Viertel der Beiträge, die auf Umfrageergebnisse Bezug nehmen, sind die berichteten Umfrageergebnisse tatsächlich ursächlich. Das Gros der Umfrageberichterstattung verweist dagegen eher beiläufig auf aktuelle Berfragungsergebnisse. Vergleichbare Befunde kommen von Raupp (vgl. 2003: 126f). Im Vorfeld der Bundestagswahl 2002 etwa sind demnach nur 16 Prozent der untersuchten journalistischen Arbeiten direkt mit den Ergebnissen einer oder mehrerer Umfragen befasst. In knapp 44 Prozent aller analysierten Beiträge leitet sich die Relevanz von Umfragen dagegen aus ihrer Funktion als journalistische Argumentationshilfe ab.[19] Ähnliches kann Hardmeier (vgl. 1999: 263) für die eidgenössische Presse belegen. Darüber hinaus erkennt Brettschneider (vgl. 2000: 490) für die vier deutschen Qualitätszeitungen *FAZ*, *FR*, *SZ* und *Welt* einen je nach politischer Ausrichtung unterschiedlichen Umgang mit Umfragen: *Welt* und *FAZ* berichten insgesamt häufiger über konkrete Umfragen als *FR* und *SZ* und konzentrieren sich zudem eher auf die Verwendung aktueller Umfrageergebnisse als auf Äußerungen zur Demoskopie.

Hiervon unberührt steht der grundsätzlich zunehmende Gebrauch von Umfragen durch Journalisten im Raum. Dieser nun könne teilweise auch situationsspezifisch erklärt werden, wie Brettschneider (vgl. 2000: 480; 1997: 253) nachvollziehbar zu bedenken gibt. Er verweist hierzu auf die klaren politischen Stärkeverhältnisse vor den Bundestagswahlen 1980 und 1987. Diese hätten nicht nur eine geringes Maß an Spannung, sondern auch weniger Umfragen beinhaltende Beiträge zur Folge gehabt. Umgekehrt habe die Wechselstimmung vor dem 1998er Urnengang zu einem Umfragehoch beigetragen. Dennoch, wahlspezifische Ausgangslagen allein können die eklatante Zunahme der Umfrageberichterstattung im Zeitverlauf nicht hinreichend begründen. Vielmehr spiegeln die Zahlen einen allgemeinen Trend wider, der auch in anderen Ländern beobachtet wird, so in den Vereinigten Staaten

---

aktuelle Erhebungen, die Nachrichten von *ZDF* und *ARD* immerhin noch zwölf- bzw. sechsmal (vgl. Rössler, 2003: 150).

[18] Die Analyse umfasst die Berichterstattung der vier deutschen Qualitätszeitungen *Welt*, *FAZ*, *SZ* und *FR* sowie Beiträge von *Bild*, *Der Spiegel* und *Focus*. Der Untersuchungszeitraum erstreckt sich über vier Monate und reicht vom Tag der Neuwahlankündigung Gerhard Schröders bis eine Woche nach der Bundestagswahl 2005. Insgesamt wurden 854 Beiträge analysiert, die die Bergriffe Umfrage und/oder Meinungsforschung mit Bezug zur bevorstehenden Bundestagswahl verwendeten (vgl. Holtz-Bacha, 2008).

[19] Raupp (vgl. 2003: 130) erläutert, in Artikeln, für die diese Argumentationsfunktion als dominierend kodiert worden sei, ziele die Verwendung von Umfragen nicht darauf ab, Informationen über den aktuellen Stand der Meinungsverteilungen zu vermitteln. Sie diene vielmehr dazu, wertende Aussagen über den politischen Prozess und politische Akteure durch demoskopische Befunde als quasi-neutrale Instanz zu untermauern.

von Amerika. Dort können Traugott und Kang (vgl. 2000: 185) übrigens auch den von Brettschneider vermuteten Zusammenhang zwischen vermeintlicher Knappheit des Wahlausgangs und Intensität der Umfrageberichterstattung zumindest für die 1996er US-Präsidentschaftswahl zwischen Amtsinhaber Bill Clinton und dem republikanischen Herausforderer Robert Dole nicht erkennen. Vielmehr sprechen sie dieser Wahl das bis dato größte Aufkommen an Umfragen zu, obwohl eine kommende zweite Amtszeit des demokratischen Amtsinhabers Bill Clinton allgemein kaum angezweifelt wurde: „The increased polling took place during a campaign in which the front-running incumbent president held a substantial lead throughout" (Traugott & Kang, 2000: 185).

Dafür, dass US-Medien – weitgehend unabhängig von der konkreten Wahlsituation – Umfragen stetig mehr Platz eingeräumt haben, finden sich in älteren und jüngeren Analysen reichlich Belege: So zeigen Miller und Hurd (vgl. 1982: 245f) Anfang der 1980er Jahre diese Entwicklung eher beiläufig auf. Der Qualität von Umfrageberichterstattung in den Jahren 1972 bis 1979 nachgehend, konstatieren sie, 65 Prozent aller relevanten Beiträge aus den US-Tageszeitungen *Los Angeles Times*, *Chicago Tribune* und *Atlanta Constitution* würden aus den letzten beiden Jahren des Erhebungszeitraums datieren, wobei die Zahl der Beiträge vor allem nach 1974 dramatisch zugenommen habe. Atkin und Gaudino (vgl. 1984: 120) berichten, 1976 habe die *Los Angeles Times* allein in der letzten Woche vor der Wahl so viele Beiträge mit demoskopischem Inhalt veröffentlicht wie eine durchschnittliche Tageszeitung 1940 in der gesamten Wahlkampfphase. Salwen (vgl. 1985a; 1985b) kann in seiner Analyse zweier Detroiter Tageszeitungen zumindest für die Wahljahre von 1968 bis 1976 eine deutliche Zunahme an Umfrageartikeln auf deren Titelseiten belegen.[20] Und Broh (vgl. 1983: 737) dokumentiert den Anstieg für die Abendnachrichten der drei nationalen Fernsehnetzwerke *NBC*, *CBS* und *ABC* in den Wahljahren 1972, 1976 und 1980: Wurden 1972 von den drei Sendern insgesamt 99 Umfrageberichte gesendet, waren es 1976 bereits 147 und 1980 dann 200. Ladd und Benson (1992: 28) schließlich liefern medienübergreifend weitere Belege für die Bedeutungszunahme von Umfragen und ziehen Anfang der 1990er Jahre das erwartete Fazit: „The growth of media polling has been enormous and steady. Each year has seen more polls than its comparable predecessor – 1988 more than the preceding presidential year, 1989 more than 1985, and so forth."

Einen jüngeren Hinweis auf die quantitative Entwicklung umfragebezogener Beiträge im Zeitverlauf hält Giammo (vgl. 2003: 4) bereit. Auf Grundlage von Daten des *Campaign Mapping Projects*[21] beobachtet er in den Wahlkampfphasen zwischen

---

[20] Salwen (vgl. 1985a; 1985b) widmet sich der Qualität der Umfrageberichterstattung von *Detroit News* und *Detroit Free Press*. Sein Sample umfasst alle in diesen Wahljahren zwischen 25. Juli und Wahltag jeweils auf Seite 1 gedruckten Umfrageartikel.

[21] Das *Campaign Mapping Project*, geleitet von Roderick Hart und Kathleen Hall Jamieson, hat sich der Sammlung von US-Wahlkampfmaterialien seit 1948 verschrieben. Hierzu gehören publizierte Reden

1964 und 2000 einen deutlichen Anstieg der Berichterstattung, die demoskopische Werte zumindest am Rande aufgreift. Allein zwischen 1976 und 1996 hat sich demnach die Anzahl solcher Beiträge vervierfacht. Für 2000 ist dann absolut gesehen zwar ein Rückgang zu verzeichnen, der relative Anteil umfragebezogener Beiträge am Aufkommen aller wahlkampfrelevanten Artikel erreicht mit knapp 53 Prozent allerdings ein neues Hoch (vgl. Abbildung 1). Das heißt, mehr als die Hälfte aller Beiträge über die wahlkämpferische Auseinandersetzung der Präsidentschaftskandidaten George W. Bush und Al Gore, die Giammo für 2000 eruieren kann, setzt sich mehr oder weniger intensiv mit Umfrageergebnissen auseinander.[22]

Abbildung 1:   Anzahl und Anteil der Umfragebeiträge in der US-
                Wahlkampfberichterstattung 1964 bis 2000

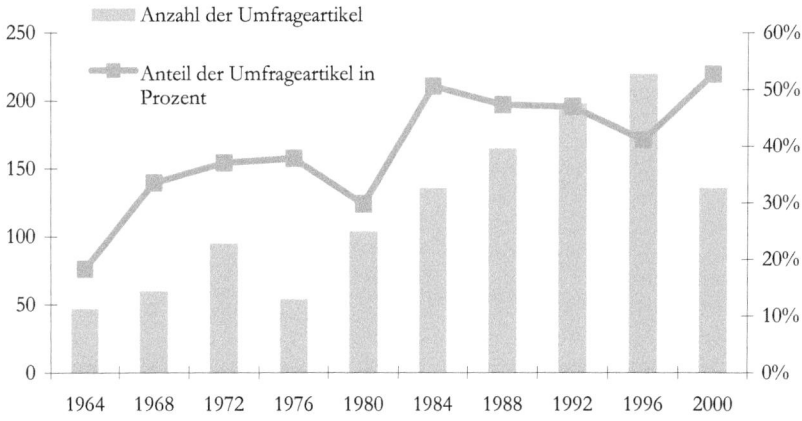

Pitzke (2004) lässt keinen Zweifel aufkommen, dass auch der Wahlkampf 2004 zwischen George W. Bush und seinem demokratischen Herausforderer John F.

---

genauso wie die Wahlkampfberichterstattung einschlägiger Printmedien im Wahljahr. Giammo (vgl. 2003) hat für seine Untersuchung aus den verfügbaren Beiträgen (bzw. deren Transkripten) von *New York Times, Washington Post, Christian Science Monitor, Atlanta Constitution, Chicago Tribune, Los Angeles Times,* den Nachrichtenagenturen *Associated Press* und *United International Press* sowie den drei TV-Netzwerken *ABC, CBS, NBC* all jene analysiert, die „election" oder „campaign" und zumindest den Namen eines Präsidentschaftskandidaten transportieren. Als Umfrageartikel wurden dann die Beiträge klassifiziert, die zudem die Worte „poll" oder „polls" beinhalten. Zwar ist den Daten damit eine gewisse Grobkörnigkeit immanent, die für den gesamten Erhebungszeitraum konstante Selektionssystematik sollte aber – bei aller gebotenen Vorsicht – Tendenzen widerspiegeln können.

[22] Eine vergleichbare Quote fördern Donsbach und Weisbach (vgl. 2005: 112f) zu Tage: Jede zweite Aussage zwischen April 2002 und dem Wahltag im gleichen Jahr zu jüngsten, gegenwärtigen oder zukünftigen Popularität von Parteien oder Kandidaten hatte als Urheber die Demoskopie.

Kerry in puncto Umfrageveröffentlichungen alles andere als eine Trendumkehr markierte:

> Nie zuvor ist die Psyche des US-Wählers so grell ausgeleuchtet worden wie in diesem Jahr. 1000 Umfragen in 100 Tagen, Bush vorne, Kerry vorne, ,Kopf an Kopf', wer ist härter, wer klüger, wer präsidialer, mit wem würden Sie am liebsten einen trinken gehen, wovor haben Sie Angst, worauf sind Sie wütend? CNN ist inzwischen sogar dazu übergangen, nach dem Vorbild der parteiinternen Wahlkampf-,Polls' daraus täglich eine ,Umfrage der Umfragen' zu destillieren, einen kombinierten Mittelwert aller.

Ähnlich wenig belastbar wie jenes von *CNN* ins Spiel gebrachte „Umfragedestillat" ist wohl der Verweis auf „1000 Umfragen in 100 Tagen", zumindest aber spricht die schiere Menge durchgeführter Umfragen zur US-Präsidentschaftswahl 2004 für eine erhebliche Penetration der wahlkampfrelevanten Berichterstattung durch Umfrageergebnisse. Dies untermauert eine Erhebung von Giammo[23]. Nach dieser initiierte und veröffentlichte allein die *Washington Post* im Oktober 2004 28 Umfragen zur Frage, welcher Präsidentschaftskandidat favorisiert werde – täglich eine beginnend mit dem 4. Oktober 2004[24]. Kaum weniger Aufmerksamkeit hat *Reuters* Volkes Stimme geschenkt. In Zusammenarbeit mit dem Meinungsforschungsinstitut *Zogby* brachte es die Nachrichtenagentur auf 25 veröffentlichte Erhebungen im letzten vollen Monat vor der Wahl. Auf immerhin noch eine wöchentliche Umfrage im selben Zeitraum kommt die Kooperation von *CNN*, *USA Today* und *Gallup*. Unberücksichtigt bleibt selbstverständlich die Zahl der hieraus resultierenden Artikel bzw. Berichte. Angesichts der mit Repräsentativerhebungen stets verbunden Kosten dürfte aber allein die *Washington Post* eine beträchtliche Anzahl sich nur mit der eigenen Umfrage befassender Beiträge publiziert haben. Diesen Schluss unterfüttern Ladd und Benson (1992: 28), die seinerzeit der *New York Times* eine durchschnittliche Quote von gut fünf Beiträgen pro eigener Umfrage nachweisen konnten und dementsprechend festhalten: „Once a newspaper [...] decides to invest in polling, it is likely to dicuss the results prominently."

Dass Presse und auch Fernsehen zudem fremden Erhebungen großzügig Platz einräumen, veranschaulicht Broh (vgl. 1980: 519) für die Berichterstattung im Rahmen des 1976er Präsidentschaftswahlkampfs zwischen Jimmy Carter und Gerald Ford. So berichtete die *New York Times* allein zwischen Anfang September und 2. November über 47 nationale Umfragen zur präsidialen Präferenz anderer Organe, darunter solche des TV-Senders *ABC* oder auch des landesweiten Nachrichtenmagazins *Newsweek*. Hinzu kommen 21 Wahlumfragen aus bestimmten US-Bundes-

---

[23] Die erhobenen Daten wurden dem Verfasser von Giammo als Excel-Datentabelle zur Verfügung gestellt.
[24] Zwischen 4. und 9. Oktober in Kooperation mit dem nationalen TV-Netzwerk *ABC*.

staaten, welche die renommierte New Yorker Tageszeitung vor allem regionalen Blättern entlehnt hat. Diese Bereitschaft, demoskopische Daten anderer Medien zu verwenden, belegt Broh ebenso für die abendlichen Fernsehnachrichten.

Der aufgezeigte Bedeutungsgewinn von Umfrageergebnissen für die Vorwahlberichterstattung lässt sich nicht nur in Deutschland und den USA, sondern gleichermaßen in anderen Ländern verfolgen. So spricht Crewe (1986: 233) für die 1983er Wahl zum britischen Unterhaus von einer bis dahin ungekannten Dichte an Wahlumfragebeiträgen in der britischen Presse und bezeichnet dieses Phänomen prägnant als „media firestorm". Beeindruckende Zahlen kommen ebenso aus Australien (vgl. Smith III & Verrall, 1987: 65f) und aus Israel, für das Weimann (vgl. 1990: 398ff) die Rolle demoskopischer Daten für die Presse anschaulich und im Zeitverlauf beschreibt. Am Beispiel von 15 Tageszeitungen zeigt er, dass in den letzten drei Monaten vor der Wahl nicht nur die Anzahl der sich Umfragen annehmenden Artikel zwischen 1969 und 1988 kontinuierlich von 16 auf 409 angestiegen ist, sondern ebenso der Anteil auf der Titelseite platzierter Umfragebeiträge: Schaffte es 1969 nur knapp einer von zehn derartigen Beiträgen auf die Titelseite einer der untersuchten israelischen Tageszeitungen, wurde 1990 schon jedem vierten Bericht diese Ehre zu Teil. Anzeichen für ein im Zeitverlauf zunehmendes Gewicht der Meinungsforschung finden sich auch in Japan (vgl. Yamada & Synodinos, 1994: 119ff) und für Kanada schließlich kann Andersen (vgl. 2000: 288) recht aktuell die mediale Bedeutung von Umfragen abbilden: 847 Artikel oder gut ein Fünftel aller die 1997er Parlamentswahl betreffenden Beiträge in der 37-tägigen Wahlkampfphase – das ergibt Andersens Untersuchung elf kanadischer Tageszeitungen – greifen Ergebnisse der Meinungsforschung auf. Durchschnittlich entfallen damit auf jede Tageszeitung täglich zwei Artikel mit demoskopischem Inhalt.

Mediale Verwendung von Umfragen abseits des Wahlkampfs

Dass „Umfrageergebnisse zu einem neuen, bedeutenden Nachrichtenfaktor für die Medien geworden sind und damit die politischen Medieninhalte gerade zu Wahlzeiten erheblich verändert haben", postuliert Brettschneider (1991: 30). Ganz offenbar wird Umfrageergebnissen zumindest im Vorfeld des Urnengangs die zu Beginn des Abschnitts prognostizierte stetig wachsende mediale Aufmerksamkeit zuteil. Nur wenige empirische Auseinandersetzungen allerdings geben Aufschluss darüber, wie es um die mediale Verwendung von Umfrageergebnissen außerhalb der Wahlkampfzeiten steht. Der subjektive Eindruck indes ist eindeutig: Ein Blick in die

Frankfurter Allgemeine Sonntagszeitung, die wöchentlich „Volkes Stimme"[25] zu unterschiedlichsten Themen mit Hilfe des *Instituts für Demoskopie Allensbach* verkündet, spricht für eine unverkrampfte und rege Anwendung demoskopischer Daten genauso wie die regelmäßige Darstellung aktueller Meinungsverteilungen durch das „Politbarometer" des *ZDF.* Weiterhin gibt ein Viertel der Bundespressekonferenzmitglieder an, Umfragen häufig als Zusatzinformation in der politischen Berichterstattung zu verwenden, 50 Prozent greifen immerhin manchmal auf Umfragen zurück (vgl. Brettschneider, 2005). Und auch eine internationale Expertenbefragung der *ESOMAR/WAPOR* legt den Schluss nahe, dass Medienschaffende rund um den Globus der Umfrage grundsätzlich nicht abgeneigt sind: Acht von zehn befragten Experten bestätigen, die Zeitungen ihres Landes würden demoskopische Erhebungen praktisch täglich, wenigstens aber häufig aufgreifen (vgl. Donsbach, 1997: 18).

Den Eindruck, dass Medien der Umfrage als Inhalt per se zuneigen, vermitteln auch Miller und Hurd (vgl. 1982: 245f). Ihre Stichprobe aus explizit gekennzeichneten Umfrageartikeln der Jahre 1972 bis 1979 zeigt, dass nur wenig mehr als die Hälfte aller Umfragebeiträge Wahlspezifisches thematisiert. Umgekehrt werden immerhin 44 Prozent der im Erhebungszeitraum publizierten Umfragen von den Autoren als „nonelection polls" klassifiziert. Weil deren Publikation nicht auf Wahlkampfzeiten beschränkt ist, darf spekuliert werden, dass Umfragen auch abseits dieses für Prognosen besonders prädestinierten Zeitfensters rege Verwendung finden. Dieselbe Ableitung erlaubt eine ähnlich angelegte Studie von Weaver und Kim (vgl. 2002: 26f) neueren Datums, nach der in *Washington Post* und *New York Times* 1996 bis 1998 etwa vier Zehntel der insgesamt knapp zehntausend auf Umfragen verweisenden Artikel wahlbezogene Inhalte hatten. Umgekehrt identifizieren Weaver und Kim für den genannten Zeitraum sechs von zehn Umfrageartikeln als wahlunabhängig.

Auch Lewis (vgl. 1991: 79) ermutigt nachdrücklich, eine reichliche Verwendung von Umfragen abseits wahlkämpferischer Zuspitzungen anzunehmen. Für die Jahre 1977 bis 1988 trägt er die Anzahl solcher Umfragen zusammen, die von der *Los Angeles Times* selbst initiiert wurden und deren Veröffentlichung somit als recht wahrscheinlich gelten darf. Zwar dokumentiert Lewis, wie zu erwarten, eine vergleichsweise stärkere Umfrageaktivität in den Wahljahren des Untersuchungszeitraums (1980, 1984 und 1988), allerdings wird dieser Befund durch den allgemeinen Trend zu einem Mehr an publizierten Umfragen überlagert. So bedeuten die 15 Erhebungen der *Los Angeles Times* im Jahr 1984 zwar ein bis dahin neues Hoch, in zwei der nachfolgenden drei Jahre ohne Präsidentschaftswahl wird diese Zahl dann

---

[25] Jeden Sonntag veröffentlicht die *Frankfurter Allgemeine Sonntagszeitung* auf der ersten Seite ihres Wirtschaftsteils einen durch das *Institut für Demoskopie Allensbach* verfassten, demoskopische Daten aufarbeitenden Artikel unter der Überschrift „Volkes Stimme".

aber schon wieder übertroffen. Selbst 1987, ein Jahr ohne jegliche nationale Wahl, kann auf mehr Umfrageaktivität verweisen als 1984.

Eine reges Vorkommen demoskopischer Befunde abseits der Wahlkampfzeit kann auch eine Analyse von Paletz et al. (1980: 497f) zumindest für die US-amerikanischen Medien Mitte der 1970er Jahre empirisch bestätigen. Zu Grunde liegt der Untersuchung die Berichterstattung der *New York Times* in den Jahren 1973, 1975 und 1977 – allesamt Jahre ohne Präsidentschaftswahl. Insgesamt zählen Paletz und Kollegen 380 Artikel mit Bezug zu Umfragen, durchschnittlich also mehr als einen alle drei Tage und halten diese Größenordnung selbst für beachtlich. Bemerkenswert sind auch jene Ergebnisse der Analyse, die die formale Bedeutung von Umfragen für das journalistische Produkt akzentuieren: So platzierte die *New York Times* jeden zehnten der untersuchten Beiträge auf der ersten Seite und 42 Prozent der Artikel räumte die renommierte Zeitung mehr als hundert Zeilen ein. Ein ähnliches Bild ergibt sich für das Fernsehen; hier arbeiten Paletz et al. (vgl. 1980: 499f) die Verwendung von Umfragen durch die Abendnachrichtensendungen der landesweiten TV-Netzwerke *CBS* und *NBC* auf. Mit insgesamt 123 relevanten Berichten im genannten Untersuchungszeitraum können die Autoren hier zwar deutlich weniger Umfragebeiträge zählen als in der *New York Times*, angesichts der den Fernsehnachrichten immanenten geringeren Vermittlungskapazität gewinnt diese Zahl aber an Gewicht. Zudem können die Autoren zeigen, dass rund die Hälfte der gezählten Nachrichten mit demoskopischem Inhalt bereits in den ersten zehn Minuten der jeweiligen Sendung ausgestrahlt wurde und vier von zehn Beiträgen mehr als 30 Sekunden dauerten.

2.1.4 Inhalte publizierter Umfragen

Leicht erahnen lässt sich, welcher Umfrageinhalt das Umfrageaufkommen zu Wahlkampfzeiten in die Höhe treibt. Schwerer fällt eine intuitive Antwort auf die Frage, welche Inhalte darüber hinaus von publizierten Umfragen thematisiert werden bzw. welche Inhalte in Nichtwahljahren auf der Tagesordnung stehen. Ein Blick auf relevante Untersuchungen soll hier Hilfestellung geben.

Zuvorderst können Paletz und Kollegen (vgl. 1980: 499f) Erhellendes berichten: Sie zeigen, dass sich selbst in den Nichtwahljahren 1973, 1975 und 1977 die von *New York Times*, *CBS* und *NBC* für Beiträge verwendeten Umfragen zu einem Drittel mit der Popularität des Präsidenten, seinen Wahlchancen und denen potentieller Kontrahenten befassen und sprechen daher von einer regelrechten Fixierung der Presse auf die Horse-Race-Thematik: „The press seems obsessed with presidential elections, willing to publish polls on the subject no matter how irrelevant and inane" (Paletz et al. 1980: 499). Die harsche Kritik untermauern die Autoren, indem sie auf einen Beitrag der *New York Times* verweisen, der im April 1973 – und damit weit mehr als drei Jahre vor der nächsten Präsidentschaftswahl – eine Umfrage des *Harper's Magazine* aufgriff, welche die Aussichten zweier potentieller Präsidentschaftskandidaten eruiert hatte. Ein etwa gleich großer Anteil am Aufkommen der untersuchten 380 Artikel und 123 TV-Berichte stammt dann aus dem weiten Feld der Sachpolitik. Hierunter subsumieren die Autoren Beiträge, die sozialpolitische, wirtschaftspolitische, außenpolitische oder umweltpolitische Themen aufarbeiten und dabei auf Umfrageergebnisse verweisen. In geringerer Menge finden Ergebnisse der Meinungsforschung auch Eingang in andere Bereiche, etwa in die Auslandsberichterstattung oder in Beiträge mit Life-Style-Bezug.

Die Fokussierung auf den Wahlakt, das Amt des Präsidenten bzw. dessen Inhaber und seinen Kontrahenten konstatiert auch Demers (vgl. 1987: 841). Seine Befragung unter 144 Umfragen durchführenden US-amerikanischen Tageszeitungen aus dem Jahr 1986 zeigt – bei mehreren möglichen Antworten –, dass mehr als die Hälfte der befragten Tageszeitungen wahlfokussierende Umfragen initiierte. Noch einmal knapp die Hälfte gibt an, Volkes Meinung hinsichtlich anstehender Referenda erkundet zu haben. Andere auf der politischen Agenda stehende Themen ohne zuspitzende direkt-demokratische Einflussmöglichkeit, etwa aktuelle Gesetzesvorhaben, wurden dagegen nur von einem Drittel der Zeitungen mit Hilfe der Meinungsforschung näher beleuchtet. Bloß jede vierte Zeitung gibt schließlich an, zu Themen abseits dieser drei Kategorien Umfragen lanciert zu haben. Stovall und Solomon (1984: 621f; hierzu auch Broh, 1980), die in ihrer Untersuchung für das Wahljahr 1980 den Kampf ums Weiße Haus ebenso als dominierendes Umfragethema in der Presse identifizieren, resümieren dementsprechend: „News consumers get more information about horserace polls than about any other type of poll. Journalists are interested in telling their readers who is ahead and who is behind and speculating about who will win the election. They are not interested in using polls as the basis for issue analysis [...]."

Nur wenig bekannt ist, welche konkreten Inhalte deutsche Journalisten mit Erkenntnissen der Meinungsforschung in Verbindung bringen, weil hierzulande wie überhaupt außerhalb der USA systematische Studien Mangelware sind.[26] Abseits anekdotischer Evidenzen kann Rössler (vgl. 2003: 151) zumindest die grundsätzliche Relevanz kandidatenbezogener Umfragen für die Berichterstattung deutscher Medien vor der Bundestagswahl 2002 aufzeigen. Etwas breiter legt Brettschneider (vgl. 1997: 258f) seine Analyse an und erkennt für die zwölf Wochen vor den fünf zwischen 1980 und 1994 verorteten Wahlen eine im Vergleich zu US-Medien größere Themenorientierung deutscher Publikationen, obwohl sich beachtliche 43 Prozent der untersuchten Artikel mit kandidatenzentrierten Umfrageergebnissen befassen. Brettschneider (1997: 259) attestiert den vier Qualitätszeitungen der

---

[26] Hierauf verwiesen bereits 1985 Smith III und Verrall (vgl. 1985) – mit bis dato offenbar mäßigem Erfolg.

deutschen Presselandschaft: „In contrast to poll reports in the United States, poll data in Germany are intended to inform readers to a greater extent about issue orientations than about candidate evaluations." Nichtsdestoweniger, konzediert Brettschneider umgehend, seien Analysen komplexer Themen aber auch hierzulande die Ausnahme. Bemerkenswertes fördert Brettschneiders zeitliche Differenzierung des dreimonatigen Untersuchungszeitraums zu Tage: Für ersten drei Wochen der Erhebung misst er die größte Kandidatenfixierung der Umfrageberichterstattung im Untersuchungszeitraum (51 Prozent aller Umfrageartikel) und äußert die Vermutung, so weit vor der Wahl diene die Thematisierung der sogenannten „K-Frage" womöglich als Lockmittel für das Interesse der Wähler am Wahlkampf.

Die Konzentration journalistischer Berichterstattung auf wahlrelevante Umfragen – ob nun personenbezogen oder nicht – kann kaum auf einen Mangel an verfügbarem Datenmaterial zurückgeführt werden. Hiervon zeugt eine Studie von Smith (vgl. 1987: 97f), welche sich mit der Umfrageaktivität von *Gallup* und konkurrierenden Institutionen innerhalb ausgesuchter US-Präsidentschaftswahljahre und deren jeweiligem Folgejahr zwischen 1948/49 und 1984/85 befasst. Losgelöst von der konkreten journalistischen Verwendung degradiert Smith Fragen nach der elektoralen Präferenz zur Randerscheinung. Nur zwölf Prozent der von den Meinungsforschungsinstituten untersuchten Einstellungsfragen oder *attitude polls* nämlich setzen sich mit konkreten Wahlabsichten bzw. Kandidatenimages auseinander und stehen damit einer klaren Mehrheit von anderweitigen Fragestellungen gegenüber. Hier sind zuvorderst aktuelle sachpolitische Themen zu nennen, gefolgt von gesellschaftlichen Themen ohne direkten politischen Bezug und Fragen des persönlichen Geschmacks. Dass die Meinungsforschung auch in Deutschland ein weites Themenfeld abdeckt, zeigen die gesammelten *Allensbacher Jahrbücher der Demoskopie*. Eine kursorische Durchsicht des letzten, die Jahre 1998 bis 2002 umfassenden Bandes fördert ein breites Spektrum an Fragestellungen zu Tage, die eher selten den Weg in die Medien finden (vgl. Noelle-Neumann & Köcher, 2002).

2.1.5 Meinungsforschung als Rezeptionsgegenstand

Die Rezeption von Umfrageergebnissen ist – genauso wie die gezeigte mediale Präsenz derselben – eine elementare Voraussetzung für deren direkte Wirkung auf das Wählerverhalten (vgl. Brettschneider, 2000: 490). Dementsprechend hat die Rezeption von Umfragen als Forschungsdimension eine gewisse Tradition: Bereits 1944 nämlich kann *The Public Opinion Quarterly* (vgl. Goldman, 1944) unter Rekurs auf eine Umfrage des *Princeton Office of Public Opinion Research* eine erste „Poll on the Polls" präsentieren. Eric Goldman (vgl. 1944: 462), Verfasser des Beitrags, erklärt in Anbetracht der zunehmenden Kritik an der Arbeit von Gallup und anderen Meinungsforschern und der geäußerten Zweifel am Nutzen der neuen Wissenschaft für die demokratische Gesellschaft sei es dringend geboten, doch einmal zu fragen, in welchem Maße Umfragen überhaupt durch die Bevölkerung wahrgenommen würden. Und angesichts der zu diesem Zeitpunkt kaum zehnjährigen Geschichte der Demoskopie, muten die von Goldman (vgl. 1944: 463f) präsentierten Ergebnisse durchaus beeindruckend an[27]: Demnach geben 56 Prozent der Befragten an, schon einmal eine Umfrage wahrgenommen zu haben. Von diesen wiederum äußert die Hälfte, insgesamt also immerhin gut ein Viertel aller Befragten, Umfragen bewusst und regelmäßig oder gelegentlich zu verfolgen. Goldman (1944: 467) formuliert sein Fazit folgerichtig nicht ohne Appell an die Meinungsforschung:

> A majority of the American people knows about the polls, believe them generally a good thing, and trust their reports. This is a striking vote of confidence for a social technique barely entering its second decade. To all [...] practitioners of polling, such public confidence can hardly fail to bring [...] a sharpened sense of responsibility.

Bis in den 1980er Jahren weitere Umfragen zur generellen Umfragewahrnehmung lanciert wurden, blieb die Untersuchung des *Princeton Office of Public Opinion Research* die einzige ihrer Art. Verpasst hat die Wissenschaft so die Möglichkeit, den stetigen Aufstieg der Meinungsforschung als Rezeptionsgegenstand detailliert zu dokumentieren. Darauf zumindest lassen die Daten schließen, die Traugott und Kang (vgl. 2000: 186) zusammentragen. Sind es bei Goldman noch neun Prozent aller Befragten, die angeben, Umfragen regelmäßig zu verfolgen, behauptet dies 1985 schon rund ein Viertel und 1996 dann ein knappes Drittel der US-Amerikaner. Dass die Bedeutung von Umfragen als Rezeptionsgegenstand in Wahljahren noch einmal erheblich größer ist, zeigen speziell auf Wahlumfragen gemünzte Erhebungen. So geben 1988 knapp acht von zehn Befragten einer *Gallup*-Studie an, sie wüssten dank Umfragen, wer die besten Chancen habe, Präsident zu werden. Traugott und Kang (2000: 186) fassen dementsprechend zusammen: „Attention [to poll results] has been increasing over time; [...] attention tends to be higher in such periods [presidential election years] than at other times".

Wieder ist es Brettschneider (vgl. 2000: 490f; 2003: 270f), der für Deutschland, wenn auch nur wahlbezogen, entsprechende Befunde anbietet. Er zeigt, dass mit der zunehmenden Berichterstattung über Wahlumfragen auch jener Anteil der Bevölkerung zugenommen hat, der Umfrageergebnisse vor Wahlen wahrnimmt. Zwischen 1957 und 1990 hat sich dieser seiner Analyse zufolge nahezu verfünffacht von 17 auf 81 Prozent der Bundesbürger, um sich in den Folgejahren in etwa auf

---

[27] Leider verzichtet Goldman (vgl. 1944) in seinem Beitrag gänzlich darauf, den Leser über methodische Details der präsentierten Befragung aufzuklären. Da er in seinem Fazit aber Bezug auf das amerikanische Volk nimmt, wird an dieser Stelle von einer frühen Repräsentativbefragung ausgegangen, die ob ihrer Stichprobenzusammensetzung solcherlei Aussagen zulässt.

diesem Niveau zu stabilisieren. In einer Nachwahlbefragung der *Forschungsgruppe Wahlen* zur 1990er Bundestagswahl gab rund ein Drittel der Befragten an, Umfrageergebnisse hätten sie stark interessiert, weitere 58 Prozent waren immerhin noch etwas interessiert. Insgesamt also bezifferte sich 1990 der an Wahlumfragen zumindest etwas interessierte Teil der Bevölkerung auf neun Zehntel. Umgekehrt gab sich nur ein Zehntel gänzlich desinteressiert. Eine jüngere Analyse Rösslers (vgl. 2003: 154f) bestätigt das bemerkenswerte Interesse an Umfrageergebnissen. Gemessen auf einer fünfstufigen Skala gibt etwa ein Drittel der befragten Personen an, ein sehr hohes oder eher hohes Interesse an Wahlumfragen zu haben, wogegen weniger als ein Viertel ein geringes Interesse bekundet.

Vergleichbare Studien belegen auch für andere europäische Länder ein messbares Interesse der Bürger an demoskopisch fundierten Prognosen zum Wahlausgang. Crewe (vgl. 1986: 247) beispielsweise analysiert die Wahrnehmung von Umfragen im Vorfeld der Wahlen zum britischen Unterhaus 1979 und 1983 und kann für beide Wahljahre rund zwei Drittel der Briten als Konsumenten publizierter Wahlumfragen identifizieren. Daten aus Österreich schließlich, die auf einer Erhebung unmittelbar vor der 1999er Nationalratswahl beruhen, weisen 57 Prozent der Österreicher als Leser politischer Umfrageergebnisse aus (vgl. IMAS, 2002: 34). Und für die Schweiz können Hardmeier und Roth (vgl. 2003: 177f) im Vorfeld des eidgenössischen Urnengangs 44 Prozent der Bevölkerung als Rezipienten von Umfrageergebnissen identifizieren.

2.1.6 Zusammenfassung

Im Fokus dieses Abschnitts stand zweierlei: Zum einen wurde die Relevanz von Umfragen für die mediale Berichterstattung erörtert, zum anderen die Wahrnehmung derselben durch den Rezipienten. Hierzu wurden einschlägige Studien und deren wichtigste Einsichten vorgestellt, nicht ohne zuvor einen ganz allgemeinen Blick auf die ersten siebzig Jahre der Meinungsforschung zu werfen.

Diese wurden als Erfolgsgeschichte beschrieben, als Siegeszug der Demoskopie, welcher, begünstigt durch das Prognosedesaster des *Literary Digest* und die zutreffende Vorhersage der Pioniere Roper, Crossley und Gallup, 1936 seinen Lauf nahm. Selbst die eklatante Fehlprognose jener Protagonisten zwölf Jahre später konnte daran nichts ändern. Gleichwohl wurde der konsequente Verzicht einiger Zeitungen, weiterhin Umfragen des *American Institute of Public Opinion* zu publizieren, seinerzeit wohl schmerzlich zur Kenntnis genommen. Immerhin ging die Finanzierung der Meinungsforschung bereits damals in erheblichem Maße auf das Engagement der Medien zurück. Diese förderten einerseits die Entwicklung der jungen Branche als Investoren, wie im Falle Gallups und dessen *American Institute of Public Opinion*, andererseits traten sie als Nachfrager des Produkts Umfrage auf. Die Bedeutung von Umfrageresultaten für das journalistische Erzeugnis ist angesichts des finanziellen Engagements der Medien offenbar enorm. Eingehende Betrachtungen des Verhältnisses von Journalismus und Demoskopie finden hierfür unterschiedliche Erklärungen. Sie schreiben Umfragen einen hohen Nachrichtenwert zu, etwa weil Wahlergebnisse schon vor dem Wahltag greifbar scheinen. Weiterhin wird von einer Publikumsorientierung der Medienschaffenden gesprochen und das Berufsbild Präzisionsjournalist bemüht, welches die Anwendung sozialwissenschaftlicher Methodik als festen Bestandteil journalistischer Arbeit definiert. Nur mehr wenig erklärungskräftig scheint indes die einst postulierte Scheu der Journalisten, demoskopische Momentaufnahmen zu veröffentlichen und sie vielmehr als Konkurrenz zur eigenen Kompetenz zu begreifen.

Diese Entwicklung des journalistischen Selbstverständnisses spiegelt sich anschaulich in der regen Publikation demoskopisch gemessener Meinungsverteilungen wider, wie sie Studien zur Verwendung von Wahlumfragen aus unterschiedlichen demokratisch verfassten Ländern belegen. Diese zeigen darüber hinaus eine im Zeitverlauf stetige Zunahme von Beiträgen mit Bezügen zur Meinungsforschung, die sich dergestalt auch in Deutschland abzeichnet. Wenngleich jenseits des Wahlkampfes nur wenige Studien den journalistischen Gebrauch von Umfragen thematisieren, darf ein vergleichbarer Trend auch abseits eines anstehenden Urnengangs vermutet werden. Wahlspezifische Umfragen stellen dabei wie zu Wahlzeiten einen großen Teil der Umfrageberichterstattung. Neben der klassischen Wahlumfrage, ob nun partei- oder personenbezogen, gehören aber auch Umfrageveröffentlichungen zu sachpolitischen Themen zur journalistischen Bandbreite. Die populäre Verwendung von Umfrageergebnissen darf dabei keinesfalls als journalistischer Selbstzweck missverstanden werden. Insbesondere Wahlumfragen erfreuen sich bei der Bevölkerung beachtlicher Beliebtheit und werden in Deutschland wie in anderen Ländern rege rezipiert. Überdies weisen Studien auch einen im Zeitverlauf stetig gewachsenen Teil der Bevölkerung aus, der sich mit Umfragen bewusst auseinandersetzt. Mit dem hier aufgezeigten Aufeinandertreffen von Umfragepublikation und Umfragerezeption ist zweifelsohne die notwendige Voraussetzung gegeben, eine etwaige Wirkung veröffentlichter demoskopischer Messergebnisse auf den Rezipienten zu vermuten. Der folgerichtig geführten, bislang aber wenig ergiebigen Wirkungsdebatte gilt es sich nun zu nähern.

2.2 Die Debatte zur Wirkung von Umfragen

„The public opinion polls: Dr. Jekyll or Mr. Hyde?" (Cantril, 1940: 212). Mit dieser Frage stieß Cantril 1940 in Anspielung auf den Roman von Robert L. Stevenson eine der ersten wissenschaftlichen Debatten zur Wirkung von Umfragen an. Und wenn Brettschneider (2000) 60 Jahre später ganz ähnlich formuliert: „Demoskopie im Wahlkampf – Leitstern oder Irrlicht?", wird deutlich, dass die Diskussion um die Wirkung von Meinungsumfragen spätestens seit Beginn der modernen Umfrageforschung unter nahezu unverändertem Vorzeichen geführt wird. Für die einen, insbesondere Meinungsforscher, sind Umfragen ein hilfreiches Instrumentarium zur Beobachtung einer Gesellschaft, die sich in ihrer Gesamtheit der unmittelbaren Betrachtung durch den Einzelnen entzieht (vgl. Noelle-Neumann & Petersen, 1996: 625). Andere dagegen sind der Überzeugung, veröffentlichte Bevölkerungsumfragen würden die öffentliche Meinung nicht nur abbilden, sondern sie zugleich prägen.

Dass die Diskussion um mögliche Wirkungen rezipierter Umfragewerte im Laufe der Jahrzehnte nur wenig an Intensität eingebüßt hat, liegt wohl daran, dass Umfragen mehr denn je Teil der medialen Berichterstattung sind. Wie beschrieben, haben die Medien nach anfänglichem Zögern Umfragen längst als attraktiven Inhalt entdeckt. Sie publizieren nicht nur demoskopische Werte, sondern initiieren Befragungen zunehmend selbst: „to catch an issue when it is hot and to produce snappy headlines" (Yankelovich, 1996: 3). Daneben steht einem Abflauen der Debatte sicher entgegen, dass sich die um eine Deutungshoheit in puncto Meinungsklima bemühten Politiker aller politischen Parteien immer wieder berufen fühlen, Wahlumfragen und deren Veröffentlichung vehement zu kritisieren. Gemeinhin stilisieren sie sich öffentlichkeitswirksam zu Opfern demoskopisch erfasster Meinungen und sparen nicht mit Angriffen auf die Demoskopie, obgleich diese – wie ein Blick in die Handbücher der Wahlkämpfer verrät (vgl. Mauss, 2003; 2001; Radunski, 1980) – als fester Bestandteil der Wahlkampfkommunikation gelten darf.[28] Jürgen Möllemann etwa kritisierte die Meinungsforscher im 1980er Wahlkampf, weil diese angeblich versuchten, die FDP-Wähler durch gute Stimmungswerte „einzulullen". Willy Brandt mahnte im Wahljahr 1990 mit umgekehrten Vorzeichen, „sich nicht von Wahlvorhersagen verrückt machen zu lassen, die oft nur auf Demoralisierung abzielten", und Helmut Kohl propagierte 1998: „Die anderen gewinnen die Umfragen, wir gewinnen die Wahlen." (zusammengetragen von Brettschneider, 2000: 477f). Ganz ähnlich hielt es unlängst die SPD im Bundestagswahlkampf 2005: Gerhard Schröder predigte „gebetsmühlenartig" (Paul, 2006: 189), er wolle Wahlen gewinnen und keine Umfragen und seine Sozialdemokraten kürten sich per Wahlkampfaufkleber – augenscheinlich den Weltpokalsiegerbesieger[29] FC St. Pauli vor

---

[28] Wilhelm Hennis (1957: 9) konstatiert bereits 1957 selbiges: „Nach allem kann man mit Sicherheit sagen, daß die Meinungsumfragen in der Bundesrepublik zu einem anerkannten Instrument des politischen Kampfes avanciert sind, das aus der Technik moderner Herrschaftsformen kaum mehr weggedacht werden kann." Und Volker Hetterich (vgl. 2000) erarbeitete unlängst, dass sich die Unionsparteien schon 1949 bei ihrer Wahlkampfplanung – die SPD seit 1961 (vgl. Gallus, 2003: 134) – auf demoskopische Bestandsaufnahmen stützten.

[29] Nach dem 2:1-Heimsieg des Tabellenletzten der 1. Bundesliga FC St. Pauli gegen den FC Bayern München am 6. Februar 2002 feierte sich der Hamburger Fußballclub als „Weltpokalsiegerbesieger". Bayern München nämlich hatte unlängst den Weltpokal errungen (1:0 n.V. gegen den argentinischen Vertreter Boca Juniors), der zwischen 1960 und 2004 alljährlich zwischen dem Sieger der europäischen

Augen – schon vorab zum „Umfragesiegerbesieger". Anders als den heute in den Niederungen des Profifußballs beheimateten Kickern aus Hamburg gelang der SPD zwar letztlich kein Sieg über den vermeintlich großen Favoriten CDU. Das „Debakel der Demoskopen" (Drobinski, 2005) konnte Gerhard Schröder in der Berliner Runde dennoch genüsslich auskosten.

Einem Ende der Kontroverse um Umfragewirkungen nur wenig zuträglich dürfte zudem der Schachzug des *Instituts für Demoskopie Allensbach* gewesen sein, den in den eigenen Umfragen ausgewiesenen reichlich abrupt schwindenden Zuspruch des bürgerlichen Lagers vor der Bundestagswahl 2002 mit den Prognosewerten der konkurrierenden Institute zu erklären. Wie Kaase (vgl. 2003: 7) ausführt, sei von Renate Köcher, Geschäftsführerin des *IfD,* seinerzeit argumentiert worden, die eigenen Ergebnisse hätten die Stimmungslage der Wahlbevölkerung korrekt erfasst, doch habe die Konsistenz der anders lautenden und die Regierungsparteien begünstigenden Prognosen aller anderen Institute letztlich den Meinungsumschwung erst herbeigeführt, den das *IfD* dann nicht rechtzeitig und höchstens noch tendenziell habe erfassen können.

Ursächlich für die anhaltende Präsenz der Jekyll-Hyde-Debatte dürfte allerdings keiner der genannten Punkte sein. Vielmehr muss konstatiert werden, dass Befürchtungen über mögliche Wirkungen von Meinungsumfragen nie ganz ausgeräumt werden konnten, weil wissenschaftliche Befunde zur Thematik diffus geblieben sind. Diese zu betrachten wird Inhalt des folgenden Kapitels sein. Zuvor aber gilt es, die hier interessierende sozialwissenschaftliche Fragestellung grob von anderen Dimensionen der Debatte zur Wirkung von Umfragen abzugrenzen.

2.2.1 Dimensionen der Wirkungsdebatte

Grundsätzlich lassen sich drei Dimensionen der Debatte über Wirkungen von Umfragen unterscheiden: eine sozialwissenschaftliche, eine demokratietheoretische und eine rechtliche (vgl. Donsbach, 2002: 51ff). Während die beiden letzteren vorrangig normativer Natur sind und naturgemäß eng verflochten, stellt die sozialwissenschaftliche Dimension zuvorderst eine empirische dar, welche die wertfreie Beschreibung und Erklärung von Einstellungen und sozialem Verhalten im Kontext rezipierter Umfragen zum Inhalt hat. In eben diesem Bereich ist diese Arbeit angesiedelt. Hier interessiert, ob veröffentlichte Umfragen Einfluss auf das Verhalten des Rezipienten und vor allem den Stimmbürger haben, oder anders: Ob die Entscheidung eines Individuums für oder gegen eine Partei, für oder gegen einen Kandidaten, für oder gegen einen gesellschaftspolitischen Standpunkt in Folge rezipier-

---

Champions League (ehem. Europapokal der Landesmeister) und dem Gewinner der südamerikanischen Copa Libertadores ermittelt wurde.

ter Umfragen verändert ist und falls ja, warum? Die Debatte um etwaige Konsequenzen muss an anderer Stelle geführt werden, zum Beispiel als rechtlicher Diskurs verknüpft mit der Frage, ob Einschränkungen von Umfragen überhaupt möglich sind. Im Sinne einer Abgrenzung der Thematik sollen die Inhalte der rechtlichen sowie demokratietheoretischen Dimension hier knapp referiert werden.

Rechtliche Dimension

Der Vorschlag, Wahlumfragen bzw. deren Veröffentlichung einzuschränken, ist immer wieder Teil der Umfragedebatte. Bereits am 14. Februar 1935, also gut ein Jahr vor der Sternstunde der modernen Umfrageforschung, brachte Walter M. Pierce, Kongressabgeordneter des US-Bundesstaats Oregon, im Repräsentantenhaus der Vereinigten Staaten eine Gesetzesvorlage[30] ein, Befragungen per Post unter Strafe zu stellen. Und Kenneth D. McKellar, Senator aus dem US-Bundesstaat Tennessee, schlug 1936 erfolglos ein *Federal Supervisory Board* als Kontrollorgan für Umfrageaktivitäten vor, welches die Qualität von Umfragen vor deren Publikation überprüfen sollte (vgl. Robinson, 1937: 46). Nicht minder populär ist die Fragestellung in Deutschland: Mitte der achtziger Jahre forderte der damalige SPD-Vorsitzende Willy Brandt ein Veröffentlichungsverbot von Umfragen in Vorwahlzeiten und fand 1987 Bestätigung durch den FDP-Politiker Helmut Hausmann, der dieses Ansinnen erneut auf die Agenda setzte. Vergleichbar erfolglos war 1989 dann der medienpolitische Sprecher der CDU/CSU-Bundestagsfraktion Dieter Weirich, der mit seinem Vorschlag zugleich die überparteiliche Bedeutung des Verbotsgedankens dokumentiert (vgl. Brettschneider, 1991: 3).

Ein anderes Bild ergibt sich für Frankreich: Seit 1977 war dort die Veröffentlichung von Wahlumfragen in der gesamten letzten Woche vor Wahlen untersagt. Und obwohl das Verbot unter anderem durch Veröffentlichungen auf ausländischen Internetseiten umgangen wurde, gilt heute immerhin noch für den Tag der Wahl ein gesetzlicher Publikationsbann. Dabei ist Frankreich kein Einzelfall. Einem Bericht der *Foundation for Information*[31] (vgl. 2003) zufolge, für welchen 66 Länder hinsichtlich etwaiger Restriktionen für Umfrageveröffentlichungen untersucht wurden, schränken immerhin 46 Prozent der betrachteten Staaten die Publikation von Wahlumfragen ein. Die Hälfte davon wiederum verbietet deren Veröffentlichung sogar zumindest fünf Tage vor einer Wahl, vornweg Luxemburg, das eine gesetzliche Sperrfrist von 30 Tagen verordnet.

---

[30] Die Gesetzesvorlage lief unter der Kennung HR5728 (vgl. Robinson, 1937: 46)
[31] Die *Foundation for Information* wurde 1996 von der *European Society for Opinion and Marketing Research* (ESOMAR) gegründet und versteht sich als Interessenvertreter von Personen und Firmen, denen der Zugang zu – insbesondere markt- und meinungsforschungsbasierten – Informationen nur eingeschränkt möglich oder verwehrt ist (Foundation for Information, 2003).

Ob eine derartige Einschränkung von Umfrageveröffentlichungen in Deutschland überhaupt zulässig wäre, wird bei aller „taktisch bedingten" (Brettschneider, 1991: 4) Popularität des Verbotsvorschlags bei Politikern von Verfassungsrechtlern in Zweifel gezogen. Rudolf (1983) etwa hält ein Verbot für „verfassungsrechtlich unzulässig". Etwas vorsichtiger mutmaßt Benda (vgl. 1981: 101), dass ein Publikationsverbot zumindest solange unzulässig sein dürfte, bis eine mögliche Wählerbeeinflussung hinreichend gesichert sei. Ähnlich argumentiert Donsbach (vgl. 2002: 52): In Deutschland sei eine Einschränkung höchst problematisch und bestenfalls dann rechtlich zu legitimieren, wenn ein schwerwiegender Einfluss empirisch zweifelsfrei nachgewiesen werden könnte. Nur unter diesen Umständen, so Donsbach weiter, wäre unter Verweis auf Artikel 38 des Grundgesetzes ein Verbot zur Vorkehrung einer ordnungsgemäßen Durchführung der Wahl denkbar – allerdings nach strengster Abwägung mit jenen in Artikel 5 des Grundgesetzes garantierten Rechten. Angesichts der noch zu beschreibenden empirischen Befundlage zur Wirkung von Umfragen darf damit zumindest in Deutschland die rechtliche Dimension der Debatte als relativ bedeutungslos erachtet werden.

Demokratietheoretische Dimension

Unweit der rechtlichen ist die demokratietheoretische Dimension der Debatte verortet, welche Konsequenzen demoskopischer Befunde für das politische System fokussiert. Neben Einflüssen auf den Stimmbürger wird dabei vor allem die Auswirkung rezipierter Stimmungsbilder auf die Politik fokussiert. Zu den hier vielzitierten Mahnern gehört Kurt Sontheimer. Für ihn tragen Umfragen als scheinbarer *plébiscite de tous les jours* zu einer strukturellen Unsicherheit der Demokratie bei, weil der durch „die Verfassung vorgeschriebene Repräsentativcharakter ständig durch den Rekurs auf weitverbreitete vulgär-demokratische plebiszitäre Vorstellungen ins Schwanken gerät" (Sontheimer, 1964: 44). Ähnliches befürchtet Hennis (vgl. 1968: 142ff), welcher der Demoskopie vorwirft, sie verkenne den fundamentalen Unterschied zwischen Meinen und Wählen, schaffe scheinplebiszitäre Argumente für Politiker, die statt zu sachlich fundierten Entschlüssen fähig zu sein, ängstlich abwarten würden, was Meinungsforscher vorgeben und beeinträchtige auf diese Weise die gültige repräsentative Verfassungssituation. Und auch Gayer (1969: 128) mahnt nachdrücklich eine Tyrannei der durch Prozentanteile repräsentierten Masse an:

> Niemals aber zuvor waren die Lenker des Staatsgeschickes so sehr der Versuchung ausgesetzt, sich dem Volkswillen geschmeidig anzupassen, und das heißt: nicht mehr zu führen, sondern sich führen zu lassen. Der Politiker, der unbesehen Umfrageergebnisse als die öffentliche Meinung hinnimmt, die Parteien, die wie hypnotisiert nach den Prozenten schielen, die Regierenden, die aus parteitaktischen Gründen so gerne in Übereinstimmung mit dem Volkswillen handeln, sie

alle werden eines Tages nicht mehr ohne Krückstock gehen können. Sie werden zögern, Entscheidungen zu fällen, die nicht durch zustimmende Umfragezahlen untermauert und abgesichert sind.

Die Sorge, dass sich Politiker durch die Kenntnis aktueller Umfragewerte leiten ließen und das politische System so langfristig Schaden nehme, ist ebenso jenseits des Atlantiks vernehmbar. Pierce beispielsweise äußert bereits in den dreißiger Jahren des letzten Jahrhunderts, Umfragedaten könnten im Rahmen der innerparteilichen Vorwahlkämpfe ambitionierte Parteigänger animieren, sich noch vor der eigentlichen Wahlentscheidung von ihrem vormals präferierten Kandidaten zu distanzieren, um ihre eigene politische Haut zu retten (nach Robinson, 1937: 47). Den Populismus der Volksvertreter fürchtet ebenfalls Bernays (1945: 264) und schmückt seine Auslassung hierzu mit reichlich Sarkasmus[32]:

> Like vitamins and so many other good things, attitude polls have been adopted by America with its customary unthinking enthusiasm for new things. [...] leaders tend to regard attitude polls as the voice of God and the will of people. They have a new magic for satisfying the ancient desire to learn tomorrow's lesson from yesterday's page.

Im Reigen der Kritiker findet sich auch Lippmann ein: Die *Gallup*-Polls, so Lippmann (vgl. 1955: 42), seien nicht mehr als ein Bericht dessen, was die Leute zur Zeit der Befragung denken würden. Keinesfalls dürften sie als Quelle sachlicher Politik erachtet werden, dürfe die statistische Summe von Meinungen zu einem endgültigen Urteil führen. Gleichwohl sei ein zunehmender Einfluss vermeintlich populärer Ansichten zu beobachten (vgl. Lippmann, 1955: 20).

Umgekehrt werden aber auch positive Effekte auf den demokratischen Prozess akzentuiert. Der ehemalige Präsident des Bundesverfassungsgerichts Benda (vgl. 1981: 96) schreibt der Demoskopie eine Stärkung des demokratischen Elements der repräsentativen Demokratie zu und Schmidtchen (vgl. 1961: 223), Allensbacher Meinungsforscher, führt aus, Politiker hätten seit jeher Konzessionen an eine vermeintliche Öffentlichkeit gemacht, der Demoskopie wegen seien diese nun immerhin empirisch fundiert. Dieselbe Lanze bricht Brettschneider (vgl. 2000: 500) für die Demoskopie und postuliert, die Meinungsforschung könne am verlässlichsten einen realistischen Blick auf die Meinungsverteilung in der Gesellschaft ermögli-

---

[32] Bernays freilich steht in der Tradition der Sozialingenieure, welche die bewusste Manipulation der Massen durch Elitezirkel als maßgebliches Element einer funktionierenden Massendemokratie verstehen (vgl. Kunczik, 1996: 98ff). Meinungsforschung aber, die jeden Bürger über die Ansichten aller Bürger informiert und gleichsam radikale Minderheiten *coram publico* zu eben diesen degradiert, läuft einer Steuerung durch Eliten zuwider. Bernays (1945: 266a) selbst formuliert hierzu vielsagend: „Polls exert pressure that may place society under what Jefferson called the tyranny of the majority and throttle progressive minority ideas."

chen. Jenseits des Atlantiks urteilt Gallup (vgl. 1965: 548) ganz ähnlich. Danach manifestiere sich der Nutzen der Demoskopie eben auch in der Schwächung von Vertretern bestimmter Partikularinteressen (*pressure groups*), deren Einfluss ohne die gesellschaftliche Bedeutungszuweisung von Umfrageergebnissen weitaus größer wäre. Inwieweit sich die Politik letztlich tatsächlich am demoskopisch erfassten mehrheitlichen Volkswillen orientiert, können empirische Studien bislang nicht belegen. Für den Deutschen Bundestag kann Brettschneider (vgl. 1995: 223) allein dokumentieren, dass 70 Prozent der parlamentarischen Handlungen mit der zu dieser Zeit vorherrschenden Bevölkerungsmeinung harmonieren. Dies kann für die Befürchtung der Kritiker sprechen. Es muss aber nicht, zumal sich in dieser Kongruenz zweifelsfrei auch ein grundsätzlicher gesellschaftlicher Konsens spiegelt.

Darüber, ob eine Beeinflussung der Bürger durch rezipierte Umfrageergebnisse aus demokratietheoretischer Perspektive problematisch wäre, herrschen ebenso zwei elementar unterschiedliche Vorstellungen. Donsbach (vgl. 1984: 391) sieht hier zum einen jene, die einen schädlichen Einfluss der Demoskopie auf das politische System vermuten und dabei von einem pessimistischen Menschenbild und einem optimistischen Bild von der Stärke der Massenmedien ausgingen. Im Sinne des manipulierten Menschen Le Bons (vgl. 1964) sei hier der Wähler verletzlich und dirigierbar durch moderne veröffentlichte Stimmungsbilder. Demgegenüber hätten die Fürsprecher der Meinungsforschung ein optimistisches Menschenbild und Zweifel an einer starken Wirkung von publizierten Umfrageergebnissen.[33] Zugespitzt gipfelt die demokratietheoretische Debatte in der Frage, ob es angebracht ist, dem Stimmbürger Information zu verwehren, um einem möglichen Einfluss dieser auf die Willensbildung vorzubeugen oder nicht? Donsbach (vgl. 2002: 53) hält solche vermeintlichen Schutzmaßnahmen in einer reifen Demokratie für unangemessen und wird damit wohl auch bei vielen Kritikern veröffentlichter demoskopischer Messergebnisse Zustimmung finden.

Unabhängig von der wertgeladenen demokratietheoretischen Dimension muss dennoch erörtert werden, welche individuellen Wirkungen Umfragen auf den Rezipienten (Bürger und Politiker als Menschen) zu entwickeln in der Lage sind. Dem gilt nachfolgend das Augenmerk, wobei zuerst die Anfänge der Wirkungsdiskussion skizziert werden. Anschließend wird ein Blick auf die relevante Befundlage geworfen, um dann die bisherigen Versuche einer theoretischen Fundierung vorzustellen.

---

[33] Donsbach (vgl. 2002: 53) verweist in diesem Zusammenhang auf die konkurrierenden Wirkungsparadigmen der Kommunikationsforschung: Auch hier stehe auf der einen Seite der manipulierbare, passive Rezipient, auf der anderen Seite dagegen der aktive Rezipient, der in der Lage ist den Einfluss mediale Inhalte seinen Bedürfnissen entsprechend zu verarbeiten.

2.2.2 Anfänge der Wirkungsdebatte

Spekulationen zur Wirkung von Meinungsumfragen gehen bis in die dreißiger Jahre des letzten Jahrhunderts zurück. Jene Anfänge der Wirkungsdebatte dokumentiert Robinson (vgl. 1937) im ersten Jahrgang von *The Public Opinion Quarterly* und zeigt gleichsam, dass die Kritik an der Veröffentlichung von Meinungsumfragen nicht erst mit dem Einzug sozialwissenschaftlicher Methodik in die Umfragelandschaft einsetzte. Vielmehr führte bereits die zunehmende Zahl nicht-repräsentativer Erhebungen zu einem Aufflammen der Diskussion „of the place of polls in American life" (Robinson, 1937: 46). Nachdrücklich verlieh Walter M. Pierce, Kongressabgeordneter des US-Bundesstaats Oregon, seinem Unbehagen Ausdruck und forderte 1935 rechtliche Schritte ein. Zwar scheiterte er mit diesem Ansinnen, schon ein Jahr später aber landete das Thema erneut auf der politischen Agenda: Die Zeitschrift *Literary Digest* weissagte bekanntermaßen dem US-Präsidentschaftskandidaten Franklin D. Roosevelt zu Unrecht eine klare Niederlage gegen Alfred M. Landon und gab mit dieser Fehlprognose den gerade verstummten Kritikern neue Impulse. Die *New York Times* (*NYT*) etwa analysierte die besagte Fehlprognose unverhohlen sarkastisch:

> The Literary Digest still does not know why its Presidential poll was so far out of line with the actual vote, but promises to do better next time. [...] The magazine [...] goes on to cite the fact that President Roosevelt himself was ‚pretty badly off' in his own prediction of the electoral vote (Bewildered Digest To Try Poll Again, 1936).

Manch polemischer Einlassung zum Trotz haben die Anfänge der Jekyll-Hyde-Debatte aber bereits Argumente hervorgebracht, welche mangels empirischer Klarheit noch heute zu den am häufigsten genannten gehören. Robinson (vgl. 1937: 46f) trägt die beiden wesentlichen Wirkungsvermutungen jener Kritiker der ersten Stunde vor: Erstens, hier beruft sich Robinson auf Ausführungen des Kongressabgeordneten Pierce, könnten veröffentlichte Umfragen zu einer geringeren Wahlbeteiligung führen. Zurückzuführen sei dies darauf, dass jene Wähler, deren Kandidat die Umfragen anführt, nicht zur Wahl gingen, im Glauben, dieser gewinne eine Abstimmung auch ohne ihr Zutun. Umgekehrt könnten ebenso die Anhänger des prognostizierten Wahlverlierers auf den Urnengang verzichten, überzeugt, die Wahl sei ohnehin schon zuungunsten ihres Kandidaten entschieden. In aktuelleren deutschsprachigen Auseinandersetzungen (vgl. u.a. Donsbach, 1984; Brettschneider, 1991; 2000) wird das erste Phänomen als *Lethargie-*, das zweite als *Defätismus-Effekt* bezeichnet.

Die zweite Wirkungsvermutung, die sich auf die individuelle Präferenz bezieht, entnimmt Robinson einem Artikel der *NYT* vom 13. November 1936. Dort wird die Befürchtung geäußert, die Veröffentlichung von Umfragen könne einen

„‚bandwagon' rush" (Straw Ballots, 1936) auf Seiten des Wahlvolks auslösen, den Wähler also dazu bringen, sich auf die Seite des designierten Wahlsiegers zu schlagen. Die heute zumeist als *Bandwagon-Effekt* oder *Mitläufereffekt* bezeichnete Wirkungsvermutung unterstellt dem Wähler damit, sich trotz anderer oder unentschiedener Haltung zugunsten der vermeintlich mehrheitlich unterstützten Partei umzuorientieren.[34] Gegenüber gestellt wird dem Bandwagon-Effekt der sogenannte *Underdog-* oder *Mitleidseffekt*, der eine Wahlentscheidung zugunsten des vermeintlichen Wahlverlierers postuliert.

Tabelle 1:   Traditionelle Vermutungen zur Wirkung rezipierter (Wahl-) Umfragen auf das Verhalten der Stimmbürger

Wirkungsbegriff	Abhängige Variable	Einfluss zugunsten des
Bandwagon-Effekt oder Mitläufereffekt	Stimmpräferenz	stärkeren Angebots
Underdog-Effekt oder Mitleidseffekt	Stimmpräferenz	schwächeren Angebots
Defätismus-Effekt	Abstimmungsbeteiligung	stärkeren Angebots
Lethargie-Effekt	Abstimmungsbeteiligung	schwächeren Angebots

Die tabellarische Darstellung (vgl. Tabelle 1) dieser traditionellen, von Spezifika unterschiedlicher Wahlsysteme losgelösten Wirkungsvermutungen offenbart das Dilemma der Wirkungsdebatte auf einen Blick: Plausibel lassen sich völlig konträre Einflüsse rezipierter Umfrageergebnisse vermuten. Als durchaus konsequent ist daher die besonders in der Anfangsphase der Wirkungsdebatte auszumachende Diskrepanz zwischen rhetorischer Vehemenz und empirischer Stichhaltigkeit zu bezeichnen.[35]

---

[34] Die Symbolik des Begriffs arbeitet Marsh (1984: 51) anschaulich auf: „The bandwagon was the caravan in a circus that carried the band, and usually took the lead in a procession. It has come to stand as a symbol for a party or a cause which is successful; we talk of people wanting to climb on to a bandwagon when their desire to be associated with the winning party or cause is strong."

[35] Vielfach vermischen sich in den wertgeladenen Debatten nachvollziehbare Sorgen mit persönlichen Spitzen (vgl. beispielsweise Bernays, 1945 sowie Field et al., 1945).

2.2.3 Befunde zur Wirkung von Umfragen

Anschaulich verdeutlicht eine Annäherung von Pierce (vgl. 1940: 242), wie selbstbewusst zu Beginn der Wirkungsdebatte vermeintliche Beweisführungen auf Basis von Plausibilitätsargumentationen vorgenommen wurden. Um jenen von der *NYT* ins Spiel gebrachten Bandwagon-Effekt[36] zu stützen, trägt dieser nämlich vor, dass im US-Präsidentschaftswahlkampf 1916 zwischen den Kontrahenten Charles E. Hughes und Woodrow Wilson der vom *Oregon Journal* noch während Öffnung der Wahllokale verkündete Wahlsieg Hughes' zu einem erheblichen Stimmenzuwachs des angeblichen Wahlsiegers im Verbreitungsgebiet der Publikation (die Stadt Portland im US-Bundesstaat Oregon) geführt habe. Ein solches „voting for the winner" hätte sich 1924 wiederholt, so Pierce (1940: 242), als US-Präsidentschaftskandidat Calvin Coolidge auf Grund positiver Umfragewerte in der Zeitschrift *Literary Digest* eine Million Stimmen zusätzlich erhalten habe. Kaum überzeugender argumentierten dereinst die Verteidiger der Meinungsforschung: Um die These vom Bandwagon-Effekt zu widerlegen, erklärt Robinson (vgl. 1937: 49) unter Rekurs auf den 1932er US-Präsidentschaftswahlkampf in Ohio eine vom *Columbus Dispatch* veröffentlichte Umfrage, die Roosevelt bei einem Anteil von 65 Prozent der Stimmen sah, habe dem US-Präsidentschaftskandidaten keinesfalls genutzt. In einer späteren Umfrage derselben Publikation nämlich sei dieser Wert auf 51 Prozent zurückgegangen und ein Bandwagon-Effekt daher auszuschließen.

Die wohl erste ernst zu nehmende Auseinandersetzung mit möglichen Umfrageeffekten präsentierten Gallup und Rae (1940: 245ff) 1940. Zwar spielt die schlichte Plausibilität auch bei den beiden Protagonisten der frühen Meinungsforschung die Hauptrolle – sie setzen für mehrere US-Bundesstaaten Umfrage- und Wahlergebnisse in Beziehung und können am Wahltag keinen Stimmenzuwachs des in Umfragen ausgewiesenen Wahlsiegers erkennen. Zusätzlich aber stützen sich Gallup und Rae auf eine Erhebung, in welcher die Kenntnis von Umfragen ergänzend zur politischen Präferenz eruiert wurde und sich kein Einfluss der ersten auf die zweite Variable zeigen ließ. Ihren für die Anfangsphase der Umfragedebatte vergleichsweise fundierten Befreiungsschlag im Namen der Demoskopie runden Gallup und Rae schließlich ab, indem sie selbst offenbare Zustimmungszuwächse für

---

[36] Die erstmalige Verwendung des Begriffs *Bandwagon-Effekt* wird gelegentlich Lazarsfeld et al. (vgl. 1965: 107f) und der einflussreichen *Erie-County-Wahlstudie* zum US-Präsidentschaftsduell des Jahres 1940 zugeschrieben (u.a. Noelle-Neumann, 2001: 19). Tatsächlich mag der exakte Begriff dieser Quelle entspringen, die Symbolik allerdings ist wohl bereits in deutlich älteren Quellen zu finden: Wilton (2006) berichtet, schon Theodore Roosevelt, 26. US-Präsident, habe 1899 in einem seiner Briefe formuliert: „When I once became sure of one majority they rumbled over each other to get aboard the band wagon." Einer breiteren Öffentlichkeit dürfte der Begriff dann dank des erwähnten Artikels in der *New York Times* (vgl. Straw Ballots, 1936) spätestens seit 1936 bekannt sein. Die dortige Hervorhebung des Worts *bandwagon* durch Anführungszeichen lässt vermuten, dass der Begriff bis dahin nur wenig gebräuchlich war.

Mehrheitspositionen inhaltlich als Folge politischer Entwicklungen deuten können. Die zunehmende Anzahl der Befürworter einer personellen Stärkung der US-Truppen etwa sei nicht auf „mob-mindedness', but rather to the evident fact of increasing tensions on the international front culminating in the outbreak of war in Europe" (Gallup & Rae, 1940: 248) zurückzuführen. Abschließend ziehen die beiden Meinungsforscher der ersten Stunde daher das Fazit: „[…] as the facts stand at present, there is one conclusion that seems tenable–that it is not what the polls publish as majority opinion, but rather the impact of events and everyday life experiences" (Gallup & Rae, 1940: 249).[37]

Methodische Impulse für die Erforschung von Umfragewirkungen

Während zu Beginn der Debatte um den Einfluss von Umfragen auf das Individuum zumeist schlichte Plausibilitätsargumentationen auf Basis aggregierter Daten vorgebracht wurden (u.a. Robinson, 1937; Pierce, 1940), folgten Mitte der 1960er Jahre ausgefeiltere Studien zur Existenz von Bandwagon- und anderen diskutierten Effekten rezipierter Stimmungsquantifizierungen: Quasiexperimentelle Studien, welche real existierende Teilpopulationen vergleichen, um mögliche Einflüsse einer unabhängigen auf eine abhängige Variable aufzudecken und Korrelationsstudien[38], die auf Basis einer erhobenen Variablen Teilpopulationen innerhalb einer Stichprobe unterscheiden.

Die Möglichkeit zu quasiexperimentellen Untersuchungen ergibt sich regelmäßig im Rahmen der US-Präsidentschaftswahlen – und zwar seit 1964: „For the first time there was the chance that conclusive returns, including projections of the final outcome, would be available to many voters in Western states before they themselves had voted", erinnern sich Lang und Lang (1968: 148). Auf Grund unterschiedlicher Zeitzonen zwischen Ost- und Westküste und entsprechend überlappender Öffnungszeiten der Wahllokale[39] dringen – seitdem die technischen Möglichkeiten bestehen – erste Hochrechnungen bzw. Projektionen aus den östlichen Staaten an die Öffentlichkeit, bevor die Wahllokale in Los Angeles schließen. Mehr noch: 1980

---

[37] 1965 erneuerte Gallup (1965: 546) seine Kritik am „bandwagon myth": Obgleich eine atemberaubende Mehrheit der Befunde gegen die Existenz eines solchen Effekts sprächen, würden nach wie vor viele Autoren die Bandwagon-These propagieren.

[38] Manche Autoren bezeichnen Korrelationsstudien ebenfalls als quasiexperimentelles Design, da auch hier Teilpopulation unterschieden werden ohne einer Randomisierung zu unterliegen (vgl. Bortz, 1984: 404)

[39] Vier Zeitzonen entfallen auf die USA (exklusive Alaska und Hawaii): Eastern Time (u.a. Michigan, New York, Ohio), Central Time (u.a. Kansas, Texas), Mountain Time (u.a. Colorado, Utah, New Mexico) und Pacific Time (u.a. Kalifornien, Washington). Die Zeitzonen trennt jeweils eine Stunde. Wahllokale in Bundesstaaten mit Pacific Time schließen demnach drei Stunden später als Wahllokale in Bundesstaaten mit Eastern Time.

wurde bereits um 20 Uhr Ostküstenzeit, drei Stunden vor Abschluss der Wahl in den westlichen Bundesstaaten, Ronald Reagan von den landesweiten TV-Netzwerken zum US-Präsidenten gekürt (vgl. Patterson, 2003: 1). Wähler im Westen der USA, die erst spät ihre Stimme abgeben, sind demnach schon vor ihrem Votum über einen möglichen oder gar wahrscheinlichen Ausgang der Wahl informiert. In einer vergleichenden Analyse der Wahlentscheidung von Westküstenbürgern und US-Amerikanern aus Bundesstaaten mit Ostküstenzeit sollten sich demnach Hinweise auf die Existenz eines Einflusses rezipierter Mehrheitsverhältnisse genauso wie auf dessen Richtung finden lassen können (vgl. Donsbach, 1984: 394).

Zur US-Präsidentschaftswahl von 1964 zwischen dem Republikaner Barry M. Goldwater und John F. Kennedys Nachfolger Lyndon B. Johnson nahm sich eine Reihe von Forschern dem Einfluss der ersten Ostküstenhochrechnungen auf den Wähler im Westen, dem sogenannten *western voting* an (u.a. Fuchs, 1966; Lang & Lang, 1968; Mendelsohn, 1966). Obwohl bereits die ersten Zahlen Johnson als designierten Wahlsieger auswiesen, fanden sich in allen Untersuchungen keine Belege für einen Zusammenhang zwischen Kenntnis der Wahlchance eines Kandidaten und Wahlbeteiligung bzw. der Entscheidung für oder gegen einen Kandidaten. Lang und Lang (vgl. 1968: 148ff), die in den US-Bundesstaaten Ohio und Kalifornien jeweils ein Sample registrierter Wähler ihr Wahlverhalten retrospektiv einschätzen ließen, stießen zwar auf einen kalifornischen Goldwater-Sympathisanten, „who said he had never given Goldwater much chance but was so dismayed by the lopsided Johnson margin that he simply gave up and did not vote" (Lang & Lang, 1968: 151). Einen generellen Einfluss auf die Wahlbeteiligung können sie aber nicht erkennen. Und auch in puncto Wahlentscheidung sehen Lang und Lang keine Bedeutung veröffentlichter Mehrheitsverhältnisse. Zu sehr gleiche sich das Verhalten jener uninformierten Wähler aus Ohio und ihren um den Wahlsieg Johnsons wissenden Pendants aus Kalifornien (vgl. Lang & Lang, 1968: 153f).

Die Frage, ob und inwieweit der prognostizierte Wahlsieg Johnsons bei der US-amerikanischen Präsidentschaftswahl 1964 Wahlbeteiligung und Wahlabsicht der Westküstenwähler beeinflussen konnte, untersuchte auch Fuchs (vgl. 1966). Seine Vor- und Nachwahlbefragung von Wählern ausgesuchter Bezirke in den westlichen US-Bundesstaaten Kalifornien und Washington sowie in Michigan im mittleren Westen der USA erbrachte aber ebenfalls keine Belege für einen Einfluss der Ergebnisse aus dem Osten auf die Wähler im Westen. Fuchs (1966: 235) fasst für seine Untersuchung entsprechend zusammen: „[...] neither voting turnout nor vote switching in our three western areas seems to have been affected by the early ‚declarations of victory' last November 3."

Mit einer Korrelationsstudie auf Basis einer Vor- und Nachwahlbefragung nähert sich Mendelsohn (vgl. 1966) der 1964er Präsidentschaftswahl. Sein Sample differenziert Mendelsohn nach der Zeit des Urnengangs, um dann Spätwähler danach zu unterscheiden, ob sie über den Vorsprung Johnsons informiert waren oder nicht. Wie in den Studien von Lang und Lang sowie Fuchs sieht auch Mendelsohn (1966: 225) keine grundsätzliche Beeinflussung der Wähler auf Basis rezipierter Hochrechnungen aus dem Osten der USA: „It is clear that among the Californians studied exposure to election broadcasts on November 3, 1964, did not create discrepancies between prior commitments and ultimate choices." Für Wähler allerdings, die in der Vorwahlbefragung weder Johnson noch Goldwater zu ihrem Favoriten küren konnten, zeichnen sich Effekte zugunsten Johnsons ab, wenn die Wahlberichterstattung im Fernsehen verfolgt wurde. Von einem belastbaren Bandwagon-Effekt kann indes nicht gesprochen werden, zu klein ist die Gruppe der von Mendelsohn befragten Unentschlossenen.

Für die US-amerikanischen Präsidentschaftswahlen von 1968 schließlich können Tuchman und Coffin (vgl. 1971) ebenfalls keine veränderte Wahlbeteiligung oder Stimmpräferenz der kalifornischen Wähler nachweisen. Das Kopf-an-Kopf-Rennen[40] der Präsidentschaftskandidaten Richard M. Nixon und Hubert H. Humphrey blieb nach den Panelbefragungsdaten der quasiexperimentell angelegten Studie, die jener von Fuchs (vgl. 1966) ähnelt, völlig unbeeinflusst von ersten Hochrechnungen aus dem Osten der Vereinigten Staaten. Als endgültige Absage an Bandwagon- und andere Effekte wollen die Autoren ihr Ergebnis indes nicht verstanden wissen. Zum einen sei ihr methodisches Vorgehen hierfür nicht geeignet, zum anderen hätten 1964 wie 1968 die ersten Hochrechnungen den bereits vor der Wahl erwarteten Mehrheitsverhältnissen entsprochen. Nicht auszuschließen seien daher Effekte durch frühe Projektionen mit überraschenden Stimmenverhältnissen (vgl. Tuchman & Coffin, 1971: 325f).

In Deutschland sind quasiexperimentelle Studien, die sich unterschiedliche Zeitzonen zu Nutze machen, offenkundig nicht durchführbar. Gleichwohl wurde in den 1960er Jahren auch hierzulande eine Untersuchung zur Existenz von Effekten rezipierter Mehrheitsverhältnisse angestrengt. Weil 1965 bei der Wahl zum deutschen Bundestag in zwei Wahlkreisen[41] die Stimmabgabe für die Bundestagswahl wegen zweier Todesfälle um drei Wochen verschoben werden musste, liegt auch hierzulande eine Untersuchung zum Einfluss bekannter Mehrheitsverhältnisse auf die Wahlentscheidung vor. Die Stimmbürger beider Kreise nämlich waren bereits über das vorläufige Wahlergebnis informiert, als sie schließlich selbst zur Stimmabgabe aufgefordert waren. Der Vergleich des verspäteten Votums mit einer auf Basis soziodemografischer Merkmale und politischer Verteilungen errechneten wahrscheinlichen Stimmverteilung in diesen beiden Wahlkreise ergab keine Hinweise auf

---

[40] Dass die Knappheit des Rennens die Wahlbeteiligung beeinflussen könnte, wird gerne kolportiert, findet aber in empirischen Auseinandersetzungen kaum Unterstützung (vgl. Schoen, 2002: 182). „Closeness counts only in horseshoes and dancing", kommentieren Ferejohn und Fiorina (1975) dementsprechend ironisch die Gemengelage.

[41] Es handelte sich um die beiden Wahlkreise 135 Obertaunus und 236 Schweinfurt (Wahlkreisordnung, Stand: 1967).

Stimmverschiebungen etwa zugunsten des Wahlsiegers CDU.[42] Hartenstein (vgl. 1967: 298) attestiert dementsprechend, die Vorstellung, der Wähler würde sich zu den stärkeren Bataillonen schlagen, dürfe wohl zu den Akten gelegt werden. Im Einklang mit den quasiexperimentellen Untersuchungen dieser Zeit findet also auch Hartenstein keine Effekte. Dass die Resümees jener Studien dennoch fast durchweg behutsam formuliert werden, wie auch Hartenstein (vgl. 1967: 295) konzediert, hat gute Gründe: Quasiexperimentellen Untersuchungen sowie Korrelationsstudien mangelt es in der Regel an interner Validität (vgl. Bortz & Döring, 2002: 57f; Schnell et al., 1992: 237ff). Die vom Forscher unbeeinflusste Zuordnung der Probanden führt zwangsläufig dazu, dass nicht alle Einflussvariablen kontrolliert und kausale Fehlschlüsse demnach nicht ausgeschlossen werden können. Unklar ist weiterhin, ob die retrospektiven Selbstauskünfte der befragten Personen, auf die sich das Gros solcher Studien stützt, deren tatsächliches Verhalten widerspiegeln (vgl. Hardmeier & Fontana, 2006; Traugott & Katosh, 1979). Noch problematischer sind freilich Befunde, wie sie Hartenstein präsentiert, weil sie auf aggregierte Daten zurückgehen, also individuelle Entscheidungswege außer Acht lassen und so die „Gefahr von Kausalirrtümern und Scheinkorrelationen" (Donsbach, 1984: 6) zusätzlich verschärfen.

Ein experimentelles Vorgehen hingegen minimiert die Gefahr eines *ökologischen Fehlschlusses*. Experimente ermöglichen es nämlich, die Versuchsteilnehmer den Versuchsgruppen zufällig zuzuweisen (Randomisierung), die Begleitumstände des Stimuluskontakts zu kontrollieren, äußere Störfaktoren weitgehend auszuschließen sowie Einflüsse auf Individualniveau aufzudecken (vgl. Schnell et al., 1992: 224ff). Experimente gelten daher vielen als Königsweg im hier fraglichen Kontext (vgl. Traugott, 1992: 137). Ende der 1960er, Anfang der 1970er Jahre wurde eine Reihe von Studien veröffentlicht, welche die Wirkung von Umfragen auf das Individuum experimentell untersuchten. Bei Studien dieses Typs wird gemeinhin ein Teil der Versuchspersonen über die Meinungsverteilung in der Bevölkerung informiert, zum

---

[42] Bei der Bundestagswahl 2005 wiederholte sich ein solcher Fall. Wegen des Todes der Dresdner NPD-Direktkandidatin elf Tage vor der Bundestagswahl am 18. September 2005 wurde für den Wahlkreis 160 (Dresden I) eine Verlegung des Urnengangs um zwei Wochen beschlossen. Diese Entscheidung führte bereits im Vorfeld der Bundestagswahl zu Spekulationen über mögliche Auswirkungen auf das Wahlergebnis in dem umkämpften Wahlkreis – bei der Bundestagswahl 2002 lieferten sich SPD und CDU dort ein Kopf-an-Kopf-Rennen (vgl. Eine Nachwahl in Dresden könnte zum Zünglein an der Waage werden, 2005). Der Ausgang der Bundestagswahl am 18. September 2005 nährte schließlich Befürchtungen um einen atypischen Wahlausgang im Wahlkreis 160, insbesondere aufgrund taktischer Überlegungen der Dresdner Wähler: Weil das Bundestagswahlrecht bislang (das Bundesverfassungsgericht beauftragte den Gesetzgeber im Juli 2008 diesen Zustand bis 2011 zu korrigieren) ein sogenanntes negatives Stimmgewicht ermöglicht, war abzusehen, dass die CDU bei einem guten Zweitstimmenergebnis im Wahlkreis Dresden I einen Parlamentssitz weniger erhalten hätte. Das Wahlkreisergebnis (Zweitstimmen im Vergleich zu 2002: CDU: −6,1 Prozentpunkte, FDP: +9,6 Prozentpunkte) lässt spekulieren, dass eine große Zahl unionsnaher Stimmbürger um diese Problematik wusste und zur Unterstützung der CDU mit ihrer Zweitstimme für die FDP stimmte.

Beispiel im Fragebogen (Experimentalgruppe), ein anderer Teil von Probanden dagegen nicht (Kontrollgruppe). Der Vergleich von Experimental- und Kontrollgruppe soll dann Anhaltspunkte liefern, ob rezipierte Befragungsergebnisse für unterschiedliche Stimmpräferenzen sorgen oder die Bereitschaft zur Stimmabgabe beeinflussen können.

Die Bilanz solch experimenteller Untersuchungen liest sich deutlich anders als die jener Studien zum *western voting*: Gleich mehrere Untersuchungen können Einflüsse rezipierter Umfragewerte zeigen. Atkin (1969: 519) etwa, der auf Basis seiner Untersuchungsdaten folgert: „The experimental evidence generally supports the hypothesis that Ss [Students] exposed to a poll report, showing one candidate or issue position favored by a relative majority of the student electorate, would change positively on voting intention and image on that political concept." Für sein Experiment hatte Atkin zuerst gut hundert Studenten zu deren Meinung hinsichtlich bestimmter politischer Kandidaten und Themen befragt. Drei Wochen später wurden denselben Studenten vermeintliche (Experimentalgruppen) wie tatsächliche (Kontrollgruppe) Umfrageergebnisse als „realistic-appearing news release" (Atkin, 1969: 516) vorgelegt und anschließend die Meinung der Versuchsteilnehmer erneut erhoben. In sieben der insgesamt acht experimentellen Konstellationen zeigten sich zumindest tendenziell Einflüsse der rezipierten Umfrageergebnisse auf die Präferenz und zwar im Sinne eines Bandwagon-Effekts; bei zwei waren diese statistisch bedeutsam.

Einen Einfluss des demoskopisch erfassten Meinungsklimas auf die Wahrnehmung der gesellschaftlichen Stimmungslage sowie auf Präferenz und Motivation zum Urnengang findet auch Bock (vgl. 1976: 459ff). Angesichts der Ergebnisse seines Feldexperiments zur US-amerikanischen Präsidentschaftswahl von 1972 zwischen dem Demokraten George McGovern und seinem republikanischen Kontrahenten Richard M. Nixon formuliert Harold de Bock (1976: 462) eine Mahnung an die Presse, sich vor der Veröffentlichung falscher oder manipulierter Umfragen zu schützen:

> These results underline the mass media's responsibility to guard against publishing erroneous or manipulative instate election poll reports and thus to ensure that whatever influence such poll reports have comes from accurate rather than from misleading election poll information.

Weitere frühe experimentelle Indizien zur Existenz von Umfrageeffekten kommen von Navazio (vgl. 1977)[43] sowie von Ceci und Kain (vgl. 1982). Erster findet in

---

[43] Für sein Feldexperiment versendete Navazio (vgl. 1977: 217f) an 500 zufällig ausgewählte Bürger North Carolinas Fragebögen, auf denen die Arbeit Präsident Nixons bewertet werden sollte. Die Hälfte der Versuchspersonen wurde in den Fragen zusätzlich über aktuelle Umfrageergebnisse informiert, um so einen etwaigen Einfluss dieser überprüfen zu können. Navazio teilt in seiner Studie allerdings das

seinem Feldexperiment Bandwagon-Tendenzen und resümiert: „This pattern of results does not support the idea that exposure to national poll results can have no effect on public opinion" (Navazio, 1977: 223). Und auch die experimentellen Ergebnisse von Ceci und Kain sprechen für die Möglichkeit von Umfrageeinflüssen auf die Präferenz der Versuchspersonen, wenngleich die Probanden hier nicht wie bei Navazio auf den Bandwagon springen, sondern sich vielmehr von dem in Umfragen als führend ausgewiesenen Kandidaten abwenden – ohne sich allerdings dem Underdog zuzuwenden. Ceci und Kain (1982: 228) sprechen daher nicht von jenem häufig zitierten Underdog-Effekt, sondern sehen eine „oppositional reactivity" und ziehen das grundsätzliche Fazit: „The data clearly demonstrate that both strength of attitude and candidate preference are influenced by knowledge of previous polling results".

Auch jüngere experimentelle Studien lassen an der Wirkungslosigkeit rezipierter Mehrheitsverhältnisse zweifeln. Ansolabehere und Iyengar (vgl. 1994) untersuchen die Wirkung von Umfrageberichterstattung im Rahmen von Fernsehnachrichten auf ihre Probanden und finden prompt signifikante Einflüsse auf unterschiedliche abhängige Variablen: Befragungsergebnisse zum Vorsprung Bill Clintons auf Amtsinhaber George Bush etwa wirken sich positiv auf die erwarteten Chancen Clintons aus, Bush als US-Präsidenten zu beerben. Weiterhin wird Clinton von den Rezipienten positiver Umfrageergebnisse auch häufiger zur persönlichen Präferenz erklärt als von den Probanden in der Kontrollgruppe ohne Umfragekonsum. Auch Areni et al. (vgl. 2000) sowie Nadeau et al. (vgl. 1993) liefern experimentelle Befunde, die Mehrheitseinflüsse nahe legen, und Catherine Marsh (1984) kontert die Bestrebungen, den Entscheid zugunsten des Mehrheitsstandpunkts zu den Akten zu legen, knapp aber deutlich schon in der Überschrift ihres Beitrags im *British Journal of Political Science*: „Back on the Bandwagon: The Effect of Opinion Polls on Public Opinion". Und Hardmeier und Roth (vgl. 2003) schließlich können mit fingierten demoskopischen Ergebnissen die selbstbekundeten Präferenzen der Probanden bei Sachfragen beeinflussen, wobei die vorgenommene quasi-kontinuierliche Umfragevariation des Zustimmungswerts zwischen 25 Prozent und 75 Prozent im Mittel zu einem nahezu ebenso differenzierten Präferenzgefälle führt. Mit ihrem Experiment dokumentieren Hardmeier und Roth also einen grundsätzlich positiven Zusammenhang zwischen rezipierter Zustimmung und individueller Präferenz, der sich nicht durch die An- oder Abwesenheit von Mehrheiten erklären lässt. Festzuhalten bleibt: Mehr als alle anderen methodischen Zugänge sind Experimente in der Lage, mögliche Wirkungen auf die Präferenz des Individuums zu bezeugen. Dies zeigen

---

Problem aller schriftlichen Befragungen: den nur geringen Rücklauf. Dass diese Form der Selbstselektion der Versuchspersonen zugleich die Ergebnisse der Studie beeinflusst haben könnte, kann daher nicht ausgeschlossen werden.

auch Hardmeier und Roth (vgl. 2001: 14ff) in einer systematisierenden Metaanalyse zahlreicher Befunde zum Einfluss von Umfragen.

Effekte in nicht-experimentellen Studien

Dass intern valide Resultate eines Experiments nicht unbedingt auf das soziale Handeln von Personen außerhalb des experimentellen Kontextes übertragbar sind, ist eine gängige methodische Kritik (vgl. Schnell et al., 1992: 238), die auch im Hinblick experimentell gemessene Umfrageeffekte geäußert werden kann. Allerdings finden sich positive Wirkungsbefunde auch in nicht-experimentellen Studien, sodass Umfrageeffekte wohl nicht bloß als Artefakt experimenteller Untersuchungen gelten können. Auch Korrelationsstudien gelingt es beispielsweise, sowohl individual- als auch aggregatdatenbasiert, Effekte rezipierter Mehrheitsverhältnisse zu zeigen. West (vgl. 1991) beschreibt, wie die Wahrnehmung von Umfragen Sachentscheidungen beeinflusst. Für das 1986 im US-Bundesstaat Rhode Island abgehaltene „right-to-life"-Referendum, welches sich gegen die staatliche Unterstützung von Schwangerschaftsabbrüchen richtete, konstatiert West eine in Umfragen mitbegründete Meinungsverschiebung – allerdings zuungunsten der als Mehrheitsmeinung ausgewiesenen liberalen Haltung für eine staatliche Unterstützung.

Skalaban (vgl. 1988) berichtet auf Basis einer Panel-Untersuchung zur 1980er US-Präsidentschaftswahl ebenfalls von Umfrageeinflüssen. Und McAllister sowie Studlar (1991: 736) attestieren für die ihrer Studie zu Grunde liegenden Befragungsdaten zu den britischen Unterhauswahlen der Jahre 1979, 1983 und 1987: „There is a consistent pattern of apparent bandwagon effects for the leading party through voter's perception [via polls] of the size of party lead." Weitere nicht-experimentelle Anhaltspunkte für Bandwagon-Effekte dokumentieren u.a. Johnston et al. (vgl. 1992) und Nadeau et al. (vgl. 1994). Letztere stützen sich allerdings auf die vor Wahlen zum britischen Unterhaus regelmäßig erhobenen Befragungsdaten des *Gallup*-Instituts zu den Wahlchancen der Parteien und attestieren für ihre Auswertung sämtlicher Urnengänge zwischen 1966 und 1987: „With respect to vote intentions, our finding of a bandwagon effect, even though small, adds support to the contention that some voters respond to the implicit bonus of being on the winning side even in high salience general elections" (Nadeau et al., 1994: 378).

2.2.4 Konzepte zur Wirkung von Umfragen auf das Stimmverhalten

Insgesamt ist ein beachtlicher Teil der Studien in der Lage, Effekte rezipierter Umfragen auf das Stimverhalten zu erkennen. Folgerichtig konstatieren Hardmeier und Roth (vgl. 2003: 175), sei den Wirkungen von Meinungsumfragen weiter nachzugehen, insbesondere, weil eine theoretische Durchdringung weiterhin ausstehe. Tatsächlich versuchen zwar zahlreiche Studien mit empirischen Befunden einen Beitrag zur Debatte um die Wirkung von Umfragen auf das Stimmverhalten zu leisten, der theoretischen Unterfütterung ist dabei aber nur wenig Aufmerksamkeit zuteil geworden (vgl. Kenney & Rice, 1994: 924). So konzentriert das Gros der Studien allein auf die Messung einer durch Kenntnis von Umfrageergebnissen ausgelösten Änderung der Präferenz und verzichtet weitgehend darauf, Hypothesen zur Wirkweise rezipierter Umfragewerte zu entwickeln. Exemplarisch sei hier auf Marsh (1984: 51; ähnlich Tuchman & Coffin, 1971; Fleitas, 1971) verwiesen, die für den Bandwagon-Effekt schlicht formuliert: „A ‚bandwagon effect‘ is the label given by social scientists to a situation where [...] people adopt the majority view *for whatever reason* [Hervorhebung durch den Verfasser]". Jene Autoren, die ihre empirischen Ergebnisse zumindest ansatzweise theoretisch begründen, konzentrieren ihre Argumentation in erster Linie auf perzipierte Mehrheitsverhältnisse im Allgemeinen.

Ausnahmslos handelt es sich bei den genannten theoretischen Annäherungen also nicht speziell um Konzepte zur Wirkweise wahrgenommener Umfragen. Vielmehr wird die Umfrageproblematik als Sonderfall einer grundsätzlichen Wirkung rezipierter Mehrheitsverhältnisse bewertet und dementsprechend aufgearbeitet. Pierce (1940: 243) beispielsweise stützt seine Mutmaßungen über die Wirkung von Umfragen auf persönliche Erfahrungswerte zur Attraktivität eines prognostizierten Wahlgewinners, ohne das Thema Umfrage zu explizieren: „I have found, from actual experience reaching over a half century of public life, that the strongest argument I can make and that my friends can make for me, is that I'm sure to win." Ähnlich unpräzise bleibt die Argumentation Skalabans (1988: 137): Bezugnehmend auf den „ersten soziologischen Bestseller" (Fleck, 2002: 816), Riesmans (vgl. 1968) Abhandlung *Die einsame Masse,* unterstellt Skalaban dem Individuum, es sei *other-directed,* orientiere sein Verhalten also an jenem der Anderen und demnach auch an Umfrageergebnissen. Weil gleichwohl auch ergiebigere Annäherungen vorliegen, soll nun ein Überblick über die in der Literatur (u.a. Hardmeier & Roth, 2003; Mutz, 1992) vorgeschlagenen Konzepte zur Wirkung demoskopisch gemessener Stimmungslagen auf das Individuum gegeben werden. Unterscheiden lassen sich dabei affektive, sozialpsychologische, rationale und kognitive Erklärungsansätze (vgl. Abbildung 2).

Affektive Impulse zugunsten der Mehrheit

Im Zuge seiner Ausführungen zum *political momentum,* der ominösen Schwungkraft, die Ronald Reagan im 1980er Nominierungswahlkampf erfasste und ihn zum Sieg über den innerparteilichen Konkurrenten George Bush führte (vgl. Kenney & Rice, 1994: 923), stellt Larry M. Bartels (vgl. 1988) zwei affektive, also emotional geprägte

Impulse vor, die immer wieder als Erklärungsmuster für vermutete Umfrageeffekte herhalten müssen: *supporting a winner* und *contagion*.

Abbildung 2:   Erklärungsansätze zur Wirkung rezipierter Umfragen auf die
                 Stimmpräferenz

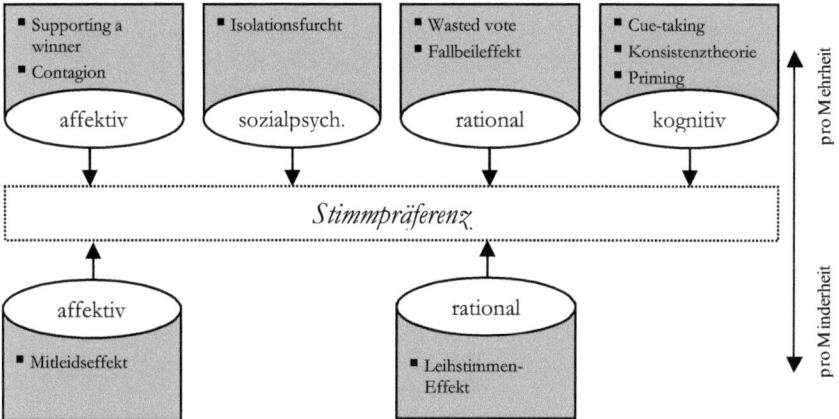

Mit *supporting a winner* beschreibt Bartels die klassische Bandwagon- oder Mitläufer-These, die seinerzeit schon der US-Kongressabgeordnete Pierce (vgl. 1940) als *voting for the winner* anbot. Demnach orientiert sich das Individuum mit seiner Wahlentscheidung an der Mehrheit, um auf der Seite des Wahlsiegers zu stehen. Der Sprung auf den Bandwagon dient also zuvorderst der Befriedigung des Wunsches, auch selbst zu den Gewinnern zu gehören (vgl. Brettschneider, 2000: 493). Obwohl ungemein populär, mahnt Mutz (1992: 96) die Vermeintlichkeit einer solchen Handlungsmotivation an: „Although this idea has attained the status of a cultural truism, the extent to which the thrill of victory is derived or anticipated from adopting the opinions of distant others seems questionable." Immerhin können Vertreter der Bandwagon-These auf Lazarsfeld et al. (1965: 108) verweisen, die im Zuge ihrer Wahlstudie *The People's Choice* entsprechende Aussagen von Wahlbürgern präsentieren, so etwa: „Just before the election it looked like Roosevelt would win so I went with the crowd. Didn't make any difference to me who won, but *I wanted to vote for a winner* [Hervorhebung im Original]". Davon unbeirrt zweifelt aber auch Noelle-Neumann (2001: 19) an der Erklärungskraft der *supporting a winner*-These. Kaum einleuchtend sei schließlich, dass sich ein Individuum, das ja „kaum wie etwa die Führungsschicht davon Ämter und Macht zu erwarten" hätte, affektiv auf die Seite der Mehrheit schlage.

Dies kann die *contagion*-These, zu deutsch etwa Ansteckungs- oder Übertragungsthese, genauso wenig erklären. Ebenfalls affektiv entscheidet sich das Individuum deshalb für den in Führung liegenden Kandidaten, weil dessen breite Unterstützung durch andere für eine enthusiastische Gesamtstimmung sorgt, die ansteckt und zwar unabhängig von politischen Instinkten oder Interessen: „[...] people are swept away by the excitement, the new face, the surprising victories, the television interviews, the magazine covers" (Bartels, 1988: 111). Kenney und Rice (vgl. 1994: 924) definieren *contagion* daher als unkontrollierte enthusiastische Reaktion auf wahrgenommene Stimmungsentwicklungen. Im Unterschied zum zuvor erörterten *supporting a winner* wird hier die Rolle von Meinungstrends betont, die beispielsweise Marsh und O'Brien (vgl. 1989) experimentell als einflussreich identifizieren können.

Sozialpsychologisch: Isolationsfurcht als Erklärungsansatz

Den kausalen Zusammenhang von Mehrheitsmeinung und individueller Präferenz beschreibt auch Noelle-Neumann. In ihren Ausführungen zur *Theorie der Schweigespirale* erteilt sie dem schlichten *supporting a winner* allerdings eine Absage (vgl. Noelle-Neumann, 2001: 19): Sie verweist stattdessen auf eine dem Individuum inhärente Furcht, isoliert und ausgestoßen zu werden (vgl. Noelle-Neumann, 1997: 379)[44] und beruft sich auf frühe sozialwissenschaftliche Konformitätsexperimente (u.a. Asch, 1952), die gezeigt haben, dass Menschen sich unter Umständen Mehrheitsurteilen sogar dann anschließen, wenn die eigenen Sinneswahrnehmungen anderes bezeugen. Die hieraus abgeleitete Furcht, sich durch eine nonkonformistische Ansicht isolieren zu können, sei wahrscheinlich genetisch verankert und diene der Übereinstimmung von sozialen Werten und Zielen und letztlich dem Zusammenhalt der Gesellschaft. In den unterschiedlichsten Kulturen beschrieben, wird die Isolationsfurcht aus der evolutionsgeschichtlichen Bedeutung der Gruppe hergeleitet, ein

---

[44] Bereits Staatstheoretiker Machiavelli (vgl. 1977: 146f) nähert sich diesem Aspekt des menschlichen Daseins und formuliert, sich auf Titus Livius beziehend: „Aus denen, die in ihrer Gesamtheit widerspenstig waren, wurden einzelne, von denen jeder aus Furcht vor seinem Schicksal gehorchte." Überdies zeigt eine Reihe früher sozialwissenschaftlichen Studien einen normativen Einfluss der Gruppe auf das Individuum (u.a. Sherif, 1937). 1940 präsentierte Solomon E. Asch mehr als ein Dutzend Experimente, die sich mit dem Einfluss von Mehrheitspräferenzen in Form von Standards und Normen auf das Individuum befassen. In einem der bekannteren Versuche legte Asch (vgl. 1952: 451ff) seinen Probanden eine nach sozialem Prestige sortierte Rangliste von zehn Berufen vor, die angeblich auf Basis von 500 Befragten zu Stande gekommen war. Im Sinne einer experimentellen Variation wurde der Beruf des Politikers bei einer Hälfte der Versuchspersonen an erster, bei der anderen an letzter Stelle geführt. Die Probanden, die nun aufgefordert waren, nach dieser Vorlage ihre ganz persönliche Prestigerangliste zu erstellen, ließen sich offenbar von dieser Manipulation beeinflussen. So ordneten Versuchspersonen, denen der Beruf des Politikers als prestigeträchtigster präsentiert worden war, diesen auch selbst höher ein als jene Probanden der anderen Gruppe.

Einvernehmen mit der vorherrschenden Meinung als *conditio sine qua non* der Existenz beschrieben (vgl. Csikszentmihalyi, 1992: 34).

Die Sorge, in der Minderheit zu sein, und nicht etwa der Wunsch, zu den Gewinnern zu gehören, löse einen Meinungsdruck aus und veranlasse das Individuum, sich ständig zu vergewissern, welche Meinungen und Verhaltensweisen von der Umwelt gebilligt bzw. missbilligt werden, welche Meinungen und Verhaltensweisen zunehmen bzw. abnehmen (vgl. Noelle-Neumann, 1990: 486). Den denkbaren Zusammenhang zwischen Umfragerezeption und Meinungsdruck stellt Noelle-Neumann jedoch nicht her. Zwar beschreibt sie, wie sich die Isolationsfurcht bei den Bundestagswahlen 1965 und 1972 als *last minute swing*, als Meinungsumschwung in letzter Minute zugunsten des erwarteten Siegers im Kampf um die parlamentarische Mehrheit manifestiert habe (vgl. Noelle-Neumann, 2001: 14ff). Als Quelle der Wahlerwartung identifiziert sie allerdings die menschliche Fähigkeit zu einer quasistatistischen Umweltwahrnehmung. Diese ermögliche es dem Individuum unabhängig von demoskopischen Quantifizierungen, „Häufigkeitsverteilungen, Meinungsänderungen in der Umwelt mit großer Empfindlichkeit wahrzunehmen" (Noelle-Neumann, 2001: 165). Umfragen traut sie indes kaum Einfluss zu. In einem Interview mit der Fachpublikation *Interview und Analyse* erklärt sie (vgl. Noelle-Neumann, 1980: 5), die Erwartung, wer die Wahl gewinne, habe sich in den Jahren 1965, 1972 und 1976 unabhängig von den veröffentlichten demoskopischen Ergebnissen über die Stärke der Anhängerzahlen entwickelt. Daher dürfe auch ein möglicher Einfluss veröffentlichter Umfrageergebnisse zur Parteistärke auf die Wahlentscheidung als unwahrscheinlich gelten.

Andere stellen dagegen den Zusammenhang zwischen der „wissenschaftlich und politisch einflussreichen" (Schoen, 2002: 183) *Theorie der Schweigespirale* und der Rezeption von Umfragen her, verzichten dabei aber auf eine tiefgreifende Auseinandersetzung (vgl. Hardmeier & Roth, 2003; 2001; Scheufele & Moy, 2000; Traugott, 1992). Das mag auch daran liegen, dass die thematisierte Isolationsfurcht nur bedingt geeignet scheint, gemessene Umfrageeffekte zu erklären. Befunde aus experimentellen Untersuchungen belegen nämlich auch dann einen Schwenk zugunsten des vermeintlichen Mehrheitsstandpunkts, wenn diese Mehrheit alles andere als dominiert, die Angst vor gesellschaftlicher Isolation also kaum als Handlungsmotiv bemüht werden kann (u.a. Atkin, 1969: 519).

Rationaler Mehrheitsentscheid

Eine durch Mehrheitseindrücke beeinflusste Entscheidung zugunsten der populären Wahlalternative lässt sich auch mit individueller Nutzenmaximierung begründen. Wahlverhalten als Folge rationaler Entscheidungen aufzufassen, ist seit Downs (vgl. 1957) klassischer Arbeit *An Economic Theory of Democracy* ein etabliertes Erklärungsmodell in der Wahlforschung und wird etwa von Bartels (vgl. 1988) im hier interessierenden Zusammenhang aufgearbeitet. Der ökonomische Ansatz konzeptualisiert den Wähler als subjektiv rational handelnden Akteur, der jenem Kandidat seine Stimme gibt, der nach einer umfassenden Analyse der politischen Alternativen den maximalen Nutzen in Relation zu den entstehenden Kosten verspricht. Als Entscheidungsgrundlage kann daher auch die Einschätzung der Wahlchancen von Bedeutung sein. Denn je geringer die Wahrscheinlichkeit ist, dass die eigentlich bevorzugte Partei die Regierung übernehmen könnte, desto eher sollte sich ein rationaler Wähler für ein konkurrierendes Angebot entscheiden, das ihm dank des möglichen Wahlsiegs letztlich mehr Nutzen generieren könnte (vgl. Arzheimer & Schmitt, 2005: 250ff; Fuchs & Kühnel, 1994: 340).

Bartels (vgl. 1988; auch Abramson et al., 1992) verweist diesbezüglich auf die in den USA üblichen innerparteilichen Primaries bzw. Vorwahlen: Dort nämlich sollte nicht unbedingt jener Kandidat gewinnen, den die Parteianhänger persönlich präferieren, sondern jener Kandidat, dem die größten Chancen zugeschrieben werden, letztlich das Gros der wählenden US-Amerikaner überzeugen und ins Weiße Haus einziehen zu können. Ein demokratischer Parteigänger beispielsweise sollte trotz links-liberaler Einstellung für den gemäßigten demokratischen Präsidentschaftskandidaten stimmen, wenn diesem am Wahltag eher ein Sieg über den politisch noch entfernteren republikanischen Kontrahenten zuzutrauen ist. Dass der hier beschriebene Wechsel von einer ersten Präferenz zu einer zweiten aus Gründen der Nutzenmaximierung auch am Tag des Urnengangs selbst denkbar ist, arbeitet Brennan (vgl. 1949) im Folgejahr der für die Meinungsforschung schmerzlich verlaufenen US-amerikanischen Präsidentschaftswahl von 1948 auf: So sei der demokratische Amtsinhaber Truman am Wahltag vielfach von Anhängern des Kandidaten der politisch linken Progressive Party, Henry A. Wallace, gewählt worden, um eine Mehrheit für den republikanischen Herausforderer Dewey zu verhindern. Zur Absicherung dieser These verweist Brennan (1949: 295) auf Ergebnisse ihrer Panelstudie und führt prägnante Aussagen interviewter Wallace-Sympathisanten ins Feld: „I thought Wallace didn't have a chance, and if I voted for Truman, it might help beat Dewey." Und: „I felt that since Wallace couldn't be elected I'd better vote for Truman rather than let Dewey get in."

Unter dem Label *wasted vote* wird das hier beschriebene taktische Wahlverhalten grundsätzlich für Wahlentscheidungen in Mehrheitswahlsystemen mit mehr als zwei alternativen Angeboten diskutiert (vgl. Cox, 1997: 80ff). Ausgegangen wird hier jeweils von einer Stimmenverschiebung zugunsten des Angebots, das dem Stimmbürger nach einer Abwägung von politischer Nähe und Wahlchancen am zweckdienlichsten erscheint. Trotz Verhältniswahlsystem lässt auch das bundesdeutsche Wahlrecht mit seiner Fünfprozentklausel ein instrumentelles Votum denkbar erscheinen (vgl. Brettschneider, 2000: 494f). Gemeinhin wird auf den von Kurt Reumann (vgl. 1983a; 1983b) aufgebrachten *Fallbeileffekt* verwiesen. Diese Variante der

Wasted-vote-These thematisiert, wie ein demoskopisch prognostiziertes Scheitern der FDP an der Fünfprozenthürde deren parlamentarische Präsenz gefährden könnte, wenn der Wähler – um den faktischen Wert seiner Stimme bangend – zur Sicherung der Mehrheit des bürgerlichen Lagers lieber den großen Koalitionspartner CDU/CSU wählt.

Plausibel setzt die Wasted-vote-These demnach Nutzenmaximierung und wahrgenommene Wahlchancen in Verbindung und weil auch empirische Anhaltspunkte für die Existenz einer solchen strategisch motivierten Stimmabgabe sprechen (vgl. Schoen, 2000), steht der „Abschied vom rationalen Wähler" (Kepplinger & Maurer, 2005) in diesem Kontext vorerst wohl nicht zur Debatte. Dennoch ist die Wasted-vote-These zur Erklärung des empirisch belegten Präferenzwechsels in Folge rezipierter Umfrageergebnisse nur bedingt geeignet. Den Sprung auf den Bandwagon bei nur zwei konkurrierenden Angeboten – etwa das Für und Wider bei Sachentscheidungen (vgl. Hardmeier & Roth, 2003) – kann sie nämlich nicht erklären.

Populäre Wahl und Informationsverarbeitung

Schließlich sind Meinungsverschiebungen zugunsten der populären Alternative auch als Folge kognitiver Prozesse denkbar. Das *cue-taking* beispielsweise will die Präferenzen der Mehrheit als Entscheidungshilfe verstanden wissen. Bartels (1988: 111) konkretisiert beispielhaft: „The operative logic is, roughly, that 25.000 solid New Hampshirites (probably) can't be too far wrong." Die durch publizierte Umfragen wahrgenommene öffentliche Meinung gibt demnach einen Fingerzeig (*cue*), welche Wahl die vermeintlich beste ist. Entscheidend ist hier aber nicht, dass eine Mehrheit Mehrheit ist, sondern vielmehr, dass es einen guten Grund geben muss, einen Standpunkt zum Standpunkt der Mehrheit werden zu lassen. Parallelen ergeben sich hier zu der von Chaiken (vgl. 1987) diskutierten Konsensheuristik: Im Rahmen dieser wird die Orientierung an der Mehrheitsmeinung als eine evolutionsgeschichtlich bewährte Faustregel betrachtet, die das Individuum zu einer vernünftigen Entscheidung ohne großen kognitiven Aufwand führt (vgl. auch Kap. 2.3.2).

Qualitative Anzeichen für einen derartigen Einfluss finden sich in der wegweisenden Wahlstudie *The People's Choice*. Nach den Gedanken zu seiner kommenden Wahlentscheidung gefragt, gibt einer der befragten Stimmbürger zu Protokoll: „I have always been a Democrat, but lately I've heard of so many Democrats who are going to vote Republican that *I might do the same* [Hervorhebung im Original]. Four out of five Democrats I know are doing that" (Lazarsfeld et al., 1965: 108). Gleichwohl zweifelt Mutz (vgl. 1992: 97) am *cue-taking* als Erklärungsansatz und bezeichnet die empirische Befundlage zur Existenz einer Konsensheuristik als insgesamt begrenzt und uneinheitlich.

Atkin (vgl. 1969: 520) entscheidet sich, seine experimentell gezeigte Meinungsverschiebung zugunsten positiver Umfragewerte konsistenztheoretisch herzuleiten.[45] Er geht davon aus, dass die Wahrnehmung der öffentlichen Meinung grundsätzlich und jederzeit ein konstituierendes Merkmal der politischen Entscheidungsfindung ist. Fortwährend würden daher persönliche Präferenz und wahrgenommene öffentliche Meinung ein fein austariertes Gleichgewicht zweier abhängiger kognitiver Elemente bilden. Folglich bedeutet jede, etwa durch Umfragen wahrgenommene Änderung des Meinungsklimas eine Inkonsistenz, die das Individuum zu einer Neubewertung der Situation zwingt. Eine solche Neubewertung zur Wiederherstellung des kognitiven Gleichgewichts kann dann die Disqualifikation neu akquirierter Daten sein (etwa im Sinne von „Umfragen sind doch nur Meinungsmache.") oder die Anpassung der eigenen Präferenz an die wahrgenommenen Mehrheitsverhältnisse. Jene Anpassung will Atkin (vgl. 1969: 521) dabei als kognitiven Prozess verstanden wissen, in dem die Standpunkte der Mehrheitsmeinung einer wohlwollenden Prüfung unterzogen werden. Für diese Interpretation spricht, dass Atkin nicht nur eine veränderte Wahrnehmung des Meinungsklimas messen kann, sondern gleichsam eine Aufwertung des Images der populäreren Wahl.

Auch Mutz (vgl. 1992: 98f) thematisiert kognitive Prozesse als Erklärungsmuster etwaiger Umfragewirkungen Sie sieht die Möglichkeit, dass rezipierte Mehrheitsverhältnisse das Individuum mental Argumente suchen lassen, welche die wahrgenommene Meinungsverteilung begründen können. Spricht beispielsweise die Umweltwahrnehmung des Individuums, möglicherweise auf demoskopischen Daten basierend, für eine breite Unterstützung der Irak-Politik von US-Präsident George Bush, sammelt dieses mental Argumente, die ein solches Meinungsklima begründen könnten (z.B. „Bush schützt die Vereinigten Staaten von Amerika vor Saddam Hussein." oder „Unserem Verbündeten Kuwait muss geholfen werden."). Mutz (vgl. 1992: 98) argumentiert nun, durch die Auseinandersetzung mit solchen Gründen, die die Mehrheitsmeinung stützen können, seien diese im Sinne eines Primings mental präsenter als nicht-bestätigende Argumente.[46] In einem anstehenden Urteilsprozess, der die Position des Individuums in einer speziellen Frage definiert, hätten dann, aktiviert durch die Auseinandersetzung mit dem Meinungsklima, mehrheitsstützende Argumente stärkeres Gewicht als jene der anderen Seite. Bezogen auf das obige Beispiel hieße das, die Bewertung von Bushs Irak-Politik profitiere von der Kenntnis einer breiten Zustimmung, da dann bestätigende Positionen für den Urteilsprozess eher zur Verfügung stünden. Mutz beruft sich hier auf Burnstein

---

[45] Konsistenztheoretische Ansätze basieren auf der Annahme, dass Personen dazu neigen, interne Inkonsistenzen zwischen interpersonalen Beziehungen, interpersonalen Kognitionen oder zwischen ihren Überzeugungen, Gefühlen und ihrem Verhalten zu minimieren (vgl. Schenk, 2002: 138; Fröhlich, 1998: 250).

[46] Die hier einschlägigen mentalen Mechanismen werden im Rahmen von Kapitel 2.3 ausführlicher beleuchtet.

und Vinokur, die Meinungsänderungen im schlichten Wissen um die Meinung Dritter begründen: „Knowledge of other's choices is assumed to lead a person to think of reasons (arguments) others might have for their choices – reasons which ordinarily would not come to mind without this knowledge" (Burnstein & Vinokur, 1975: 412).

Einflüsse pro Minderheit

Die meisten theoretischen Ausführungen zur Wirkung rezipierter Umfrageergebnisse thematisieren den Einfluss einer tatsächlichen oder vermeintlichen *Mehrheit* auf das Entscheidungsverhalten des Individuums. Gleichwohl gibt es auch Überlegungen in umgekehrter Form. Zuvorderst ist hier der sogenannte *Underdog-Effekt* im engeren Sinne zu nennen, der als Sympathieeffekt für die unpopuläre Wahl definiert ist. Hier wird postuliert, das Individuum halte es aus Mitleid mit dem vermeintlichen Verlierer einer anstehenden Wahl (daher auch: *Mitleidseffekt*). In den theoretischen Ausarbeitungen Simons (vgl. 1954) findet dieses Konzept ebenso seinen Platz wie in unterschiedlichen empirischen Studien zur Wirkung von Umfragen (vgl. Hardmeier & Roth, 2001: 14ff).

Die theoretische Fundierung des Underdog-Effekts bleibt indes überschaubar. Die kurze Liste der Erklärungsversuche wird dominiert von eben jener Mitleidsthese (vgl. Gallus, 2002; Brettschneider, 2000; Donsbach, 1984), die eine nicht näher erklärte Attraktivität des Wahlverlierers propagiert und daher nur wenig überzeugen kann (vgl. Mutz, 1992: 98). Daneben wird ein bewusstes Kalkül des Stimmbürgers ins Feld geführt, eine zu große Mehrheit für eine bestimmte Partei verhindern zu wollen (vgl. Schoen, 2002: 183). Das Konzept eines vermeintlichen Underdog-Effekts als Ausdruck rationaler Wahlüberlegungen wird unter anderem von Marsh (vgl. 1984: 53) erörtert und durch Hardmeier und Roth (vgl. 2001: 20) genährt. Diese zeigen in ihrer Metaanalyse bisheriger Wirkbefunde, dass die meisten dieser Stimmenbewegungen zugunsten der schwächeren Alternative in politischen Systemen mit Verhältniswahl gemessen werden konnten, dort also, wo kleine Parteien zur politischen Pluralität beitragen können. Relevant ist hier der sogenannte *Leihstimmen-Effekt* (auch: *Koalitionswählen*), nach dem sich der Wähler nicht für die eigentlich bevorzugte Partei entscheide, sondern wahlstrategisch für den durch die Fünfprozenthürde gefährdeten kleinen Koalitionspartner, um dessen parlamentarische Präsenz und damit die Mehrheit des politischen Lagers zu sichern (vgl. Brettschneider, 2005; 2000: 495; Gschwend, 2000). Mit dem *Anti-Establishment-Effekt* schließlich führt West (vgl. 1991: 153) eine drittes Wirkungskonzept ins Feld, das einen wachsenden Zynismus der Stimmbürger gegenüber der politischen Führungselite (vgl. Capella & Jamieson, 1997) betont und so etwaige Stimmenverschiebungen zugunsten des Underdogs begründen könnte.

2.2.5 Voreinstellungen und Umfragewirkung

Angesichts der Befundlage zur Wirkung rezipierter Umfragen, die Effekte bei
knappen Mehrheiten ebenso ausweist wie bei Sachentscheidungen, sind Isolationsfurcht und rationale Wahl wohl ungeeignet, einen möglichen grundsätzlichen Einfluss von rezipierten demoskopischen Stimmungsbildern zu erklären. Ohne offensichtliche Einschränkungen kommt dagegen der einst von Walter Pierce ins Spiel
gebrachte affektive Präferenzwechsel aus, wenngleich dieser Erklärungsansatz, der
sich als Bandwagon-Effekt einen klingenden Namen gemacht hat, vielfach kritisch
beäugt wird. Zu simpel erscheint eine rein emotionale Begründung des *voting for the
winner*. Zudem spricht ein Blick auf die Rolle von Voreinstellungen in Experimenten
zur Wirkung von Umfragen für einen kognitiv abgestützten Erklärungsversuch.

Voreinstellungen als intervenierender Faktor

Voreinstellungen sind als langfristige Orientierungen zu verstehen, welche die selektive Ausrichtung des Denkens, Erkennens, Urteilens, Wertens und Verhaltens prä-
disponieren (Silbermann, 1982: 74). In der politischen Wahl- und Kommunikationsforschung werden sie seit den 1960er Jahren als zentrales Steuerungselement individueller Entscheidungen diskutiert (vgl. Hardmeier & Roth, 2003). Sie werden zumeist sozialpsychologisch oder auch wahlsoziologisch konzeptualisiert, wobei im
ersten Fall typischerweise auf die Parteiidentifikation (vgl. Campbell et al., 1960;
1966) hingewiesen wird, im zweiten auf gesellschaftliche Konfliktlinien, die sich in
entscheidungsrelevanten Wertvorstellungen manifestieren (vgl. Lazarsfeld, 1965;
Lipset & Rokkan, 1967). Zugleich lassen sich Voreinstellungen auch kognitionspsychologisch herleiten und zwar als besonders leicht abrufbare Gedächtnisinhalte (vgl.
Kap. 2.3.1).

Hardmeier und Roth (vgl. 2003: 186f) arbeiten den postulierten Einfluss von
langfristigen Orientierungen im Kontext der Umfragedebatte anschaulich auf. Experimentell testen die beiden Schweizer Forscher die Wirkung demoskopischer
Messergebnisse, wobei sie den Einfluss von langfristigen Orientierungen durch die
Auswahl der den Probanden vorgelegten Themen, allesamt tatsächliche eidgenössische Referendumsvorlagen, zu kontrollieren versuchen. Ihre Hypothese, nach der
Umfrageergebnisse bei weniger voreinstellungsstarken Themen größeren Einfluss
auf die formulierte Präferenz entfalten sollten, bestätigt sich klar: Die vermeintlichen Umfrageergebnisse können bei dem mutmaßlich am schwächsten durch Voreinstellungen beeinflussten Thema (Aufhebung einer bestimmten Tourismussteuer)
die bekundete Präferenz etwas stärker in Richtung des Umfragestimulus beeinflussen als bei jenem als mittelstark prädisponiert eingestuften Thema (Regelung des
Elektrizitätsmarktes). Für das Thema „Einschränkung des Asylrechts" ist dann kein

solcher Effekt des variierten Stimulus zu messen – und zwar deshalb, weil hier, wie die beiden Zürcher Wissenschaftler darlegen, offenbar langfristige Orientierungen greifen. Als Initiative der konservativen Schweizerischen Volkspartei liefere das Thema „genügend Information, um den ‚Standort‘ der Vorlage und die individuelle Haltung dazu verorten zu können" (Hardmeier & Roth, 2003: 188).

Auf den intervenierenden Einfluss von vorhandenen Orientierungen weisen auch experimentelle Ergebnisse von Joslyn (vgl. 1997) hin. Dieser testete 1997 bei seinen Probanden die Wirkung paraphrasierter Popularitätswerte zu damals unterschiedlich prominenten Persönlichkeiten. Joslyn konnte zeigen, dass der Einfluss der öffentlichen Meinung mit der Bekanntheit der Persönlichkeit abnimmt. Popularitätswerte zum damals politisch unbedeutenden Colin Powell nämlich beeinflussten dessen Beurteilung stärker, als dies Popularitätswerte Präsident Clintons hinsichtlich dessen Bewertung vermochten. Dieser Befund, so Joslyn (1997: 354) unterstreiche „the salience of public sentiment to individual judgment when partisan predispositions are unavailable or less relevant". Hierzu passend zeigen wieder andere Studien, dass Rezipienten eher dem Einfluss veröffentlichter Mehrheitsverhältnisse erliegen, wenn sie (noch) unsicher sind, welches Angebot zu präferieren ist. Bartels (vgl. 1988; Marsh, 1984; Skalaban, 1988) Nachforschungen zum Momentum im Rahmen der US-amerikanischen Primaries etwa weisen auf einen stärkeren Einfluss wahrgenommener Meinungsverteilungen zu Beginn einer Kampagne hin, dann also, wenn der Informationsstand zu den Kandidaten gering und damit die Unsicherheit hinsichtlich der besten Wahl noch groß ist. Umgekehrt scheint sich mit dem näher rückendem Abstimmungstermin die Meinung zu den Kandidaten zu festigen, denn der Einfluss rezipierter Mehrheitsverhältnisse schwindet (vgl. Bartels, 1988).

Ob Umfragewirkungen deshalb generell als „erstens klein und zweitens als völlig unbedenklich" gelten dürfen, wie dies Donsbach (2002: 69) postuliert, ist gleichwohl fraglich. Bei Sachentscheidungen etwa könnte rezipierten Umfragen ein anderes Gewicht zukommen, da langfristige Orientierungen hier teilweise gänzlich in den Hintergrund treten können. Zwar gibt es durchaus Sachabstimmungen, deren thematische Beschaffenheit den Einfluss von Prädispositionen nahe legt[47], insgesamt aber sollte zumindest eine Reihe von Sachabstimmungen kaum durch langfristige Orientierungen beeinflusst sein. Diese Beurteilung bestätigt West (1991: 152): „Referenda normally lack the stabilizing cues of party identification since no party label appears on the ballot. This removes one of the major elements from voter decision-making that traditionally has guided citizen choices and limited the effects of other cues such as polls."

Selbst in puncto Wahlentscheidung könnte es unangebracht sein, Einflüsse rezipierter Meinungsumfragen allzu endgültig zu marginalisieren. Immerhin deutet

---

[47] Clarke et al. (vgl. 2004: 354) verweisen auf den Plebiszit über die Souveränität Quebecs und ein mögliches Referendum über die Einführung des Euro in Großbritannien.

eine Reihe von Indikatoren darauf hin, dass einst einflussreiche langfristige Determinanten an Bedeutung verlieren und kurzfristige Faktoren an Einfluss gewinnen (vgl. Holtz-Bacha, 2002: 26; Schmitt-Beck & Schrott, 1994: 543).[48] Das sogenannte *Dealignment* wird für die USA ebenso diskutiert wie für Großbritannien und auch Deutschland. Hierzulande sei insbesondere seit den 1970er Jahren „ein ziemlich kontinuierlicher Erosionsprozeß zu erkennen", berichtet Schoen (2003: 118) und verweist auf den sozialen Wandel als gängigen Erklärungsansatz der Wahlforscher. Und Ohr (vgl. 2005: 23f) konkretisiert, der soziale Wandel äußere sich zum einen in einem Rückgang von in traditionellen sozialmoralischen Milieus eingebundenen Wählern. Zugleich habe sich aber auch die Bedeutung sozialstrukturell verankerter Spannungslinien für das Wahlverhalten solcher Wähler vermindert, die noch in Milieus integriert seien. Folglich würde sich die Wahlentscheidung als zunehmend flexibler erweisen, unter anderem abhängig von den verfügbaren, über die Medien vermittelten Informationen. Kaase (2003: 5) greift in diesem Zusammenhang die zunehmende Anzahl veröffentlichter Umfragen auf und vermutet nachdrücklich eine deutlich erhöhte Wahrscheinlichkeit, „dass sich Wähler auch der Information aus Umfragen bedienen", um zu einer Wahlentscheidung zu kommen.

Umfragewirkung und Kognition

Die aufgezeigte Interventionskraft von langfristigen Orientierungen spricht gegen rein affektive Erklärungsversuche etwaiger Umfrageeffekte. Denn ein Urteilseinfluss gewachsener Auffassungen über Vor- und Nachteile eines Objekts wird in der Psychologie mit kognitiven Prozessen in Verbindung gebracht (vgl. Bierhoff, 1998: 238). Im Umfragekontext bestätigt Mutz (vgl. 1992: 100ff) die Verknüpfung von Voreinstellungseinflüssen und kognitiven Prozessen. In einer experimentellen Untersuchung geht sie der Erklärungskraft unterschiedlicher Ansätze zu Mehrheitseinflüssen nach: Den drei vorgestellten Erklärungsansätzen *supporting a winner*, *contagion* und *cue-taking* ordnet Mutz unterschiedliche Hinweisreize (Mehrheitsverhältnis, Stimmungstrend, Expertenvotum) zu und stellt sie dem Grad der thematischen Prädisposition („issue commitment") gegenüber, den sie als Indikator eines kognitiven Einflusses begreift. Die Ergebnisse ihres Versuchs zeigen, dass die thematische Prädisposition entscheidet, ob die jeweiligen Hinweisreize eine Wirkung entfalten oder nicht. Das Auftreten von Effekten wird damit in erster Linie durch den Bezug des Individuums zu einem Thema bestimmt, weniger durch die Beschaffenheit des

---

[48] Dass die Wahlentscheidung immer kurzfristiger getroffen wird, zeigen auch die Daten des Meinungsforschungsinstituts *Infratest Dimap* (nach Drobinski, 2005) zur Bundestagswahl 2005: 28 Prozent der Wähler haben sich demnach erst am Wahltag für eine Partei entschieden. 2002 waren es noch 16 Prozent.

Hinweisreizes. Darin sieht Mutz (1992: 109) den deutlichen Beleg für eine kognitive Verarbeitung von Informationen zur Beschaffenheit des Meinungsklimas:

> The results of these experiments suggest first and foremost that the representations of diffuse opinion so often relayed to the public by mass media have the potential to influence subsequent public opinions. These effects are likely to vary [...], based on levels of commitment to candidates or issue positions. [...] the evidence in these experiments stacks up strongly in favor of a cognitive response-based interpretation.

Mit der vermuteten Gegenwart kognitiver Einflüsse rückt eine Variable ins Blickfeld, die bisher nur am Rande betrachtet wurde: die Wahrnehmung von Mehrheiten. So ist ein Sprung auf den Bandwagon kaum vorstellbar, ohne dass dieser Bandwagon als solcher erkannt wird. Das heißt, vor einer beeinflussten Entscheidung zugunsten oder zuungunsten einer Alternative muss das rezipierte demoskopische Stimmungsbild als solches wahrgenommen und verarbeitet werden. Erst die veränderte mentale Informationslage kann überhaupt einen kognitiv abgestützten Präferenzwechsel auf Basis rezipierter Umfragedaten erklären. Konstante Präferenzen wiederum ließen sich dann durch konkurrierende mental verfügbare Informationen begründen, etwa durch langfristige Orientierungen. Diesen Zusammenhang veranschaulicht Abbildung 3 noch einmal schematisch:

Abbildung 3:   Einflüsse Rezipierter Umfragen in Abhängigkeit langfristiger Orientierungen

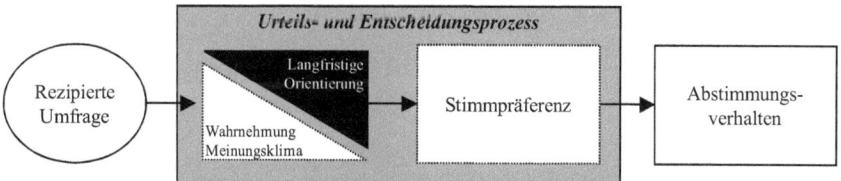

Hinweise darauf, dass in Umfragen abgebildete Mehrheitsverhältnisse beim Rezipienten einen Einfluss auf die Wahrnehmung des Meinungsklimas entfalten, finden sich in experimentellen wie nicht-experimentellen Studien (vgl. Kap. 2.2.3). So identifizieren Irwin und van Holsteyn (vgl. 2002: 101) auf Basis von Befragungsdaten der niederländischen *Gallup*-Tochter *NIPO* Meinungsumfragen als stärksten Prädiktor der Erwartung, wer in den Niederlanden die Wahl gewinnt: „Taken together, this analysis lends support to those who have argued or assumed that polls were the most important source of expectations among voters."

Auch Daschmann (vgl. 2000; 2001: 253ff) kann eine durch Umfrageergebnisse veränderte Mehrheitswahrnehmung bestätigen. In seinem Experiment anlässlich der 1996er Landtagswahl in Rheinland-Pfalz stellt er die Wirkung mehrheitlich negativer oder mehrheitlich positiver Aussagen von Testimonials negativen bzw. positiven Umfrageergebnissen zur damals amtierenden Landesregierung gegenüber und findet jeweils Einflüsse der präsentierten Stimmungslage auf die Wahrnehmung des Meinungsklimas. Studentische Versuchspersonen, die mit relativ schlechten Umfrageergebnissen zur Landesregierung konfrontiert wurden, schätzten demnach die Wahlchancen der damaligen SPD-FDP-Koalition signifikant niedriger ein als Versuchspersonen, die die Stimmungslage auf Basis vergleichsweise positiver Umfragewerte beurteilen sollten. Einen Einfluss der so präsentierten öffentlichen Meinung auf die Wahlabsicht kann Daschmann (2000: 173) hingegen nicht ausmachen. Er verweist ebenfalls auf Prädispositionen als intervenierenden Faktor:

> [...] the lack of influence on voting intention seems quite plausible. Research has shown that voting intentions are very stable judgments which depend on many social, personal, and political factors. As such, they are often immune against short-term effects.

In einer quasiexperimentell angelegten Panelstudie gelingt es Hardmeier und Roth (vgl. 2003) ebenfalls nicht, einen direkten Zusammenhang zwischen rezipierten Mehrheitsverhältnissen und Stimmabsicht aufzuzeigen (anders als in ihrer laborexperimentellen Studie). Ihre Befunde weisen aber auch bei diesem Untersuchungsdesign den von Daschmann gezeigten Zusammenhang zwischen der Beurteilung des Meinungsklimas und der Rezeption demoskopischer Lagedaten aus. Ihre Wahlbefragung *Selects 99*[49] dokumentiert, dass unter den Personen, die angeben, sie hätten nichts von Umfragen gehört, exakt ein Drittel einen Wahlsieg der konservativen Schweizerischen Volkspartei vermutet, aber 55 Prozent unter jenen Personen mit selbstbezeugter Umfragekenntnis. Zu den gleichen Ergebnissen gelangen die beiden Zürcher Forscher auch auf experimentellem Weg und zwar im Vorfeld des Referendums zu einem möglichen schweizerischen UNO-Beitritt. Probanden, die im Stimulusmaterial durch Umfragedaten über eine vermeintlich positive Stimmungslage informiert wurden, erwarten eher ein Votum zugunsten des Beitritts als ihre über eine wahrscheinliche Ablehnung in Kenntnis gesetzten Pendants. Den Einfluss des experimentellen Treatments beschreiben Hardmeier und Roth als hochsignifikant.

Der hier unter anderem von Daschmann bezeugte Einfluss von Umfrageergebnissen auf ein vermutetes Meinungsklima ist im Rahmen der Debatte um eine

---

[49] Es handelt sich hier um eine Paneluntersuchung, die im Rahmen der *Swiss Election Study* 1999 durchgeführt wurde. Das Panel umfasst Befragte aus drei als typisch ausgewählten Kantonen (Zürich, Genf, Luzern). Im Rahmen der zweiten Welle (Mai 1999) wurde ein Quasiexperiment mit 2.164 Versuchspersonen zur Wirkung von Meinungsumfragen lanciert.

Wirkung von Umfragen höchst bemerkenswert. Damit nämlich zeigt sich, dass rezipierte demoskopische Bestandsaufnahmen tatsächlich kognitiv verarbeitet werden und auch komplexere mentale Prozesse wie ein Urteil zum Meinungsklima beeinflussen können. Zumindest theoretisch ist so auch die Möglichkeit eines auf Umfragewerten basierenden Präferenzwechsels gegeben, denn letztlich gehen Entscheidung für oder gegen eine Alternative genauso wie Urteile auf mental verfügbare Informationen zurück (vgl. Kap. 2.3). Zugleich bleibt die bei Daschmann sowie bei Hardmeier und Roth jeweils unbeeinflusste Präferenz nachvollziehbar, kann doch sowohl eine nahende Parlamentswahl wie auch ein die Schweizer Neutralität tangierendes Referendum guten Gewissens als Terrain bezeichnet werden, in welchem sich rezipierte gesellschaftliche Stimmungen gegenüber langfristigen Orientierungen womöglich nicht behaupten können.

2.2.6 Zusammenfassung

Angesichts des Zusammentreffens von großzügiger Umfragepublikation und reger Umfragerezeption ist die Debatte um eine etwaige Wirkung demoskopischer Lagedaten nur konsequent. Die Schärfe der Diskussion, wie sie seit Mitte der 1930er Jahre geführt wird, verblüfft hingegen. Zu diffus sind die Befunde, als dass sie Wasser auf die Mühlen von Kritikern oder Verfechtern sein könnten. Vielleicht aber ist es gerade die Absenz eindeutiger empirischer Ergebnisse, die Kritiker zur Vermutung omnipotenter Wirkungen rezipierter Umfragen animiert und Verfechter deren absolute Wirkungslosigkeit beschwören lässt.

Zu den populärsten Wirkungsvermutungen der Kritiker, die schon zu Beginn der Umfragedebatte auf der Tagesordnung standen, gehören solche, die einen Einfluss auf die Wahlbeteiligung postulieren, und solche, die von einer veränderten Stimmpräferenz ausgehen. In puncto Wahlbeteiligung werden vorrangig Lethargie- und Defätismus-Effekt thematisiert: Nach erstem ginge der Stimmbürger nicht zur Wahl, wenn sein Kandidat die Umfragen anführt, ganz im Glauben, dieser siege auch ohne sein Zutun. Überzeugt, der prognostizierte Wahlverlierer verpasse so oder so den Sieg, könnten im Sinne des Defätismus-Effekts auch dessen Anhänger auf einen Urnengang verzichten. Wesentlich populärer ist es jedoch, einen Einfluss rezipierter Meinungsumfragen auf die Stimmpräferenz zu vermuten: Unter dem Label Bandwagon-Effekt wird ein Schwenk zugunsten des vermeintlichen Wahlgewinners angenommen, der Underdog-Effekt sieht einen Präferenzwechsel in Richtung der unbeliebten Wahl vor. Dass der Bandwagon-Effekt unter allen Mutmaßungen die größte Popularität genießt, ist auch der empirischen Befundlage zuzuschreiben. Während ein systematischer Zusammenhang zwischen Umfragerezeption und Wahlbeteiligung bisher nicht aufzeigt werden konnte, erkennt dagegen eine Vielzahl von – vor allem experimentellen – Studien einen Effekt auf das Stimmver-

halten. Und hier überwiegen Einflüsse in Richtung der vermeintlichen Mehrheitswahl deutlich.

Für den Schwenk in Richtung populäre Entscheidungsalternative werden grob
unterschieden vier Erklärungskonstrukte angeboten: Zur Debatte steht erstens die
von Noelle-Neumann beschriebene Isolationsfurcht, die einen Stimmbürger konzeptualisiert, der sich vom der prognostizierten Wahl der Minderheit abwendet, um
sich nicht gesellschaftlich zu isolieren. Daneben werden rationale Entscheidungs-
mechanismen bemüht, die das Bild eines Individuums zeichnen, welches von einem
vermeintlich erfolglosen Angebot der ersten Präferenz zu einem erfolgreichen der
zweiten Präferenz wechselt, weil es um den Einfluss seines Votums fürchtet. Besonders populär ist drittens der Versuch, den Präferenzwechsel affektiv zu erklären.
Hier wird dem Stimmbürger unterstellt, er fühle sich durch die Attraktivität des
vermeintlichen Wahlgewinners angezogen und entscheide sich deshalb für diesen.
Schließlich werden noch kognitive Prozesse als Grundlage eines Präferenzwechsels
erörtert. Einschlägige Arbeiten verweisen vornehmlich auf eine Entscheidungen
beeinflussende mentale Präsenz von Informationen, die das rezipierte Stimmungsbild begründen können. Gemein ist allen vier Erklärungskonstrukten Umfragewirkungen allein mit Gegenwart von Mehrheit oder Minderheit erklären zu wollen.

Auf den ersten Blick ist jedem einzelnen dieser Ansätze Erklärungskraft zuzubilligen. Bei genauerer Betrachtung scheiden Isolationsfurcht und rationale Wahl
aber aus, Umfrageeffekte per se erklären zu können. Denn empirisch belegte Effekte bei knappen Mehrheiten ebenso wie bei Sachentscheidungen, die allein ein Für
oder Gegen kennen, entziehen sich den beiden diskutierten Ursachen für einen
Präferenzwechsel. Weil die Interventionskraft langfristiger Orientierung zudem für
die Präsenz kognitiver Prozesse und gegen einen schlichten und zugleich omnipo-
tenten Sympathieeffekt spricht, ist der Verweis auf die menschliche Informationsverarbeitung als Grundlage von Umfrageeffekten wohl der fruchtbarste Ansatz. Mit
der Verankerungsheuristik soll eine in der Kognitionspsychologie diskutierte
menschliche Urteilsstrategie als mögliche Erklärung für Umfrageeffekte erörtert
werden, die zudem Umfrageeffekte abseits des üblichen Mehrheit-Minderheit-
Schemas erklären könnte. Die Verankerungsheuristik nämlich bringt Urteilsverhalten mit der Anwendung von numerischen Referenzwerten in Verbindung. Zum
Verständnis der Verankerungsheuristik gilt es die menschliche Informationsverarbeitung zu überblicken und bereits gefallene Begriffe wie Kognition, Priming oder
Heuristik zu erörtern.

2.3 Informationsverarbeitung, Urteilsheuristiken und Ankereffekt

Die Psychologie der Informationsverarbeitung ist seit der *kognitiven Wende* zu Beginn
1970er Jahre das gängige Paradigma, menschliches Verhalten zu erkunden. Jedoch

bereits in den 1950er Jahren wurde die bis dahin vorherrschende Stellung des Behaviorismus untergraben, der in seiner klassischen Form das menschliche Bewusstsein bei der Analyse des Verhaltens gänzlich ausblendet (vgl. Fröhlich, 1998: 87): Die aufkeimende Computerwissenschaft und ihre Suche nach künstlicher Intelligenz hat den Blick auf die Prozesse der menschlichen Informationsverarbeitung gelenkt. Zwar sei der direkte Einfluss computerwissenschaftlicher Theorien seinerzeit gering gewesen, resümiert Anderson (vgl. 1996: 10), doch haben Begriffe wie Information, Arbeits- und Langzeitspeicher den Weg in die Psychologie gefunden. Nach einem „stillen und eher gemächlichen Beginn" (Hussy, 1998: 41), hat sich die Psychologie der Informationsverarbeitung dann Ende der 1960er Jahre schlagartig zur dominierenden Denkrichtung entwickelt und 1967 mit Neissers (vgl. 1967) *Cognitive Psychology* nicht nur ihr erstes Standardwerk, sondern zugleich einen bis heute gültigen Namen erhalten.

Das Individuum als „information processor" (Wyer, 1974: 5) zu begreifen, ist mittlerweile auch in angrenzenden Disziplinen üblich. Kognitionspsychologische Überlegungen haben längst Eingang in die Wirtschaftswissenschaften gefunden, auch die Medienwirkungsforschung bedient sich ihrer (vgl. Schenk, 2002: 239ff). Nur konsequent ist es demnach, auch die Wirkung von Umfragen aus kognitionspsychologischer Perspektive zu betrachten (vgl. Mutz, 1992). Und aus eben dieser ist die Rezeption von Umfrageergebnissen grundsätzlich als Verarbeitung von Information zu charakterisieren. Wie andere perzipierte Daten auch werden Umfrageergebnisse aufgenommen und im Gedächtnis abgelegt. Einmal gespeicherte Informationen werden abgerufen, wenn dem Individuum mentale Prozesse abverlangt werden, für welche diese Daten relevant sind. Die Beurteilung von Wahlchancen etwa sollte demnach ebenso auf rezipierte Umfragedaten zurückgehen können wie auf andere naheliegende Informationen.

Weitgehende Einigkeit herrscht in der kognitiven Psychologie aber nicht nur über die grundsätzlichen Prozesse der menschlichen Informationsverarbeitung. Es wird auch angenommen, dass für eine Reihe alltäglicher Urteile die im Gedächtnis abgelegte Information unzureichend ist. Oft nämlich ist der wahre Wert unbekannt – die Gemengelage unsicher. Die Wahlchancen einer Partei etwa lassen sich trotz aller zur Verfügung stehenden Informationen nie exakt bestimmen. So scheut sich selbst ein Experte wie Matthias Jung, Meinungsforscher der *Forschungsgruppe Wahlen*, Prognosen für den Wahltag abzugeben. Er sei schließlich kein Prophet (nach Ataman & Wittrock, 2005).

Im alltäglichen Leben hingegen ist es für den Menschen unverzichtbar Prognosen und Schätzungen trotz großer Informationsdefizite abzugeben. Und häufig liegt er dabei richtig: Um auch ohne prophetische Fähigkeiten zu einer möglichst treffenden Einschätzung zu gelangen, greift der Mensch auf „erfahrungsabhängige Vorgehensweisen zur Auffindung eines Lösungsweges" (Hussy, 1998: 133) zurück, sogenannte *Urteilsheuristiken*. Schon zu Beginn der 1970er Jahre machten Tversky

und Kahneman (vgl. 1974; 1982) auf die Rolle solcher Heuristiken bei der Urteilsfindung aufmerksam und wiesen gleichsam auf deren Unzulänglichkeiten hin. Urteilsheuristiken erleichtern in der Regel Schlussfolgerungen, können aber unter
bestimmten Randbedingungen zu systematischen Urteilsfehlern führen (vgl. Strack
& Deutsch, 2002).

Eine dieser Heuristiken beschreiben Tversky und Kahneman (vgl. 1982) in ihrem initialen Aufsatz aus dem Jahr 1974 als *anchoring and adjustment*. Diese im Deutschen als Verankerungsheuristik bezeichnete Urteilsstrategie kann dann beobachtet
werden, wenn eine unsichere numerische Größe durch das Individuum geschätzt
werden muss. Tversky und Kahneman postulieren, das Individuum bediene sich für
die Schätzung eines naheliegenden Zahlenwerts, der dann als Referenz bzw. Anker
dient. Davon ausgehend, dass die Bewertung der Wahlchancen einer Partei, einer
Person oder eines Standpunkts nichts anderes ist als die Schätzung eines unbekann-
ten numerischen Wertes, wird hier im Sinne der Verankerungsheuristik ein Einfluss
veröffentlichter Umfrageergebnisse auf die Einschätzung des Meinungsklimas angenommen. Weil mit der Anwendung der Verankerungsheuristik zugleich eine veränderte mentale Informationslage in Verbindung gebracht wird, können auch Folgen
für die Präferenzen des Individuums abgeleitet werden – und zwar in Form eines
positiven Popularitätseffekts wie ihn auch eine Reihe von Befunden zur Wirkung
rezipierter Umfragen erkennt. Zum Verständnis dieser Annahme bedarf es einer
detaillierten Darstellung der Verankerungsheuristik sowie der relevanten Aspekte
menschlicher Informationsverarbeitung.

2.3.1 Menschliche Informationsverarbeitung

Bis Mitte der 1960er Jahre dominierte das Stimulus-Response-Modell des Behaviorismus die experimentelle Psychologie. Der Mensch wurde als „Black Box" (Dahlem, 2001: 50) konzeptualisiert. Begriffe wie Bewusstsein, Wille oder Vorstellung
hatten im Repertoire der behavioristischen Verhaltensforschung dagegen keinen
Platz. Erst mit der kognitiven Wende rückte die Verarbeitung wahrgenommener
Informationen in den Fokus des psychologischen Forschungsinteresses (vgl. Hussy,
1998: 39ff). Ihre Existenz verdankt sie dabei in erster Linie „der Faszination, die
von der Informationstechnologie und dem ihr zugrunde liegenden Apparat aus-
ging", rekapituliert Neumann (1985a: 4). Viele Begriffe sind daher dem technischen
Fach entlehnt.

Anders der elementare Begriff der Psychologie der Informationsverarbeitung:
die Kognition. Obwohl in der Literatur „nicht übereinstimmend definiert" (Dahlem, 2001: 51), wird doch zumeist postuliert, dass Kognition einerseits das Endpro-
dukt der Informationsverarbeitung meint, zugleich aber auch die Prozesse, die zu
diesem führen. Unerheblich ist dabei, ob die Prozesse und deren Produkte elemen-

tarer Art sind oder sich durch hohe Komplexität auszeichnen. Kognition umfasst die Wahrnehmung eines Umfrageergebnisses ebenso wie die Einschätzung der Wahlchancen einer Partei auf Basis dieses rezipierten Umfrageergebnisses. Entscheidend ist, dass „die an der resultierenden Erkenntnis beteiligten Prozesse Bezug auf das intern repräsentierte Wissen des Individuums nehmen" (Hussy, 1998: 42). Eine einprägsame Definition kann man Neisser (1979: 13) entnehmen. Dieser bezeichnet Kognition umfassend als Aktivität von Wissen oder präziser als „den Erwerb, die Organisation und den Gebrauch von Wissen." Kognition umfasst demnach alle Aspekte der menschlichen Informationsverarbeitung. Im Mittelpunkt kognitionspsychologischer Modelle steht konsequent das Verarbeitungssystem, wie es Informationen aufnimmt, speichert und deren Gebrauch ermöglicht.

Das Gedächtnis als Multi-Speicher

Der Informationstechnologie als Impulsgeber verpflichtet, wird das menschliche Informationsverarbeitungssystem zumeist als ein dem Computer ähnliches Modell konzeptualisiert: als Multi-Speicher (vgl. Broadbent, 1958; Atkinson & Shiffrin, 1968). Dieses Konstrukt kann historisch auf James (vgl. 1890: 221f) zurückgeführt werden, der bereits vor über hundert Jahren eine Differenzierung des Gedächtnisses in einen primären und einen sekundären Teil vorsah. In seinen *Principles of Psychology* definierte James das primäre Gedächtnis als eine das Bewusstsein unterstützende Struktur, das sekundäre Gedächtnis als eine Art Langzeitspeicher für vergangene Dinge. Diese dem behavioristischen Zeitgeist zum Opfer gefallene Idee aufgreifend, postulieren Atkinson und Shiffrin (vgl. 1968) dann Ende der 1960er Jahre ein Gedächtnismodell aus drei miteinander in Verbindung stehenden Speichern unterschiedlicher Natur.

Dem Modell folgend, gelangen relevante[50] Wahrnehmungen zuerst in einen *sensorischen Speicher*. Hier werden die Produkte des Umwandlungsvorgangs der Sinnesorgane nur kurz gehalten, bis sie von dort in den *Kurzzeitspeicher* übertragen werden. Der Kurzzeitspeicher, der in anderen Auseinandersetzungen auch als zentraler Prozessor oder Arbeitsgedächtnis bezeichnet wird, ist vergleichbar mit James' primärem Gedächtnis und stellt den Ort bewusster mentaler Aktivität dar (vgl. Parkin, 1996: 125ff). Hier werden aus Informationen kognitive Einheiten generiert, also schlichten Daten eine bestimmte Bedeutung zugewiesen. Da dieser Arbeitsspeicher nur über eine sehr begrenzte Kapazität verfügt, wird dort zugleich bestimmt, welche Informationen aktuell verfügbar sein müssen. Dementsprechend kontrolliert das

---

[50] Die Relevanz von Wahrnehmungen lässt sich nach Hussy (vgl. 1998: 73ff) vor allem an zwei Eigenschaften der einströmenden Informationen festmachen: Selektionskriterium ist zum einen die Signifikanz, also der persönliche Wert der einströmenden Informationen, zum anderen die Impertinenz, der Überraschungsmoment der Information.

Arbeitsgedächtnis die Speicherung nicht aktuell benötigter kognitiver Einheiten in einem nahezu unbegrenzt aufnahmefähigen *Langzeitspeicher* und zugleich den Abruf von notwendigen Informationen aus demselben.

Die Existenz eines Kurzzeit- und eines Langzeitspeichers konnte durch eine Reihe von Untersuchungen zur freien Wiedergabe längerer Wortlisten veranschaulicht werden. Bei einer typischen Aufgabe dieser Art präsentiert der Versuchsleiter seinen Probanden eine Liste von 15 Wörtern, wobei zwischen den einzelnen Wortpräsentationen jeweils drei Sekunden Abstand liegen, in denen sich der Proband durch Wiederholung die bereits genannten Wörter einprägen kann. Nach Präsentation der gesamten Wortliste werden die Versuchspersonen aufgefordert, so viele Wörter wie möglich frei zu erinnern. Dabei zeigt sich, dass sowohl die ersten (*Primacy-Effekt*) als auch die letzten Wörter (*Recency-Effekt*) einer Liste besser erinnert werden als jene, die in der Mitte der Liste dargeboten wurden (vgl. Glanzer & Cunitz, 1966: 354ff). Dieser sogenannte *seriale Positionseffekt*, also die gute Erinnerung der ersten und letzten Wörter, wird darauf zurückgeführt, dass die ersten Wörter einer Liste durch reichliche Wiederholung schon erfolgreich in den Langzeitspeicher übertragen wurden und die letzten noch im Kurzzeitspeicher verfügbar sind. Die Wörter aus dem mittleren Bereich der Liste dagegen konnten für einen Übertrag in den unbegrenzten Langzeitspeicher nicht oft genug wiederholt werden, wurden aber bereits auch aus dem begrenzten Kurzzeitspeicher gelöscht (vgl. Wessels, 1994: 137ff).

Obwohl im Laufe der Folgejahre einer Vielzahl von Modifikationen ausgesetzt, ist der grundlegende Gedanke eines Gedächtnisses als System mehrerer Speicher auch in Studien über hirngeschädigte Patienten bestätigt worden (vgl. Wessels, 1994: 135; Parkin, 1996: 11ff). Eine Reihe von Befunden legt aber unbedingt nahe, die Verarbeitung unterschiedlicher Informationsarten zu unterscheiden und die Flexibilität der menschlichen Informationsverarbeitung stärker zu würdigen (u.a. Craik & Lockhart, 1972; Craik & Tulving, 1975).

Struktur des gespeicherten Wissens

Die Kognitionspsychologie widmet sich auch der Frage, wie Informationen abgelegt werden bzw. in welcher Weise Wissen repräsentiert wird. Hierzu gibt es eine Reihe unterschiedlicher Konzepte. Allen gängigen Überlegungen ist gemein, dass die Speicherung der Daten ökonomisierend erfolgen muss, da „der Mensch nur einen Bruchteil der auf ihn einströmenden Informationen aufnehmen und verarbeiten kann" (Brosius, 1991: 286). Konsens ist also, dass der Mensch aufgenommene Informationen in Form vereinfachender Repräsentationen speichert und perzipierte Sachverhalte oder Ereignisse nicht als Ganzes abgelegt werden.

Anschaulich wird das Prinzip der Ökonomisierung bei den in unterschiedlichen Varianten angebotenen Netzwerkmodellen der Wissensrepräsentation. Postuliert wird hier, dass von den konkreten Erfahrungen abstrahiert, nur wichtige Inhalte als Informationseinheiten abgelegt werden, zugehörige Einzelheiten hingegen nicht (vgl. Anderson, 1989: 112). Bedeutungszusammenhänge entstehen schließlich durch die organisierte Verknüpfung der Informationseinheiten in einem Netzwerk, welches man sich als ein „Geflecht aus Perlen vorstellen [muss], die durch Fäden miteinander verbunden sind", verbildlicht Anderson (2001: 151) das Prinzip. Die Perlen entsprechen den Informationseinheiten und die Fäden den Beziehungen zwischen diesen. Angenommen wird gemeinhin, dass nicht alle Informationseinheiten direkt miteinander verbunden sind, sondern nur bedeutungsnahe, also assoziierte. Experimentelle Studien stützen die Vermutung eines solchen Netzwerks assoziativer Prägung. Weisberg (vgl. 1986) beispielsweise forderte seine Versuchspersonen auf, sich den Satz „Children who are slow ate bread that is cold." einzuprägen. Im Anschluss wurde den Probanden ein Wort des Satzes präsentiert, ein zweites sollten diese daraufhin selbst benennen. Auf das Stichwort „slow" reagierten die Versuchspersonen zumeist mit dem Wort „children", auf das Wort „cold" dagegen mit „bread". Ganz offenbar ist demnach nicht die Nähe der Worte im Satz für die Wiedergabewahrscheinlichkeit verantwortlich, sondern der Bedeutungszusammenhang, also die assoziative Nähe der Informationseinheiten.

Ein frühes Netzwerkmodell stammt von Collins und Quillian (vgl. 1969). Nach diesem besteht das menschliche Gedächtnis aus einem „riesigen Netz von Begriffen" (Solso, 2005: 250), die sich aus Einheiten und Eigenschaften zusammensetzen und durch eine Vielzahl assoziativer Bindeglieder zusammenhängen. Die notwendige Ökonomisierung erfolgt hier durch Einteilung der Einheiten in Über und Unterkategorien und die Zuweisung von Eigenschaften auf höchstmöglicher kategorialer Ebene. Deutlich wird dieses hierarchisch-ökonomische Prinzip in dem Modell von Collins und Quillian an folgendem Beispiel: Die Fähigkeit zu fliegen wird der Einheit „Vogel" zugewiesen und nicht jeweils den Untereinheiten „Kanarienvogel" und „Rotkehlchen". Die Information „Flugfähigkeit" wird damit nur einmal abgelegt und nicht mehrfach. Informationen zur Farbe des Gefieders hingegen werden durch Eigenschaften der einzelnen Vogelart sinnvoll repräsentiert, weil unterschiedliche Vögel unterschiedliches Gefieder haben. Zur Validierung ihres Modells ließen Collins und Quillian Probanden bestimmte Aussagen zu Objekten und ihren Eigenschaften auf ihre Richtigkeit überprüfen, wobei unterschiedliche Hierarchieebenen kombiniert wurden. Die beiden Forscher nahmen an und konnten bestätigen, dass bei der postulierten Wissensrepräsentation der Zeitraum bis zur Verifizierung richtiger Aussagen mit der Nähe von Einheit und Eigenschaft variiert. Folgerichtig konnten die Probanden die Aussage „Kanarienvögel sind gelb" schneller bestätigen als die kategorieübergreifende Aussage „Kanarienvögel können fliegen". Die Flugfähigkeit als Eigenschaft aller Vögel nämlich ist von der Einheit Kanarienvogel entfernter als die Farbe des Gefieders.

Vertiefende Arbeiten zu diesem Netzwerkmodell können zeigen, dass die häufige Auseinandersetzung mit bestimmten Konzepten die assoziative Nähe von Einheiten und Eigenschaften vergrößert – auch kategorieübergreifend (vgl. Anderson, 2001: 155). Dass Äpfel essbar sind, ist daher geläufiger, als dass Äpfel dunkle Kerne haben, obwohl es sich bei erstem um ein kategorieübergreifend Konzept handelt, denn Obst ist als Oberkategorie per se essbar. Das heißt ganz grundsätzlich: Je häufiger man einen bestimmten konzeptionellen Zusammenhang aus einer Einheit und einer Eigenschaft wahrnimmt, desto stärker werden Einheit und Eigenschaft assoziiert. Der Blick auf Vögel und Früchte darf hier freilich nicht über die Relevanz dieser Befunde im gesellschaftspolitischen Kontext hinwegtäuschen. Auch politische Informationen werden nach eben diesem System abgelegt. Das heißt, wenn einer Partei oder einem Politiker bestimmte Eigenschaften besonders häufig zugeschrieben werden, dann sollte dies die assoziative Nähe der Partei oder des Politikers zu dieser Eigenschaft stärken (vgl. Lodge & Stroh, 1995: 238ff).

Zu dem Modell von Collins und Quillian hat sich mittlerweile eine Reihe weiterer Netzwerkmodelle gesellt (u.a. Anderson & Bower, 1973; Collins & Loftus, 1975; Anderson, 1983), die dem ersten Entwurf von Collins und Quillian mehr oder weniger ähneln, zumindest aber ebenso versuchen, den „Zusammenhang zwischen den Problemen des Alltags und der Wissensrepräsentation" (Solso, 2005: 253) in einer Netzwerkstruktur abzubilden. Die hier entscheidende Gemeinsamkeit aller angebotenen Netzwerkkonstrukte ist, dass erworbene Wissenseinheiten in einem Netz miteinander verbunden sind, wobei die Stärke der Beziehung zweier Einheiten mit deren Bedeutungsnähe variiert. Ausschlaggebend für die Beziehungsstärke zweier Einheiten sind die Erfahrungswerte des Individuums.

Weil bestimmte Merkmale des Wissens aufgrund ihrer Komplexität nicht mit „bloßen Netzwerkstrukturen" (Anderson, 2001: 171) abgebildet werden können, fällt im Kontext ökonomischer Wissensstrukturen auch der Begriff „Schema". Von Jean Piaget und Frederick Bartlett um 1930 eingeführt (vgl. Fröhlich, 1998: 388), hat der Schema-Begriff im Laufe der Jahre eine inhaltliche Erweiterung erfahren (vgl. Nisbett & Ross, 1980: 33). Während frühe Definitionen schlicht postulierten, ein bestimmtes Objekt erhalte im Zuge seiner Wahrnehmung eine kategoriale Identität, welche es sich mit gleichen, bzw. sehr ähnlichen Objekten teile (vgl. Bruner, 1957: 123ff), umfassen neuere Schema-Definitionen weit mehr: Ihnen folgend wird ein Schema als komplexe kognitive Struktur definiert, welche die kategorialen Attribute eines Objekts genauso enthält wie die Verknüpfungen zwischen diesen Attributen (vgl. Dahlem, 2001: 54). Als solche Attribute sind hier insbesondere dynamische und relationale Aspekte von Objekten gemeint (vgl. Nisbett & Ross, 1980: 33), die dem Individuum helfen, eine mentale Repräsentation seiner Umwelt zu konstruieren (vgl. Zillmann & Brosius, 2000: 35). Die Repräsentation umfasst räumliche sowie zeitliche Variablen, Eigenschaften und auch Abläufe. Schemata ermöglichen es dem Individuum daher, die komplexen Zusammenhänge der Umwelt allein auf Basis weniger Reizmuster zu verstehen. Nisbett und Ross (1980: 42) krönen Schemata daher zu „invaluable aids to understanding".

Schemata repräsentieren demnach komplexe Wissenszusammenhänge in einer Art institutionalisierter Form, die Netzwerkmodelle – wie z.b. das von Collins und Quillian – nicht adäquat abbilden können. Die einst von Bartlett begrifflich fixierten Informationsklumpen schließen ein netzwerkartiges Perlengeflecht allerdings nicht aus, sondern sind vielmehr als alternative theoretische Darstellung der Wissensrepräsentation zu verstehen. Die grundsätzliche Schwierigkeit, Wissensrepräsentationen theoretisch darzustellen, darf nicht über den anzunehmenden Charakter der Wissensorganisation hinwegtäuschen. Entscheidend ist – und hier zumindest liegt die Schnittmenge von Schemata und unterschiedlichen Netzwerkmodellen der menschlichen Wissensrepräsentation –, dass bedeutungsnahe oder assoziierte Gedächtnisinhalte in gewisser Weise enger beieinander liegen als inhaltlich entfernte. Diesem Aspekt kommt beim Abruf von Informationen aus dem Gedächtnis große Bedeutung zu.

Der Abruf gespeicherter Informationen

Das Multi-Speicher-Modell des menschlichen Gedächtnisses vor Augen, gelangen wahrgenommene Umfrageergebnisse wie auch alle anderen Informationen über den sensorischen Speicher und das Arbeitsgedächtnis in den Langzeitspeicher, wo sie, in kognitive Strukturen eingebettet, abgelegt werden. Die Speicherung von Informationen ist freilich kein Selbstzweck. Vielmehr wird so Wissen akkumuliert, auf welches der Mensch zurückgreifen kann, um sich in der Welt zurechtzufinden. Ganz schematisch lässt sich dieser Rückgriff auf gespeichertes Wissen mit einem Blick auf die elektronische Datenverarbeitung veranschaulichen: Denn so wie der Arbeitsspeicher eines Computers Daten aus dem Festspeicher abruft, ruft auch das menschliche Arbeitsgedächtnis einst akquirierte Informationen aus dem Langzeitspeicher ab, um anstehende Aufgaben zu meistern.

Wie sieht dieser Abrufprozess aus? Zur Darstellung, wie das Arbeitsgedächtnis bestimmte Inhalte des Langzeitgedächtnisses abruft, greift die Kognitionspsychologie gemeinhin auf die bereits eingeführten Netzwerkmodelle der Wissensrepräsentation zurück (vgl. Anderson, 2001: 183ff; Solso, 2005: 251f). Demnach ist das Arbeitsgedächtnis mit dem Netz kognitiver Einheiten im Langzeitspeicher verbunden und der Abruf von Informationen aus dem Langzeitspeicher als eine vom Arbeitsgedächtnis ausgehende Aktivationsausbreitung im Netz der abgelegten Informationseinheiten zu verstehen. Ausschlaggebend dafür, welche Inhalte im Zuge dieser Aktivationsausbreitung den Weg ins Arbeitsgedächtnis finden, sprich abgerufen werden, ist der Grad der Aktivation der Informationseinheiten im Langzeit-gedächtnis (vgl. Hussy, 1998: 66). Dabei gilt, je höher das Aktivationsniveau einer Informationseinheit, desto größer ist die Wahrscheinlichkeit ihres Abrufs. Die vom Arbeitsgedächtnis ausgehende Aktivationsausbreitung bzw. das hier-aus resultierende Aktivationsniveau von Informationseinheiten unterliegt allerdings „nicht völlig der Willenskontrolle" (Anderson, 2001: 186) des Individuums. Viel-mehr sind für den Grad der Aktivation neben der sozusagen willentlich eingeleite-ten Aktivationsausbreitung zwei weitere Faktoren relevant, die sich der Kontrolle des Individuums entziehen und daher zu einer nicht intendierten Steigerung der Abrufwahrscheinlichkeit von Informationseinheiten führen: Zum einen spielt der Zeitpunkt des letzten Abrufs von Informationseinheiten eine Rolle, denn Aktivati-onsniveaus sind von gewisser Dauerhaftigkeit, zum anderen ist die erlernte Bedeu-tungsnähe von Informationseinheiten gewichtig (vgl. Anderson, 2001: 184). Assozi-ative Nähe nämlich kann zu einem per se höheren Aktivationsniveau zwischen Informationseinheiten führen, zu einer Art „chronic accessibility" benachbarter Einheiten, so Wyer und Ottati (1995: 266).

Dass sich die Theorie der Aktivationsausbreitung, unter anderem von Collins und Loftus (vgl. 1975; ähnlich Anderson, 1983) Mitte der 1970er Jahre formuliert, als populäres Erklärungsmuster des Informationsabrufs aus dem Langzeitspeicher etabliert hat, verdankt sie auch ihrer konzeptionellen Nähe zur Physiologie des menschlichen Gehirns (vgl. Solso, 2005: 251). Schließlich wird das menschliche Nervengewebe gleichermaßen als Netzwerk beschrieben, in dem Nervenzellen über Aktivationsniveaus mit anderen Nervenzellen interagieren (vgl. Anderson, 2001: 19). Für die große Akzeptanz der *Spreading Activation Theory* dürfte aber vor allem die positive empirische Befundlage verantwortlich sein. Insbesondere die postulierte unbewusste Aktivierung stark verknüpfter Informationseinheiten in Folge einer Aktivationsausbreitung, das sogenannte assoziative Priming, ist vielfach experimen-tell gezeigt worden.

Als „klassischer Nachweis des assoziativen Primings" (Anderson, 2001: 186) gelten die Experimente von Meyer und Schvaneveldt (vgl. 1971: hier Experiment 1) aus den frühen 1970er Jahren. Unter anderem präsentierten sie ihren Probanden über einen Monitor Kombinationen aus Worten und Nicht-Worten, wobei jeweils ein Item am oberen und eines am unteren Bildschirmrand erschien. Die Probanden waren aufgefordert zu entscheiden, ob es sich bei den zwei Items um zwei Worte (positives Paar), zwei Nicht-Worte oder einem Mix aus Wort und Nicht-Wort (je-weils negative Paare) handelt. Im Sinne eines assoziativen Primings konnten die Versuchspersonen positive Paare schneller identifizieren, wenn das zuerst wahrge-nommene Wort als Prime bzw. Vorreiz für das zweite Wort fungierte. Das heißt, wurden den Versuchspersonen die Worte „nurse" und „butter" oder „doctor" und „bread" präsentiert, benötigten diese mehr Zeit zur Bestätigung von deren Sinnhaf-tigkeit als im Falle der assoziierten Worte „bread" und „butter" oder „nurse" und

„doctor" – hier nämlich wurde bereits mit der Rezeption des ersten Wortes das zweite, assoziierte Wort aktiviert. Über diese beiden Studien hinaus kann eine Reihe weiterer experimenteller Auseinandersetzungen Priming-Effekte und Aktivationsausbreitung plausibel in Verbindung setzen (u.a. McNamara, 1992), sodass der Zusammenhang von Assoziation und Aktivation für den Abruf aus dem Langzeitgedächtnis weithin anerkannt ist.

Langfristige Orientierungen im assoziativen Netzwerk

Über den Zusammenhang von Assoziation und Aktivation lässt sich überdies die im Umfragekontext bereits thematisiere Rolle von langfristigen Orientierungen bzw. Voreinstellungen grundsätzlich herleiten (vgl. Engelkamp & Zimmer, 2006: 570f; Fazio, 1990): Langfristige Orientierungen nämlich sind über die Existenz bewertender und meinungsbezogener Gedächtnisinhalte und deren Verknüpfung zum einschlägigen Bezugsobjekt zu erklären. Den Prinzipien des assoziativen Netzwerks folgend, führt die häufige Auseinandersetzung mit einem Sachverhalt oder Thema also konsequent zu einem verstärkten Einfluss von solchen bewertenden und meinungsbezogenen Informationseinheiten, da diese erstens wahrscheinlicher verfügbar und zweitens auch stärker assoziiert sind. Dabei wird bereits vorhandenen Bewertungsrepräsentationen eine im Vergleich zu anderen Informationsarten per se höhere Zugänglichkeit unterstellt, da diese „aufgrund ihrer strukturierenden Funktion die Entscheidungsfindung erheblich erleichtern" (Werth & Mayer, 2008: 210), im Sinne einer ökonomischen Informationsverarbeitung also besonders wertvoll sind. Demnach prägen gewachsene Auffassungen über ein Urteilsobjekt mit großer Wahrscheinlichkeit zukünftige Urteile und Entscheidungen über dieses Urteilsobjekt oder verwandte Urteilsobjekte.

2.3.2 Heuristische Urteilsstrategien

Mit einer Reihe von Veröffentlichungen haben die beiden Psychologen Tversky und Kahneman in den siebziger Jahren des letzten Jahrhunderts die empirische Erforschung des menschlichen Urteilsprozesses „revolutioniert", wie Gilovich und Griffin (2002: 1) anerkennend formulieren. In ihrem Forschungsprogramm *heuristics and biases* arbeiteten die beiden Forscher auf, wie Individuen vorgehen, wenn Urteile zu unüberschaubaren, unsicheren Sachverhalten anstehen:

> Many significant choices must be based on beliefs about the likelihood of such uncertain events as the guilt of a defendant, the *result of an election* [Hervorhebung durch den Verfasser], the future value of the dollar, the outcome of a medical op-

eration, or the response of a friend. Because we normally do not have adequate formal models for computing the probabilities of such events, intuitive judgment is often the only practical method for assessing uncertainty (Tversky & Kahneman, 2002: 19).

Intuitive Urteile gehen auf mentale „Faustregeln" (Daschmann, 2001: 27) oder „short cuts" (Fiske & Taylor, 1991: 382) zurück, sogenannte Urteilsheuristiken, die einmal mehr den ökonomischen Charakter der menschlichen Informationsverarbeitung dokumentieren. Unter suboptimalen Bedingungen werden Urteile nicht aufwendig erarbeitet, vielmehr folgen solche Urteile bestimmten erfahrungsabhängigen Prinzipien, die rationalen Kriterien zumeist kaum Stand halten. Die fehlende Rationalität des Urteilsprozesses indes ist nicht als Nachteil zu verstehen. Im Gegenteil, den intuitiven Heuristiken wird eine insgesamt bessere Performance attestiert, weil mit vergleichbar geringem Aufwand respektable Urteile und Schlussfolgerungen zu nicht vollständig überblickbaren Sachverhalten möglich sind (vgl. Tversky & Kahneman, 1982: 3). Das postulierte Prinzip der heuristischen Urteilsfindung dokumentiert folgendes Beispiel: Soll ein Individuum spontan einschätzen, wie verbreitet der Konsum von Kokain unter Hollywood-Schauspielern ist, wird es keine komplizierten statistischen Verfahren bemühen, sondern sich schlicht daran orientieren, wie leicht Mimen abrufbar sind, welche die genannte Droge bekanntermaßen konsumiert haben (vgl. Gilovich & Griffin, 2002: 3). Sind dies viele, wird das Individuum von einem starken Drogenkonsum in der Traumfabrik ausgehen – sind es wenige, wird das Urteil umgekehrt ausfallen. Ein derartiges Vorgehen erleichtert in der Vielzahl alltäglicher Situationen ein treffendes Urteil, kann aber unter bestimmten Randbedingungen zu unbewussten, systematischen Urteilsfehlern führen (vgl. Tversky & Kahneman, 1982) – im genannten Fall etwa, wenn besonders bekannte und damit leichter abrufbare Filmstars häufiger Kokain konsumieren als der Durchschnitt aller Darsteller.

Mit ihrem Forschungsergebnis haben Tversky und Kahneman nicht nur die psychologische Forschung zur Urteils- und Entscheidungsfindung stark beeinflusst, sondern weit über die Fachgrenzen hinaus Spuren hinterlassen, beispielsweise in den Wirtschaftswissenschaften. Das belegt die Verleihung des Nobelpreises der Wirtschaftswissenschaften an Daniel Kahneman im Oktober 2002 durch die *Königlich Schwedische Akademie der Wissenschaften*.[51] Umgekehrt gibt es eine Reihe von Forschungsansätzen zum Entscheidungs- und Urteilsverhalten des Menschen, denen

---

[51]Die Auszeichnung erhielt Kahneman mit der Begründung, er habe aufgeklärt, „wie Entscheidungen unter Unsicherheit heuristische Abkürzungen nehmen können, die systematisch von den grundlegenden Sätzen der Wahrscheinlichkeitslehre abweichen. Seine Arbeiten haben eine neue Generation von Forschern in der Volkswirtschaft und Finanzwissenschaft inspiriert, die die ökonomische Theorie mit Einsichten aus der kognitiven Psychologie um menschliche Motive bereichert haben" (Königlich Schwedische Akademie der Wissenschaften, 2002).

ein Einfluss auf die Arbeiten von Tversky und Kahneman attestiert werden muss (vgl. Gilovich & Griffin, 2002: 1ff). Eine forschungshistorische Einordnung des Forschungsprogramms von Tversky und Kahneman ist daher lohnenswert.

Forschungshistorische Einordnung

Ein historischer Überblick zur Urteils- und Entscheidungsforschung bedarf zuerst einer knappen semantischen Differenzierung der beiden einschlägigen Begriffe. Urteil und Entscheidung nämlich sind, obwohl eng miteinander verwoben, keinesfalls äquivalent in ihrer Bedeutung. Vielmehr ist das Urteil (engl.: *judgment*) eine zentrale Komponente der menschlichen Entscheidung (engl.: *decision*), wie Jungermann, Pfister und Fischer klar stellen (vgl. 2005: 4). Die Zusammenhänge veranschaulicht beispielhaft folgende Wahlanalyse von *Infratest dimap* (o.J.): Das 1998er Landtagswahlergebnis in Sachsen-Anhalt, führen die Meinungsforscher aus, sei ein klares Signal, „daß im 8. Jahr der Vereinigung die Unzufriedenheit über deren Folgen ihren Höhepunkt erreicht hat und sich ein Ventil in der Wahl von Parteien außerhalb des etablierten westdeutschen Parteiensystems sucht." Postuliert wird demnach, dass der *Entscheidung* vieler Bürger aus den fünf neuen Ländern gegen die Wahl von etablierten Parteien des westdeutschen Parteiensystems ein *Urteil* zur Zufriedenheit mit den Folgen der deutschen Vereinigung vorausging. Unabhängig von der Richtigkeit des hier propagierten Nexus aus Wendemissmut und Wahlentscheidung zeigt dieses Beispiel den grundsätzlichen Zusammenhang von Urteil und Entscheidung auf: Zur Wahl stehende Alternativen samt ihren inhaltlichen Verknüpfungen werden durch das Individuum bewertet und beurteilt und die sich hieraus ergebenden Urteile über Alternativen können dann für eine Entscheidung zugunsten oder zuungunsten einer dieser Alternativen von Relevanz sein. Ob dieser naturgemäß großen Nähe von Urteil und Entscheidung ist die Erforschung beider Konstrukte kaum voneinander abgrenzbar.

Grundsätzlich wird die Erforschung der menschlichen Entscheidung und des Urteils als deren Komponente aus zwei sich ergänzenden Perspektiven betrieben: einer theoretischen und einer deskriptiven (vgl. Jungermann et al., 2005: 6). Während die theoretische Entscheidungsforschung erarbeitet, wie sich das Individuum verhalten sollte, wenn bestimmte Postulate rationalen Denkens zu Grunde gelegt werden, versucht die deskriptive Entscheidungsforschung das tatsächliche menschliche Urteils- und Entscheidungsverhalten zu beschreiben. Die deskriptive Forschung, der auch die Arbeiten Kahnemans und Tverskys zuzurechnen sind, entwickelt also Modelle des Verhaltens anhand empirisch gewonnener Daten aus realen Entscheidungssituationen.

Traditionsreicher als die deskriptive Forschungsperspektive ist freilich die theoretische, deren frühe Wurzeln sich bereits in Philosophie, Ökonomie und Mathematik des 18. Jahrhundert verorten lassen (vgl. Jungermann et al., 2005: 4f): Philosophische Impulse sind etwa dem Utilitarismus zuzuordnen, wie er systematisch zuvorderst von Jeremy Bentham (vgl. 1948) formuliert und vor allem von John Stuart Mill (vgl. 2002), Sohn des Bentham Freundes James Mill, weiterentwickelt wurde. So sind Handlungsentscheidungen danach zu bewerten, inwieweit „sie die Tendenz haben, Glück zu befördern, und [...] die Tendenz haben, das Gegenteil von Glück zu bewirken" (Mill, 2002: 13). Als mathematische Wurzel der Entscheidungsforschung darf dann die Wahrscheinlichkeitstheorie gelten, welche die Berechnung entscheidungsrelevanter Erwartungswerte ermöglicht hat (vgl. Jungermann et al., 2005: 4f). Seit mehr als 200 Jahren werden demnach entscheidungstheoretische Fragestellungen in unterschiedlichen Wissenschaftsfeldern diskutiert. Etabliert hat sich das Forschungsgebiet jedoch erst Mitte des 20. Jahrhunderts. Mit dem Werk *Theory of games and economic behavior* von John von Neumann und Oskar Morgenstern (vgl. 1947) nämlich ist erstmals eine umfassende Theorie präferentieller Entscheidungen vorgelegt worden, die „Anstoß sowohl zur Weiterentwicklung dieser Theorie und zur Entwicklung neuer Theorien als auch zur Prüfung der Brauchbarkeit der Theorie zur Erklärung bzw. Vorhersage des Entscheidungsverhaltens" (Jungermann et al., 2005: 5) gegeben hat.

Obwohl die Urteils- und Entscheidungsforschung keinem bestimmten Wissenschaftszweig zugeordnet werden kann, lässt sich seit *Theory of games and economic behavior* erahnen, wo das Zentrum der Forschungstätigkeit zu suchen ist: in der Ökonomie. Als entsprechend einflussreich hat sich früh jenes Entscheidungsmodell erwiesen, das Entscheidungsverhalten über die ökonomischen Dimensionen Kosten und Nutzen abträgt. Das Modell der rationalen Wahl (*rational choice*) geht grundsätzlich von einem Individuum als *Homo oeconomicus* aus, welches in jeder erdenklichen Situation jene Entscheidung trifft, die den maximalen Nutzen unter Berücksichtigung der Kosten erwarten lässt (vgl. Ernste, 1998: 444f). Dank seiner Anwendbarkeit auch abseits reiner Marktentscheidungen hat sich das Modell der Nutzenmaximierung, als dessen prominentester Vertreter Wirtschaftsnobelpreisträger Gary S. Becker gelten darf (vgl. Jungermann et al., 2005: 256), längst auch in den angrenzenden sozialwissenschaftlichen Disziplinen etabliert. In der Politikwissenschaft geht die „wohl bedeutendste Anwendung des Rational-Choice-Ansatzes" (Arzheimer & Schmitt, 2005: 244) auf Downs (vgl. 1957) und sein Werk *An Economic Theory of Democracy* zurück. Downs überträgt in seinem Werk die Methodik und die zentralen Annahmen der Ökonomie auf die Politik, lässt also Parteien, Politiker und Wähler wie rationale Akteure auf einem Markt agieren, auf dem Wählerstimmen gegen die Realisierung politischer Ziele getauscht werden (vgl. Kap. 2.2.4).

Downs initiierte mit seiner sozialwissenschaftlichen Anwendung des rationalen Ansatzes Forschungsaktivität, die sich bis heute als außerordentlich ergiebig erwiesen hat (vgl. Arzheimer & Schmitt, 2005: 250f) und deren augenfälliges Merkmal die Abkehr von einem rigide ökonomischen Rationalitätsbegriff ist. Dieser nämlich hat sich „in der Konfrontation mit der sozialen Realität" (Shahla, 2001: 651) als nur wenig hilfreich erwiesen und bietet sich bei der Entschlüsselung menschlichen Entscheidungsverhaltens – genauso wie andere normative Entscheidungstheorien – wohl nur als „good first approximation" (Peterson & Beach, 1967: 42) an. In vielen jüngeren Annäherungen wird eine beschränkte Rationalität betont (vgl. Fuchs & Kühnel, 1994: 308), wie sie Herbert Simon (1956: 129) bereits Ende der 1950er Jahre vorschlug, um der Komplexität des realen Entscheidungsumfelds gerecht zu werden:

> However adaptive the behavior of organisms in learning and choice situations, this adaptiveness falls far short of the ideal of ‚maximizing' in economic theory. Evidently, organisms adapt well enough to ‚satisfice'; they do not, in general, ‚optimize'.

Das Plädoyer für eine menschliche Wahl, die nach objektiven Gesichtspunkten eher zufrieden stellt denn den Nutzen maximiert, hat seinen Ursprung vor allem in Erkenntnissen zur beschränkten Informationsverarbeitungskapazität des Menschen. Zudem wird die häufig unzureichende Informationsbasis selbst in alltäglichen Situationen ins Feld geführt, eine Einschränkung, die in der klassischen Rational-Choice-Theorie gänzlich unbekannt ist. Diese nämlich postuliert eine vollständige Information der Akteure auch hinsichtlich möglicher Handlungsalternativen sowie deren Konsequenzen. Der moderne *Homo oeconomicus* gilt dagegen längst nicht immer und nicht überall als Optimierer, der Kosten und Nutzen jedweder Entscheidung objektiv nachvollziehbar abwägt (vgl. Kirchgässner, 2000: 31; Ernste, 1998: 444).

Mit der Annäherung an die Realitäten der menschlichen Entscheidung ist Simon und seinen Ausführungen zur beschränkten Rationalität nicht nur ein vielbeachteter Impuls im Rahmen des Rational-Choice-Ansatzes zuzuschreiben, sondern auch ein wichtiger Beitrag zur Verknüpfung theoretischer und deskriptiver Entscheidungsforschung (vgl. Augier & March, 2002: 16). Konsequent würdigen Kahneman, Slovic und Tversky (vgl. 1982a: xi) Simon im Vorwort ihrer einflussreichen Aufsatzsammlung *Judgment under Uncertainty: Heuristics and Biases* als einen der geistigen Väter ihrer Arbeit, welche Jahre später empirisch aufarbeitet, wie Entscheidungen unter Unsicherheit kaum rational verlaufen, sondern „heuristische Abkürzungen nehmen" (Königlich Schwedische Akademie der Wissenschaften, 2002).

Heuristics and Biases

Im Gegensatz zur theoretischen hat sich die deutlich jüngere und vor allem in der Kognitionspsychologie beheimatete deskriptive Entscheidungs- und Urteilsforschung vornehmlich mit der Analyse menschlicher Urteile und deren systemati-

schen Verzerrungen befasst[52] – nicht, um die Fehlbarkeit menschlicher Urteilsfindung aufzuzeigen, sondern vielmehr, um durch die Identifikation bestimmter Ge-
setzmäßigkeiten im Urteilsprozess den Rückschluss auf allgemeine Erkenntnispro-
zesse des Menschen zu ermöglichen (vgl. Strack & Deutsch, 2002). In dieser Tradition stehen auch jene kognitionspsychologischen Überlegungen von Tversky, Kahneman und anderen, die sogenannte Urteilsheuristiken als Muster der Urteils- bzw.
Entscheidungsfindung beschreiben. Als Heuristik wird eine unterbewusste Strategie
verstanden, die zur Findung eines Urteils systematisch auf bestimmte verfügbare
Informationen zurückgreift, eine Anzahl anderer ermittelbarer Informationen dagegen außer Acht lässt (vgl. Tversky & Kahneman, 2002: 21). Die grundsätzliche
Bedeutung solcher Heuristiken für den menschlichen Entscheidungsprozess fasst
Gerd Gigerenzer prägnant zusammen: „Heuristiken sind die Bausteine der Intuiti-
on" (nach Heinemann, 2002: 79).

Das Individuum, das bei der Urteilsfindung konsequent bestimmte Informationen vernachlässigt, andere dagegen berücksichtigt, war lange als „kognitiver Geiz-
hals" (Fiske & Taylor, 1991) verschrien. Jüngere Untersuchungen zur Rolle von
Urteilsheuristiken im Urteilsprozess lassen hingegen ein differenzierteres Bild entstehen. Sie zeigen, dass der Mensch nicht schlicht „vereinfachende Urteilsheuristiken relativ rigide, nahezu automatisch und unabhängig von der Situation oder aktuellen Zielen einsetzt" (Strack & Deutsch, 2002: 380). Intuitive, also auf Heuristiken
zurückgehende Urteile werden vielmehr unter solchen Umständen getroffen, die
eine umfassende Auseinandersetzung mit dem Problem nicht ermöglichen. Derartige Umstände werden als *unsicher* bezeichnet und treten insbesondere dann auf, wenn
Informationsdefizite bzw. zeitliche Restriktionen das Individuum in seiner Urteilsfindung behindern (vgl. Tversky & Kahneman, 1982: 3f). Bestehen solche Einschränkungen nicht und ist dem Individuum eine ausführliche Rekapitulation des
Sachverhalts möglich, sind durchaus andere, rationalere Ergebnisse der Urteilsfindung zu erwarten.

Begründet wird dies zumeist mit der Koexistenz zweier kognitiver Systeme, die
zwar nebeneinander arbeiten, sich aber auf unterschiedliche Verarbeitungsprozesse
stützen. *Dual-Process-Modelle*, so das allgemeine Label dieser Ansätze, unterscheiden
dabei traditionell ein intuitives und ein reflexives System (für einen Überblick vgl.
Chaiken & Trope, 1999a). In ihrer Ausarbeitung eines solchen Dual-Process-
Modells konkretisieren Kahneman und Frederick (vgl. 2002: 51) das Nebeneinander
folgendermaßen: „We assume, System 1 quickly proposes intuitive answers to
judgment problems as they arise, and System 2 monitors the quality of these pro-

---

[52] Exemplarisch sei hier auch die Forschung zur Überbewertung nicht-diagnostischer Informationen bei
der Beurteilung von Sachverhalten (zum Dilution-Effekt vgl. Fiske & Taylor, 1991: 355ff) oder jene zum
Einfluss sogenannter Scheinkorrelationen erwähnt (vgl. Chapman & Chapman, 1969). Einen umfassenden Überblick über die verschiedenen Ansätze im sozialen Kontext liefern Fiske und Taylor (vgl. 1991:
346ff).

posals, which it may endorse, correct or override." Demnach generiert ein erstes System jene intuitiven Urteile heuristischer Prägung, ein zweites System reflektierte Urteile. Beide Systeme arbeiten nicht nur nebeneinander, sondern in Konkurrenz zueinander. Das reflektierte Urteil des zweiten Systems kommt aber nur dann zum Zuge, wenn das Urteil des ersten Systems unzureichender Natur und zugleich eine detaillierte Reflexion des Sachverhalts möglich ist. Sollten aber unsichere Umstände eine intensive Auseinandersetzung nicht zulassen, wird auch keine Korrektur des intuitiven heuristischen Urteils erfolgen. Das heißt, unter suboptimalen Bedingungen wird das intuitive Urteil selbst dann ausschlaggebend sein, wenn es ungenügend ist.

Verfügbarkeitsheuristik und Repräsentativitätsheuristik

Mit Verfügbarkeits- und Repräsentativitätsheuristik beschreiben Tversky und Kahneman (vgl. 1974) zwei intuitive Urteilsheuristiken, denen in der wissenschaftlichen Auseinandersetzung über die Psychologie hinaus ausgeprägte Aufmerksamkeit zuteil wurde, beispielsweise in der Politikwissenschaft (vgl. Popkin, 1994; Hastie, 1986). Beide Heuristiken repräsentieren anschaulich das Prinzip intuitiver Urteile und stehen daher nachfolgend im Mittelpunkt:

Die Verfügbarkeitsheuristik gilt dann als relevante Urteilsstrategie, wenn in Unsicherheit die Wahrscheinlichkeit des Auftretens eines Phänomens durch ein Individuum beurteilt werden muss. Entscheidend ist hier, wie leicht einschlägige Informationen aus dem Gedächtnis abgerufen werden können, ergo, der Heuristik ihren Namen gebend, verfügbar[53] sind. Das heißt, das Auftreten eines Ereignisses wird als umso wahrscheinlicher betrachtet, je leichter ereignisrelevante Informationen abrufbar sind (vgl. Tversky & Kahneman, 1982: 11). Die Verfügbarkeitsheuristik führt damit zu guten Resultaten, wenn objektiv häufigere Ergebnisse gleichzeitig auch leichter abrufbar sind, was grundsätzlich zutrifft. Umgekehrt führt die Verfügbarkeitsheuristik zum Urteilsfehler, falls die Leichtigkeit des Informationsabrufs durch andere Determinanten als die objektive Häufigkeit beeinflusst ist. Kurz veranschaulicht wurde das Prinzip der Verfügbarkeitsheuristik bereits mit der Einschätzung des Drogenkonsums unter Schauspielern. In ihrem elementaren Aufsatz dokumentieren Tversky und Kahneman (vgl. 1982: 11f) die Funktionsweise dieser mentalen Faustregel etwas weniger schillernd anhand eines einfachen Versuchs:

---

[53] Strack & Deutsch (vgl. 2002: 384) verweisen zu Recht auf den Unterschied zwischen *verfügbar* (available) und *zugänglich* (accessible). Während sich Verfügbarkeit darauf bezieht, ob bestimmte Informationen überhaupt im Gedächtnis gespeichert sind, meint Zugänglichkeit vielmehr den Grad der Möglichkeit, mit der ein gespeicherter Wissensinhalt tatsächlich aktiviert und damit für das Urteil herangezogen werden kann. Dies macht deutlich, dass sich die Verfügbarkeitsheuristik im Grunde auf die Zugänglichkeit von Wissen bezieht, nicht aber auf die Verfügbarkeit.

Eine Reihe von Probanden wurde gebeten einzuschätzen, ob es in der englischen Sprache mehr Wörter gibt, die mit dem Buchstaben *r* anfangen als solche, die das *r* an dritter Position enthalten. Die Ergebnisse zeigen ein eindeutiges Übergewicht zugunsten der ersten Variante, obwohl dies nicht den realen Gegebenheiten entspricht. Tatsächlich weisen mehr Wörter das *r* an dritter Stelle aus. Da aber der Abruf von Wörtern mit einem bestimmten Anfangsbuchstaben leichter gelingt als der von Wörtern, die einen bestimmten Buchstaben enthalten, ist ein „accessibility bias" (Iyengar, 1990) konsequent.

Hussy (1998: 137) illustriert beispielhaft, wie anfällig Urteile auch außerhalb kontrollierter Laborbedingungen für die Verfügbarkeitsheuristik sein können: „Befragt man heute (im Frühjahr 1998) eine Gruppe von Personen nach ihrer Einschätzung für die Wahrscheinlichkeit einer kriegerischen Auseinandersetzung zwischen verschiedenen Staaten dieser Erde, so fällt diese höher aus als noch vor wenigen Jahren. Ursächlich dafür sind der Golfkrieg und der Balkankonflikt, die als Beispiele für kriegerische Ereignisse sehr leicht verfügbar sind." Als unerheblich darf die im Frühjahr 1998 tatsächlich einschlägige Wahrscheinlichkeit für weitere Kriege gelten, die durch die beiden genannten Kriege zwar größer gewesen sein könnte, dies aber nicht zwangsläufig gewesen sein muss.

In einem zweiten Beispiel stellt Hussy (vgl. 1998: 137) der objektiven Wahrscheinlichkeit von Reaktorunglücken die allgemeine Einschätzung der Wahrscheinlichkeit eines GAUs nach den nuklearen Unfällen von Harrisburg und Tschernobyl gegenüber und postuliert ob der mentalen Verfügbarkeit dieser beiden Unfälle ein klares Wahrscheinlichkeitsurteil zuungunsten der allgemeinen Reaktorsicherheit. Das heißt, da umfassende statistische Informationen fehlen bzw. ob ihrer Komplexität nicht angewendet werden können, wird sich das Individuum bei seinem Urteil zur Wahrscheinlichkeit eines Reaktorunglücks der Verfügbarkeitsheuristik als kognitiver Faustregel bedienen. Und weil in Folge der Unglücke die Informationseinheiten Kernenergie, Harrisburg und Tschernobyl im menschlichen Langzeitgedächtnis stark assoziiert sind, führt die Anwendung der Verfügbarkeitsheuristik zu einer Fehleinschätzung des Risikos. Grundsätzlich gilt dieser sogenannte *accessibility bias* als gut belegt und wird als theoretische Grundlage zur Erklärung einer Reihe sozialpsychologischer Phänomene wie Stereotypisierung oder Kausalattributionen diskutiert (vgl. Schwarz & Vaughn, 2002: 103; Fiske & Taylor, 1991: 386). Zugänglichkeitseffekte sind auch Grundlage der kommunikationswissenschaftlichen Priming-Theorie (*Medien-Priming*; vgl. Peter, 2002; Iyengar, 1990; Iyengar & Kinder, 1987).

Wie der Verfügbarkeitsheuristik wird auch der Repräsentativitätsheuristik Einfluss auf eine Vielzahl alltäglicher Entscheidungen unterstellt. Sie kommt ins Spiel, wenn durch das Individuum zu beurteilen ist, mit welcher Wahrscheinlichkeit ein bestimmtes Objekt einer bestimmten Kategorie zugeordnet werden kann. Da in der Regel keine umfassende Prüfung aller entscheidenden Fakten erfolgen kann, verlässt sich das Individuum schlicht darauf, wie typisch oder repräsentativ das fragliche

Objekt für die fragliche Kategorie ist. Äußerst lebendig illustriert erneut Hussy (1998: 134) das Prinzip der Repräsentativitätsheuristik: „Wenn jemand beispielsweise in einer fremden Stadt ein Steak essen möchte – am besten noch auf französische Art zubereitet – und kommt auf der Suche nach einem Lokal an einer Pizzeria vorbei, so würde er nach der RH [Repräsentativitätsheuristik] zum Urteil gelangen, daß es unwahrscheinlich ist, hier ein solches Steak zu erhalten, da Pizzerien typischerweise Pizzen und Nudelspeisen anbieten."

Popkin (1994: 9) überführt die Repräsentativitätsheuristik als „low information rationality" in den politischen Meinungsbildungsprozess seines räsonierenden Wählers. Er beschreibt die Anwendung der Heuristik als „goodness-of-fit assessment" (Popkin, 1994: 74) des Stimmbürgers zur Bewertung von Kompetenzen politischer Kandidaten: Wähler würden die Wahrscheinlichkeit, dass sich ein Kandidat z.B. als Präsident gut schlage, danach bemessen, wie gut der Kandidat den typischen Vorstellungen eines Präsidenten entspreche. Das heißt, nach Popkin verzichtet der Wähler auf eine intensive Auseinandersetzung mit den zur Wahl stehenden Kandidaten, um stattdessen die mental verfügbaren (medial vermittelten) Informationen zu den Kandidaten mit dem Stereotyp eines guten Präsidenten abzugleichen. Diese erfahrungsabhängige Vorgehensweise zur Entscheidungsfindung, die auf „Ähnlichkeit als beziehungsstiftendem Prinzip" (Strack, 1985: 254) beruht und deren Ursachen einmal mehr in der assoziativen Struktur des menschlichen Informationsspeichers zu suchen sind, führt dann zu einer treffenden Kategoriezuordnung, wenn die aus dem Gedächtnis abgerufenen und für die Beurteilung herangezogenen Informationen wirklich typischen Charakter haben. Ist dies nicht der Fall, führt die Anwendung der Repräsentativitätsheuristik zu deutlichen Urteilsverzerrungen.

Mehr noch als die Verfügbarkeitsheuristik kann die Repräsentativitätsheuristik als essentielles kognitives Werkzeug des Menschen betrachtet werden (vgl. Fiske & Taylor, 1991: 384). Unzähligen schlussfolgernden Aufgaben liegt sie zu Grunde und führt in der Regel zu richtigen Urteilen. Wenn sich etwa die Geschworenen eines US-amerikanischen Gerichts nur aus Männern oder weißen US-Amerikanern zusammensetzen, darf das beobachtende Individuum zu Recht vermuten, dass deren Urteil nicht repräsentativ für die Gesamtbevölkerung sein wird, weil ihre Zusammensetzung dies eben auch nicht ist. Dagegen treten durch den Rückgriff auf die Repräsentativitätsheuristik fehlerhafte Entscheidungen auf, wenn wichtige normative Kriterien übersehen werden, also tatsächliche Wahrscheinlichkeiten unbewusst missachtet oder Zufallsverteilungen falsch interpretiert werden[54] (vgl. Tversky & Kahneman, 1982: 4ff; Nisbett & Ross, 1980: 27).

---

[54] Das hier verantwortliche Phänomen, vermeintlich typische Informationen zur Diagnose heranzuziehen, solche von statistischem Wert dagegen zu missachten, wird in der Literatur als *Base-Rate-Fallacy* (vgl. Bar-Hillel, 1980) bezeichnet. Auch die sogenannte *Gamblers' Fallacy* (vgl. Nisbett & Ross, 1980: 25) kann in diesem Zusammenhang angeführt werden. Es handelt sich dabei um das Phänomen, dass Roulette-

Mit Verfügbarkeits- und Repräsentativitätsheuristik haben Tversky und No-belpreisträger Kahneman zwei mentale Faustregeln beschrieben, deren Relevanz für den menschlichen Urteilsprozess zuletzt auch die Medienwirkungsforschung er-kannt hat. In unterschiedlichen Ausarbeitungen zur Wirkung von Fallbeispielen in der Berichterstattung (vgl. Daschmann, 2001; 2000; Zillmann & Brosius, 2000) beispielsweise wird auf diese beiden *short cuts* verwiesen – nicht zuletzt, um die Ü-berlegenheit solcher exemplarischen Medieninhalte gegenüber numerischer Infor-mation, z.b. Umfragen zu dokumentieren (vgl. Daschmann, 2000). Dass aber auch numerische Informationen Urteile entscheidend prägen können, zeigen Tversky und Kahneman und mehr noch nachfolgende Arbeiten eindrucksvoll anhand einer dritten, in der Medienwirkungsforschung bisher weitgehend unbeachteten kogniti-ven Faustregel: der Verankerungsheuristik.

2.3.3 Verankerungsheuristik und Ankereffekt

Die Beschreibung der Verankerungsheuristik entstammt wie Verfügbarkeits- und Repräsentativitätsheuristik jenem in den siebziger Jahren publizierten Aufsatz von Tversky und Kahneman (vgl. 1974; 1982: 3ff). Sie beschreibt eine kognitive Faust-regel, die dann Anwendung findet, wenn das zu treffende Urteil als numerische Schätzung in Unsicherheit charakterisiert werden kann. Notwendige Bedingung für den Einsatz der Verankerungsheuristik ist weiterhin eine Zahlenvorgabe, die dem Individuum zur Orientierung, also als *Anker* für die abzugebende Schätzung dient.

Tversky und Kahneman (vgl. 1982: 14) demonstrierten in ersten Untersuchun-gen zur Verankerungsheuristik anschaulich, wie ein bestimmter Zahlenwert eine numerische Schätzung beeinflussen kann. Hierzu wurden Probanden gebeten an-zugeben, ob die Prozentzahl afrikanischer Länder in den Vereinten Nationen eine in ihrem Beisein per Glücksrad ermittelte Zahl zwischen 0 und 100 über- oder unter-schreitet. Die Versuchspersonen hatten also zunächst nur zu beurteilen, ob die beispielsweise so erzeugte „10" größer oder kleiner ist als der richtige Prozentsatz. Anschließend befragten Tversky und Kahneman ihre Probanden ganz konkret nach der von ihnen vermuteten Prozentzahl jener Staaten. Für die Antworten auf diese zweite Frage zeigte sich ein deutlicher Ankereffekt in Richtung der zuvor erdrehten Zufallszahl. Das heißt, eine höhere Zufallszahl hatte eine höhere Schätzung zur Folge, eine niedrige den umgekehrten Effekt – erstaunlicherweise trotz offensichtli-cher Zufälligkeit der zu Rat gezogenen Zahl.

Eine Vielzahl weiterer Untersuchungen konnte Ankereffekte sowohl unter La-borbedingungen (u.a. Mussweiler & Strack, 2000b) als auch im realen Umfeld (vgl.

Spieler aus Gründen einer vermeintlichen Repräsentativität glauben, nach einer Reihe von roten Zahlen habe sich die Wahrscheinlichkeit für schwarze Zahlen drastisch erhöht.

u.a. Brewer et al., 2007; Northcraft & Neale, 1987) aufzeigen. Im Gegensatz zu den beiden zuvor referierten Heuristiken hat die Verankerungsheuristik außerhalb der Psychologie aber eher in den Wirtschaftswissenschaften als in den benachbarten sozialwissenschaftlichen Disziplinen Einfluss entwickeln können. Das Interesse der Wirtschaftswissenschaften lässt sich dabei in der praktischen Bedeutsamkeit begründen, die Erkenntnisse zur Wirkung numerischer Reize auf ökonomische Entscheidungen haben: So konnten Wansink et al. (vgl. 1998: 73) zeigen, dass im Supermarkt die Ausschilderung bestimmter Waren mit dem Hinweis „Limit 12 per customer" für einen besseren Absatz sorgt als bei einem Hinweis „No limit per customer." Whyte und Sebenius (vgl. 1997; auch Mussweiler & Galinsky, 2002; Ritov, 1996) beschreiben, dass das erste Preisgebot als Anker in einer Verhandlungssituation starken Einfluss auf das Verhandlungsergebnis hat.

Die Verankerungsheuristik wird wie auch Verfügbarkeits- und Repräsentativitätsheuristik als empirisch abgesichert bezeichnet (vgl. Chapman & Johnson, 2002: 138). Sie teilt aber mit den bereits referierten Strategien der Urteilsbildung das Schicksal, dass sich die Forschung erst in den letzten Jahren mit den ihr zu Grunde liegenden Mechanismen auseinandergesetzt hat. Mittlerweile konkurrieren in der Diskussion zwei differente Erklärungsmuster: Während das erste eine unzureichende Adjustierung (Anpassung oder Korrektur) des Ankerwertes postuliert, sieht das zweite und zu präferierende eine auf den Anker zurückgehende Aktivierung bestimmter Informationen (Priming) als für die Urteilsverzerrung verantwortliches Phänomen. Beide Überlegungen werden hier vorgestellt. Zuvor gilt es aber Grundsätzliches über die Begrifflichkeiten der Verankerungsheuristik klarzustellen sowie die notwendigen Bedingungen zu definieren, die einen Ankereffekt auslösen können.

Verankerung und Ankereffekt

In der einschlägigen Literatur zum Urteilsfehler der Verankerungsheuristik erfährt der Begriff Verankerung bzw. das ihm zu Grunde liegende englischsprachige Wort „anchoring" zum Teil unterschiedliche Verwendung. Chapman und Johnson (vgl. 2002: 121) unterscheiden zwei Bedeutungen: Eine erste findet der Begriff *Verankerung* in der dem Effekt vorangehenden Prozedur, also der aufdringlichen Darbietung einer Zahl. Die zweite Bedeutung bezieht sich auf das experimentelle Ergebnis, also den als Urteilsfehler zu bezeichnenden *Ankereffekt*. Um etwaige Verwirrungen zu vermeiden, soll in dieser Arbeit daher mit Verankerung die Darbietungsprozedur bezeichnet werden, mit Ankereffekt dagegen das (experimentelle) Ergebnis.

Allen Verankerungsprozeduren ist gemein, dass den Probanden ein Ankerwert präsentiert wird. Die meisten Studien greifen hierfür auf die von Tversky und Kahneman (vgl. 1982: 3ff) eingeführte Variante zurück. Dabei dient der Verankerung eine vorgeschaltete komparative Frage. Diese kann beispielsweise heißen: „Sind mehr oder weniger als 10 Prozent aller Mitgliedsstaaten der Vereinten Nationen afrikanisch?" Anschließend wird die Versuchsperson gebeten, ein Absoluturteil abzugeben. Der Proband soll also, dem obigen Beispiel folgend, seinen konkreten Schätzwert für den prozentualen Anteil afrikanischer Länder in den Vereinten Nationen nennen (vgl. Chapman & Johnson, 2002: 121f). Einige andere Untersuchungen (zum Beispiel Wilson et al., 1996 oder Northcraft & Neale, 1987) verzichten bei der Verankerung auf die Komparationsfrage, führen den Ankerwert anderweitig ein und gehen offenbar von einer internen Komparation des gegebenen Wertes aus. Auch diese Studien zeigen Ankereffekte, wenn die Versuchspersonen dem Anker nur hinreichende Aufmerksamkeit schenken. Die Diversifikation der Verankerungsprozeduren wird in der Literatur allerdings kritisch gesehen, denn die gleichen Ergebnisse bei unterschiedlicher Darbietungsform müssen nicht gezwungenermaßen auf die gleichen internen Prozesse zurückzuführen sein (vgl. Chapman & Johnson, 2002: 122).

Festzuhalten bleibt aber in jedem Fall: Der Ankereffekt ist das unter Einfluss eines Ankerwerts zu Stande gekommene (experimentelle) Ergebnis. Entscheidend ist dabei, dass das fragliche Urteil nicht einfach irgendwie, sondern in Richtung der Ankerhöhe verändert ist. Der Ankereffekt muss demnach als Assimilations- und nicht als Kontrasteffekt verstanden werden (vgl. Chapman & Johnson, 2002: 122). Das heißt: Je höher der Anker, desto höher fällt die in Folge der Verankerung abzugebende Schätzung aus.

Einflussgrößen beim Auftreten von Ankereffekten

Eine Vielzahl unterschiedlicher Studien zu den Einflüssen von Ankern im Urteilsprozess belegen eine positive Beziehung zwischen Ankerwert und Urteil. Gleichwohl wird deutlich, dass bestimmte Bedingungen das Auftreten von Effekten begünstigen, andere hingegen nicht. Von Chapman und Johnson (vgl. 2002: 123ff) werden folgende Einflussgrößen diskutiert:

Aufmerksamkeit: Zuallererst ist ein bestimmter Grad an Aufmerksamkeit gegenüber dem Ankerwert obligatorisch. Wie weiter oben beschrieben, folgt die überwiegende Mehrheit der Untersuchungen dem 1974 von Tversky und Kahneman eingeführten Untersuchungsdesign: Einer ersten Vergleichsfrage folgt eine konkrete numerische Schätzung des Zielwertes. Diese Prozedur stellt mit der Komparationsfrage sicher, dass die Versuchspersonen dem Ankerwert genügend Aufmerksamkeit schenken. Untersuchungen, die ohne Komparationsfrage agieren, wenden andere Methoden an, den Ankerwert prominent zu platzieren. Wilson et al. (vgl. 1996: 395ff) ließen ihre Probanden beispielsweise unter dem Vorwand einer Handschriftanalyse mehrere Seiten mit bestimmten Zahlenwerten beschreiben. Tatsächlich führte das Beschreiben von fünf Seiten bei einer anschließenden Schätzung zu einem Ankereffekt, das Beschreiben von nur einer Seite zu keinem.[55] Diese Ergebnisse legen den Schluss nahe, dass zwar eine Komparationsfrage nicht erforderlich ist, gleichzeitig aber ein bestimmtes Maß an Aufmerksamkeit zwingend erscheint, um einen Wert erfolgreich zu verankern.

Kompatibilität von Anker- und Zielwert: In den meisten Studien bewegen sich Ankerwert und Zielwert auf der gleichen Skala. Dementsprechend scheint eine weitere wesentliche Komponente die Kompatibilität von Anker- und Zielwert zu sein. Diese Hypothese wurde in einigen Studien überprüft und belegt. Chapman und Johnson (vgl. 1994) beispielsweise forderten Probanden auf, den persönlichen Wert verschiedener Konsumgüter zu beurteilen und zwar zum einen auf monetärer Basis, zum anderen in Form von Lebensdauer. Die Ankerdarbietung erfolgte entweder als Dollarbetrag oder als eine Anzahl von Lebensjahren. Erwartungskonform zeigten sich Ankereffekte nur, wenn sich das abzugebende Urteil und der Ankerwert auf der gleichen Skala befanden. Strack und Mussweiler (vgl. 1997) beschreiben nicht nur die Notwendigkeit einer einheitlichen Skalenart, sondern zeigen auch, dass eine Identität der Dimension notwendig ist, um erfolgreich Ankereffekte zu provozieren. In ihrer Studie ließen sie Probanden schätzen, wie breit oder wie hoch das Brandenburger Tor ist, wobei ein zuvor eingeführter Ankerwert sich entweder auf die Höhe oder die Breite des Bauwerks bezog. Obwohl jeweils in der Einheit Meter gemessen, waren die Ankereffekte wesentlich stärker ausgeprägt, wenn nicht nur die Skala, sondern auch die Dimension dieselbe war.

Extreme oder unplausible Ankerwerte: Vielleicht eine der „bedeutendsten Entdeckungen" (Mussweiler & Strack, 2001: 146) zur Wirkung von Ankern ist die, dass Ankereffekte auch dann auftreten, wenn extreme oder betont unplausible Ankerwerte dargeboten werden. Strack und Mussweiler (vgl. 1997: 442) ließen Versuchspersonen schätzen, ob der indische Politiker Mahatma Gandhi bei seiner Ermordung neun Jahre oder 140 Jahre alt war. Im Ergebnis zeigte sich, dass unplausible Anker die gleichen Effekte nach sich zogen wie solche realistischer Natur (hier 64 und 79 Jahre). Andere Studien konnten ebenso beschreiben, dass Probanden ihre Schätzung selbst von unplausibel hohen oder niedrigen Zahlenwerten beeinflussen lassen (vgl. Chapman & Johnson, 1994; Mussweiler & Strack, 1999).

Im Kontext einer etwaigen Umfragewirkung ist die Frage der Plausibilität von Ankerwerten zwar kaum relevant. Unterstellt man allerdings selbst abwegigen Ankern einen Effekt, drängt sich die Frage auf, ob Probanden den Einfluss des dargebotenen Zahlenwerts auf ihr Urteil wahrnehmen. Wilson et al. (vgl. 1996: 400) konnten hierzu zweierlei zeigen: Zum einen, dass sich die meisten Probanden einer

---

[55] Getestet wurde mit einer Kontrollgruppe, Abweichungen von dieser als Effekt interpretiert. Die geforderte Schätzung bezog sich auf die Frage, wie viele der zu diesem Zeitpunkt an der University of Virginia studierenden Personen innerhalb der nächsten 40 Jahre an Krebs erkranken würden. Eine kritische Rekapitulation des hier einschlägigen *Basic-Anchoring* bieten Brewer und Chapman (vgl. 2002).

Beeinflussung durch den Anker nicht bewusst waren trotz seiner offenkundigen Wirkung. Zum anderen, dass auch solche Versuchspersonen geneigte Schätzungen abgaben, die um die Bedeutung des Ankers für ihre Schätzung wussten. Beides legt den Schluss nahe, dass Ankereffekte nicht durch etwaiges Wissen um den Einfluss des Ankers begünstigt oder gehemmt werden. Quattrone et al. (nach Chapman & Johnson, 2002: 125) fanden konsequent heraus, dass sogar die explizite Warnung, sich nicht von dem dargebotenen Anker beeinflussen zu lassen, bei den Probanden wirkungslos blieb. Diesen Ergebnissen verwandt, ergaben sich in weiteren Experimenten Ankereffekte bei Ankern, die hinsichtlich der Schätzung durch die Probanden als informativ, aber auch bei solchen, die als uninformativ bezeichnet wurden (vgl. Chapman & Johnson, 1999: 148).

Weniger einheitlich urteilt die Forschung zur Bedeutung von Expertenwissen auf den Ankereffekt. Northcraft und Neale (vgl. 1987: 87ff) ließen im Rahmen ihrer Untersuchung sowohl Laien als auch professionelle Makler Immobilien unter Angabe manipulierter Listenpreise schätzen. Der als Anker fungierende Listenpreis verfehlte weder bei den als Experten deklarierten Immobilienmaklern noch bei den Laien seine Wirkung. Und Englich (vgl. 2005) kann zeigen, das parteiische Zwischenrufe im Gerichtssaal einen Einfluss auf strafrechtliche Beurteilungen selbst von juristisch geschulten Probanden haben können. Denkbar ist umgekehrt aber auch, dass Experten verankerungsresistenter sind, weil Expertenwissen Unsicherheit zu reduzieren vermag (vgl. Schuh, 2003: 46). Dieses Postulat deckt sich mit einigen Forschungsergebnissen (z.B. Wilson et al., 1996: 399). Es steht aber im Widerspruch zu anderen Untersuchungen, die sogar eine positive Korrelation von Expertenwissen und Ankereffekt konstatieren und dies mit einer den Effekt begünstigenden breiteren Wissensbasis begründen (vgl. Chapman & Johnson, 1999: 143). [56]

Zusammenfassend lässt sich festhalten, dass Ankereffekte bei von Unsicherheit hinsichtlich des wahren Werts geprägten Schätzurteilen dann zu erwarten sind, wenn das Individuum einem dargebotenen Anker genügend Aufmerksamkeit schenkt, der sich notwendigerweise durch Skalen- und bestenfalls auch Dimensionsidentität mit dem Zielwert auszeichnet. Sind diese Bedingungen erfüllt, stellen sowohl Plausibilität des Ankers als auch dessen Wahrnehmung als solchem keine den Effekt schwächenden Faktoren dar. Die Rolle von Expertenwissen wird bis dato kontrovers diskutiert.

---

[56] Nach Mussweiler und Strack (vgl. 2000b: 515f) sind die unterschiedlichen Ergebnisse dieser Studien potentielle Artefakte des jeweiligen Untersuchungsdesigns und daher nicht zwingend widersprüchlicher Natur. Ihren Ausführungen zu Folge sei das Auftreten von Ankereffekten eine unmittelbare Konsequenz aus empfundener Unsicherheit, und eben jene könne verschiedene Ursachen haben. So sei mangelndes Wissen unzweifelhaft ein Grund für Unsicherheit, genauso könne aber auch der den Experten eigene höhere Anspruch an die Antwort zu empfundener Unsicherheit führen.

Mechanismen der Verankerungsheuristik

Der guten empirischen Belegbarkeit heuristischer Urteilsstrategien stand bis vor einigen Jahren eine recht schwache theoretische Fundierung gegenüber. Dementsprechend ausdrücklich forderte Gigerenzer (1996: 596) noch Mitte der neunziger Jahre ein Ende dieses Dilemmas: „25 years ago [...] Kahneman and Tversky opened up a fertile field. Now it's time to plant theories." Insbesondere den der Ankerheuristik zu Grunde liegenden kognitiven Prozessen kam bisher nur unzureichende wissenschaftliche Aufmerksamkeit zu (vgl. Mussweiler et al., 1997: 590f). Dies verwundert umso mehr, da die Verankerungsheuristik häufig als grundlegender Mechanismus anderer Urteilsphänomene herangezogen wird.[57]

Grundsätzlich sind die Einflüsse eines Ankers in zwei Stadien des Informationsverarbeitungsprozesses denkbar (vgl. Chapman & Johnson, 2002: 126f): Erstens könnten durch die Darbietung des Ankers überhaupt nur bestimmte Informationen im Gedächtnis zugänglich gemacht werden. Im Sinne einer Aktivierungsausbreitung im Langzeitspeicher sollten dies Informationen sein, die mit der Ankerinformation assoziiert sind und dementsprechend zu einem verzerrten Urteil führen. Zweitens könnte der Anker auch die Formulierung der Antwort, also den Übertrag eines internen Konstrukts auf eine externe Skala stören (vgl. Abbildung 4).

Wie der originäre Name der Verankerungsheuristik (*anchoring and adjustment*) impliziert, haben Tversky und Kahneman (1982: 14) den Ankereffekt als ein Zusammenspiel von Verankerung und unzureichender Adjustierung (Anpassung oder Korrektur) des numerischen Reizes verstanden: „In many situations people make estimates by starting from an initial value that is adjusted to yield the final answer. [Those] adjustments are typically insufficient." Dieser grundsätzlichen Annahme verpflichtet sich eine Reihe theoretischer Konzepte zur Verankerungsheuristik, wobei verschiedene Ursprünge einer ungenügenden Adjustierung erörtert werden (vgl. Chapman & Johnson, 2002: 127ff).

---

[57] Unter Rückgriff auf die Verankerungsheuristik wird beispielsweise der *fundamentale Attributionsfehler* (vgl. Leyens et al., 1996), also die Überbewertung des Einflusses persönlicher Faktoren auf das Verhalten dritter Individuen bei gleichzeitiger Unterschätzung des Einflusses situativer Faktoren, erklärt. Auch wird der sogenannte *Rückschaufehler* (*hindsight bias*; vgl. Pohl, 1996) als verwandtes Konstrukt diskutiert. Hier wird beschrieben, dass Personen zurückblickend die Wahrscheinlichkeit überschätzen, dass sie eine bestimmte Aufgabe gelöst hätten, wenn man ihnen die richtige Lösung vorgibt.

Abbildung 4:   Stadien des Urteilsprozesses, in denen Einflüsse eines Ankers diskutiert
                werden (nach Chapman & Johnson 2002: 126)

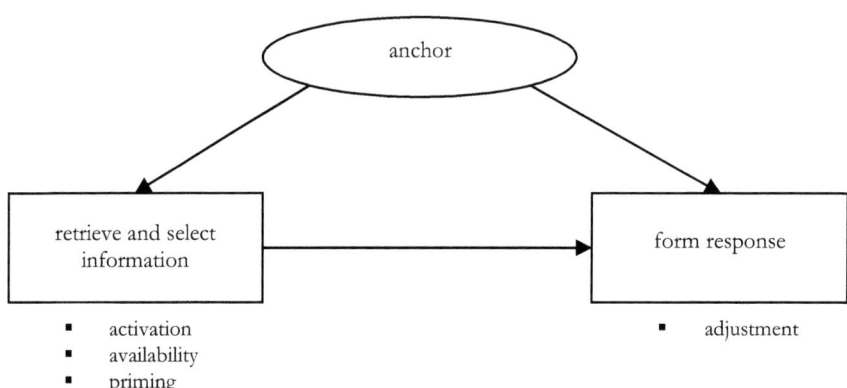

Ein erster Erklärungsversuch begründet die mangelhafte Anpassung des Ankerwertes mit einer grundsätzlichen Unsicherheit des schätzenden Individuums. Demnach beendet das Individuum den Anpassungsprozess bereits dann, wenn der Sicherheit gebende Bereich plausibler Werte erreicht wird. Das heißt, bei unmöglich hohen Ankern hört die Adjustierung mit den höchsten möglichen Werten auf, bei unplausibel niedrigen Ankern endet sie am unteren Ende der für das Individuum plausiblen Werte. Ist beispielsweise ein Individuum vor dem Hintergrund eines Ankers von 3.000 Metern gefragt, die Breite des Brandenburger Tors zu schätzen, sollte es nach diesem Ansatz die Zahl 3.000 bis zu einem Wert herunter korrigieren, der die obere Grenze zu einer plausiblen Breite für das Brandenburger Tor bedeutet, also vielleicht 300 Meter. Bei einem extrem niedrigen Anker (z.B. 15 Meter) wird umgekehrt die untere Grenze der plausiblen Werte (vielleicht 30 Meter) als wahrer Wert geschätzt. Die Schätzung ist also jeweils in Richtung des Ankers beeinflusst. Quattrone et al. (nach Chapman & Johnson, 2002: 127) konnten in ihrer Studie dementsprechend deutlichere Ankereffekte zeigen, wenn für den Gegenstand der Schätzung ein großer Bereich an plausiblen Ankern zur Verfügung steht. Allerdings setzt diese Erklärung voraus, dass die vorgegebenen Ankerwerte außerhalb des Bereichs plausibler Werte liegen (vgl. Mussweiler et al., 1997: 592). Denn eine Adjustierung an die obere oder untere Grenze ist nur dann möglich, wenn der dargebotene numerische Wert extremer als der Grenzwert selbst ist. Folglich können Effekte plausibler Anker, wie sie beispielsweise Strack und Mussweiler (vgl. 1997) beschreiben, durch diesen Ansatz nicht erklärt werden.

Ein zweiter Ansatz im Rahmen ungenügender Adjustierung verweist auf die mit dem Anpassungsprozess verbundenen kognitiven Anstrengungen. Hier liegt die Annahme zu Grunde, dass zwar die Verankerung, nicht aber die Adjustierung ein automatischer Prozess ist. Ein Mangel an kognitiven Ressourcen führt in diesem Sinne zu einem vorschnellen Abschluss des Anpassungsprozesses, was wiederum zu einer zum Anker geneigten Antwort führt. Unterstützt wird dieser Gedanke durch experimentelle Studien, die zeigen können, dass der Ankereffekt bei einer parallelen kognitiven Belastung zunimmt. Dennoch, auch diese zweite Konzeption unzureichender Adjustierung hat ihre Mängel. Geht man nämlich von mentaler Ressourcenknappheit als Basis des Effekts aus, müsste ein expliziter Hinweis auf den Anker zur Mobilisierung aller Ressourcen beitragen können – mit dem Ergebnis, den Ankereffekt zumindest zu verringern (vgl. Chapman & Johnson, 2002: 128). Dass die Wahrnehmung des Ankers aber nicht zu einer Schwächung des Effekts führt, können, wie bereits dargestellt, Wilson et al. (vgl. 1996: 400) in ihren Experimenten zeigen.

Grundsätzliche Zweifel, ob eine unzureichende Adjustierung für den Ankereffekt überhaupt konstituierendes Merkmal ist, wecken Jacowitz und Kahneman (vgl. 1995). Im Rahmen eines Experiments fragten sie einer Gruppe von Probanden numerisches Allgemeinwissen ab, beispielsweise wie viele Meilen die Mississippi lang ist. Das 15. und 85. Perzentil der abgegebenen Schätzungen dieser Gruppe diente als Anker für zwei weitere Gruppen, wobei einer der beiden der niedrige Anker (15. Perzentil) und der anderen Gruppe der hohe Ankerwert (85. Perzentil) dargeboten wurde. Die Probanden beider Experimentalgruppen hatten nun zu urteilen, ob sich der wahre Wert ober- oder unterhalb des Ankers befindet. In beiden Gruppen zeigten sich erwartungsgemäß deutliche Ankereffekte. Entgegen der Erwartung zeigte sich bei der Gruppe mit hohem Ankerwert aber auch, dass nicht nur 15 Prozent der Probanden den wahren Wert über dem Wert des 85. Perzentils vermuteten, sondern gar 27 Prozent (vgl. Jacowitz & Kahneman, 1995: 1164). Aus diesem Ergebnis lässt sich ableiten, dass der Ankerwert schon bei der Komparationsfrage beeinflussend wirkt und nicht erst bei der konkreten Schätzung. Wenn aber Effekte schon vor der eigentlichen Schätzung zu belegen sind, muss attestiert werden, dass die der konkreten Schätzung zu Grunde liegende Adjustierung keine notwendige Bedingung für einen Ankereffekt ist (vgl. Chapman & Johnson, 2002: 129).

Zusammengenommen ist eine zweifelsfreie Beziehung zwischen unzureichender Adjustierung und Ankereffekt kaum erkennbar, obwohl auch jüngere Untersuchungen eine gewisse Brisanz des Adjustierungsvorgangs für zumindest bestimmte Urteilsarten nahe legen (vgl. Epley & Gilovich, 2002: 148). Doch erstens sind sowohl Grenzwert- als auch Ressourcen-Hypothese nur schwer mit den Ergebnissen vieler anderer Studien in Einklang zu bringen und zweitens haben Jacowitz und Kahneman (vgl. 1995) grundsätzliche Zweifel an der propagierten Adjustierungsproblematik nähren können. Nach Abbildung 4 muss demnach eine Einwirkung des Ankers im Bereich der Antworterstellung als sehr fragwürdig betrachtet werden.

Ankereffekte als Aktivation von Informationen

Die überwiegende Mehrheit neuerer Untersuchungen trägt diesen Erkenntnissen Rechnung und diskutiert daher einen Einfluss des Ankers im Stadium des Informationsabrufs (vgl. Abbildung 4). So vermerken einschlägige Studien von Jacowitz und Kahneman (vgl. 1995), Chapman und Johnson (vgl. 1999), Strack und Mussweiler (vgl. 1997) oder auch Reitsma-van Rooijen und Daamen (2006), dass der im Arbeitsgedächtnis verarbeitete Ankerwert bestimmte im Langzeitgedächtnis abgelegte Informationen leichter zugänglich macht, also deren Aktivationsniveau erhöht. Während nun einige dieser Studien (vgl. Jacowitz & Kahneman, 1995; Reitsma-van Rooijen & Daamen, 2006) Ankereffekte auf numerisches Priming zurückführen, legen andere Untersuchungen (u.a. Mussweiler et al., 1997) ein semantisches Priming nahe, nachdem umfassend ankerkonsistente Informationen im Netzwerk des Langzeitgedächtnisses aktiviert werden.

Jacowitz und Kahneman (vgl. 1995: 1163ff), Vertreter eines numerischen Primings, führen den Ankereffekt darauf zurück, dass durch die gestellte Vergleichsfrage der Ankerwert selbst Gegenstand eines Primings ist. Der hieraus resultierenden erhöhten Zugänglichkeit des numerischen Ankerwertes wird dann ein überproportionaler Einfluss auf die abzugebende Schätzung unterstellt. Reitsma-van Rooijen und Daamen (2006: 382) verdeutlichen diese Überlegung an folgendem Beispiel:

> For example, one is first presented with an anchor value (e.g., 90) and next asked to estimate the likelihood of an epidemic of pestilence (expressed as a percentage). Some candidate answers will be activated (e.g., 5%, 20%, and 90%). These candidate answers are based on knowledge that is for whatever reason activated in memory (e.g., 5% and 20% might pop up because a judge has heard of these percentages as chances on comparable diseases). Due to its recent presentation the anchor value, 90, is also accessible and a candidate answer. If we assume that the candidate answers are assigned the same weight and that the combination reflects an average then the final likelihood estimate is around 38% (i.e., the average of 5, 20, and 90). Had the preceding anchor value in this example been 10, then the likelihood estimate would have been lower, around 12% (i.e., the average of 5, 20, and 10).

Bezogen auf die klassische Untersuchung von Tversky und Kahneman würde dies bedeuten, dass die Frage, ob denn nun mehr oder weniger als zehn Prozent aller Staaten der Vereinten Nationen afrikanischer Herkunft sind, bei den Versuchspersonen zu einer erhöhten mentalen Präsenz der Zahl „10" führt und diese Zahl folglich verstärkt in das absolute Urteil eingeht.[58] Strack und Mussweiler (vgl. 1997: 444) hingegen erklären den Ankereffekt als Ergebnis eines semantischen Primings. Ihr *Modell selektiver Zugänglichkeit* beruht auf der Annahme, dass die erste Auseinandersetzung mit dem Ankerwert (etwa durch die Komparation) einer selektiven Hypothesenüberprüfung „unter Anwendung einer positiven Teststrategie" (Mussweiler et al., 1997: 594; vgl. auch Klayman & Ha, 1987) entspricht. Das heißt, zur Bewertung des dargebotenen Ankers werden selektiv solche Informationen aus dem Gedächtnis aktiviert, die bestätigen können, dass der Ankerwert einer tatsächlichen Ausprägung des Urteilsgegenstands auf der Urteilsdimension entspricht. Muss ein Individuum beispielsweise urteilen, ob die Elbe länger oder kürzer als 890 Kilometer ist, überprüft es zuerst, ob dieser Wert für den Urteilsgegenstand realistisch erscheint. Hierfür werden insbesondere solche Informationen abgerufen, die diese Möglichkeit bestätigen können (beispielsweise „Die Elbe ist einer der längsten Flüsse Europas." oder „Zwei große Städte Deutschlands, Dresden und Hamburg, liegen an der Elbe."). Nach Mussweiler et al. (vgl. 1997: 594f) verbleiben die im Rahmen der positiven Teststrategie generierten Informationen über die Prüfung der Ankerinformation hinaus verfügbar. Dementsprechend können solche ankerkonsistenten Informationen leichter für ein anschließendes absolutes Urteil verwendet werden als solche, die nicht zur Lösung der komparativen Frage herangezogen wurden.

Zu einer in Richtung des Ankers verzerrten Schätzung kommt es, weil sich je nach Ankerhöhe die Zusammensetzung der im Rahmen der Prüfung des Referenzwerts zugänglich gemachten Gedächtnisinhalte unterscheidet. Das heißt beispielhaft, bei der Prüfung eines vergleichsweise niedrigen Ankers zur Länge der Elbe wird weniger semantischer Information aktiviert, die eine große Länge der Elbe bestätigen kann, als dies bei einem hohen Anker der Fall ist. Experimentell können Mussweiler et al. (vgl. 1997: 599) diesen positiven Zusammenhang zwischen Ankerstärke und Schätzurteil auch für mehr als zwei Vergleichsgruppen ausweisen. Grundsätzlich ist daher von einer mit der Höhe eines rezipierten Ankers verknüpfte differenzierte Zugänglichkeit von Gedächtnisinhalten auszugehen (vgl. Abbildung 5).

Das Konzept der selektiven Zugänglichkeit von ankerkonsistenten Informationen im menschlichen Langzeitspeicher beschreiben auch Chapman und Johnson (vgl. 1994; 1999) als Basis des Ankereffekts: In einem ihrer Experimente (vgl. Chapman & Johnson, 1999: 123ff) sollten Versuchspersonen den Immobilienwert von Wohnungen anhand von drei Attributen bewerten. Es zeigte sich: Wenn hier-

---

[58] Numerisches Priming wird in sehr ähnlicher Form auch in anderen Studien zur Erklärung von Ankereffekten herangezogen. Zur Vertiefung sei hier auf die Darstellungen von Wilson et al. (vgl. 1996) sowie Chapman & Johnson (vgl. 2002) verwiesen.

bei ein hoher Ankerwert präsentiert wurde, setzten sich die Versuchspersonen aus-gedehnt mit den positiven Eigenschaften der Wohnung auseinander. Ein niedriger Anker hingegen führte zu einer ausgiebigeren Betrachtung schlechter Attribute.

Abbildung 5:   Beispielhafte Darstellung des Zusammenhangs von Ankerhöhe und Zusammensetzung von aktivierten Gedächtnisinhalten

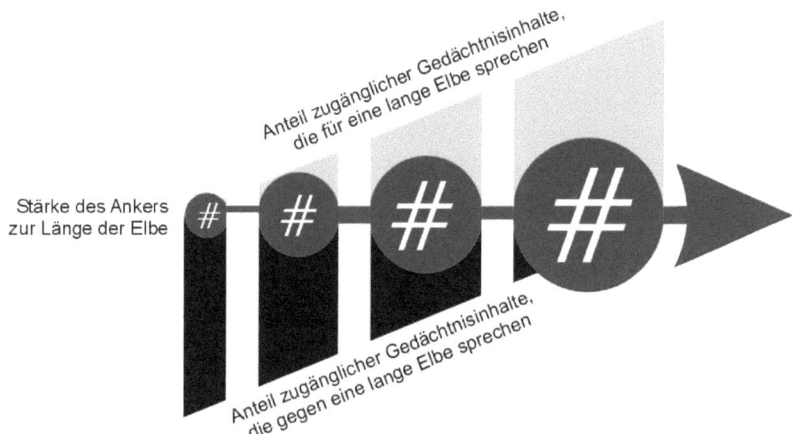

Auch Mussweiler und Strack (vgl. 2000a) zeigen das Phänomen ankerbedingter Zugänglichkeit von Gedächtnisinhalten eindrucksvoll im realitätsnahen Kontext: In ihrem Experiment sollten die Teilnehmer zunächst entscheiden, ob der durch-schnittliche Preis eines Automobils mehr oder weniger als 20.000 DM (niedriger Anker) bzw. 40.000 DM (hoher Anker) beträgt. Anschließend wurden den Ver-suchspersonen Wörter gezeigt, für die sie so schnell wie möglich entscheiden soll-ten, ob es sich um ein sinnvolles oder um ein sinnfreies Wort handelt (Reaktions-zeitstudie). Die sinnvollen Wörter umfassten dabei auch solche, die mit preiswerte-ren (zum Beispiel „Golf" und „Volkswagen") oder teureren Fahrzeugen („Merce-des-Benz" und „BMW") assoziiert sind. Weil bei dieser sogenannten lexikalischen Entscheidungsaufgabe jene Wörter besonders schnell erkannt werden, die für den Abrufprozess zugänglicher sind, sollten die Probanden kostspielige Automobile schneller als sinnvolles Wort identifizieren können, wenn sie den hohen Anker bearbeitet hatten. Tatsächlich zeigte sich exakt dieses Ergebnis. Hypothesenkon-form fiel es umgekehrt Versuchspersonen mit dem niedrigen Anker leichter, solche Wörter zu erkennen, die mit günstigen Kraftfahrzeugen verknüpft sind. In einer vergleichbar angelegten Reaktionszeitstudie von Englich et al. (vgl. 2006) kann das

Phänomen einer ankerbedingten selektiven Zugänglichkeit einmal mehr realitätsnah dokumentiert werden, nämlich vor dem Hintergrund juristischer Strafmaßfindung: Demnach konnten rechtswissenschaftlich geschulte Probanden belastende Argumente deutlich schneller als belastend identifizieren, wenn sie zuvor mit einer vergleichsweise hohen Strafforderung (als numerischer Anker in Jahren Freiheitsstrafe) konfrontiert wurden.

Obwohl vereinzelte Untersuchungen jüngeren Datums den ausschlaggebenden Einfluss aktivierter semantischer Informationen in Zweifel ziehen (vgl. Wong & Kwong, 2000), verweist das Gros der jüngeren Befunde auf das Modell selektiver Zugänglichkeit bzw. vergleichbare Ansätze.[59] Einschlägige Untersuchungen haben zugleich eindrucksvoll beleuchtet, wie numerische Stimuli über ihre semantische Bedeutung auch in Kontexten von sozialer Relevanz Einflüsse entfalten können. Im Dunkeln ist bislang jedoch geblieben, ob sich die mit der Verankerung einhergehende semantische Verknüpfung in Abhängigkeit von Deutungsmustern verändern kann. Versäumt hat es die Forschung also zu überprüfen, inwieweit differente Ankereffekte zu erwarten sind, wenn sich dimensionsgleiche numerische Referenzwerte zwar absolut betrachtet unterschieden, semantisch jedoch eine vergleichbare Bedeutung besitzen. Oder umgekehrt: Wenn dieselben numerischen Anker aufgrund unterschiedlicher kontextueller Bezüge unterschiedliche semantische Bedeutungen besitzen. Das Elbe-Experiment von Mussweiler et al. (vgl. 1997) etwa belegt differente Ankereffekte für Anker von 550 Kilometer und von 890 Kilometer. Ob sich aber messbare unterschiedliche Urteile auch für die um jeweils 150 km abweichenden Ankerwerte von 700 Kilometer und 740 Kilometer gezeigt hätten, bleibt unklar. Immerhin könnte man beiden numerischen Werten eine relativ betrachtet vergleichbare semantische Bedeutung unterstellen. Vor dem Hintergrund dieses Forschungsdefizits wird im Folgenden zwar von einer grundsätzlich mit der Höhe eines Ankers verknüpften differenzierten Zugänglichkeit von Gedächtnisinhalten ausgegangen, wie dies bisherige Befunde nahe legen. Zugleich könnte aber ein Ausbleiben messbarer Ankereffekte bei unterschiedlichen numerischen Stimuli möglich sein, wenn ihre semantische Bedeutung vergleichbar ist.

2.3.4 Zusammenfassung

Bis in die 1960er Jahre von Behavioristen als „Black Box" verschrien, hat sich die Psychologie seither intensiv mit dem menschlichen Gedächtnis und den dort beheimateten Prozessen befasst. Das Gedächtnis wird heute als System mehrerer Speicher beschrieben, von denen zumindest einer das aktuelle Bewusstsein reprä-

---

[59] Mussweiler und Strack (vgl. 2001: 159) erörtern auch die Möglichkeit eines Zusammenspiels unterschiedlicher Mechanismen zumindest bei unplausiblen Ankern.

sentiert und ein weiterer als Speicherort großer Informationsmengen dient. Über das Zusammenspiel beider Speicher, erster als Arbeitsgedächtnis und zweiter als Langzeitgedächtnis bezeichnet, gilt weitgehend als gesichert: Das Arbeitsgedächtnis kontrolliert die Speicherung von Informationseinheiten im nahezu unbegrenzt aufnahmefähigen Langzeitgedächtnis sowie den Abruf benötigter Informationen aus demselben.

Gespeichert werden Informationen in einer netzwerkartigen Struktur, in der so ökonomisch wie möglich einzelne Informationseinheiten zu Wissen verknüpft sind. Ökonomisch heißt unter anderem, bedeutungsnahe Informationseinheiten sind stärker assoziiert als bedeutungsferne, wobei sich die Bedeutungsnähe aus Erfahrungen des Individuums ableitet. Der Abruf von Informationen wird als zielgerichtete Aktivationsausbreitung in diesem Netzwerk assoziativer Prägung beschrieben. In Folge dieser Aktivationsausbreitung, die vom Arbeitsgedächtnis eingeleitet wird, sind die am stärksten aktivierten Informationseinheiten am leichtesten abrufbar. Zugleich sind auch assoziierte Informationseinheiten eher zugänglich, weil die Verknüpfungen der Informationseinheiten im Langzeitspeicher je nach Assoziationsgrad bereits eine mehr oder weniger starke Aktivation besitzen.

Ökonomisch angelegt sind aber nicht nur Speicherung und Abruf von Informationen. Auch die Urteilsfindung verläuft rationell, nicht rational. Dafür stehen unter anderem die zuerst von Tversky und Kahneman identifizierten Urteilsheuristiken. Diese sind dann für ein Urteil ausschlaggebend, wenn die ausgiebige Reflexion einer Problematik nicht möglich ist. Bestimmt wird das Reflexionsniveau in erster Linie durch die Einschränkungen der kognitiven Fähigkeiten des Menschen. Daneben können aber auch Informationsdefizite und zeitliche Begrenzungen für rationelles Urteilen verantwortlich sein. Rationelle Urteile sind nicht per se problematisch. Vielmehr führen sie in der Regel als erfahrungsbasierte Vorgehensweise zu adäquaten Urteilen. Heuristiken können aber zu offensichtlichen Urteilsverzerrungen führen, wenn die im Netzwerk des Langzeitgedächtnisses verfügbaren bzw. ins Arbeitsgedächtnis übertragenen Informationen objektiven Ansprüchen nicht genügen.

Mit Verfügbarkeits- und Repräsentativitätsheuristik sind zwei Urteilsheuristiken in den benachbarten sozialwissenschaftlichen Disziplinen mit großer Aufmerksamkeit bedacht worden. Der Verankerungsheuristik indes wurde außerhalb der Psychologie nur in den zahlenaffinen Wirtschaftswissenschaften Beachtung geschenkt. Nach Kahneman, Tversky und anderen kommt die Verankerungsheuristik dann zur Geltung, wenn numerische Schätzurteile in Unsicherheit um den wahren Wert unter intuitiver Zuhilfenahme eines naheliegenden Zahlenwerts abgegeben werden. Die Verankerungsheuristik beschreibt, wie dieser herangezogene Zahlenwert im Sinne eines Ankers das Schätzurteil in seine Richtung verzerren, also den Ankereffekt auslösen kann. Wurden die Hintergründe dieser Heuristik lange zwischen Verankerung und Adjustierung verortet, hat unlängst das Modell selektiver

Zugänglichkeit von Mussweiler und Strack die Verankerungsheuristik sozusagen sozialwissenschaftlich aufgewertet. Die beiden Wissenschaftler nämlich erklären den Ankereffekt dadurch, dass der als Anker dienende Wert für die Aktivation eines Pools ankerkonsistenter semantischer Informationen verantwortlich ist, der das Schätzurteil verzerrt. Für unterschiedliche Anker ergeben sich deshalb unterschiedliche Schätzurteile, weil sich die Zusammensetzung des zugänglichen Informationspools mit der Höhe des dargebotenen Ankers verändert.

Die Verankerungsheuristik bietet sich vor diesem Hintergrund als Mechanismus zur Erklärung von Umfrageeffekten an: Über die durch die Prüfung des Ankers ausgelöste Zugänglichkeit semantischer Informationseinheiten nämlich lässt sich erklären, warum mit Aufmerksamkeit bedachte numerische Umfrageergebnisse nicht nur ein wahrgenommene Meinungsklima (dimensionsgleiches Schätzurteil), sondern gleichsam andere von zugänglicher Information abhängige Urteile beeinflussen könnten.

2.4 Umfrageeffekte und Verankerungsheuristik

2.4.1 Entwicklung forschungsleitender Annahmen

Seit den dreißiger Jahren des letzten Jahrhunderts mahnen Kritiker an, rezipierte Umfragen könnten sich auf die Bereitschaft zur Stimmabgabe oder die Stimmpräferenz auswirken. Besonders die zweite Vermutung hat sich in dieser Debatte als äußerst populär erwiesen und zwar vorrangig in Form des vielfach postulierten *Bandwagon-Effekts*. Hinter diesem Label verbirgt sich die These, der zur Stimmabgabe aufgeforderte Rezipient entscheide sich angesichts wahrgenommener Umfragewerte für den vermeintlich populären Standpunkt bzw. für den vermeintlichen Wahlgewinner. Dass der Bandwagon-Effekt unter allen denkbaren Umfragewirkungen bislang die größte Aufmerksamkeit genossen hat, muss der empirischen Befundlage zugeschrieben werden: Eine Reihe von vorrangig experimentellen Studien nämlich kann einen Schwenk zugunsten der vermeintlichen Mehrheitswahl messen. Der rhetorischen Popularität und empirischen Befundlage gegenüber steht die bisher schwache theoretische Durchdringung des postulierten Effekts. Während der verbreitete affektive Erklärungsversuch allzu simpel daherkommt, können andere Ansätze (rationale Wahl, Isolationsfurcht) Umfrageeffekte nur unter bestimmten Bedingungen erklären.

Eine Reihe von Gründen spricht für den Versuch einer kognitionspsychologisch abgestützten Erklärung etwaiger Wirkungen veröffentlichter Umfrageresultate, an erster Stelle die weithin anerkannten Erkenntnisse zur menschlichen Informationsverarbeitung. Deren Grundzügen folgend, gelangen Informationen und damit auch Umfrageresultate nach ihrer Aufnahme ins Arbeitsgedächtnis, wo sie verarbeitet und anschließend im Langzeitgedächtnis sinnvoll, das heißt ökonomischen Maß-stäben folgend, mit anderen Inhalten verknüpft werden. Bedeutungsnähe gilt als Teil dieser Ökonomie, Umfrageergebnisse sollten folgerichtig mit den ihnen fokus-sierten Inhalten assoziiert werden, Popularitätswerte Angela Merkels also mit der Bundeskanzlerin selbst, die wiederum mit anderen bedeutungsnahen Inhalten ver-knüpft ist. Diese Betrachtungsweise von Umfrageergebnissen als Information lässt grundsätzlich über einen Einfluss dieser Daten auf Urteils- und Entscheidungspro-zesse spekulieren, denn Urteile und Entscheidungen gehen auf bedeutungsnahe Gedächtnisinhalte zurück.

Auch empirische Befunde zur Umfragethematik lassen sich als Bestätigung mentaler Aktivität im Zusammenhang von Umfragerezeption, Beurteilung des Mei-nungsklimas und Entscheidungsverhalten deuten. Zumeist kann etwa ein Einfluss rezipierter Umfragen auf die Beurteilung des Meinungsklimas gemessen werden, wobei dies – der menschlichen Informationsverarbeitung folgend – für eine grund-sätzliche Verarbeitung dieser Information und ihre Anwendung im Rahmen des einschlägigen Urteilsprozesses spricht. Weiterhin zeigen Studien experimenteller Natur, dass das wahrgenommene Meinungsklima kaum zu einer veränderten Präfe-renzbekundung führt, wenn mit einem Urteilsgegenstand Voreinstellungen ver-knüpft sind. Sind mit einem Urteilsgegenstand kaum Erfahrungen assoziiert, wird in Untersuchungen entsprechend ein größerer Einfluss von Umfrageresultaten beo-bachtet.

Über den populären Verweis auf einen ausschließlich emotionalen Ursprung etwaiger Umfrageeffekte ist ein Einfluss von Voreinstellungen nur schwer herzulei-ten. Kognitionspsychologisch lässt sich die intervenierende Rolle von Voreinstel-lungen dagegen nachvollziehbar darlegen: Demnach sind Voreinstellungen als (be-wertende) Gedächtnisinhalte zu verstehen, die im Netzwerk des menschlichen Ge-dächtnisses eng mit einem Urteilsgegenstand assoziiert sind, wenn dieser schon häufiger zum Gegenstand mentaler Auseinandersetzungen wurde. Sind also diese besonders zugänglichen Gedächtnisinhalte vorerfahrungsbedingt für einen Sachver-halt verfügbar, ist ihr Einfluss auf Urteile und Entscheidungen hinsichtlich dieses Sachverhalts wahrscheinlich. Sind mit einem Thema hingegen keine Vorerfahrun-gen vorhanden und damit keine besonders zugänglichen Gedächtnisinhalte assozi-iert, können rezipierte Umfragen Urteile und Entscheidungen prägen.

Für einen kognitiv abgestützten Erklärungsansatz sprechen zudem Befunde, die zeigen, dass die auf rezipierten Umfragen beruhende Wahrnehmung der populä-ren Wahl mit einer besseren Beurteilung derselben in Verbindung gebracht werden kann (vgl. Atkin, 1969). Nach den dargestellten Prinzipien der menschlichen Infor-mationsverarbeitung und insbesondere der Verankerungsheuristik spricht dies für eine Aktivation von konsistenten Informationseinheiten im Zuge der Verarbeitung von Umfrageergebnissen.

Demnach sprechen erstens die Prinzipien der menschlichen Informationsverarbeitung für die kognitive Verarbeitung von Umfrageergebnissen. Zweitens können Befunde zur Wirkung rezipierter Umfragen auf unterschiedliche abhängige Variablen in Einklang mit diesen Prinzipien gebracht werden. Nachfolgende Überlegungen zur Rolle von Urteilsheuristiken und speziell der Verankerungsheuristik bauen hierauf auf. Das heißt, nur wenn die Umfrageresultate tatsächlich, wie in Anlehnung an gängige kognitionspsychologische Erkenntnisse vermutet, verarbeitet werden, sind die gleichermaßen in der Kognitionspsychologie diskutierten Wege der Urteilsfindung mit Umfrageeffekten in Verbindung zu bringen. Und nur wenn die bekannten Prinzipien der menschlichen Informationsverarbeitung a priori angenommen werden, können die zu entwickelnden Hypothesen sinnvoll getestet werden. Als *conditio sine qua non* muss daher gelten:

Rezipierte Umfrageergebnisse aus Medienberichten werden kognitiv verarbeitet. Daher stehen sie für die Urteils- und Entscheidungsfindung zur Verfügung und können deren Ergebnis grundsätzlich beeinflussen.

Die menschliche Informationsverarbeitung hat in jedem Moment unzählige Daten zu verwerten. Um trotz begrenzter kognitiver Fertigkeiten ausreichend leistungsfähig zu sein, ist sie ökonomisch angelegt. Dieser Grundsatz gilt nicht allein für die Aufnahme von Information und ihre Ablage im Langzeitspeicher des menschlichen Gedächtnisses, sondern gleichsam für die Anwendung von Information im Rahmen von Urteils- und Entscheidungsprozessen. Verantwortlich für das vielmehr rationelle als rationale Vorgehen sind neben den genannten Kapazitätsbeschränkungen weitere Ursachen: Unüberwindbare Informationsdefizite können ein rationales Urteil unmöglich machen und zeitliche Restriktionen können ein zügiges Urteil erfordern. Kurzum, Urteile werden in einer Vielzahl von alltäglichen Situationen nicht aufwendig erarbeitet, sondern folgen bestimmten bewährten Faustregeln.

Mentale Faustregeln zeichnen sich dadurch aus, dass nicht jede mögliche Information zur Findung eines Urteils herangezogen wird, sondern allein solche, die der Erfahrung nach ein sinnvolles Urteil verspricht. Faustregeln folgende Urteilsprozesse sind deshalb nicht minderwertig. Vielmehr ist mentalen Faustregeln, sogenannten Urteilsheuristiken, eine ausgezeichnete Performance zu attestieren, weil mit vergleichbar geringem Aufwand respektable Urteile und Schlussfolgerungen zu nicht vollständig überblickbaren Sachverhalten möglich sind. Als erfahrungsbasierte Vorgehensweise führen Urteilsheuristiken in der Regel zu adäquaten Urteilen. Sie können allerdings zu offensichtlichen Urteilsverzerrungen führen, wenn deren Grundlage, nämlich die im Gedächtnis verfügbaren bzw. aktivierten Informationen, kein sinnvolles Urteil ermöglicht.

Eine dieser fehleranfälligen Faustregeln ist die Verankerungsheuristik. Nach ihren Entdeckern Kahneman und Tversky sowie neueren Studien zufolge kommt die

Verankerungsheuristik dann zur Geltung, wenn numerische Schätzurteile aus ökonomischen Gründen unter intuitiver Zuhilfenahme eines leicht verfügbaren Zahlenwerts abgegeben werden. Die Forschung zur Verankerungsheuristik beschreibt, wie dieser Zahlenwert – im Sinne eines Ankers – das Schätzurteil in seine Richtung verzerren und damit einen sogenannten Ankereffekt auslösen kann. Die Ursache: Weil die Qualität des Zahlenwerts im Zuge des Schätzurteils mental überprüft wird, werden ankerkonsistente Gedächtnisinhalte aktiviert, Informationen also, die den Ankerwert bestätigen können. Deren erhöhte Zugänglichkeit kann dann eine Verzerrung anschließender Urteile und Entscheidungen verantworten.

Umfrageresultate sind Zahlenwerte, die gesellschaftliche Stimmung in Bevölkerungsanteilen beschreiben, also in jener Dimension abbilden, in welcher auch das Individuum Schätzungen zum vorherrschenden Meinungsklima abgeben sollte. Demoskopische Momentaufnahmen, soweit sie als Medieninhalt wahrgenommen und kognitiv verarbeitet wurden, stehen daher im Verdacht, als Anker einen Einfluss auf Schätzurteile des Individuums entwickeln und so auch anschließende Urteile verzerren zu können. Folgerichtig gilt es eine weitere forschungsleitende Annahme zu formulieren:

> Weil die menschliche Urteils- und Entscheidungsfindung vielfach auf mentale Faustregeln zurückgreift, die nach bestimmten Prinzipien Informationen im Langzeitspeicher aktivieren, können Urteile und Entscheidungen durch diese selektiv aktivierten Gedächtnisinhalte beeinflusst sein.

Jede Auseinandersetzung mit einem Urteilsgegenstand führt im Sinne einer sich ausbreitenden Aktivation zu einer erhöhten Zugänglichkeit von assoziierten Informationen. Einerseits können auf diese Weise Urteilsverzerrungen entstehen, andererseits ist auf diese Weise jedem Urteil eine persönliche Prägung immanent. Die Assoziationsstärke zwischen Informationseinheiten nämlich ist von Vorerfahrungen abhängig und somit variiert auch die Abrufwahrscheinlichkeit bestimmter Informationen von Mensch zu Mensch.[60] Bewertende Informationseinheiten, die aufgrund von Vorerfahrungen mit einem Sachverhalt besonders leicht zugänglich sind, können sich so bei einer Urteilsbildung im Rahmen dieses Sachkontextes als sogenannte Voreinstellungen bemerkbar machen. Vereinfachend gilt dabei: Je umfassender die Auseinandersetzung mit einem Sachverhalt (bezogen auf die persönliche Historie des Individuums), desto größer ist die Zugänglichkeit bestimmter in diesem Zu-

---

[60] Francis Bacon (1962) verweist in seinem *Neuen Organ der Wissenschaften* (*Novum Organum*) bereits im Jahr 1620 auf die Subjektivität der menschlichen Wahrnehmungsnatur: „Es ist eine falsche Annahme: unsre Sinne seien der Maßstab der Dinge. Vielmehr sind alle Wahrnehmungen, sowohl sinnliche als geistige, der Beschaffenheit des Beobachters, nicht dem Weltall analog; und der menschliche Verstand gleicht einem unebnen Spiegel zur Auffassung der Gegenstände, welcher ihrem Wesen das seinige beimischt und so jenes verdreht und verfälscht."

sammenhang immer wieder aktivierter Informationen und desto wahrscheinlicher kommen diese Informationen bei weiteren einschlägigen Urteilsbildungsprozessen zum Tragen.

Befunde zur Wirkung von Umfragen legen folgerichtig einen Einfluss von solchen erfahrungsabhängigen Informationen nahe und zwar insofern, als diese den Einfluss rezipierter Umfragen auf meinungsrelevante Urteile begrenzen können. Dass Voreinstellungen als besonders zugängliche Informationen im Langzeitspeicher die Wirkungen rezipierter Inhalte beeinflussen, wird auch in den meisten Ansätzen der Medienwirkungsforschung „mehr oder weniger als selbstverständlich" (Daschmann, 2001: 150) angenommen. Deshalb ist in einer dritten forschungsleitenden Annahme diesem Aspekt Rechnung zu tragen:

> Die Wirkung rezipierter Umfrageresultate auf Bewertungen und Präferenzen ist abhängig von Voreinstellungen der Rezipienten.

Alle drei formulierten forschungsleitenden Annahmen sind aus dem Forschungsstand destillierte Überlegungen. Sie sind allgemein gehalten und nicht als überprüfbare Aussagen formuliert. Für eine empirische Überprüfung ist es notwendig, diese in konkrete, falsifizierbare Hypothesen zu übertragen. Finden die aus den Annahmen abgeleiteten Hypothesen empirische Bestätigung, spricht dies auch für die Richtigkeit der Annahmen.

2.4.2 Entwicklung der Hypothesen

„Where do people learn that a few percent of the population have changed their opinion?", formuliert Noelle-Neumann (1979: 148) eine der grundlegenden Fragen dieser Arbeit. Sie selbst bietet als Antwort an, das menschliche Individuum habe die erstaunliche Fähigkeit, „in Bezug [...] auf Ideen die Relation von Zustimmung oder Ablehnung in der Umwelt wahrzunehmen" (Noelle-Neumann, 1989: 165). Ein quasistatistisches Organ, so Noelle-Neuman (vgl. 1989: 164ff) weiter, ermögliche es dem Individuum jenseits von persönlichen Beziehungen, ihn umgebende Stimmungen zu beurteilen. Für die fortwährende Kontrolle meinungsklimatischer Konstellationen investiere das soziale Wesen Mensch dabei eine „unbelievable energy" (Noelle-Neumann, 1979: 148).

Angesichts der ökonomischen Prinzipien der menschlichen Informationsverarbeitung und der rationellen Natur vieler Urteile und Entscheidungen scheinen an einer allzu aufwendigen Beurteilung gesellschaftlicher Stimmungen allerdings Zweifel angebracht. Vermutet werden darf vielmehr, dass eine Bewertung des Meinungsklimas alltagsrationalen Routinen folgt. Anstelle eines großen Aufwandes kommen also effiziente mentale Faustregeln zum Zuge. Hier rückt die Verankerungsheuristik ins Blickfeld: Im konkreten Fall nämlich dürfte die Beurteilung des Meinungsklimas in der Frage nach der Stärke einer Partei oder der Popularität eines Standpunkts münden. Da die Antwort zu dieser Frage gängigerweise in Bevölkerungsanteilen Darstellung findet, wird dem Individuum demnach ein numerisches Schätzurteil abverlangt. Weil über den wahren Wert *Unsicherheit* herrscht, sollte das Individuum für ein effizientes Urteil eine passende heuristische Strategie anwenden: die Verankerungsheuristik. Nach dieser wird das Individuum für das Schätzurteil einen mit der Partei oder dem Standpunkt assoziierten und mental verfügbaren Referenzwert zu Hilfe nehmen, der bestenfalls Skala und Dimension des Zielwerts abbildet. Dies trifft auf rezipierte Umfrageresultate zu. Angesichts der Publikationsintensität von Umfrageresultaten und dem Interesse der Rezipienten an denselben darf deshalb vermutet werden, dass der herangezogene Referenzwert mit gewisser Wahrscheinlichkeit ein Ergebnis demoskopischer Forschungsarbeit sein wird.

Als erste Annahme dieser Arbeit gilt: *Rezipierte Umfrageergebnisse aus Medienberichten werden kognitiv verarbeitet. Daher stehen sie für die Urteils- und Entscheidungsfindung zur Verfügung und können deren Ergebnis grundsätzlich beeinflussen.* Die Verankerungsheuristik vor Augen wird nun ganz konkret postuliert, in den Medien veröffentlichte Umfrageresultate werden durch das Individuum wahrgenommen und verarbeitet. Als relevanter Gedächtnisinhalt beeinflussen sie dann als Referenzwert ein Schätzurteil zum Meinungsklima, lösen also einen Ankereffekt aus. Der Ankereffekt ist als Verzerrung des Urteils in Richtung des Referenzwertes, also als Assimilationseffekt definiert. Das heißt beispielhaft, je besser die demoskopisch gemessenen Zustimmungswerte für eine Regierung ausfallen, desto besser schätzt auch der Rezipient solcher Umfrageresultate die gesellschaftliche Stimmung für diese Regierung ein. Die erste Annahme führt daher zu der folgenden ersten Hypothese, die es im weiteren Verlauf dieser Arbeit empirisch zu überprüfen gilt:

> H1: Versuchspersonen, denen unterschiedliche Umfragewerte zur Popularität einer Alternative präsentiert werden, unterscheiden sich signifikant in ihren Beurteilungen des sie umgebenden Meinungsklimas bezüglich der Popularität dieser Alternative. Die Schätzungen sind in Richtung des herangezogenen Umfrageresultats verändert.

Zur Erinnerung: Als notwendige Bedingung für das Auftreten eines Ankereffekts gilt eine erfolgreiche Verankerung des Referenzwertes. In der Mehrzahl der experimentellen Untersuchungen wird zwar auf das klassische Untersuchungsdesign von Tversky und Kahneman zurückgegriffen. Andere Studien, vor allem solche, welche die Anwendbarkeit der Verankerungsheuristik außerhalb des Labors überprüfen, kommen aber auch ohne die explizite Komparationsfrage aus. So konnte der Einfluss des ersten Gebots auf den Ausgang einer Verhandlung belegt werden (vgl. Mussweiler & Galinsky, 2002), obwohl die Aufforderung zur Komparation nicht explizit erfolgte, sondern sich diese nur inhaltlich ergab. Einschlägig ist ebenso die

Untersuchung von Northcraft und Neale (vgl. 1987), die ihre über Immobilienwerte urteilenden Probanden ausschließlich durch die Vorgabe eines manipulierten Listenpreises verankerten. Beiden Untersuchungen ist gemein, dass der Referenzwert das beurteilende Individuum zu einem in Richtung des Ankers beeinflussten Urteil führte. Eben jene interne Verankerung wird auch hinsichtlich des möglichen Einflusses von Umfrageresultaten vermutet: Ist das wahlberechtigte Individuum aufgefordert – ganz gleich ob im Zuge konkreter Überlegungen zur Stimmabgabe oder im Rahmen eines politischen Gesprächs – ein Meinungsklima einzuschätzen, bedient es sich eines verfügbaren Umfrageresultats als Ausgangspunkt bzw. Referenzwert für seine Schätzung.

Der konsequent postulierte Einfluss von Umfrageresultaten auf ein vermutetes Meinungsklima darf angesichts der Qualität professioneller Meinungsforschung demokratietheoretisch wohl als vergleichsweise unproblematisch erachtet werden. Immerhin wird hier ein Referenzwert zum Anker für ein Schätzurteil, der die sozialen Realitäten nicht nur plausibel[61], sondern zumeist wohl auch weitgehend treffend abbildet – im Unterschied zu „so mancher Aussage von Politikern oder Journalisten", wie Brettschneider (2000: 500) ergänzt.[62] Dennoch ist diesem scheinbar harmlosen Einfluss weitere Aufmerksamkeit zu schenken. In einer zweiten Annahme wurde konkretisiert warum: *Weil die menschliche Urteils- und Entscheidungsfindung vielfach auf mentale Faustregeln zurückgreift, die nach bestimmten Prinzipien Informationen im Langzeitspeicher aktivieren, können Urteile und Entscheidungen durch diese selektiv aktivierten Gedächtnisinhalte beeinflusst sein.*

Das bevorzugte Konzept zur Erklärung des Ankereffekts ist das Modell selektiver Zugänglichkeit von Strack und Musswiler (vgl. Kap. 2.3.3). Demnach werden im Zuge der Auseinandersetzung mit einem numerischen Referenzwert ankerkonsistente Informationen im Langzeitspeicher aktiviert. Grund hierfür ist eine selektive Hypothesenüberprüfung unter Anwendung einer positiven Teststrategie bzw. eine gezielte Suche nach im Gedächtnis abgelegten Informationen, die bestätigen können, dass der Ankerwert einer tatsächlichen Ausprägung des Urteilsgegenstands auf der Urteilsdimension entspricht. Umfrageresultate, die für ein Schätzurteil zur Stimmungslage angewendet werden, sollten entsprechend für die Aktivation konsistenter Informationen verantwortlich sein. Das heißt, mit zunehmender Höhe des Zustimmungswertes müsste zugleich die Aktivation positiv assoziierter semantischer Informationseinheiten ansteigen. Die so durch den Anker ausgelöste erhöhte

---

[61] Zwar darf bisherigen Studienergebnisse zu Folge der Faktor Plausibilität des Ankers als unbedeutend gelten. Dass demoskopisch gemessene Stimmungsbilder aber alle Anforderungen an eine plausible Grundlage des Schätzurteils erfüllen, ist dem Auftreten eines Ankereffekts sicherlich nicht abträglich.

[62] Ungleich kritischer sollte sich der Einfluss anderer, selbst weniger plausibler numerischer Referenzwerte darstellen. Schuh (vgl. 2003) arbeitet vor dem Hintergrund der 18-Prozent-Kampagne der FDP theoretisch auf, wie auch ein irrelevanter aber konsequent kommunizierter Zahlenwert, das Meinungsklima beeinflussen kann. Dieser Aspekt wird auch in der abschließenden Diskussion noch einmal aufgegriffen.

Zugänglichkeit ankerkonsistenter semantischer Informationen sollte sich damit nicht nur in einer veränderten Bewertung des Meinungsklimas manifestieren, sondern analog hierzu auch die Gesamtwahrnehmung des Urteilsgegenstands beeinflussen können. Beispielhaft bedeutet das, positive Umfrageergebnisse für eine Partei wirken sich nicht nur auf die Einschätzung ihrer Wahlchancen aus, sondern auch auf ihre Bewertung, weil verstärkt positive Informationen (z.B. „Die Kandidatin der Partei tritt souverän auf.", „Die Schulpolitik der Partei ist vernünftig.") in Folge des Schätzurteils leichter zugänglich sind. Damit ist folgende zweite Hypothese zu formulieren und nachfolgend empirisch zu testen:

H2: Versuchspersonen, denen unterschiedliche Umfragewerte zur Popularität einer Alternative präsentiert werden, unterscheiden sich signifikant in ihren Bewertungen dieser Alternative. Dabei gilt: Je positiver die Umfrageresultate für eine Alternative, desto besser die Bewertung derselben.

Atkin (vgl. 1969) präsentiert, wie weiter oben ausgeführt, experimentelle Befunde, die diese zweite Hypothese stützen können. Die von ihm gemessenen Einflüsse rezipierter Umfragen kann der Wirkungsforscher gleichermaßen mit einer Aufwertung des Images der populären Wahl in Verbindung bringen. Vor dem Hintergrund einer solchen Wirkung rückt eine andere Variable von Brisanz ins Visier: die Entscheidung für oder gegen eine Partei bzw. einen für oder gegen Standpunkt. Zugängliche Informationen sind nämlich ebenso Grundlage von Entscheidungen (vgl. Kap. 2.3.2). Und wenn ankerkonsistente Informationen zu einem Urteilsgegenstand leichter zugänglich sind als andere ebenfalls relevante Informationen, dann darf gleichsam eine durch den Anker beeinflusste Entscheidung angenommen werden. Dieser Einfluss sollte im Sinne des von Umfragekritikern ausgiebig bemühten Bandwagon-Effekts (vgl. Kap. 2.2) jener Entscheidungsalternative zu Gute kommen, die auf positivere Umfragewerte verweisen kann. Demnach ergibt sich aus der zweiten Hypothese konsequent folgende dritte Hypothese, die zugleich eine Umfragewirkung auf die Präferenz abseits des üblichen Mehrheit-Minderheit-Ansatzes postuliert:

H3: Versuchspersonen, denen unterschiedliche Umfragewerte zur Popularität einer Alternative präsentiert werden, unterscheiden sich signifikant in ihren Präferenzen. Hier gilt: Je positiver die Umfrageergebnisse für eine zur Wahl stehende Alternative, desto eher wird diese gewählt.

Weil meinungsbezogene Urteile und selbstberichtete Handlungsintentionen viel stärker noch als Urteile über Realitätsvorstellungen abhängig sein sollten von persönlichen Erfahrungen[63] (vgl. Daschmann, 2001: 152), wurde abschließend eine dritte Annahme formuliert: *Die Wirkung rezipierter Umfrageresultate auf Bewertungen und Präferenzen ist abhängig von Voreinstellungen der Rezipienten.* Befunde zur Wirkung von Umfragen sprechen für diese Annahme: Denn während publizierte Umfragen zumeist messbare Einflüsse auf Vorstellungen über das Meinungsklima entfalten, kann eine Wirkung von Umfragen auf persönliche Präferenzen seltener nachgewiesen werden. Ausbleibende Einflüsse werden dabei in einer Vielzahl von Auseinandersetzungen mit der Ausprägung von Voreinstellungen begründet. Beeinflusste Präferenzen nämlich können eher dann dokumentiert werden, wenn der thematische Kontext nicht oder kaum mit Vorerfahrungen verknüpft ist (vgl. Kap. 2.2.5)

Dieser Einfluss von Voreinstellungen auf meinungsbezogene Urteile lässt sich vor dem Hintergrund der menschlichen Informationsverarbeitung folgendermaßen erklären: Bei der Urteilsfindung kann grundsätzlich auf Informationseinheiten zurückgegriffen werden, die im Gedächtnis verfügbar sind. Das heißt, bei jedem urteilsspezifischen Abrufprozess können alle vorhandenen und mit einem Urteilsgegenstand verknüpften Informationen Aktivation erfahren. Für die Wahrscheinlichkeit eines Urteilseinflusses bestimmter Gedächtnisinhalte ist dann deren Aktivationsniveau (Zugänglichkeit) zum Zeitpunkt der Urteilsbildung entscheidend. Vorerfahrungen verantworten, dass bestimmte relevante, vor allem bewertende Informationseinheiten stärker mit einem Sachverhalt assoziiert sind als andere. Die sich im Zuge des Urteilsprozesses ausbreitende Aktivation erhöht dann deren Aktivationsniveau noch einmal. Ein Urteilseinfluss solcher Informationseinheiten ist deshalb besonders wahrscheinlich. Bei Urteilen kommen also bestimmte bewertende Gedächtnisinhalte als Voreinstellungen zum Zuge, wenn diese bereits häufiger im Zusammenhang mit dem Urteilsgegenstand aktiviert wurden und deshalb zugänglicher sind als andere Informationseinheiten. Besonders bei solchen Themen, die mit gewachsenen Wertvorstellungen verknüpft also direkt oder indirekt immer wieder Gegenstand von mentalen Auseinandersetzungen geworden sind, sollte damit die Verfügbarkeit von per se zugänglicheren Gedächtnisinhalten besonders hoch und ein Urteilseinfluss besonders wahrscheinlich sein.

In den Hypothesen 1 bis 3 wird ein messbarer Einfluss eines verfügbaren Umfragewerts auf Schätzurteile, Bewertungen und selbstberichtete Handlungsintentionen postuliert. Verantwortung wird dabei den im Rahmen einer mentalen Auseinandersetzung mit dem Umfragewert aktivierten semantischen Gedächtnisinhalten zugeschrieben. Der Einfluss dieser ankerkonsistenten Informationen sollte besonders stark sein, wenn der Urteilsgegenstand keine langfristigen Orientierungen des

---

[63] Zwar neigen Menschen grundsätzlich dazu, Einstellungen und Verhaltensweisen, die sie selbst befürworten, auch für relativ verbreitet zu halten (*False-Consensus-Effekt*; vgl. Ross et al., 1977), vermutet wird hier dennoch, dass für ein Schätzurteil zur Stärke einer Partei persönliche Präferenzen eine nur untergeordnete Rolle spielen. Dagegen sollte ein Urteil zur Wählbarkeit einer Partei eher unter dem Einfluss von Einstellungen stehen, da ein solches Urteil viel stärker das individuelle Selbstverständnis tangiert.

Individuums tangiert und daher kaum chronisch zugängliche bewertende Gedächtnisinhalte verfügbar sind. Umgekehrt steht zu vermuten, dass bei Urteilen zu vorerfahrungsstarken, womöglich das persönliche Selbstverständnis berührenden Themen eben solche Informationen verfügbar sind und dass diese dank ihres hohen Aktivationsniveaus prägenden Einfluss auf zu treffende Urteile entfalten und zugleich den Einfluss ankerkonsistenter Gedächtnisinhalte marginalisieren. Urteile im Wahlkontext sollten etwa mit größerer Wahrscheinlichkeit unter dem Einfluss von Voreinstellungen stehen als Urteile zu bislang unbeachteten Sachverhalten (zumindest wenn diese nicht mit stark beachteten Sachverhalten verknüpft sind). Ein langjähriger SPD-Genosse beispielsweise dürfte sich selbst bei ankerkonsistenten CDU-freundlichen Gedächtnisinhalten nur schwer animieren lassen, die Union (öffentlich) positiv zu bewerten oder dieser sogar seine Stimme zu versprechen. Hier gilt demnach: Sind Voreinstellungen zu einem Sachverhalt verfügbar, beeinflussen diese Urteile und Entscheidungen des Rezipienten *über diesen Sachverhalt*. Einschätzungen zur Stimmungslage sind allerdings weniger Urteile über einen Sachverhalt als vielmehr Urteile *über ein Meinungsklima*. Daher sollten selbst in voreinstellungsstarken Kontexten ankerkonsistente Informationen einen Ankereffekt auslösen können. Für diese Annahme sprechen auch Befunde zur Wirkung von Umfragen, die weitgehend Themen unabhängig beeinflusste Einschätzungen des Meinungsklimas dokumentieren können. Im Kontext der in den Hypothesen 1 bis 3 formulierten Umfragewirkungen ist deshalb die in drei Teil-Hypothesen konkretisierte vierte Hypothese zu überprüfen:

H4a: Unabhängig davon, ob ein Urteilsgegenstand mit Voreinstellungen verknüpft ist, haben rezipierte Umfragewerte Einfluss auf die Einschätzung des Meinungsklimas.

H4b: Ist ein Urteilsgegenstand mit Voreinstellungen verknüpft, haben rezipierte Umfragewerte *keinen* Einfluss auf die Bewertung dieses Urteilsgegenstands.

H4c: Ist ein Urteilsgegenstand mit Voreinstellungen verknüpft, haben rezipierte Umfragewerte *keinen* Einfluss auf die Entscheidung zugunsten oder zuungunsten einer in diesem Kontext zur Wahl stehenden Alternative.

3 Umfrageeffekte als Ankereffekte: Die experimentelle Studie

An dieser Stelle setzt der empirische Teil der vorliegenden Arbeit an: Es wird entlang der formulierten Hypothesen untersucht, ob den Mechanismen der Verankerungsheuristik folgend in publizierten Umfrageergebnissen abgebildete Zustimmungswerte (a) das wahrgenommene Meinungsklima zugunsten oder zuungunsten einer Alternative prägen, (b) die Beurteilung einer Alternative verändern sowie (c) die Bereitschaft, sich für eine Alternative zu entscheiden, beeinflussen können. Auch wird überprüft, ob Voreinstellungen als intervenierende Variable die Einflüsse rezipierter Umfrageergebnisse zu begrenzen in der Lage sind.

3.1 Methode

3.1.1 Wahl der Methode: Das Experiment

Aus dem dargelegten Untersuchungsinteresse ergibt sich konsequent die Entscheidung zugunsten eines experimentellen Vorgehens. Denn nur bei dieser Methode lassen sich Kausalzusammenhänge, wie sie in den vier Hypothesen formuliert sind, nachweisen, weil Alternativerklärungen durch die Kontrolle anderer Bedingungen ausgeschlossen werden (vgl. Schnell et al., 1992: 237ff). Für diese Arbeit ergibt sich damit folgendes Szenario: Um die vier formulierten Hypothesen prüfen zu können, werden den Probanden Zeitungsartikel vorgelegt, die Umfrageergebnisse behandeln. Die Versuchsgruppen ergeben sich dem Untersuchungsziel entsprechend aus der Variation des Stimulus, nämlich den dargestellten Umfrageergebnissen. Weiterhin wird der thematische Bezug der vermeintlich demoskopischen Daten in unterschiedlichen Ausprägungen abgebildet, um die Interventionskraft von Voreinstellungen beschreiben zu können.

Insgesamt werden drei Untersuchungen dieser Art durchgeführt. Das konkrete Vorgehen der Experimente wird, um den jeweiligen Versuchsaufbau nachvollziehbar präsentieren zu können, im Rahmen der jeweiligen Ergebnispräsentation ausführlich erörtert. Zunächst werden grundsätzliche Einflussfaktoren auf die Validität von Experimenten aufgearbeitet, nicht-repräsentative Stichproben als etwaiges Problem erörtert, sowie Maßnahmen zur Sicherung der Validität abgeleitet.

3.1.2 Validität von Experimenten

Nur auf dem experimentell erhärteten Befund könne die Sozialwissenschaft und mit ihr die Publizistikwissenschaft aufbauen, mahnt Noelle-Neumann (1965: 249) und erkennt eine entsprechende „Pflicht zum Experiment in der Sozialforschung". Dennoch: Spätestens seit den *Experiments on Mass Communication* von Hovland und Kollegen (vgl. 1965) diskutiert die Medienwirkungsforschung neben den Vorzügen des experimentellen Vorgehens auch methodennimmanente Schwächen.[64] Das gilt vor allem die externe Validität von Laborexperimenten zur Rezeption massenmedial vermittelter Information (vgl. Schenk, 2002: 130ff). Daschmann (vgl. 2001: 167ff) arbeitet anschaulich hierfür relevante Faktoren auf: Erstens die Künstlichkeit des Stimulusmaterials, zweitens die Künstlichkeit der Rezeptionssituation und drittens das Verhalten der Versuchspersonen. Weiterhin gilt die in akademischen Kreisen aus Kostengründen verbreitete Verwendung studentischer, nicht-repräsentativer Stichproben als problematisch. Kein Experiment kann alle möglichen Fehlerquellen ausschließen. Ziel dieser Studie ist es aber, diese soweit wie möglich zu eliminieren:

Künstlichkeit des Stimulusmaterials

Experimente zur Wirkung medialer Berichterstattung fußen auf der gezielten Variation bestimmter Merkmale innerhalb des präsentierten Stimulusmaterials bei zugleich identischer Abbildung alle anderen Merkmale. Aus diesem Grund, weiß Daschmann (2001: 168), „ist die Verwendung von realen Medienstimuli, die tatsächlich publiziert wurden, nur bei wenigen Fragestellungen möglich." Zumeist muss das Stimulusmaterial speziell für ein Experiment angefertigt werden. Um fundierte Aussagen über die Wirkung realer Medienberichterstattung treffen zu können, dürfen die Probanden aber die Echtheit des ihnen vorgelegten Stimulusmaterials keinesfalls anzweifeln. Die Aussagekraft von Experimenten hängt entsprechend davon ab, ob es gelingt, die Authentizität des erstellten Materials vorzutäuschen. Das im Namen der Forschung geschaffene journalistische Produkt muss daher unbedingt den professionellen Anforderungen an einen echten journalistischen Beitrag genügen. Es ist entsprechend geboten, dieses inhaltlich, sprachlich sowie hinsichtlich des

---

[64] Präziser formuliert, erfuhren die mit experimentellen Studien verknüpften Schwächen im Rahmen gesellschaftswissenschaftlicher Anwendungen spätestens seit den *Yale-Studien* konkrete Aufarbeitung. Bis zum Ende des 20. Jahrhunderts führten vage Ahnungen von Schwächen und wohl vor allem grundsätzliches Unbehagen, den Menschen zum Objekt werden zu lassen, zur gänzlichen Ablehnung dieser Methode im sozialwissenschaftlichen Kontext (vgl. Schulz, 1970: 29ff). In diesem Sinne spricht etwa Philosoph und Ökonom John Stuart Mill (1965: 574) von der schlichten Unmöglichkeit künstlicher Experimente im gesellschaftswissenschaftlichen Rahmen: „The first difficulty which meets us in the attempt to apply experimental methods for ascertaining the laws of social phenomena, is that we are without the means of making artificial experiments."

Layouts bekannten Medienquellen anzupassen. Deutlich wird hier, dass eigentlich nicht die Künstlichkeit des Stimulusmaterials als problematisch gelten darf, sondern vielmehr die Wahrnehmung des Stimulusmaterials als künstlich durch die Probanden des Experiments (vgl. Daschmann, 2001: 168).

Künstlichkeit der Rezeptionssituation

In einer kritischen Würdigung eigener und anderer Untersuchungen verweist Hovland (vgl. 1959) auf intervenierende Faktoren, die sich aus der mehr oder weniger künstlichen Situation des Stimuluskontakts ergeben. Während unter normalen Umständen Mediennutzung interessengeleitet verläuft und Aufmerksamkeit sowie Verarbeitungsbereitschaft zumeist den Bedürfnissen der Rezipienten folgen, schafft das Experiment, zumal jenes im Labor, eine unnatürliche Rezeptionssituation. Der Proband wird aufgefordert, sich mit aller Aufmerksamkeit einem Stimulus zu widmen, dessen Rezeption im Interesse des Forschers liegt, kaum aber in jenem der Versuchsperson. Die Versuchsperson wiederum kann sich der Auseinandersetzung mit dem Stimulusmaterial kaum erwehren, ohne sozial unerwünschtes Verhalten zu zeigen oder zu vermuten, es sei vielleicht genau die Frage des Erwehrens, um die sich das Experiment drehe (vgl. Orne, 1962). So bleibt zum einen der typisch eigeninitiative Vorgang der Mediennutzung aus, zum anderen fehlt der natürliche Selektionsvorgang des Rezipienten. Denn dass jedem Menschen in natürlicher Umgebung nur ein begrenztes Zeit- und Aufmerksamkeitsbudget zur Verfügung steht, führt anders als in experimenteller Umgebung zur Parallelität von Tätigkeiten und beeinflusst so die Qualität der Medienrezeption (vgl. Jäckel & Wollscheid, 2007: 21). Lipset et al. (1954: 1158) schildern das Dilemma aus eigener Erfahrung:

> As long we test a program in the laboratory we always find that it has great effect on the attitudes and interests of the experimental subjects. But when we put the program on as a regular broadcast, we then note that the people who are most influenced in the laboratory tests are those who, in a realistic situation, do not listen to the program.

Verstärkt wird die Künstlichkeit der Rezeptionssituation, wie die Ausführungen Lipsets und Kollegen zugleich thematisieren, durch die Verlagerung derselben in ein Laboratorium. Auf diese Weise wird zwar der Faktor „zwischenzeitliches Geschehen" konstant gehalten, also die Möglichkeit minimiert, dass zwischenzeitliche Ereignisse abseits des Stimuluskontakts eine Messdifferenz erzeugen, aber: „Niemand verhält sich im Labor wie im ,richtigen' Leben" (Schnell et al., 1992: 238). In beeindruckender Weise zeugt davon das Verhalten der Probanden in Milgrams (vgl. 1963) Experimenten zur Bereitschaft von Versuchspersonen andere Personen nach Fehlleistungen zu bestrafen, welches den im Laboratorium agierenden Menschen als gänzlich moralfrei erscheinen lässt.[65] Die Besonderheit der Laborsituation ergibt sich weiterhin aus der üblicherweise offensichtlichen Anwesenheit mehrerer Versuchspersonen. Damit kann die Motivation jedes einzelnen Probanden zu genauer Konzentration und Verarbeitung der präsentierten Inhalte noch einmal erhöht werden (vgl. Daschmann, 2001: 169). Diesen Effekt kann ein Laboratorium überdies deshalb provozieren, weil dem „gefangenen Publikum" (Noelle-Neumann & Petersen, 2002: 301) in einem eigens hergerichteten Untersuchungsraum anders als unter natürlichen Umständen kaum Ablenkung möglich ist.

Die Künstlichkeit der Rezeptionssituation ergibt sich demnach vor allem aus zwei Gründen: Zum einen wendet sich die Versuchsperson nicht aus eigenem Antrieb dem Stimulusmaterial zu, zum anderen ist die experimentelle Umgebung einer natürlichen Rezeptionsumgebung nur selten ähnlich, insbesondere im Labor. Während der erste Faktor kaum zu eliminieren ist, kann der störende Einfluss der künstlichen Rezeptionsumgebung durch die Verlagerung des Experiments in ein natürliches Umfeld reduziert werden.

Versuchspersoneneffekte

Die besondere Rezeptionssituation eines Experiments, in der sich die Versuchspersonen einem Stimulus allein deshalb aussetzen, weil dies von ihnen verlangt wird, birgt wie selbstverständlich die Gefahr eines unnatürlichen Rezeptionsverhaltens. Eine „Apathie der Laboratoriumsobjekte"[66], wie sie Noelle-Neumann (1965: 246) fürchtet, ist dabei genauso denkbar wie eine übertrieben intensive Auseinandersetzung der Versuchspersonen mit der Rezeptionssituation, welche sich in so genannten *demand artifacts* manifestieren kann. Deren mögliche Ursachen arbeitet Orne (vgl. 1962; 1969) nachvollziehbar auf: „Insofar as the subject cares about the outcome, his perception of his role and the hypothesis being tested will become a significant determinant of his behaviour" (Orne, 1969: 146; vgl. auch Sawyer, 1975). Das heißt, Versuchspersonen, die sich als Teil einer Untersuchung wahrnehmen, werden möglicherweise zum Erfolg der Studie beitragen wollen, indem sie ihr Verhalten einem vermuteten Gegenstand der Untersuchung anpassen. Ebenso unerwünscht wie dieses vermeintlich erwünschte Verhalten ist schließlich eine oppositionelle Haltung der Versuchsperson. Wie Merten und Kollegen (1992: 59) ausführen, könnten die Probanden ihre Unsicherheit über die wahren Hintergründe der Untersuchung mit

---

[65] Mit der Frage nach der Moral sah sich seinerzeit auch der Versuchsleiter selbst konfrontiert. Milgram schuf mit seiner Studie somit nicht allein experimentelle Ergebnisse, sondern initiierte auch eine gebotene Debatte zur Ethik von sozialen Experimenten (vgl. u.a. Baumrind, 1964).
[66] Als wenig sinnvoll dürfen Versuche gelten, einer etwaigen Apathie der Probanden durch Belohnung vorzubeugen. Dieses Vorgehen steht vielmehr im Verdacht, Forschungsartefakte zu befördern (vgl. Daschmann, 2001: 170).

„vorsätzlicher Fälschung" honorieren und damit die experimentellen Ergebnisse zu wissenschaftlichen Artefakten degradieren. Da sich keines der drei beschriebenen Verhaltensmuster definitiv ausschließen lässt, sind eine Verschleierung der Messung und die gelungene Täuschung der Versuchspersonen über das tatsächliche Untersuchungsinteresse unbedingt geboten. Nur so kann etwaigen Versuchspersoneneffekten vorgebeugt werden (vgl. Daschmann, 2001: 170).

Verwendung nicht-repräsentativer Stichproben

Während es das grundsätzliche Ziel von repräsentativen Bevölkerungsumfragen ist, verallgemeinerbare Aussagen über eine bestimmte Grundgesamtheit zu treffen, dienen Experimente dem Zweck, relative Aussagen über den Effekt eines Stimulus zu formulieren (vgl. Brosius & Koschel, 2001: 215). Mit Hilfe eines Experiments wird demnach versucht, einen Unterschied zwischen Versuchsgruppen in Folge eines Stimuluskontakts zu dokumentieren. Ziel des Experiments ist es dagegen nicht, etwaigen Messdifferenzen Allgemeingültigkeit zuzuschreiben.[67] Die Verwendung kleiner sowie nicht oder nur leidlich repräsentativer Stichproben schränkt demnach zwar die statistische Generalisierbarkeit experimenteller Ergebnisse ein, läuft aber dem wissenschaftlichen Anliegen nicht zuwider: Denn statistisch belastbare Aussagen kann der Forscher ohnehin nur über die Wirkung des Stimulus auf seine Probanden treffen (vgl. Lang, 1996: 426).

Dennoch, auch experimentelle Befunde sind generalisierbar – und zwar auf inhaltlicher Basis: Eugene Edgington (1966: 485) präzisiert: „nonstatistical inference can, of course, be drawn on the basis on logical considerations." Zuerst einmal unerheblich ist dabei auch, ob – wie in dieser Arbeit – aus finanziellen und pragmatischen Gründen auf studentische Stichproben zurückgegriffen wird – zumindest solange keine Gründe erkennbar sind, warum studentische Samples zu spezifischen Ergebnissen führen könnten. Michael Basil (1996: 433) hält den Rückgriff auf Studierende ganz in diesem Sinne für unproblematisch, es sei denn: „there is any reasonable evidence or logic to think that the results of the study using college students would be different from a representative sample of the population." Dafür aber, dass die im Mittelpunkt dieser Arbeit stehende Verankerungsheuristik in Abhängigkeit soziodemografischer Merkmale Urteile und Entscheidungen prägt, gibt es keinerlei Hinweise. Auch ein Einfluss von Expertenwissen konnte bisher nicht nachgewiesen werden (vgl. Kap. 2.3.3). Insofern darf über die grundsätzliche Gültigkeit der nachfolgend präsentierten Ergebnisse spekuliert werden, auch wenn sich

---

[67] Eine Ausnahme ist das kontrollierte Feldexperiment in Form einer gegabelten Befragung repräsentativer Bevölkerungsstichproben. Mit dieser Art des Experiments, welche den Repräsentativschluss erlaubt, wird insbesondere im Bereich der Methodenforschung gearbeitet, um etwa die Wirkung von Frageformulierungen zu überprüfen (vgl. Noelle-Neumann & Petersen, 2002: 296; Lamp, 2001).

die Stichproben aus Studierenden zusammensetzen (vgl. Daschmann, 2001: 170). Zur statistischen Absicherung solcher Spekulationen kann selbstverständlich nur anschließende Feldforschung führen.

3.1.3 Sicherung der Validität von Experimenten

Der aus ökonomischen und pragmatischen Gründen nahe liegenden Entscheidung für studentische Probanden kommt demnach erst in der Debatte um die Generalisierbarkeit der Befunde Bedeutung zu. Dagegen ist eine intensive Auseinandersetzung mit den drei verbleibenden Aspekten zur Sicherung der Qualität des experimentellen Ergebnisses unabdingbar. Zwar lässt auch das künstlich geschaffene experimentelle Umfeld eine definitive Sicherstellung der Validität nicht zu, die Ausführungen zu ungewollten Effekten des Stimulusmaterials, zur Rezeptionssituation sowie zu Versuchspersoneneffekten zeigen aber mögliche Ansatzpunkte zur Vermeidung von Fehlern und damit zur zumindest weitgehenden Elimination unbeabsichtigter Effekte auf.

Um die Wahrnehmung des Stimulusmaterials als authentisch zu gewährleisten, wird in dieser Arbeit die Tageszeitung als Stimulusträger fungieren. Zwar prägen zweifellos alle klassischen Medien, also Presse, Fernsehen und Hörfunk sowie immer mehr das Internet den politischen Prozess (vgl. Noelle-Neumann & Köcher, 2002: 380). Aus unterschiedlichen Gründen bieten sich letztere als Stimulusträger hier aber weniger an als das gedruckte Wort: Eine Entscheidung für das Fernsehen etwa wäre mit enormem Aufwand verbunden. Die Herstellung von Beiträgen bzw. die Manipulation geeigneter Bildsequenzen aus Umfrageberichten oder -sendungen würde nur unter Verwendung einer professionellen Ausstattung – in technischer und auch in personeller Hinsicht – zu einem ansprechenden Ergebnis führen. Für eine authentische Erscheinung nämlich müssten bekannte Sendeformate kopiert oder bearbeitet werden: Nur dann würden die Inhalte eines Informationsbeitrags wahrgenommen und nicht in erster Linie dessen laienhaftes Erscheinungsbild. Authentisch wirkendes Stimulusmaterial für das Medium Fernsehen zu erschaffen ist daher, wenn überhaupt, nur äußerst schwer möglich. Das Fernsehen ist als Präsentationsmedium aber auch deshalb problematisch, weil der Stimuluskontakt in einem eigens hergerichteten Raum stattfinden müsste, was in erheblichem Maße zur Künstlichkeit der Rezeptionssituation beitragen würde. Diese Schwäche ist auch dem Hörfunk immanent, der zudem keine visuellen Reize zulässt. Das Internet wiederum, obwohl als Informationsquelle immer bedeutender (Institut für Demoskopie, 2006), kennt offenbar noch nicht die Glaubwürdigkeit der Zeitung, beson-

3.1 Methode   119

ders jene nicht der großen Zeitungsmarken.[68] Hinzu kommt, dass den Probanden internet-basiertes Stimulusmaterial zur Vermeidung einer artifiziellen Rezeption im Laboratorium in ausgedruckter Form vorgelegt werden müsste. Darunter aber könnte die Glaubwürdigkeit des Online-Produkts leiden, weil eine Manipulation bereits elektronisch vorliegender Daten als leicht möglich erachtet werden sollte.

Es bleibt die Zeitung: Sie ist nicht nur das Qualitätsmedium schlechthin für den Bundesbürger aller Altersklassen, sie arbeitet auch mit Text und Bild und ist vor allem relativ einfach für experimentelle Zwecke nachzustellen. Zeitgemäße Computer sowie Desktop-Publishing-Programme ermöglichen es seit ein paar Jahren, das Layout hochwertiger Presseerzeugnisse (bzw. einen leicht zu handhabenden DIN A4-Ausschnitt derselben) originalgetreu zu simulieren (vgl. Abbildung 6). Das visuelle Ergebnis kommt dabei ohne das Risiko der in früheren Experimenten oft verwendeten Collagen aus fotokopierten Originalseiten und manipuliertem Artikel aus, durch schwer zu vermeidende Kopierränder künstlich zu wirken. Den Versuchspersonen können somit DIN A4-Faksimiles vorgelegt werden, die in ihrem gesamten Erscheinungsbild Fotokopien echter Presseerzeugnisse täuschend ähnlich sehen und daher eine Manipulation kaum vorstellbar erscheinen lassen.

Um das Vertrauen der Versuchspersonen in die Echtheit des Stimulusmaterials nicht zu unterminieren, muss sich das professionelle Erscheinungsbild der Faksimiles inhaltlich fortsetzen: So gilt es den Jargon der jeweiligen Zeitungsmarke zu treffen. Hierzu werden die vermeintlichen Zeitungsausschnitte des Faksimiles aus tatsächlich in der jeweiligen Zeitung erschienenen Beiträgen zusammengestellt. Auf eine plausible Zusammensetzung der Texte, sowohl den zeitlichen als auch den inhaltlichen Rahmen betreffend, ist ebenso zu achten. Die als Stimulusmaterial dienenden Umfrageartikel werden in diesem Rahmen platziert und den Hypothesen gemäß variiert. Das heißt allein hinsichtlich der präsentierten Umfragewerte. Konstant bleiben alle anderen Merkmale der Texte, die vom Verfasser dieser Arbeit unter Rückgriff auf thematisch passende, tatsächliche verfasste Textbeiträge erstellt werden.

Es ist aber nicht allein die dargelegte Simulierbarkeit des Presseprodukts, welche dieses als bevorzugten Stimulusträger prädestiniert. Im Gegensatz zu Fernsehen, Radio oder Internet ist dieses auch besonders disponibel, denn Zeitungsinhalte können fast an jedem Ort und fast zu jeder Zeit rezipiert werden. Damit entfällt für dieses Medium die Notwendigkeit, Probanden in ein Laboratorium bitten zu müs-

---

[68] Dies zumindest kann eine Untersuchungen der zeitungsnahen Zeitungs Marketing Gesellschaft (vgl. 2004: 32ff) dokumentieren: Auf die Frage, welches Medium ihrer Meinung nach am glaubwürdigsten ist, nennen 43 Prozent der Deutschen die Zeitung. Auf Platz zwei folgt mit 27 Prozent das öffentlich-rechtliche Fernsehen, andere Medien, darunter das Internet, werden nur von einer Minderheit genannt. Bei der Beurteilung der Zeitung als glaubwürdigstes Medium gibt es keine Unterschiede zwischen unterschiedlichen Altersgruppen, d. h. die Zeitung kann bei Jugendlichen und Älteren die größten Glaubwürdigkeitswerte verbuchen.

sen. Dies vereinfacht nicht nur die Rekrutierung von Probanden[69], sondern verringert zugleich die Gefahr, die am Experiment teilnehmenden Personen einer äußerst künstlichen Rezeptionssituation auszusetzen. Eine Vermeidung derselben ist vor allem deshalb geboten, weil sich Versuchspersonen unter offensichtlich artifiziellen äußeren Bedingungen besonders intensiv als Teil einer Untersuchung wahrnehmen sollten. Dies vergrößert unter anderem die Wahrscheinlichkeit von Versuchspersoneneffekten, etwa jener als besonders problematisch diskutierten *demand effects*.

Abbildung 6:   Vollständig am Computer entworfen – Stimulusartikel im Layout der Mainzer *Allgemeinen Zeitung*

Der Verzicht auf ein Laboratorium ist indes nur notwendige, kaum aber hinreichende Bedingung begrenzter Versuchspersoneneffekte. Um derlei Einflüsse zu minimieren, ist zusätzlich die bewusste Täuschung der Versuchspersonen über das tatsächliche Untersuchungsinteresse erforderlich. Folgerichtig werden die Probanden in den Untersuchungen dieser Arbeit unter keinen Umständen gebeten, an

---

[69] Die Schwierigkeit der Rekrutierung von Probanden für ein im Laboratorium durchgeführtes Experiment beschreibt letztlich nichts weniger als eine ausgeprägte Selektion der Versuchspersonen, womit sich die Frage der Generalisierbarkeit von Laborexperimenten freilich vehement stellt.

einem Experiment teilzunehmen. Als Untersuchungsinteresse wird die Qualität von Umfrageberichterstattung in der deutschen Tagespresse kommuniziert, wobei der Vergleich zwischen überregionaler und regionaler Presse als Mittelpunkt der Studie vorgegeben wird. Vor dem Hintergrund dieses vorgetäuschten Untersuchungsinteresses, das erst im Anschluss an das durchgeführte Experiment im Rahmen eines Debriefings als solches entlarvt werden darf, wird den Teilnehmern der Studie ein Booklet vorgelegt, das sich wie folgt zusammensetzt: Auf das Deckblatt, das den Instruktionen prominent Platz einräumt, folgt ein vermeintlicher Artikel aus der *Frankfurter Allgemeinen Zeitung*, der sich in vergleichsweise wenigen Worten einer letzten Umfrage zu einem bestimmten Thema widmet. Dieser hier als überregionaler Journalismus apostrophierte Bericht soll anschließend hinsichtlich seiner Qualität beurteilt werden. Hieran schließt sich ein Artikel aus einer Regionalzeitung (Experiment 1: *Thüringer Allgemeine*, Experimente 2 und 3: *Allgemeine Zeitung*) an, der sich ausführlicher und grafisch illustriert mit derselben Umfrage auseinandersetzt. Auf diesen zweiten Artikel folgen Fragen zur Qualität des Beitrags sowie anschließend solche zur Messung der Stimuluswirkung. Der Fragenkatalog schließt mit der Erhebung von Probandenmerkmalen.

Mit der Überreichung des Booklets werden die Versuchspersonen unter Verweis auf das Deckblatt mündlich instruiert. Wichtigstes Kriterium dieser Einführung ist die möglichst immer gleiche Art und Weise derselben (vgl. Brosius & Koschel, 2001: 243). Hier gilt es insbesondere, noch einmal das angebliche Untersuchungsziel, nämlich die Qualität von Umfrageberichterstattung in deutschen Tageszeitungen, hervorzuheben sowie darauf hinzuweisen, dass das Booklet in der vorgelegten Reihenfolge und ohne Zurückblättern zu bearbeiten ist. Fragen der Versuchspersonen werden nur beantwortet, wenn sie formaler Art sind; zu inhaltlichen Fragen gibt es durch den Versuchsleiter und seine Helfer keine Auskünfte. Hat eine Versuchsperson den Bogen durchgearbeitet, nimmt ihn der jeweilige Interviewer, der ständig vor Ort ist, wieder an sich. Um zu vermeiden, dass Interviewer die Versuchspersonen versehentlich über die wahren Hintergründe der Studie informieren oder sich aufgrund ihres Wissensvorsprungs unnatürlich verhalten können, werden sie vom Versuchsleiter soweit wie möglich über die exakten Hintergründe der Untersuchung im Unklaren gelassen (Doppelblindverfahren).

3.1.4 Präsentation der Ergebnisse

Die aus den theoretischen Annahmen formulierten Hypothesen werden in drei Experimenten überprüft. Die anschließende Aufarbeitung der Untersuchungen sowie die Präsentation der jeweiligen Ergebnisse erfolgt entsprechend in mehreren Teilen: Zuerst wird das erste Experiment dargestellt, dann das zweite und schließlich das dritte. Mit den Experimenten 1, 2 und 3 werden die ersten drei Hypothesen

vor dem Hintergrund unterschiedlicher Kontexte kumulativ überprüft. Die vierte
Hypothese wird auf experimentellem Weg in der dritten Untersuchung getestet.
Tabelle 2 gibt einen Überblick über die Experimente dieser Arbeit.

Tabelle 2:   Übersicht über die experimentellen Untersuchungen

	Experiment		
	1	**2**	**3**
Thematischer Bezug	Landtagswahl in Thüringen	generelles Tempolimit	Lokales Bauvorhaben
Anzahl der Vpn	n=81	n=97	n=205
Präsentationsmedium	Tageszeitung	Tageszeitung	Tageszeitung
Experimentelles Design	3x1	3x1	3x2
Unabhängige Variable	Umfrageergebnis Sonntagsfrage: Stimmenanteil CDU	Umfrageergebnis: Zustimmung für ein Tempolimit	Umfrageergebnis: Zustimmung für ein Bauvorhaben
Variation der UV	44%/48%/52%	44%/48%/52%	48%/58%/68%
Abhängige Variablen	Wahlchancen der CDU(1); Bewertung der CDU (2); Wahl der CDU (3)	Meinungsklima pro Tempolimit (1); Bewertung eines Tempolimits (2); pers. Präferenz (3)	Meinungsklima pro Bauvorhaben (1); Bewertung des Bauvorhabens (2), pers. Präferenz (3)
Intervenierende Variable	-	-	Voreinstellungen (thematischer Bezug der Umfrage)
Vorgetäuschter Untersuchungszweck	Berichterstattungsqualität	Berichterstattungsqualität	Berichterstattungsqualität

3.2 Experiment 1: Umfragewirkung und Wahlen

3.2.1 Ziel der Untersuchung

Dass veröffentlichte Umfragen den Rezipienten dieser spezifischen Information über das Meinungsklima in seiner Wahrnehmung desselben beeinflussen können, zeigt eine Reihe von Studien eindrucksvoll (vgl. Kap. 2.2.3). Erstes Ziel dieses Experiments war es, diesen Befund zu replizieren. Überprüft wurde, ob die Rezeption eines veröffentlichten Umfrageresultats ein Schätzurteil über das vermeintlich vorherrschende Meinungsklima, also die Wahrnehmung desselben beeinflussen kann. Als theoretischer Zugang einer solchen Wirkung rezipierter Umfragen wird die Verankerungsheuristik angeboten: Nach dieser sollte ein Umfragewert deshalb die Beurteilung des Meinungsklimas beeinflussen können, weil er dem urteilenden Individuum als Anker bei der Einschätzung des Meinungsklimas dient. Das heißt, in Abhängigkeit seiner Höhe sollte ein mental verfügbarer, dimensional passender Referenzwert zu unterschiedlichen Schätzurteilen führen. Weil der Ankereffekt dabei als Assimilationseffekt und nicht als Kontrasteffekt definiert ist (vgl. Kap. 2.3.3), müsste die Einschätzung des Meinungsklimas der Höhe des Umfragewerts folgen. Konsequent wurde folgende Hypothese überprüft:

H1: Versuchspersonen, denen unterschiedliche Umfragewerte zur Popularität einer Alternative präsentiert werden, unterscheiden sich signifikant in ihren Beurteilungen des sie umgebenden Meinungsklimas bezüglich der Popularität dieser Alternative. Die Schätzungen sind in Richtung des herangezogenen Umfrageresultats verändert.

Den Mechanismen der Verankerungsheuristik weiter folgend, sollte eine veränderte Bewertung des Meinungsklimas mit weiteren mentalen Einflüssen des zur Schätzung herangezogenen Referenzwerts einhergehen: Die gängige Erklärung des Ankereffekts nämlich führt diesen auf eine durch den Referenzwert ausgelöste selektive Zugänglichkeit ankerkonsistenter Information im Langzeitgedächtnis zurück (vgl. Kap. 2.3.3). Das heißt, parallel zur Wirkung des Ankers auf das wahrgenommene Meinungsklima ist auch eine veränderte Gesamtwahrnehmung des Urteilsgegenstands zu erwarten. Weil Ankerkonsistenz bedeutet, dass sich die Verfügbarkeit assoziierter Informationseinheiten entsprechend der Ausprägung des Ankerwerts verändert, wurde folgende zweite Hypothese im Rahmen dieses Experiments empirisch überprüft:

H2: Versuchspersonen, denen unterschiedliche Umfragewerte zur Popularität einer Alternative präsentiert werden, unterscheiden sich signifikant in ihren Bewertungen dieser Alternative. Dabei gilt: Je positiver die Umfrageresultate für eine Alternative, desto besser die Bewertung derselben.

Das Gros der Konzepte zur Wirkung rezipierter Umfragen versucht den direkten Zusammenhang zwischen Umfragerezeption, Wahrnehmung des Meinungsklimas und Entscheidungsverhalten herzustellen. Die Begründung, warum ein verändert wahrgenommenes Meinungsklima zu einem veränderten Entscheidungsverhalten führen soll, wird dabei ausgeblendet oder aber nur unbefriedigend bzw. ausschließlich für bestimmte Randbedingungen plausibel beantwortet. Dies gilt im besonderen Maße für die klassische Herleitung des Bandwagon-Effekts als affektiver Impuls (vgl. 2.2.4). Anders die Verankerungsheuristik: Sie kann den Zusammenhang zwischen Wahrnehmung des Meinungsklimas und Entscheidung über die Aktivierung von Informationen im menschlichen Langzeitgedächtnis herstellen. Ein Schätzurteil kann demnach zur Grundlage von Entscheidungen werden, weil für dieses mit dem Urteilsgegenstand assoziierte, ankerkonsistente Bewertungen zugänglich gemacht werden (vgl. Kap. 2.3.2). Eine Wirkung rezipierter Umfragen im Sinne der vorangegangen Hypothesen sollte damit schließlich jener Entscheidungsalternative zu Gute kommen, die auf positivere Umfragewerte verweisen kann. Nach den Hypothesen 1 und 2 ergibt sich daher konsequent folgende dritte Hypothese:

H3: Versuchspersonen, denen unterschiedliche Umfragewerte zur Popularität einer Alternative präsentiert werden, unterscheiden sich signifikant in ihren Präferenzen. Hier gilt: Je positiver die Umfrageergebnisse für eine zur Wahl stehende Alternative, desto eher wird diese gewählt.

Alle drei Hypothesen wurden 2004 im Vorfeld der Wahl zum Thüringischen Landtag in Erfurt einer ersten Prüfung unterzogen. Es wurde untersucht, ob die erwarteten Wahlchancen der regierenden CDU mit der Höhe dargestellter Umfragewerte anwachsen (Schätzurteil) und ob sich zugleich die Bewertung der CDU bzw. der von ihr seit 1999 gestellten Landesregierung durch die selektive Zugänglichkeit ankerkonsistenter Information verbessert. Abschließend wurde eruiert, ob sich in Abhängigkeit des CDU-Umfragewerts und der mental verfügbaren Information die Bereitschaft der Versuchspersonen vergrößert, der Union am Wahltag die Stimme zu geben. Die Prüfung der drei Hypothesen erfolgte durch experimentelle Variation des Umfragewerts als Stimulus.

3.2.2 Versuchsaufbau

Überblick

Die Debatte um die Wirkung von Umfragen kreist seit jeher um den möglichen Einfluss eines demoskopisch quantifizierten Meinungsklimas auf die Wahlentscheidung des Umfragerezipienten. Dieser Fokus darf als konsequent bezeichnet werden angesichts der möglichen politischen Konsequenzen, die sich aus der Wahl als bedeutendstem Akt demokratischer Partizipation ergeben können. Um eben dieser Bedeutung der Wahlumfrage im Kontext der Umfragedebatte gerecht zu werden, widmete sich die erste experimentelle Untersuchung dieser Arbeit folgerichtig der Wahlumfrage und ihrer möglichen Wirkung im Sinne der Verankerungsheuristik.

Am 9. Juni 2004 wurden dazu insgesamt 81 Studierende der Universität Erfurt für ein erstes Experiment akquiriert. Den Versuchspersonen wurde ein Booklet mit zwei Artikeln vorgelegt, welche sich auf Basis derselben fiktiven Umfragewerte mit den Wahlchancen der fünf im Bundestag vertretenen Parteien bei der unmittelbar bevorstehenden Wahl zum thüringischen Landtag befassten. Der erste Artikel, vermeintlich der *Frankfurter Allgemeinen Zeitung* (*FAZ*) entnommen, berichtete dabei knapper als der zweite, angeblich aus der *Thüringer Allgemeinen* (*TA*) stammende Artikel über diese Umfrageergebnisse. Den Hypothesen entsprechend wurden drei unterschiedliche Versionen der Booklets ausgegeben, die sich allein hinsichtlich der abgebildeten Umfragewerte unterschieden. Präzise wurden ausschließlich jene die CDU betreffenden Umfragewerte variiert und zwar nicht der Tendenz nach (Mehrheit oder Minderheit), sondern nur in ihrer Höhe bzw. in der Ausprägung der Mehrheit. Nach dem Lesen waren die Probanden aufgefordert, einen Fragebogen auszufüllen. Dieser enthielt, neben jenen dem vorgetäuschten Untersuchungszweck dienenden Fragen, auch das Messinstrument zur Hypothesenprüfung.

Stimulusmaterial

Das Stimulusmaterial zu diesem ersten Experiment thematisierte das partcipolitische Meinungsklima im Vorfeld der seinerzeit unmittelbar bevorstehenden Landtagswahl in Thüringen. Die bereits seit 1999 mit absoluter Mehrheit regierende CDU stand Umfragen gemäß vor einem erneuten klaren Wahlsieg am 13. Juni 2004. Allein dessen exakte Höhe freilich war unbekannt. Unter dem Titel „Union in Thüringen vor klarem Wahlsieg" berichtete entsprechend der deutlich erkennbar im Politik-Buch der *FAZ* platzierte erste, auf den 28. Mai 2004 datierte Stimulusartikel von einer Umfrage unter 1.042 Thüringer Wahlberechtigten. Abgetragen wurden die aktuellen Zustimmungswerte für alle fünf im Bundestag vertretenen Parteien, die der CDU (je nach Version 44, 48 oder 52 Prozent) einen deutlichen Vorsprung vor SPD und PDS (21 und 20 Prozent) versprachen. Den Freien Demokraten wie auch den Grünen wurden jeweils Werte unterhalb der Fünf-Prozent-Hürde vorhergesagt. Der fiktive Beitrag der Qualitätszeitung aus Frankfurt schloss mit der Einsicht: Das Ergebnis der Sonntagsfrage dokumentiere, dass in Thüringen nach fünf Jahren absoluter CDU-Mehrheit „keine Wechselstimmung" herrsche.

Der angeblich am 28. Mai 2004 im Thüringen-Teil der *TA* veröffentlichte zweite Artikel berichtete über dieselben Umfrageergebnisse und sah seinerseits

„gute Chancen der CDU, einen klaren Sieg einzufahren." Im Lead des Beitrags wurde die Umfrage als eine im *TA*-Auftrag entstandene Studie vorgestellt, durchgeführt kurz vor Erscheinen des Artikels. Der Beitrag setzte sich mit den demoskopischen Daten der Eigenstudie etwas ausführlicher als der *FAZ*-Artikel auseinander und untermauerte die Ergebnisse zudem durch ein Balkendiagramm, welches die sich auf 100 Prozent addierenden Werte für CDU, SPD und PDS sowie „Sonstige" auswies. Um bei den Probanden keine Zweifel an der Glaubwürdigkeit der angeblichen Umfragewerte zu provozieren, orientierten sich diese am *ThüringenTREND* vom März 2004, einer Erhebung des Umfrageinstituts *Infratest dimap* im Auftrag des *Mitteldeutschen Rundfunks (MDR)*. Die Meinungsforscher hatten für die *ARD*-Anstalt zwischen dem 18. und 23. März 1.000 Thüringer ab 18 Jahren zur politischen Stimmung befragt und seinerzeit den Stimmanteil der Union auf 48 Prozent taxiert. Die SPD sah *Infratest dimap* bei einem Wähleranteil von 21 Prozent, für die PDS wurden 20 Prozent ausgewiesen.

Der FDP und den Grünen prognostizierten die Demoskopen ein Scheitern an der Fünf-Prozent-Hürde.[70] Neben diesen Ergebnissen der Sonntagsfrage wurde dem *ThüringenTREND* ebenso die Aussage einer fehlenden Wechselstimmung bzw. der Präferenz einer unionsgeführten Regierung übernommen – etwa im letzten Absatz des vermeintlichen *TA*-Artikels: „45 Prozent der Bürger sind der Meinung, dass auch in den nächsten fünf Jahren die CDU die Regierungsverantwortung alleine tragen soll."

Der angebliche Umfragebeitrag wurde in einer seinerzeit von der *TA* ausgewiesenen Rubrik „Wahl 2004" platziert und mit dem entsprechenden Logo gekennzeichnet. Auch sonst wurde das Layout von Artikel und Faksimile vollständig dem Original angepasst. Dabei wurden zum Beispiel Schriftgrad und Schriftart der unterschiedlichen Textbestandteile berücksichtigt. Alle weiteren auf dem DIN A4-Ausschnitt zu erkennenden Textbeiträge hatten entsprechend der angeblichen Platzierung im Thüringen-Buch der Zeitung regionalen Bezug und waren in vorangegangenen Ausgaben der *TA* – zeitungstypisch den neuen Regeln der Rechtschreibung folgend – veröffentlicht worden. Die gleichen strengen formalen Maßstäbe lagen der Erstellung des vermeintlichen *FAZ*-Beitrags zugrunde. So war unter anderem die hier seinerzeit noch gebräuchliche alte Rechtschreibung zu beachten.

Weil den Probanden die Qualität von Umfrageberichterstattung in deutschen Tageszeitungen als angeblicher Untersuchungsgegenstand dargelegt wurde, galt es für eine gelungene Täuschung, die vermeintlichen Artikel aus *FAZ* und *TA* diesbezüglich unterschiedlich zu gestalten. Aus diesem Grund analysierte der *TA*-Beitrag die Umfrageergebnisse nicht nur intensiver, auch wurden hier von den acht in der

---

[70] Zur qualitativen Absicherung jener im Stimulusmaterial abgebildeten Umfrageergebnisse wurden ferner Erhebungen von *Forschungsgruppe Wahlen, IfM Leipzig, Forsa* und *aproxima* zwischen dem 24. Januar 2003 und dem 4. Juni 2004 konsultiert.

Literatur diskutierten formalen Qualitätskriterien einer journalistischen Aufarbeitung von Umfragedaten (vgl. Brettschneider 1997: 261) immerhin fünf erfüllt: So verzichtete der *TA*-Artikel zwar auf die Nennung des Umfrageinstituts, des exakten methodischen Vorgehens und des Stichprobenfehlers, der Beitrag beinhaltete aber Informationen zu Grundgesamtheit, Feldzeit, Stichprobengröße, Auftraggeber und Frageformulierung. Der knapp gehaltene Artikel im Layout der *FAZ* erfüllte mit der Nennung der Stichprobengröße dagegen lediglich eines der acht genannten Qualitätskriterien.

Dass als Stimulusträger die *Frankfurter Allgemeine Zeitung* sowie die *Thüringer Allgemeine* fungierten, erklärt sich für erste aus ihrer bundesweiten Reputation als Qualitätsblatt. Zudem war das Layout der großen Frankfurter Zeitung seinerzeit sehr charakteristisch und damit leicht wieder zu erkennen.[71] Auf die *TA* wurde angesichts ihrer tragenden Rolle in der Region zurückgegriffen: Die in Erfurt beheimatete und zur *WAZ*-Gruppe gehörende *TA* ist eine der auflagenstärksten regionalen Zeitungsmarken in Deutschland und nach *Bild* das auflagenstärkste Presseangebot in Erfurt.

Experimentelle Variation

Den Hypothesen zur Wirkung rezipierter Umfragewerte entsprechend, erfolgte die Operationalisierung der unabhängigen Variable konsequent über die Abbildung von Umfrageergebnissen in jenen von den Probanden zu lesenden Artikeln aus *FAZ* und *TA*. Präzise wurde als unabhängige Variable des Experiments das exakte Umfrageergebnis für die in Thüringen seinerzeit allein regierende CDU eingeführt, um die Wirkung eines numerischen Referenzwerts im Sinne der Verankerungsheuristik überprüfen zu können. Über beide Artikel hinweg ergab sich für die Versuchspersonen fünfmal der Kontakt mit diesen experimentell variierten Stimmanteilen für die CDU. In den Ausführungen der FAZ blieb es bei einer Erwähnung des exakten Anteils im Fließtext, die *TA* wies den jeweiligen Prozentwert in der Überschrift, im Fließtext (zweimal) sowie im Rahmen des Balkendiagramms aus.

Die Variation der Stimmanteile erfolgte in drei Versionen: In einer ersten Version wiesen sowohl der *FAZ*-Artikel als auch der *TA*-Beitrag für die CDU einen Stimmenanteil von 48 Prozent aus. Dieser Umfragewert folgte exakt der Vorgabe des als inhaltliche Grundlage dienenden *ThüringenTREND* des *MDR* vom März 2004. Für die beiden anderen Versionen wurden jeweils vier Prozentpunkte addiert bzw. subtrahiert. Den Christdemokraten wurde also je nach Version ein Anteil von entweder 44 Prozent, 48 Prozent oder 52 Prozent der Stimmen der Thüringer

---

[71] Seit 5.10.2007 arbeitet die *FAZ* mit neuen Schriftarten. Auch die den Wiedererkennungswert stärkende Begrenzung der Artikel durch Haarlinien wurde aufgegeben.

Wahlberechtigten vorausgesagt. Diese Variation der Stimmanteile wurde bewusst gewählt, um die Glaubwürdigkeit des Stimulusmaterials insgesamt nicht unnötig zu strapazieren. Die Werte blieben damit nämlich im Bereich der von Umfragen zwischen Oktober 2003 und Mai 2004 tatsächlich demoskopisch ermittelten Stimmanteile für die CDU.[72]

Da allein die Wirkung der CDU-Umfragewerte gemessen werden sollte, wurden alle verbleibenden Inhalte der beiden Artikel konstant gehalten. Für die drei Versionen des fiktiven *FAZ*-Beitrags ergab sich beispielsweise nur ein Unterschied im ersten Satz, in welchem der Umfragewert für die CDU explizit genannt wurde: „Auf 48 [bzw. 44 oder 52] Prozent der Stimmen käme die Union in Thüringen derzeit und stünde damit bei der Landtagswahl am 13. Juni erneut vor einem klaren Sieg." Konstant blieben damit auch die vermeintlichen Stimmanteile der beiden neben der CDU im Landtag vertretenen Parteien SPD und PDS mit 21 Prozent bzw. 20 Prozent. Lediglich der im *TA*-Balkendiagramm dargestellte Anteil für „Sonstige" Parteien musste sich zwischen sieben und 15 Prozent bewegen, um in der Grafik trotz der Variation des CDU-Werts kumulierte Stimmanteile von insgesamt 100 Prozent ausweisen zu können. Dass demnach nicht nur der CDU-Anteil zwischen den Versionen differierte, sondern gleichsam ein zweiter Umfragewert, war – aus Gründen der Glaubwürdigkeit des Experiments – nicht zu vermeiden. Um mögliche Effekte einer solchen zweiten Variation wenigstens weitgehend auszuschließen, wurde aber unbedingt vermieden, die vermutlich aufmerksamkeitsstarken Stimmanteile von SPD und PDS anzupassen.

Dass die Authentizität des Stimulusmaterials unter der experimentellen Variation selbst, also der Veränderung des Umfragewerts für die Union innerhalb eine Spanne von acht Prozentpunkten gelitten haben könnte, darf als äußerst unwahrscheinlich gelten: Zum einen, weil sich die Umfrageergebnisse für die CDU zwischen Oktober 2003 und Mai 2004 tatsächlich in jenem Intervall bewegten, zum anderen, weil besonders in den neuen Bundesländern eine ausgeprägte Fluktuation des Wahlverhaltens immer wieder für hohe Schwankungen der Wählergunst sorgt (vgl. Jesse, 2003a: 32). Beispielsweise verlor die Union bei den Berliner Senatswahlen im Oktober 2001 17,1 Prozentpunkte, ein halbes Jahr später bei den Landtagswahlen in Sachsen-Anhalt gewann sie 15,3 Punkte hinzu. Eine Schwankung von vier Prozentpunkten sollte unter diesen Voraussetzungen die wahrgenommene Authentizität des Stimulusmaterials nicht negativ beeinflusst haben.[73]

---

[72] Für diesen Zeitraum maß eine am 16.10.2003 in der Südthüringer Zeitung *Freies Wort* veröffentlichte *IFM*-Umfrage mit einem Anteil von 55 Prozent der Stimmen den höchsten Wert für die Union, den niedrigsten ermittelte am 9.3.2004 mit 42 Prozent das Meinungsforschungsinstitut *aproxima* (veröffentlicht in der *TA*).

[73] Die Beurteilung des Stimulusmaterials ist Bestandteil des Messinstruments. Etwaige Wahrnehmungsdifferenzen, wie sie hier als unwahrscheinlich bezeichnet werden, ließen sich so dokumentieren.

Abseits der Glaubwürdigkeitsproblematik schuf die seinerzeit in Thüringen vorherrschende Verteilung der politischen Präferenzen eine der Zielsetzung des Experiments dienliche Ausgangssituation: Eine etwaige Umfragewirkung aus Isolationsfurcht oder taktischen Überlegungen (vgl. Kap. 2.2.4) konnte als unwahrscheinlich gelten: Selbst mit dem größten prognostizierten Stimmanteil von 52 Prozent hätte die CDU das Stimmungsbild in Thüringen keinesfalls derart dominiert, dass eine Entscheidung zu ihren Gunsten auf eine Furcht vor gesellschaftlicher Isolation zurückzuführen wäre. Immerhin wurde auch für eine zumindest in Sachsen-Anhalt, Mecklenburg-Vorpommern und Berlin bereits erprobte und damit auch für Thüringen denkbare rot-rote Verbindung ein Anteil von über 40 Prozent ausgewiesen. Weitet man diesen dichotomen Blick – losgelöst von politischen Lagern – auf all jene aus, die in der fiktiven Umfrage angaben, nicht für die CDU votieren zu wollen, verblieb allein bei der 52 Prozent-Variante überhaupt eine knappe Mehrheit an Unionswählern unter den Thüringer Stimmbürgern. Die Angst vor gesellschaftlicher Isolation sollte daher selbst bei dieser Stimulusvariante kaum als Handlungsmotiv bemüht werden können. Auch eine taktische Wahl dürfte als möglicher Erklärungsansatz für etwaige Effekte der variierten Stimmungsbilder ausscheiden: Das Gegenüber zweier politischer Lager sowie die sich bei allen Stimulusversionen theoretisch ergebende absolute parlamentarische Mehrheit der CDU, gaben den Versuchspersonen keinen Anlass einer Erstpräferenz rationalen Erwägungen folgend die Stimme zu verweigern und stattdessen einer Zweitpräferenz den Vorzug zu geben, um ein drittes Angebot in die Schranken zu weisen.

Experimentelles Design

Aus der dargestellten dreifachen Variation des CDU-Umfragewerts als unabhängiger Variable bei Konstanz aller verbleibenden Merkmale der experimentellen Bedingungen ergab sich ein einfaches 3x1-Design für dieses erste Experiment (vgl. Tabelle 3). Weil vor dem Hintergrund der Verankerungsheuristik die mögliche Wirkung unterschiedlich ausgeprägter numerischer Referenzwerte überprüft werden sollte, wurde auf eine Kontrollgruppe ohne Stimuluskontakt verzichtet. Nicht das Verhalten der Probanden in An- oder Abwesenheit eines Stimulus stand im Fokus des Interesses, sondern dessen Wirkung auf die Probanden in Abhängigkeit seiner Stärke. Der Versuchsaufbau ohne Kontrollgruppe orientierte sich im Übrigen am Gros der kognitionspsychologischen Arbeiten zur Verankerungsheuristik (u.a. Mussweiler & Strack, 2000b), die ebenso allein die Wirkung unterschiedlicher Ankerausprägungen experimentell überprüfen.[74]

---

[74] Bei der Wahl der Stichprobengrößen dienten Arbeiten zur Verankerungsheuristik als Orientierung (vgl. u.a. Mussweiler, 2001; Mussweiler & Strack, 2000; Mussweiler et al., 1997).

Tabelle 3:　　Experimentelles Design des ersten Experiments

Ausprägungen des Umfragewerts		
CDU bei 44 %	CDU bei 48 %	CDU bei 52 %
Versuchsgruppe 1 (n = 30)	Versuchsgruppe 2 (n = 28)	Versuchsgruppe 3 (n = 23)

Versuchspersonen und Durchführung des Experiments

Als Versuchspersonen konnten am 9. Juni 2004 insgesamt 81 Studierende der Universität Erfurt gewonnen werden. Der Versuchsleiter akquirierte die Versuchspersonen in Kursen und Vorlesungen des dort beheimateten kommunikationswissenschaftlichen Studiengangs mit freundlicher Unterstützung der Lehrenden. Den Probanden wurde zu Beginn einer regulären Unterrichtseinheit das Stimulusmaterial samt Fragenkatalog in Form eines zusammengehefteten Booklets vorgelegt. Nach etwa zehn Minuten stiller Bearbeitungszeit wurden die ausgefüllten Booklets durch den Versuchsleiter wieder eingesammelt. Um bei Sitznachbarn mögliche Irritationen durch unterschiedliche Umfragewerte auszuschließen, wurde in einer Sitzreihe immer die gleiche Version des Booklets verteilt.[75] Dem in Erfurt eingesetzten Versuchsleiter wurde dieses Vorgehen mit unterschiedlichen Artikeln innerhalb der Booklets und mit der konsequenten Vermeidung eines etwaigen Gesprächsanlasses begründet. Über die wahren Hintergründe des Experiments war der Versuchsleiter indes nicht informiert. Daher fand das Debriefing leicht verzögert statt. Am 13. Juni 2004 wurde den Versuchsteilnehmern per E-Mail für ihr Engagement gedankt und zugleich mitgeteilt, dass der angebliche Gegenstand der Untersuchung, nämlich die Qualität von Umfrageberichterstattung, nur ein Vorwand war, um den experimentellen Charakter der Untersuchung zu verschleiern. Über dieser Information hinausgehende individuelle Fragen von Probanden wurden individuell beantwortet.

---

[75] Eine vollständige Randomisierung liegt demnach nicht vor, zumal die Wahl des Sitzplatzes einer Systematik folgen könnte. Um die Glaubwürdigkeit des Stimulusmaterials zu schützen, wurde diese Einschränkung allerdings bewusst akzeptiert. Ohnehin wird die Verteilung wichtiger Probandenmerkmalen auf die drei Versuchsgruppen bei der Auswertung des Experiments kontrolliert.

Messinstrument

Urteile, Bewertungen und Einschätzungen der Probanden wurden mit einem Fragebogen gemessen, der von den Versuchspersonen direkt im Anschluss an die Rezeption des Stimulusmaterials zu bearbeiten war. Bei allen drei Stimulusversionen erfolgte die Messung der abhängigen Variablen auf identische Art und Weise, um so die Vergleichbarkeit der Ergebnisse gewährleisten zu können. Aus Gründen der Übersichtlichkeit werden bei der nachfolgenden Vorstellung des Messinstruments drei Bezugsebenen unterschieden: Um die Qualität des Stimulusmaterials überprüfen zu können und zugleich dem angeblichen Untersuchungszweck gerecht zu werden, sollten die Probanden zuerst beide Artikel bewerten. Weiterhin wurde auf unterschiedlichen Beurteilungsskalen die der empirischen Überprüfung der Hypothesen 1 bis 3 dienenden abhängigen Variablen gemessen. Schließlich wurden die Probandenmerkmale erfasst, um die Zusammensetzung der Stimulusgruppen auf etwaige Differenzen prüfen zu können.

Einerseits der Verschleierung des Untersuchungszwecks dienend, andererseits die Überprüfung der Vergleichbarkeit des Stimulusmaterials erlaubend, wurde direkt im Anschluss an die Rezeption des jeweiligen Artikels dessen Wahrnehmung durch die Versuchsperson gemessen (Fragen 1 bis 4 im Fragebogen). Dies geschah zuerst anhand eines semantischen Differentials von zwölf siebenstufigen Skalen. Die Richtung der Skalen sowie die den semantischen Raum abgrenzenden zwölf Gegensatzpaare wurden im Fragebogen zufällig angeordnet. Bei der Definition des semantischen Raums wurde auf solche Gegensatzpaare zurückgegriffen, die sich in jüngeren experimentellen Studien zur Wirkung medialer Inhalte als Messinstrument der Stimulusqualität bewähren konnten (vgl. Daschmann, 2001: 180): „informativ vs. nicht informativ", „überzeugend vs. nicht überzeugend", „sachlich vs. unsachlich", „interessant vs. uninteressant", „gut geschrieben vs. schlecht geschrieben", „eindeutig vs. widersprüchlich", „anschaulich vs. nicht anschaulich", „verständlich vs. unverständlich", „lebhaft vs. nicht lebhaft", „ausgewogen vs. einseitig", „glaubwürdig vs. unglaubwürdig" sowie schließlich „professionell vs. amateurhaft". Ergänzt wurde das semantische Differential um ein Gesamturteil, welches die Versuchspersonen unter Verweis auf das deutsche Schulnotensystem auf einer 6-stufigen Notenskala abgeben sollten.

Als erste abhängige Variable im Sinne der Hypothesenprüfung wurde die Beurteilung der CDU-Wahlchancen anvisiert. Zu messen war entsprechend, ob der durch die Zeitungsartikel transportierte Umfragewert für die Christdemokraten als Anker auf die Einschätzung der Wahlchancen der CDU wirken konnte. Hierzu sollten die Probanden ein Schätzurteil abgeben, wie viel Prozent der Thüringer zurzeit wohl der CDU ihre Stimme geben würden. Für diese Frage (Nr. 5 im Fragebogen) wurde folgender Wortlaut gewählt: *„So ganz genau sagen kann das ja niemand, aber was schätzen Sie persönlich, wie viel Prozent die CDU am Wahltag in Thüringen erhalten* *wird?"* Gemäß Hypothese 1 wurde ein Einfluss des konkreten Umfragewerts für die CDU auf die zu formulierende Antwort erwartet. Die prozentgenaue Skala, auf der die Versuchspersonen ihre Schätzung der Wahlchancen abzutragen hatten, war an das Erscheinungsbild eines Lineals angelehnt und deckte mit einer Spanne von 0 bis 100 Prozent alle theoretisch denkbaren Stimmanteile politischer Parteien ab. Neben den Endpunkten 0 Prozent und 100 Prozent wurde eine der Orientierung dienende Beschriftung bei 50 Prozent ausgewiesen.[76]

In der zweiten Hypothese wurde ein Zusammenhang zwischen rezipierten demoskopischen Lagedaten und einer veränderten Gesamtwahrnehmung des Urteilsgegenstands hergestellt. Nach den Mechanismen der Verankerungsheuristik sollten sich positive Umfrageergebnisse für eine Partei nicht nur auf die Einschätzung ihrer Wahlchancen auswirken, sondern auch auf ihre Bewertung und zwar deshalb, weil ankerkonsistente Informationen (z.B. „Der Kandidat der Partei tritt souverän auf.", „Die Wirtschaftspolitik der Partei ist vernünftig.") durch die vorangegangene Einschätzung der Wahlchancen leichter zugänglich sind. Diese Zugänglichkeit ankerkonsistenter Information wurde mit zwei unterschiedlichen Fragestellungen überprüft: Als erstes wurde den Probanden eine globale Bewertung der Thüringer CDU-Regierung abverlangt (Frage 6): *„Wenn Sie der thüringischen CDU-Regierung jetzt ganz spontan eine Note geben müssten, welche wäre das?"* Um tatsächlich ein möglichst spontanes Urteil zu ermöglichen, wurde den Probanden zur Bewertung der CDU einmal mehr die intuitive Schulnotenskala angeboten.

Nach dieser globalen Bewertung, die sich aus der Gesamtheit aller zugänglichen Bewertungen konstituieren sollte, waren die Versuchspersonen aufgefordert, die Landesregierung Thüringens ergänzend anhand einer Phalanx von siebenstufig ausgeprägten Skalen noch einmal im Detail zu bewerten (Frage 7). Die entsprechende Frage wurde wie folgt formuliert: *„Wenn Sie die Leistung der CDU in den letzten 5 Jahren im Detail betrachten, wie würden Sie diese – spontan und unabhängig von ihrem eigenen politischen Standpunkt – alles in allem bewerten?"* Zur Beantwortung dieser Frage wurden den Probanden 13 semantische Gegensatzpaare zur Verfügung gestellt: „überzeugend vs. nicht überzeugend", „selbstbewusst vs. ängstlich", „kompetent vs. inkompetent", „zielstrebig vs. unentschlossen", „lebhaft vs. ruhig", „erfolgreich vs. erfolglos", „attraktiv vs. unattraktiv", „dynamisch vs. undynamisch", „glaubwürdig vs. unglaubwürdig", „ehrlich vs. unehrlich", „energisch vs. zaghaft", „optimistisch vs. pessimistisch" und schließlich „rücksichtsvoll vs. rücksichtslos". Die Auswahl der

---

[76] Die Beschriftung der Skala wurde so weit wie möglich eingeschränkt, um dem Stimuluswert keine numerische Konkurrenz zur Seite zu stellen, die im Sinne eines *basic anchoring* möglicherweise selbst als Anker fungieren könnte (vgl. Wilson et al., 1996). Das alternative Vorgehen, nämlich die Versuchspersonen zu bitten, einen Prozentsatz als Zahl niederzuschreiben, wurde verworfen, weil die Antworten der Probanden durch den zu erwartenden Rückgriff auf gerundete Zahlen weniger exakt gewesen wären (vgl. Daschmann, 2001: 181). Auch eine gröbere Rasterung der Skala hätte Nuancen in der Beurteilung der Wahlchancen zunichte gemacht. Beides erschien in Anbetracht des Forschungsinteresses wenig sinnvoll.

Gegensatzpaare orientierte sich an den Eigenschaftskatalogen unterschiedlicher Untersuchungen zu den Images politischer Akteure (vgl. Blumler & McQuail, 1968; Brettschneider, 2002). Wie beim semantischen Differential zur Wahrnehmung des Stimulusmaterials wurde die Anordnung der Gegensatzpaare für den Fragebogen ausgelost. Positive Attribute verteilten sich also ebenso wie negative auf die rechte und linke Spalte der Skala. Auch die grundsätzliche Reihenfolge der Begriffspaare wurde dem Zufall überlassen. Ziel dieser aufgrund fehlender spezifischer Hypothesen für jedes einzelne semantische Gegensatzpaar explorativen Komponente des Messinstruments war eine sensiblere (weil detailliertere) Messung etwaiger Zugänglichkeitseffekte.

Mit Hypothese 3 schließlich wurde die Erwartung formuliert, dass sich die Höhe des Umfragewerts nicht allein in der Einschätzung der Wahlchancen und der Bewertung einer Partei niederschlägt, sondern gleichsam die Bereitschaft zur Wahl derselben beeinflusst. Begründet wurde diese Annahme ebenfalls mit der erhöhten Zugänglichkeit ankerkonsistenter Information im Langzeitspeicher des menschlichen Gedächtnisses. Da sich die tatsächliche Wahlentscheidung aber kaum experimentell operationalisieren lässt, weil der Wahlakt nicht künstlich repliziert werden kann, wurde auf eine direkte Abfrage der voraussichtlichen Wahlentscheidung verzichtet. Stattdessen wurde die weniger definitive und damit leichter spontan zu treffende Wahrscheinlichkeit erfasst, mit welcher sich der Proband für eine Wahl der CDU entscheiden könnte. Diese Variante sollte zugleich den Einfluss politischer Voreinstellungen, das heißt chronisch zugänglicher Gedächtnisinhalte (vgl. Kap. 2.3.1) einschränken und so den Blick auf die vermutete Aktivation ankerkonsistenten Wissens freigeben. Der etwaige Einfluss des rezipierten Umfrageergebnisses wurde im Fragebogen über eine zur Tendenz zwingende sechsstufige bipolare Skala von „sehr wahrscheinlich" bis „sehr unwahrscheinlich" konzeptualisiert. Die entsprechende Frageformulierung (Frage 8) lautete: *„Wenn heute der 13. Juni, also Wahltag wäre, wie wahrscheinlich wäre es, dass Sie der CDU Ihre Stimme geben würden?"*

Der Fragebogen beinhaltete schließlich noch Fragen zur Messung der Probandenmerkmale, um die Versuchsgruppen auf ihre Vergleichbarkeit überprüfen zu können. Hier wurden etwa Alter, Geschlecht, politisches Interesse und politische Präferenz eruiert. Bestandteil dieses Fragenkatalogs war zudem eine Frage nach der Umfrage-Affinität der Versuchsperson (Frage 9): *„Immer häufiger fließen Umfrageergebnisse in die Vorwahlberichterstattung der Zeitungen ein. Finden Sie diese Entwicklung gut oder schlecht?"* Diese Frage, abgetragen auf einer siebenstufigen Skala, fügte sich einerseits dem vorgetäuschten Untersuchungszweck, folgte andererseits aber Überlegungen, die Qualität der Stimulusverarbeitung und damit das experimentelle Ergebnis könnten auch von der Haltung des Rezipienten zur Veröffentlichung demoskopischer Ergebnisse abhängen.

Vergleichbarkeit der Versuchsgruppen

Im Vorfeld der eigentlichen Ergebnisanalyse wurde die Verteilung von Probandenmerkmalen auf die Versuchsgruppen überprüft, um deren Vergleichbarkeit sicher-
zustellen bzw. etwaige Differenzen frühzeitig erkennen zu können. Erfasst wurden
Geschlecht, Alter, Semesteranzahl, politisches Interesse, politische Ausrichtung und
Umfrageaffinität (vgl. Tabelle a-1 im Anhang). Für Alter und Geschlecht ergeben
sich keine signifikanten Unterschiede zwischen den Versuchsgruppen. Das gilt
ebenso für das politische Interesse der Probanden, welches erhoben wurde, weil vor
dem Hintergrund der Diskussion um die Rolle von Expertenwissen bei der Anwendung der Verankerungsheuristik ein Einfluss dieses Merkmals auf die experimentellen Ergebnisse nicht auszuschließen ist. Denn dass einem politisch interessierten
Probanden ein größerer Pool an ankerkonsistenter Information zur Verfügung steht
und sein Urteil daher anders beeinflusst sein könnte als jenes einer politisch uninteressierten Versuchsperson, muss in Erwägung gezogen werden.

Für das Merkmal politische Ausrichtung sind ebenfalls Wechselwirkungen
denkbar, da dieses mit Voreinstellungen einhergehen könnte. Die politische Ausrichtung wurde gemessen, indem die Versuchspersonen ihre Nähe zu jeder der fünf
im Bundestag vertretenen Parteien auf einer Skala von 1 (sehr fern) bis 10 (sehr
nah) abzutragen hatten. Konzeptualisiert wurde die hier relevante Nähe zur CDU
schließlich auf zwei Weisen: Zum einen wurde der höchste Nähe-Wert als Indikator
eingeführt, als CDU-nah galten damit zuerst solche Probanden, die der CDU den
höchsten Nähe-Wert zuordneten.[77] Zudem wurden auf Grundlage der jeweiligen
durchschnittlichen Parteinähe des Probanden (arithmetisches Mittel) jene Probanden als CDU-nah qualifiziert, die mit ihrer CDU-Nähe oberhalb ihres überparteilichen Nähe-Mittels lagen oder exakt auf diesem. Für beide Indikatoren ergeben sich
keine statistisch signifikanten Unterschiede hinsichtlich der ausgewiesenen CDU-
Nähe zwischen den drei Versuchsgruppen. Keine bedeutsamen Differenzen ergeben sich gleichermaßen für das Merkmal Umfrageaffinität. Eine grundsätzliche
Bewertung der Verwendung von Umfragedaten im Rahmen der Vorwahlberichterstattung der Tageszeitungen wurde den Probanden unter anderem deshalb abverlangt, weil die hier so bezeichnete Umfrageaffinität möglicherweise die Qualität der
Stimulusverarbeitung und damit das experimentelle Ergebnis beeinflussen könnte.

Insgesamt unterscheiden sich die drei Versuchsgruppen damit zumindest hinsichtlich der hier überprüften Probandenmerkmale in keinem Fall bedeutsam. Die
nun folgende Ergebnisdarstellung setzt daher die Vergleichbarkeit der Versuchsgruppen in wesentlichen Merkmalen voraus. Hier soll in einem ersten Analyseschritt
zuerst die Tauglichkeit des Stimulusmaterials erörtert werden, die über ein semanti-

---

[77] Damit galten auch Versuchspersonen als CDU-nah, die einer anderen Partei einen ebenso hohen
Nähe-Wert zuordneten.

sches Differential gemessen wurde. Anschließend gilt es den Einfluss des Stimulusmaterials auf die sich aus den Hypothesen ergebenden abhängigen Variablen zu betrachten.

3.2.3 Ergebnisse des ersten Experiments

Vergleichbarkeit des Stimulusmaterials

Der vermeintliche Beitrag der *Frankfurter Allgemeinen Zeitung* wird von den Versuchspersonen durchschnittlich mit einer Schulnote von 3,3 auf der von 1 (sehr gut) bis 6 (ungenügend) reichenden Skala bewertet und damit als befriedigend eingestuft (vgl. Tabelle 4). Keinen Einfluss auf die Beurteilung dieses ersten Stimulusartikels hat die Variation des Umfragewerts für die CDU. Zwischen den drei Versuchsgruppen offenbaren sich nur geringe Unterschiede, die keine statistische Relevanz haben. Ähnlich homogen fallen die Gesamturteile der Versuchsgruppen hinsichtlich des angeblichen *TA*-Artikels aus. Allerdings bewerten die Probanden diesen zweiten fiktiven Artikel insgesamt durchschnittlich gut (2,2) und damit rund eine Schulnote besser als den ersten Beitrag. Angesichts der ausführlicheren Darstellung des Sachverhalts sowie der grafischen Aufbereitung der Umfrageergebnisse ist dieses Urteilsgefälle zugunsten des zweiten Artikels konsequent. Offenbar werden die beiden Artikel – gemäß des vorgetäuschten Untersuchungszwecks – von den Probanden unterschiedlich wahrgenommen.

Das Urteilsgefälle setzt sich auf dem semantischen Differential fort. Auch hier urteilen die Versuchspersonen zugunsten des ausführlicheren zweiten Stimulusartikels und zwar bei jedem der den semantischen Raum definierenden Begriffspaare (vgl. Tabelle a-2 im Anhang): Die Versuchspersonen beschreiben den vermeintlichen *TA*-Beitrag auf der zur Verfügung stehenden siebenstufigen Skala zumeist mit Werten zwischen 2 und 3 und damit als informativer, überzeugender, interessanter, besser geschrieben, anschaulicher, lebhafter und verständlicher als den *FAZ*-Beitrag. Hier macht sich vermutlich die umfassendere und vor allem grafische Aufbereitung des Umfrageergebnisses bemerkbar. Dem *TA*-Artikel sprechen die Versuchspersonen darüber hinaus zu, ausgewogener und professioneller zu berichten. Zumindest tendenziell sehen die Probanden diesen auch als sachlicher, eindeutiger und glaubwürdiger an. Dass sich bei diesen letzten drei Eigenschaften etwas geringere Differenzen zwischen den beiden Artikel ergeben, begründet sich darin, dass die Versuchspersonen diese Attribute auch dem *FAZ*-Beitrag nicht absprechen möchten.

Tabelle 4:   Gesamtbewertung der Stimulusartikel zur Thüringen-Wahl

	Versuchsgruppe			
Beurteilung des Stimulusmaterials	1 (n=30)	2 (n=28)	3 (n=23)	Gesamt (n=81)
FAZ-Artikel (durchschnittliche Schulnote)	3,4	3,2	3,4	3,3
TA-Artikel (durchschnittliche Schulnote)	2,1	2,3	2,3	2,2

(Alle Messdifferenzen zwischen den Versuchsgruppen sind statistisch nicht signifikant.)

Wie bei der Gesamtbeurteilung hat die Variation des CDU-Umfragewerts auch keinen Einfluss auf die Beurteilung der beiden Artikel im Detail. Sowohl für den FAZ- als auch den TA-Beitrag gilt: Bei keinem der zwölf Gegensatzpaare des semantischen Differentials urteilen die Probanden der drei Versuchsgruppen überzufällig unterschiedlich. Damit ist sowohl bei der Gesamt- als auch bei der Detailbewertung eine vergleichbare Wahrnehmung des Stimulusmaterials durch die Probanden aller drei Versuchsgruppen gegeben. Die durchschnittlich befriedigende (FAZ-Artikel) bzw. gute (TA-Artikel) Gesamtbeurteilung des Stimulusmaterials lässt überdies schließen, dass den Probanden die Künstlichkeit der Stimulusartikel entgangen ist, also auch die Variation der Umfragewerte keine Zweifel an der Authentizität des Materials auslöste.

Überprüfung der ersten Hypothese: Wahrnehmung der Wahlchancen der CDU

Vor dem Hintergrund der Verankerungsheuristik wurde zuerst vermutet, dass Versuchspersonen, denen ein Umfragewert zur Popularität einer Alternative präsentiert wird, ihre Schätzungen an diesem quantifizierten Meinungsklima orientieren. Für dieses erste Experiment im Vorfeld der thüringischen Landtagswahl 2004 wurde konkret angenommen, dass der durch die Zeitungsartikel transportierte Umfragewert für die Christdemokraten quasi als Anker die Einschätzung der Wahlchancen der CDU in seine Richtung verändern konnte. Um diese Erwartung zu überprüfen, sollten die Probanden schätzen, wie viel Prozent der Thüringer zurzeit wohl der CDU ihre Stimme geben würden. Der Einfluss des Stimulusmaterials auf die Beurteilung der Wahlchancen wurde auf einer Skala von 0 bis 100 Prozent erfasst.

Tabelle 5:   Geschätzter Stimmanteil der CDU bei der Thüringen-Wahl

	Versuchsgruppe		
Einschätzung des Meinungsklimas	1 (Anker: 44%; n=29)	2 (Anker: 48%; n=27)	3 (Anker: 52%; n=23)
[Frage: „*So ganz genau sagen kann das ja niemand, aber was schätzen Sie persönlich, wie viel Prozent die CDU am Wahltag in Thüringen erhalten wird?*"; Skala von 0 bis 100 %]			
Durchschnittlicher geschätzter Anteil der CDU-Wähler*	40,8 %[a]	43,1 %[a]	48,0 %[b]

$Varianzanalyse$[78]: $F(df=2/n=79)=15,42$; $p=0,000$; unterschiedliche Kennbuchstaben bezeichnen Werte, die sich nach Dunnet-T3 mit $p<0,05$ unterscheiden

Wie Tabelle 5 zeigt, beeinflusst der fiktive Umfragewert für die CDU die Erwartung der Probanden gemäß der ersten Hypothese. Das heißt: je höher der dargebotene Umfragewert, desto größer der erwartete Stimmanteil der CDU am Wahltag. So rechnen die Versuchspersonen der ersten Versuchsgruppe, denen der niedrige Umfragewert von 44 Prozent dargeboten wurde, mit einem CDU-Stimmanteil von durchschnittlich 40,8 Prozent. Die Probanden der zweiten Versuchsgruppe – mit einem Umfragewert von 48 Prozent konfrontiert – schätzen die Stärke der CDU auf 43,1 Prozent der Stimmen. Die Probanden der dritten Versuchsgruppe, denen ein Umfragewert von 52 Prozent vorgelegt wurde, taxieren den zu erwartenden Stimmanteil der CDU auf 48,0 Prozent. Die Schätzmittel der drei Versuchsgruppen unterscheiden sich statistisch signifikant. Nach einer Post-Hoc-Analyse ergeben sich nahezu signifikante Mittelwertdifferenzen zwischen den Versuchsgruppen 1 und 2 sowie eine signifikante Differenz zwischen diesen beiden Versuchsgruppen und

---

[78] Die Anwendung der *Varianzanalyse* erfolgt hier trotz fehlender Homogenität der Varianzen, denn die Varianzanalyse gilt als verhältnismäßig robust gegenüber Verletzungen der strengen Anwendungsprämissen. Backhaus et al. (1996) begründen dies u.a. damit, dass die „materielle Aufgabe der Varianzanalyse lediglich darin besteht, die *Tatsache* des Vorliegens eines Zusammenhangs zu testen und nicht eine Aussage über die Stärke des Zusammenhangs zu machen". Um mögliche Fehlinterpretationen zugleich ausschließen zu können, wurde zur Absicherung des Ergebnisses zusätzlich ein *Welch-Test* durchgeführt. Dieser wird bei konsistentem Befund aber nicht gesondert ausgewiesen. Dieses Vorgehen wird in nachfolgenden Ergebnisdarstellungen beibehalten. Im Übrigen gilt in dieser Arbeit ein Signifikanzniveau von $p<0,05$.

Versuchsgruppe 3. Hypothese 1, nach der rezipierten Umfragen die Einschätzung des Meinungsklimas in ihre Richtung verzerren sollten, wird also durch die Daten gestützt. Die Varianzen (σ^2) der Schätzmittel unterschieden sich signifikant (Levene-Statistik: 13,4; p<0,001). Verantwortlich für die inhomogenen Varianzen sind insbesondere die Schätzurteile der dritten Versuchsgruppe: Während die jeweilige Standardabweichung (σ) bei den ersten beiden Versuchsgruppen in etwa auf einem Niveau liegt, ist jene in der 52-Prozent-Versuchsgruppe mit 6,8 rund doppelt so groß. Ein Blick auf die einzelnen Schätzurteile der Probanden verrät: Während die Spanne der Wahlerwartungen der Versuchsgruppen 1 und 2 nur vierzehn (35 bis 48 Prozent) bzw. dreizehn (38 bis 50) Prozentpunkte umfasst, verteilen sich die Schätzurteile der dritten Versuchsgruppe auf 24 Prozentpunkte (35 bis 58). Das heißt, trotz eines Minimums auf dem Niveau der ersten Versuchsgruppe, zeigt das Maximum einen starken Ausschlag in Richtung des vorgegebenen Ankers und darüber hinaus. Anders als bei Versuchsgruppe 2 verschiebt sich damit die Spanne nicht mit dem dargebotenen Referenzwert; vielmehr vergrößert sich die Spannbreite mit der Tendenz, der CDU auch einen enorm hohen Wahlsieg zuzutrauen.

Bemerkenswert ist, dass insgesamt nur fünf Probanden der drei Versuchsgruppen exakt den jeweiligen Umfragewert auf der gegebenen Skala abtragen, also konkret 44 (zweimal), 48 (einmal) oder 52 Prozent (zweimal) als Wahlergebnis der CDU prognostizieren. Am häufigsten wird in den ersten beiden Versuchsgruppen dagegen der Wert 40 genannt. In der dritten Versuchsgruppe teilen sich drei Werte die Spitzenposition, wobei sich der Wert 52 nicht unter den drei Modi befindet. Dieser Befund spricht zumindest gegen ein schlichtes Lernen und Wiedergeben des rezipierten Referenzwerts. Vielmehr darf von einem Schätzurteil ausgegangen werden, das der rezipierte Umfragewert als Anker prägt.

Überprüfung der zweiten Hypothese: Beurteilung der CDU

Nach den Erkenntnissen zur Verankerungsheuristik beruht eine Verankerung auf der Aktivation ankerkonsistenter Informationen im Langzeitspeicher des menschlichen Gedächtnisses. Hieraus wurde im Kontext der Umfragedebatte zunächst (wie soeben bestätigt) ein verändertes Schätzurteil zum Meinungsklima in Anwesenheit eines Umfragewerts abgeleitet. Die Zugänglichkeit ankerkonsistenter Gedächtnisinhalte sollte sich indes nicht nur auf ein Schätzurteil auswirken können. Angenommen wurde deshalb, dass sich auch die Bewertung des konkreten Urteilsgegenstands durch die rezipierten demoskopischen Daten verändert. Weil mit der Höhe des Ankers der Anteil zustimmungsbestätigender Inhalte zunehmen sollte (beispielsweise: „Die Partei tritt souverän auf."; „Die Schulpolitik der Partei ist vernünftig."), wurde in Hypothese 2 formuliert: Je positiver die Umfrageresultate für eine Alter-

native, desto besser die Bewertung derselben. Tabelle 6 bildet ab, inwieweit die
unterschiedlichen Umfragewerte für die CDU deren Bewertung beeinflusst:

Tabelle 6:   Gesamtbeurteilung der Thüringer CDU

	Versuchsgruppe		
Bewertung der Thüringer CDU			
[Frage: „*Wenn Sie der thüringischen CDU jetzt ganz spontan eine Note geben müssten, welche wäre das?*"; Schulnotenskala]	1 (Anker: 44%; n=28)	2 (Anker: 48%; n=27)	3 (Anker: 52%; n=23)
Durchschnittliche Schulnote	3,4	3,4	3,4
Anteil Schulnoten 1 und 2	14,3 %	11,1 %	26,1 %

(Alle Messdifferenzen zwischen den Versuchsgruppen sind statistisch nicht signifikant.)

Bereits auf den ersten Blick zeigt sich, dass der angenommene Einfluss der Höhe
des Umfragewerts für die CDU auf ihre Bewertung nicht bestätigt wird. Statt einer
hypothesenkonformen Verteilung der Bewertungsmittel herrscht bei der Beurteilung der CDU große Einigkeit zwischen den Versuchsgruppen: So erhält die Thüringer CDU in der ersten Versuchsgruppe mit einer durchschnittlichen Schulnote
von 3,4 exakt die gleiche Zensur wie in Versuchsgruppe 2 und auch Versuchsgruppe 3. Auffällig ist allein, dass in Versuchsgruppe 3 der Anteil der Versuchspersonen,
der die CDU gut (2) oder sehr gut (1) bewertet, mit 26,1 Prozent deutlich über dem
Niveau der beiden anderen Versuchsgruppen liegt (14,3 bzw. 11,1 Prozent). Da die
Messdifferenzen zwischen den Versuchsgruppen jedoch weder streng hypothesenkonform noch signifikant sind, wird Hypothese 2 auch auf dieser Basis zurückgewiesen.
    Neben dieser Globalbeurteilung hatten die Probanden auch eine Detailbewer-
tung der CDU bzw. ihrer Arbeit in der letzten Legislaturperiode abzugeben, um so
die Zugänglichkeit ankerkonsistenter Gedächtnisinhalte differenzierter messen zu
können. Abgetragen wurde diese Detailbeurteilung auf einem semantischen Differential mit 13 Eigenschaftspaaren. Wie Abbildung 7 verdeutlicht, zeigen sich analog
zur globalen Abfrage und entgegen der in Hypothese 2 formulierten Erwartung
auch in der Detailbetrachtung keine signifikanten Unterschiede zwischen den Versuchsgruppen.

Abbildung 7:   Detailbeurteilung der Thüringer CDU

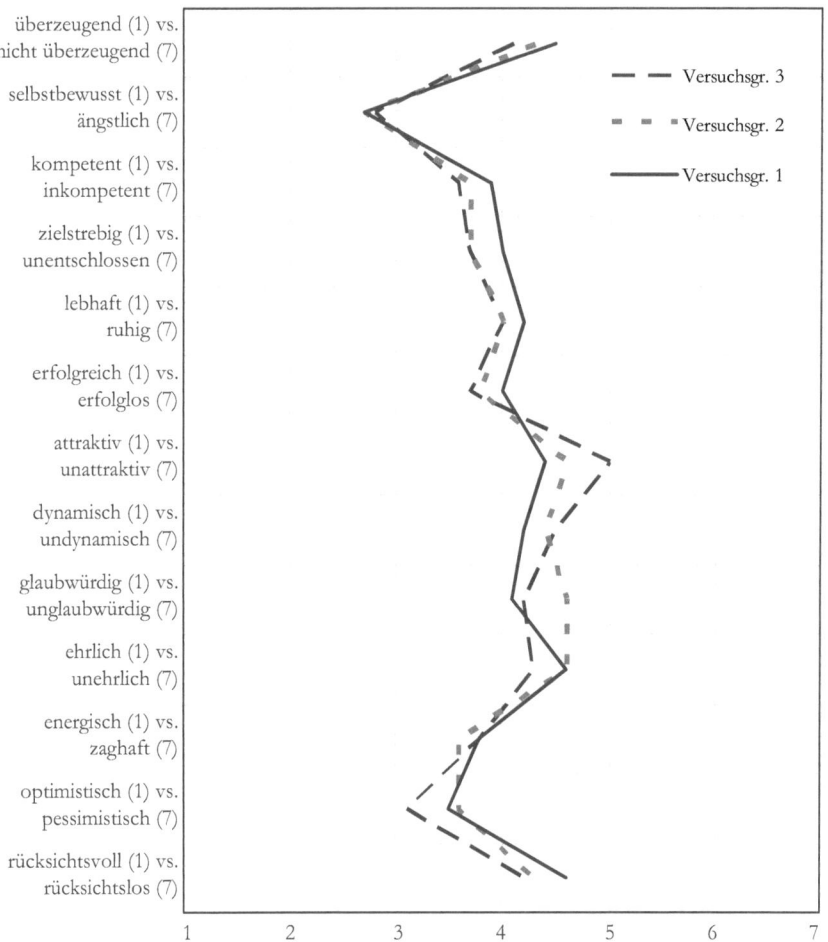

Vier von dreizehn Eigenschaftspaaren zeigen zumindest eine tendenziell hypothesenkonforme Verteilung der Mittelwerte: Versuchsgruppe 3 hält die Arbeit der CDU in der zurückliegenden Regierungszeit für überzeugender als Versuchsgruppe 2, welche diese wiederum für überzeugender hält als Versuchsgruppe 1. Dasselbe Bewertungsmuster ist bei den Eigenschaftspaaren „kompetent vs. inkompetent" und „rücksichtsvoll vs. rücksichtslos" erkennbar. Auffallend ist vor allen Dingen, dass die Versuchspersonen mit zunehmender Höhe des rezipierten Umfragewerts die Arbeit der CDU-Regierung als erfolgreicher bewerten. Zu attestieren ist allerdings auch, dass zwei Gegensatzpaare konträre Mittelwertmuster offenbaren: So nimmt die Attraktivität der CDU-Arbeit mit steigender Höhe des Ankers ab. Und auch die wahrgenommene Dynamik kann von einem höheren Umfragewert nicht profitieren Demnach lässt sich auch tendenziell über dieses unterstützend herangezogene Messinstrument eine Umfragewirkung nach Hypothese 2 nicht erkennen.

Überprüfung der dritten Hypothese: Bereitschaft zur Wahl der CDU

Insbesondere wird in dieser Arbeit jener in der Umfragedebatte immer wieder erörterte Zusammenhang zwischen Umfragerezeption und veränderter Wahlentscheidung über die Verankerungsheuristik bzw. über die durch einen Referenzwert ausgelöste Aktivierung bestimmter Inhalte im menschlichen Langzeitgedächtnis konzeptualisiert. Vor dem Hintergrund des statistisch gesicherten Einflusses eines rezipierten Umfragewerts auf die Wahrnehmung des Meinungsklimas sowie einer ausbleibenden hypothesenkonformen Wirkung demoskopischer Lagedaten auf die Bewertung einer Partei rückt nachfolgend die Entscheidungsebene in den Mittelpunkt. Der Einfluss des im Rahmen des Experimentes dargebotenen Stimulusmaterials auf die Wahrscheinlichkeit einer Stimmentscheidung für die Christdemokraten wurde auf einer sechsstufigen Skala erfasst, wobei 1 der größten Wahrscheinlichkeit zur Wahl entspricht und sechs der geringsten.

Entgegen der in Hypothese 1 formulierten Erwartung führt das differente Treatment bei den Versuchspersonen zu keiner signifikant unterschiedlichen Wahrscheinlichkeit, der CDU am Wahltag die Stimme geben zu wollen (vgl. Tabelle 7). Das Mittelwertmuster für die Gesamtheit der Probanden je Versuchsgruppe ist im Sinne der zu prüfenden Hypothese unauffällig: In der Versuchsgruppe wird mit einem Mittel von 4,5 die Wahl der CDU in etwa so unwahrscheinlich beschrieben wie Versuchsgruppe 2 (4,4) und Versuchsgruppe 3 (4,5). Der Anteil der Versuchspersonen, die der CDU wahrscheinlich ihre Stimme geben wollen (1 bis 3 auf der sechsstufigen Skala), schwankt leicht zwischen den Versuchsgruppen – und mit Nachteilen für die dritte Versuchsgruppe. 21,7 Prozent der Versuchspersonen aus Versuchsgruppe 3 entpuppen sich als eher wahrscheinliche denn unwahrscheinliche Unionswähler. In Versuchsgruppe 2 ist dieser Anteil mit 37,0 Prozent ebenso erkennbar größer wie in Versuchsgruppe 1 (35,7 Prozent). Daher gilt: Nach Hypothese 2 kann auch Hypothese 3 durch die im Rahmen dieses ersten Experiments erhobenen Daten nicht gestützt werden.

Tabelle 7:   Wahrscheinlichkeit der Stimmabgabe für die CDU

	Versuchsgruppe		
Selbstbekundete Wahrschein- **lichkeit einer CDU-Wahl**			
[Frage: „*Wenn heute der 13.* *Juni, also Wahltag wäre, wie* *wahrscheinlich wäre es, dass Sie der* *CDU Ihre Stimme geben würden?*"; 6-stufige Skala: 1=sehr wahrscheinlich, 6=sehr unwahr- scheinlich]	1 (Anker: 44%; n=28)	2 (Anker: 48%; n=27)	3 (Anker: 52%; n=23)
Durchschnittliche Wahrscheinlichkeit	4,5	4,4	4,5
Anteil der Vpn, die eine CDU-Wahl zumindest als eher wahrscheinlich bezeichnen (Werte 1 bis 3)	35,7 %	37,0 %	21,7 %

(Alle Messdifferenzen zwischen den Versuchsgruppen sind statistisch nicht signifikant.)

Einflüsse des Treatments in Abhängigkeit von Probandenmerkmalen

Im Vorfeld der Ergebnispräsentation wurde eine Reihe von Probandenmerkmalen hinsichtlich ihrer Verteilung auf die Versuchsgruppen betrachtet, um deren grund-sätzliche Vergleichbarkeit überprüfen zu können. Für keines der Merkmale zeigten sich überzufällige Messdifferenzen zwischen den Stimulusgruppen. Interaktionen zwischen bestimmten Probandenmerkmalen und dem Treatment können gleich-wohl nicht ausgeschlossen werden. Als möglich darf zum Beispiel eine unterschied-liche Wirkung des Treatments in Abhängigkeit des politischen Interesses erachtet werden. Analog zur diskutierten Rolle von Expertenwissen bei der Anwendung der Verankerungsheuristik könnte bei einem politisch interessierten Probanden, dem ein größerer Pool ankerkonsistenter Gedächtnisinhalte zur Verfügung steht, ein rezipierter Referenzwert eine andere Urteilsrelevanz haben als bei einer politisch uninteressierten Versuchsperson. Für eine Reihe weiterer Probandenmerkmale ist ebenfalls ein Einfluss auf die Stimulusverarbeitung konstruierbar, welcher sich bei einer Betrachtung der Gesamtheit aller Probandenurteile einer Messung entziehen könnte. Dies gilt etwa für die Affinität zu veröffentlichten Umfrageergebnissen, für die Mediennutzung oder die CDU-Nähe der Versuchspersonen. Die folgerichtige Kontrolle dieser Drittvariablen zeigt indes keine auffälligen Resultate. Das Treatment führt bei politisch interessierten Probanden ebenso wenig zu einer signifikant unterschiedlichen Ausprägung der meinungsrelevanten abhängigen Variablen (Bewertung, Präferenz) wie bei Versuchspersonen mit gering ausgeprägtem politischem Interesse. Eine Interaktion mit dem Treatment kann ebenso wenig für die Umfrageaffinität der Versuchspersonen, deren Mediennutzung sowie die Nähe der Probanden zu Union[79] gezeigt werden. Damit bleiben die Hypothesen 2 und 3 auch unter Berücksichtigung möglicher Interaktionen unbestätigt.

3.2.4 Zusammenfassung und Fazit

Für eine erste experimentelle Studie zur möglichen Wirkung veröffentlichter Umfragen in Folge einer angewendeten Verankerungsheuristik wurden im Vorfeld der Thüringer Landtagswahl Anfang Juni 2004 insgesamt 81 Studierende der Universität Erfurt als Probanden akquiriert. Den Versuchspersonen wurden zwei angebliche Presseartikel vorgelegt, die sich derselben fiktiven Wahlumfrage widmeten. Über die Variation des vermeintlichen CDU-Umfragewerts wurden zufällig drei Versuchsgruppen gebildet. Probanden der ersten Versuchsgruppe rezipierten einen Stimmanteil der CDU von 44 Prozent, jene der zweiten Versuchsgruppe einen von 48 Prozent und jene der dritten Versuchsgruppe einen von 52 Prozent. Ziel der Untersuchung war es zu überprüfen, ob erstens die Höhe dieses rezipierten Umfragewerts für die Wahlalternative CDU einen Einfluss auf die Beurteilung ihrer Wahlaussichten hat, ob zweitens durch die Aktivation von zum Umfragewert konsistenten Gedächtnisinhalten zugleich die Bewertung dieser Alternative profitiert und ob damit drittens auch die Bereitschaft zunimmt, der Wahlalternative CDU die Stimme zu geben.

Das experimentelle Ergebnis – infolge des rezipierten und für tauglich befundenen Stimulusmaterials – zeigt einen statistisch bedeutsamen Einfluss des Treatments auf die Wahrnehmung der CDU-Wahlchancen und zwar gemäß der ersten Hypothese. Das heißt, Probanden aus der dritten Versuchsgruppe erwarten ein besseres Abschneiden der Union am Wahltag als ihre Pendants aus der zweiten Versuchsgruppe, welche wiederum ein besseres Wahlergebnis der CDU vermuten als die Versuchspersonen aus Versuchsgruppe 1. Die Schätzmittel der drei Versuchsgruppen unterscheiden sich überzufällig. Vor dem thematischen Hintergrund einer deutschen Landtagswahl gelingt es damit einmal mehr, den Einfluss eines rezipierten Umfragewerts auf die Wahrnehmung des Meinungsklimas zu replizieren (vgl. Kap. 2.2.5).

---

[79] Hier abgetragen über eine CDU-Nähe oberhalb des jeweiligen überparteilichen Nähe-Mittels.

Nicht bestätigt werden kann dagegen die zweite Hypothese, nach welcher auch die Beurteilung der CDU hypothesengemäß von der Höhe des Umfragewerts profitieren sollte. Auffällig ist allein, dass der Prozentanteil jener Versuchspersonen, die eine gute oder sehr gute Gesamtbewertung der CDU abgeben, in Versuchsgruppe 3 erkennbar größer ist als in den beiden anderen Versuchsgruppen. In der Detailbewertung ergeben sich für vier von 13 Gegensatzpaaren die erwarteten Mittelwertmuster. Zugleich fällt bei zwei Differentialen eine gegenläufige Reihung auf, sodass sich auf diesem unterstützend eingeführten Messinstrument ebenso keine deutliche Tendenz zugunsten der zweiten Hypothese abzeichnet. Schließlich lässt sich auch Hypothese 3 nicht bestätigen: Die gemessenen Mittelwerte zur CDU-Wahlwahrscheinlichkeit sind unauffällig und auch die Anteile wahrscheinlicher CDU-Wähler variieren nicht hypothesengemäß zwischen den Versuchsgruppen.

Dieses Befundbild mit seinen signifikanten Umfrageeffekten auf die Wahrnehmung des Meinungsklimas und dem ausbleibenden Einfluss rezipierter Umfrageergebnisse auf Bewertung sowie Stimmpräferenz kann im Hinblick auf die in Hypothese 4 konkretisierte Rolle von Voreinstellungen als erwartungskonform bezeichnet werden. Weithin angenommen wird nämlich, so Daschmann (2000: 173): „that voting intentions are very stable judgments which depend on many social, personal, and political factors. As such, they are often immune against short-term effects." Auch die Bewertung einer politischen Alternative sollte als vergleichbar meinungsrelevantes Urteil unter dem intervenierenden Einfluss erfahrungsbedingt einflussreicher Gedächtnisinhalte stehen. Als erwartungsgemäß darf zugleich das von Voreinstellungen unbeeinflusste Wirken des Ankers bei einem Urteil über das Meinungsklima gelten.

Die Befunde dieses Experiments sprechen somit nicht gegen eine Anwendbarkeit der Verankerungsheuristik im Kontext rezipierter Umfragen. Zunächst lässt sich die postulierte Rolle dieser mentalen Faustregel aber ebenso wenig erkennen. Immerhin kann der sich andeutende Einfluss des besten Umfrageergebnisses (52-Prozent-Stimulus) auf die Bewertung als Hinweis auf ein semantisches Priming ankerkonsistenter Gedächtnisinhalte interpretiert werden. Auch dass die erfolgreiche Messung einer verzerrten Wahrnehmung des Meinungsklimas nicht auf eine schlichte Wiedergabe des rezipierten Umfragewerts zurückgeführt werden kann, lässt sich im Sinne der Verankerungsheuristik deuten. Zumindest ist demnach von einem Schätzurteil auszugehen, dessen Ergebnis ein Konstrukt unterschiedlich zugänglicher Informationseinheiten ist. Letztlich geben die vorliegenden Messergebnisse einmal mehr Anlass, die Fokussierung der Forschung auf den Wahlkontext kritisch zu würdigen. Um Umfrageeffekte bzw. ihre Ursachen grundlegend zu erforschen, sollte sich diese Konzentration auf einen derart voreinstellungsstarken Kontext nämlich kaum eignen. Mit den beiden folgenden Experimenten wurden die formulierten Hypothesen deshalb abseits des Wahlkontexts überprüft.

3.3 Experiment 2: Umfragewirkung bei Sachthemen

3.3.1 Ziel der Untersuchung

Das zweite Experiment dieser Arbeit widmet sich erneut dem Einfluss eines rezipierten Referenzwerts auf die Einschätzung des Meinungsklimas, dessen Fähigkeit die Gesamtwahrnehmung eines Urteilsgegenstands zu verändern sowie dessen Einfluss auf das Entscheidungsverhalten. Anders jedoch als in Experiment 1 zur Thüringer Landtagswahl wurden diese den Hypothesen 1 bis 3 entnommenen Wirkungsvermutungen hier außerhalb des Wahlkontexts überprüft. Konkret wurde untersucht, ob bei einer sachpolitischen Fragestellung, nämlich der Einführung eines Tempolimits auf deutschen Autobahnen, der vermutete Zuspruch in der Bevölkerung für eine der möglichen sachpolitischen Alternativen (hier: Forderung nach Tempolimit) mit der Höhe dargestellter Umfragewerte für dieselbe anwächst (Schätzurteil). Außerdem wurde überprüft, ob sich zugleich die Bewertung dieser sachpolitischen Alternative durch die selektive Zugänglichkeit ankerkonsistenter Information verbessert. Abschließend wurde eruiert, ob sich in Abhängigkeit des Umfragewerts und der mental verfügbaren Information die Bereitschaft der Versuchspersonen vergrößert, sich für die in der Umfrage begünstigte sachpolitische Alternative auszusprechen. Die Prüfung der drei Hypothesen erfolgte wiederum durch eine experimentelle Variation des Umfragewerts: hier pro Tempolimit.

3.3.2 Versuchsaufbau

Überblick

Zwischen 15. Februar und 17. Februar 2006 wurden insgesamt 97 Studierende der Mainzer Johannes Gutenberg-Universität für ein zweites Experiment zur Anwendbarkeit der Verankerungsheuristik im Kontext einer möglichen Umfragewirkung akquiriert. Analog zu Experiment 1 wurde den Versuchspersonen ein Booklet mit zwei Artikeln vorgelegt, welche sich unter Verwendung fiktiver Umfragewerte mit der Einführung eines Tempolimits auf deutschen Autobahnen auseinander setzten. Wieder berichtete ein vermeintlich der *Frankfurter Allgemeinen Zeitung (FAZ)* entnommener Beitrag knapper über den Sachverhalt und die diesbezüglichen Umfrageergebnisse als ein zweiter, diesmal angeblich aus der Mainzer *Allgemeinen Zeitung (AZ)* stammender Artikel. Analog zu Experiment 1 wurden drei unterschiedliche Versionen der Booklets ausgegeben, die sich nur hinsichtlich der abgebildeten Umfragewerte pro Geschwindigkeitsbegrenzung unterschieden. Schließlich hatten die Probanden einen Fragebogen auszufüllen, der auch das Messinstrument umfasste.

Stimulusmaterial

Das Stimulusmaterial dieses zweiten Experiments wurde aus Gründen der Vergleichbarkeit weitgehend analog zu jenem aus Experiment 1 gestaltet. Wieder fungierte ein Artikel bzw. DIN A4-Faksimile im Layout der *Frankfurter Allgemeinen Zeitung* als erster Stimulusträger und wieder befasste sich dieser Beitrag knapper mit Umfrage und Thema als ein zweiter, im Booklet nachfolgender Artikel. Dieser zweite Beitrag wurde dem Studienort Mainz entsprechend in diesem Experiment nicht als Beitrag der *Thüringer Allgemeinen* ausgewiesen, sondern der dort führenden Regionalzeitung, der *Allgemeinen Zeitung*, zugeschrieben. Inhaltlich setzte sich das Stimulusmaterial dieser zweiten Untersuchung auf Basis fiktiver Umfrageergebnisse mit der Einführung eines generellen Tempolimits auf deutschen Autobahnen auseinander. Somit wurde für dieses Experiment eine vermutlich auch für Mainzer Studierende relevanter Sachverhalt als thematischer Hintergrund der Umfrage gewählt: Rund neun von zehn Deutschen über 18 Jahre haben einen Führerschein (vgl. Noelle-Neumann & Köcher, 2002: 893). Überdies wird ein mögliches Tempolimit seit Jahren von verschiedenen Interessengruppen aus unterschiedlichen Blickwinkeln (Umweltschutz und Sicherheit) öffentlich thematisiert – nicht ganz ausgeschlossen werden kann daher freilich auch ein Einfluss von Voreinstellungen auf meinungsrelevante Urteile.

Um eine glaubwürdige inhaltliche Gestaltung des Stimulusmaterials gewährleisten zu können, wurde eine Reihe sich mit dieser sachpolitischen Fragestellung befassenden Pressebeiträge verwendet. Argumente und Akteure innerhalb des Stimulusmaterials folgten in ausgewogener Weise diesen professionellen Ausführungen über das Für und Wider eines generellen Tempolimits auf deutschen Autobahnen. Der erste, angeblich der *FAZ* entstammende Stimulusartikel innerhalb des Booklets berichtete unter dem Titel „Mehrheit will Tempolimit" über eine „repräsentative Umfrage des Meinungsforschungsinstituts *Forsa*", welche je nach Stimulusversion eine zumindest relative Mehrheit an Befragten zugunsten eines Tempolimits auswies. Der Artikel benannte darüber hinaus den Anteil ablehnend antwortender Befragter sowie den Prozentsatz jener Befragten, welche die Frage nicht eindeutig beantworten wollten oder konnten. Alle über die Umfragewerte hinausgehenden Informationen wurden inhaltlich ausgeglichen gestaltet, griffen also gleichermaßen Argumente von Gegner wie Befürwortern auf. Letzteres gilt ebenso für den im Politik-Buch der Mainzer *Allgemeinen Zeitung* veröffentlichten zweiten Stimulusartikel innerhalb des Booklets. Dieser berichtete im Übrigen analog zur Gestaltung des Stimulusmaterials in Experiment 1 über dieselben Umfrageergebnisse und titelte: „Deutsche für Tempolimit auf Autobahnen". Auch in diesem zweiten Experiment setzte sich der Beitrag aus der ortsansässigen Regionalzeitung etwas ausführlicher mit dem Sachverhalt auseinander als jener aus der Frankfurter Qualitätszeitung und bereitete die Ergebnisse der Befragung durch ein Balkendiagramm auch grafisch auf. Hier wurden die sich auf 100 Prozent addierenden Werte für die drei möglichen Antwortausprägungen abgetragen: „dafür", „dagegen" und „weiß nicht / k.A.". Weil den Probanden erneut die Qualität von Umfrageberichterstattung in deutschen Tageszeitungen als angeblicher Untersuchungsgegenstand dargelegt wurde, galt es für eine gelungene Täuschung einmal mehr, die vermeintlichen Artikel aus *FAZ* und *AZ* in dieser Sache unterscheidbar zu gestalten. Wieder analysierte die Regionalzeitung die Umfrageergebnisse nicht nur intensiver, sondern beachtete auch mehr der bereits eingeführten Qualitätskriterien. Während der fiktive *FAZ*-Artikel mit der Nennung von *Forsa* allein das Umfrageinstitut auswies, erfuhren die Probanden aus dem angeblichen *AZ*-Beitrag zusätzlich, wie viele Personen befragt wurden, welche Frageformulierung verwendet wurde und für welche Grundgesamtheit die Ergebnisse repräsentativ sein sollten. Erneut wurde eine möglichst authentische formale Gestaltung des Stimulusmaterials angestrebt. Das Layout der DIN A4-Faksimiles wurde vollständig jenem der beiden Originalpublikationen nachempfunden.

Experimentelle Variation

Zur kumulativen Prüfung der Hypothesen 1 bis 3 wurden analog zum Thüringen-Experiment die von den fiktiven Artikeln transportierten Umfrageergebnisse in ihrer Höhe variiert. Das exakte Umfrageergebnis zugunsten eines Tempolimits wurde als unabhängige Variable definiert. Orientierung zur seinerzeit vorherrschenden gesellschaftlichen Stimmungslage in Sachen Tempolimit lieferten zwei Befragungen: Das Institut für Demoskopie wies 2000 eine Mehrheit von 56 Prozent an Befragten aus, die eine generelle Geschwindigkeitsbegrenzung von 130 Kilometern je Stunde befürworten würden (vgl. Noelle-Neumann & Köcher, 2002: 898). In einer zweiten Variante dieser gegabelt durchgeführten Umfrage aus Allensbach zeigte sich ein deutlich geringerer Zuspruch für eine etwaige Begrenzung auf „Tempo 100" (22 Prozent). Bei einer aus 2004 stammenden Befragung für das Wochenmagazin *Focus* konnten sich 40 Prozent der Befragten mit einem Tempolimit bei 130 Kilometern pro Stunde anfreunden, weitere 3 Prozent sprachen sich für Tempo 100 aus (vgl. Meisner, 2004).[80]

Die Variation der Stimmanteile orientierte sich vor dem Hintergrund dieser recht ausgeglichenen gesellschaftlichen Stimmungslage sowie aus Gründen der Vergleichbarkeit der Experimente schließlich an den Stimulusausprägungen des

---

[80] Anders als für das Thüringen-Experiment lagen nur wenige demoskopische Informationen über das tatsächliche Meinungsklima in der Grundgesamtheit vor. Dies erschwerte zwar einerseits eine realistische Wahl der als Stimulus fungierenden Umfragewerte, ließ aber den Umkehrschluss zu, dass den Probanden des Experiments ein Urteil über die Authentizität des abgebildeten Meinungsklimas äußerst schwer fallen sollte.

ersten Experiments. Der Anteil der Tempolimit-Befürworter wurde daher je nach Version auf entweder 44 Prozent, 48 Prozent oder 52 Prozent der in Deutschland lebenden Personen über 18 Jahre festgelegt. Da wieder allein die Wirkung dieser Umfragewerte gemessen werden sollte, wurden analog zu Experiment 1 alle verbleibenden Inhalte der Artikel konstant gehalten. Konstant blieben damit auch die vermeintlichen Stimmanteile der Gegner eines Tempolimits. Lediglich der Anteil der weder ablehnenden noch zustimmenden Befragten wurden wieder zwischen 15 und sieben Prozent variiert, um trotz der unterschiedlich hohen Befürworter-Werte kumulierte Stimmanteile von insgesamt 100 Prozent präsentieren zu können. Angesichts dieser erneut zum Zuge gekommenen Mehrheitsverhältnisse sowie nur zweier alternativer Standpunkte sind etwaige Umfragewirkungen aus Isolationsfurcht oder taktischen Überlegungen (vgl. Kap. 2.2.4) wieder als unwahrscheinlich zu bezeichnen.

Experimentelles Design

Aus der dargestellten dreifachen Variation des Anteils der Befürworter eines Tempolimits als unabhängiger Variable bei Konstanz aller verbleibenden Merkmale des Stimulusmaterials ergab sich wie zuvor bei Experiment 1 ein einfaches 3x1-Design (vgl. Tabelle 8).

Versuchspersonen und Durchführung des Experiments

Als Versuchspersonen konnten im Zeitraum vom 15. bis zum 17. Februar 2006 insgesamt 97 Studierende der Universität Mainz gewonnen werden. Auf ein Laboratorium wurde aus den dargelegten Gründen (vgl. Kap. 3.1.2) erneut verzichtet. Die Versuchspersonen wurden vom Verfasser und seinen Mitarbeitern in der zentralen Mensa der Universität angesprochen und um eine Teilnahme an der Untersuchung vor Ort gebeten.[81] Es wurden nur Studierende kontaktiert, die die Mensa ohne Begleitung aufgesucht hatten, um zu verhindern, dass sich miteinander speisende Probanden über das Stimulusmaterial bzw. differierende Umfragewerte hätten austauschen können. Nach etwa zehn Minuten Bearbeitungszeit wurden die ausgefüllten Booklets durch den Verfasser bzw. seinen Mitarbeitern wieder eingesammelt. Um Versuchsleitereffekte ausschließen zu können, war keiner der Mitarbeiter des Verfassers über die exakten Hintergründe des Experiments informiert. Zugleich waren den Mitarbeitern aber die Künstlichkeit des Stimulusmaterials sowie der

---

[81] Auch dieses Vorgehen hat sich in Experimenten zur Wirkung von Medienstimuli auf den Rezipienten bewährt (vgl. u.a. Daschmann, 2001).

grundsätzlich experimentelle Charakter der Studie bekannt, um ein Debriefing der Probanden an Ort und Stelle zu ermöglichen.

Tabelle 8:   Experimentelles Design des zweiten Experiments

Ausprägungen des Umfragewerts		
Anteil der Tempolimit-Befürworter bei 44 %	Anteil der Tempolimit-Befürworter bei 48 %	Anteil der Tempolimit-Befürworter bei 52 %
Versuchsgruppe 1 (n = 30)	Versuchsgruppe 2 (n = 35)	Versuchsgruppe 3 (n = 32)

Messinstrument

Direkt im Anschluss an die Rezeption des Stimulusmaterials waren die Probanden anhand eines Fragebogens aufgefordert, ihre Urteile, Bewertungen und Einschätzungen abzugeben. Wieder sollten zuerst beide Artikel bewertet werden. Anschließend wurden die zur Hypothesenprüfung entwickelten abhängigen Variablen abgefragt und relevante Probandenmerkmale erfasst. Weil der Aufbau des Messinstruments weitegehend jenem aus Experiment 1 folgte, werden nachfolgend nur unterscheidende Merkmale ausführlicher dargestellt:

Zuerst wurde erneut die Vergleichbarkeit des Stimulusmaterials eruiert und zwar direkt im Anschluss an die Rezeption des jeweiligen Artikels. Ergänzt wurde diese Beurteilung des Stimulusmaterials auf dem semantischen Differential einmal mehr um ein Gesamturteil, welches die Versuchspersonen unter Verweis auf das deutsche Schulnotensystem auf einer sechsstufigen Notenskala abgeben sollten. Als erste abhängige Variable im Sinne der Hypothesenprüfung wurde die Einschätzung des Meinungsklimas in Sachen Tempolimit gemessen und zwar mit der Frage: *Was schätzen Sie persönlich, wie viel Prozent der Deutschen sich aktuell für die Einführung eines Tempolimits aussprechen würden?* Das geforderte Schätzurteil konnten die Probanden prozentgenau auf der einem Lineal nachempfunden Skala von 0 Prozent bis 100 Prozent abgeben. Die durch Hypothese 2 thematisierte Bewertung des Umfragegegenstands wurde wieder zweifach abgetragen – in erster Linie über eine globale Bewertung (Schulnote) eines generellen Tempolimits auf deutschen Autobahnen (Frage: *Wenn Sie der Idee eines Tempolimits auf deutschen Autobahnen eine Note gebe müssten, welche wäre das?*) und zudem unterstützend über mehrere Gegensatzpaare auf einem semantischen Differential (Frage: *Wenn Sie an die Einführung eines Tempolimits denken, wie würden Sie dieses beurteilen? Ein allgemeines Tempolimit wäre ...*). Die bekannte Phalanx der Gegensatzpaare wurde ergänzt thematisch naheliegende Pendants wie „sauber vs. schmutzig" oder „günstig vs. teuer".

Die in Hypothese 3 formulierte Erwartung, nämlich dass die Höhe des Umfragewerts für eine Alternative gleichsam die Bereitschaft zur Wahl derselben beeinflusst, wurde von Experiment 1 abweichend eruiert. Während zuvor die leichter spontan zu treffende Wahrscheinlichkeit erfasst wurde, mit welcher sich der Proband für eine Wahl der CDU entscheiden könnte, forderte das hier verwendete Messinstrument die Versuchspersonen auf, sich für oder gegen ein Tempolimit auszusprechen. Die Antworten auf die Frage: *Einmal angenommen, es könnte in Deutschland zu einer Volksabstimmung über die Einführung eines Tempolimits kommen, würden Sie dann für oder gegen eine Geschwindigkeitsbegrenzung stimmen?* wurde dichotom abgetragen, um möglichst realistisch eine Entscheidung zwischen Für und Wider zu imitieren.

Abschließend wurde eine Reihe von Probandenmerkmalen erhoben, um die Versuchsgruppen auf ihre Vergleichbarkeit überprüfen und etwaige Wechselwirkungen identifizieren zu können. Aufgenommen in das Messinstrument wurde hier zusätzlich eine Frage nach der automobilen Nutzung der Versuchsperson, um a posteriori mögliche Antwortdifferenzen auf Grundlage der Fahrgewohnheiten dokumentieren zu können. Dieses möglicherweise die persönlichen Orientierungen hinsichtlich eines Tempolimits moderierende Kriterium wurde auf einer ordinalen Antwortskala mit den Ausprägungen „täglich, fast täglich", „mehrmals/Monat" und „seltener" erhoben.

Vergleichbarkeit der Versuchsgruppen

Ein Vergleich der Versuchsgruppen offenbart keine bedeutsamen Differenzen derselben hinsichtlich folgender Probandenmerkmale: Alter, Geschlecht, politische Interesse und Umfrageaffinität. In puncto Fahrgewohnheit zeigen sich ebenfalls keine signifikante Unterschiede zwischen den drei Versuchsgruppen (vgl. Tabelle b-1 im Anhang), allerdings variieren die Fahrgewohnheiten tendenziell zwischen den Versuchsgruppen: In Versuchsgruppe 3 ist der Anteil jener Probanden, die das Auto seltener als mehrmals im Monat nutzen größer als in Versuchsgruppe 2, welche wiederum mehr Seltenfahrer ausweist als Versuchsgruppe 1. Weil sich aber keine Wechselwirkungen zwischen Treatment und Fahrgewohnheit in Bezug auf die zentralen abhängigen Variablen ergeben, wird der ohnehin nicht signifikanten Messdifferenz keine weitere Beachtung geschenkt. In einem ersten Analyseschritt wird nun zuerst die Tauglichkeit des Stimulusmaterials erörtert, die über ein semantisches Differential gemessen wurde. Anschließend gilt es, den Einfluss des Stimulusmaterials auf die einschlägigen abhängigen Variablen darzustellen.

3.3.3 Ergebnisse des zweiten Experiments

Vergleichbarkeit des Stimulusmaterials

Der angebliche Beitrag aus *Frankfurter Allgemeinen Zeitung* wird von den Versuchspersonen im Mittel mit einer Schulnote von 3,1 beurteilt und damit als befriedigend eingestuft (vgl. Tabelle 9). Anscheinend keinen Einfluss auf diese Gesamtbeurteilung dieses ersten Stimulusartikels hat die Variation des Umfragewerts zugunsten eines Tempolimits: Zwar beurteilt Versuchsgruppe 3 den Beitrag etwas positiver als die beiden anderen Versuchsgruppen, die Messdifferenzen haben jedoch keine statistische Relevanz. Dies gilt ebenso für die Bewertungsdifferenzen hinsichtlich des vermeintlichen AZ-Artikels. Diesen bewerten die Probanden mit einer Note von 2,4 zudem insgesamt etwas besser als den FAZ-Beitrag.

Damit zeigt sich erneut das schon in Experiment 1 beobachtete (und bei der Erstellung des Stimulusmaterials beabsichtigte) Urteilsgefälle zugunsten des ausführlicheren Regionalzeitungsartikels um etwa einen Notenpunkt. Analog zu Artikel 1 variieren die Bewertungen auch hier zwischen den drei Versuchsgruppen leicht, aber nicht signifikant. Auf dem semantischen Differential zur Bewertung des Stimulusmaterials setzt sich die positivere Bewertung des zweiten ausführlicheren Stimulusartikels fort. Bei nahezu jedem der den semantischen Raum definierenden Begriffspaare (vgl. Tabelle b-2 im Anhang) beurteilen die Probanden den zweiten Artikel besser als den ersten: Die Versuchspersonen beschreiben den vermeintlichen AZ-Beitrag auf der siebenstufigen Skala als informativer, überzeugender, interessanter, besser geschrieben, anschaulicher, lebhafter und eindeutiger als den FAZ-Beitrag. Dem AZ-Artikel sprechen die Versuchspersonen darüber hinaus zu, ausgewogener und professioneller zu berichten. Zumindest tendenziell sehen die Probanden diesen auch als verständlicher und glaubwürdiger an. Allein für das Eigenschaftspaar „sachlich vs. unsachlich" ergeben sich keine Bewertungsvorteile für den Regionalzeitungsbeitrag.

Tabelle 9: Gesamtbewertung der Stimulusartikel zum Tempolimit

Beurteilung des Stimulusmaterials	Versuchsgruppe			
	1 (n=30)	2 (n=34)	3 (n=32)	Gesamt (n=96)
FAZ-Artikel (durchschnittliche Schulnote)	3,1	3,3	3,0	3,1
TA-Artikel (durchschnittliche Schulnote)	2,5	2,6	2,2	2,4

(Alle Messdifferenzen zwischen den Versuchsgruppen sind statistisch nicht signifikant.)

Die Variation des Umfragewerts pro Tempolimit führt beim Gros der das semantische Differential beschreibenden Eigenschaftspaare zu keinen überzufälligen Messdifferenzen zwischen den Versuchsgruppen. Für den angeblichen FAZ-Beitrag ergibt sich eine statistisch bedeutsame Bewertungsdifferenz nur hinsichtlich des Eigenschaftspaares interessant/uninteressant. Hier halten die Versuchspersonen der dritten Versuchsgruppe den Beitrag für interessanter als die Probanden der beiden anderen Versuchsgruppen, die sich ihrerseits nicht signifikant voneinander unterscheiden. Für den AZ-Artikel weist das semantische Differential zwei statistisch bedeutsame Messdifferenzen zwischen den drei Versuchsgruppen auf, nämlich für die Gegensatzpaare informativ/nicht informativ und glaubwürdig/unglaubwürdig. Hier urteilen die Versuchspersonen aus Versuchsgruppe 3 jeweils signifikant positiver als ihre Pendants aus Versuchsgruppe 2, nicht aber als jene aus Versuchsgruppe 1. Für die Messdifferenzen zwischen den Versuchsgruppen bei der Beurteilung des Stimulusmaterials ergibt sich damit kein Muster, das auf einen Zusammenhang mit der Stimulusvariation schließen lassen könnte.

Tendenziell exponiert sich die dritte Versuchsgruppe mit einem positiveren Gesamturteil, einer vergleichsweise ausgeprägten Wahrnehmung des FAZ-Artikels als interessant sowie einer im Vergleich stärkeren Glaubwürdigkeitszuschreibung für den AZ-Beitrag. Möglicherweise besteht ein Zusammenhang zu der bereits als etwaige intervenierende Variable eingeführten Fahrgewohnheit, die Versuchsgruppe 3 eine geringer ausgeprägte Nutzung des Automobils bescheinigt als den beiden anderen Versuchsgruppen. Weil sich über diese drei Differentiale hinaus jedoch keine in diese Richtung gehenden überzufälligen Messdifferenzen ergeben, wird von einer insgesamt vergleichbaren Wahrnehmung des Stimulusmaterials durch die Probanden in allen drei Versuchsgruppen ausgegangen. Die befriedigende Gesamtbeurteilung des FAZ-Artikels sowie die noch gute Gesamtbeurteilung des AZ-

Beitrags sprechen zudem für die Wahrnehmung des Stimulusmaterials als authentisch. Das Notengefälle zwischen den Artikeln zeugt von der Akzeptanz des vorgetäuschten Untersuchungszwecks.

Überprüfung der ersten Hypothese: Wahrnehmung des Meinungsklimas

Zunächst wird überprüft, ob Versuchspersonen, denen ein Umfragewert zur Popularität einer Alternative präsentiert wird, ihre Schätzungen an diesem orientieren. Wie auf Basis der Verankerungsheuristik angenommen, und im Rahmen des ersten Experiments zur thüringischen Landtagswahl 2004 erfolgreich gezeigt wurde, sollte ein medial transportierter Umfragewert zugunsten einer generellen Geschwindigkeitsbegrenzung auf deutschen Autobahnen die Einschätzung des Meinungsklimas in Sachen Tempolimit in seine Richtung verändern. Um diese grundsätzliche Erwartung an einen Assimilationseffekt zu überprüfen, wurden die Probanden gebeten, einzuschätzen, wie viel Prozent der Bundesbürger sich zurzeit wohl für ein generelles Tempolimit aussprechen würden. Der Einfluss des dargebotenen numerischen Stimulus auf die Beurteilung des Meinungsklimas wurde auf der aus Experiment 1 bekannten, von 0 bis 100 Prozent reichenden Skala erfasst (vgl. Tabelle 10).

Tabelle 10: Durchschnittlich geschätzter Anteil der Befürworter eines generellen Tempolimits

	Versuchsgruppe		
Einschätzung des Meinungsklimas			
[Frage: *„Was schätzen Sie persönlich, wie viel Prozent der Deutschen sich aktuell für die Einführung eines Tempolimits aussprechen würden?"*; Skala von 0 bis 100 %]	1 (Anker: 44%; n=30)	2 (Anker: 48%; n=35)	3 (Anker: 52%; n=31)
Durchschnittlicher geschätzter Anteil der Befürworter eines Tempolimits	37,4 %	41,0 %	39,7 %

(Alle Messdifferenzen zwischen den Versuchsgruppen sind statistisch nicht signifikant.)

Anders als beim Thüringen-Experiment zeigt das Mittelwertmuster nicht den prognostizierten Einfluss eines variierten Umfragewerts auf eine Einschätzung des Meinungsklimas. Die Erwartung an den Anteil der Tempolimit-Befürworter in der Bevölkerung verändert sich hier also nicht mit der Höhe des dargebotenen Umfragewerts: Auf 37,4 Prozent taxieren die Versuchspersonen der ersten Versuchsgruppe (Umfragewert von 44 Prozent) den Befürworter-Anteil. Die Probanden der zweiten Versuchsgruppe (Umfragewert von 48 Prozent) schätzen den Anteil auf 41,0 Prozent. Die mit einem Umfragewert von 52 Prozent konfrontierten Versuchspersonen der dritten Versuchsgruppe erwarten von 39,7 Prozent der Bundesbürger Unterstützung für eine Geschwindigkeitsbegrenzung auf deutschen Autobahnen. Die gemessenen Schätzmittel der drei Versuchsgruppen unterscheiden sich dabei nicht statistisch signifikant. Eine erneute Bestätigung der ersten Hypothese bleibt somit vorerst aus.

Der Blick auf die einzelnen Schätzurteile der Probanden belegt eine hohe Standardabweichung (σ) in allen drei Versuchsgruppen. Mit einem Wert von 13,1 Prozentpunkten ist sie in Versuchsgruppe 2 am größten. Es folgen Versuchsgruppe 3 ($\sigma=11,9$) und Versuchsgruppe 1 ($\sigma=10,8$). Zum Vergleich: Die für Experiment 1 gemessene durchschnittliche Standardabweichung liegt bei 5,5 Prozentpunkten. Ob eines vergleichbaren Schätzminimums in allen Versuchsgruppen (20 Prozent) erklären sich die differenten Standardabweichungen insbesondere durch die unterschiedlichen maximalen Schätzungen in den Versuchsgruppen. Die Höhe der Standardabweichung in den Versuchsgruppen verhält sich daher analog zur Ausprägung des Schätzmittels. Das größte Schätzmittel wie auch die höchste Standardabweichung erklären sich für Versuchsgruppe 2 aus zwei Probanden mit Schätzungen um 70 Prozent, die weit über den Schätzmaxima der beiden anderen Versuchsgruppen (jeweils 60 Prozent) liegen.

In Analogie zu Experiment 1 tragen nur wenige Probanden exakt den jeweils rezipierten Umfragewert auf der gegebenen Skala ab, schätzen also den Anteil der Tempolimit-Befürworter genau auf 44 (zweimal geschätzt in Versuchsgruppe 1), 48 (zweimal in Versuchsgruppe 2) oder 52 Prozent (dreimal in Versuchsgruppe 3). Am häufigsten wird in den Versuchsgruppen 1 und 3 der Wert 30 genannt. In der zweiten Versuchsgruppe bilden zwei Werte (30 und 35) die Modi. Die einzelnen Messergebnisse lassen dabei erahnen, dass eine Reihe von Probanden an den dargebotenen Referenzwerten nur wenig Orientierung gefunden haben könnte. Die nachfolgende Prüfung der Hypothesen 2 und 3 steht damit unter dem Vorbehalt einer möglicherweise nicht erfüllten notwendigen Bedingung: nämlich einer erfolgreichen Verankerung des Umfragewerts zugunsten eines Tempolimit.

Überprüfung der zweiten Hypothese: Beurteilung eines Tempolimits

Als grundlegender Mechanismus einer Umfragewirkung im Sinne der Verankerungsheuristik wurde die mit der Verarbeitung rezipierter Umfragewerte einhergehende Aktivation ankerkonsistenter Gedächtnisinhalte beschrieben (hier z.b. „Ein Tempolimit ist gut für die Umwelt.", „Ein Tempolimit könnte zu weniger Toten auf deutschen Autobahnen führen."). Diese sollte sich zuvorderst in einer Richtung Umfragewert veränderten Einschätzung des Meinungsklimas zur Einführung eines Tempolimits manifestieren. Darüber hinaus sollten die dem Schätzurteil zugrunde liegenden semantischen Informationen einen Einfluss auf die Bewertung des Umfragegegenstands Tempolimit entfalten. Diese zweite, in Hypothese 2 konkretisiere Erwartung wird nun überprüft – allerdings unter dem Vorbehalt einer hier nicht messbaren Wirkung des rezipierten Umfragewerts auf das vermutete Meinungsklima: Sollte die notwendige Verankerung bzw. die Aktivierung ankerkonsistenter Gedächtnisinhalte ausgeblieben sein, wäre auch ein Einfluss aktivierter Informationen im Sinne der zweiten Hypothese nicht zu erwarten. Tabelle 11 dokumentiert die mittleren Bewertungen eines allgemeinen Tempolimits auf deutschen Autobahnen nach Versuchsgruppen:

Tabelle 11:   Gesamtbeurteilung eines Tempolimits

	Versuchsgruppe		
Bewertung eines Tempolimits [Frage: *„Wenn Sie der Idee eines Tempolimits auf deutschen Autobahnen eine Note gebe müssten, welche wäre das?"*; Schulnotenskala]	1 (Anker: 44%; n=30)	2 (Anker: 48%; n=35)	3 (Anker: 52%; n=32)
Durchschnittliche Schulnote	3,4	3,1	3,3
Anteil Schulnoten 1 und 2	33,3 %	45,7 %	37,5 %

(Alle Messdifferenzen zwischen den Versuchsgruppen sind statistisch nicht signifikant.)

Der angenommene Einfluss der Höhe des Umfragewerts zugunsten eines Tempolimits auf die Bewertung desselben bleibt offensichtlich aus: Die Probanden der ersten Versuchsgruppe beurteilen eine Geschwindigkeitsbegrenzung am schlechtesten und vergeben durchschnittlich eine Note von 3,4. Versuchsgruppe 3, mit dem höchsten Umfragewert konfrontiert, bewertet ein Tempolimit mit einer Note von 3,3 nur unwesentlich besser. Am besten schneidet die Idee eines allgemeinen Tempolimits in Versuchsgruppe 2 ab, welche dieser eine durchschnittliche Schulnote von 3,1 zuschreibt. Die statistische Analyse weist die Differenzen der Mittelwerte als nicht signifikant aus. Dass Hypothese 2 demnach erneut zurückgewiesen werden muss, wird auch bei Betrachtung des Anteils der Versuchspersonen deutlich, die ein Tempolimit gut oder sehr gut bewerten. Sind in Versuchsgruppe 2 mit 45,7 Prozent knapp die Hälfte der Probanden von der Idee einer Geschwindigkeitsbegrenzung angetan, äußern sich in Versuchsgruppe 3 nur 37,5 Prozent der Probanden derart positiv. Mit einem Anteil von 33,3 Prozent positiv bewertenden Probanden liegt Versuchsgruppe 1 hier fast gleichauf.

Bei der Detailbewertung eines Tempolimits ergibt sich ein vergleichbares Bild. Abermals zeigen sich keine statistisch bedeutsamen Urteilsdifferenzen zwischen den Versuchsgruppen (vgl. Abbildung 8). Zugleich ergeben sich auch hier keine Interpretationsspielräume zugunsten der in Hypothese 2 formulierten Erwartung die Stimuluswirkung. Das postulierte Mittelwertmuster ist nur bei drei von 22 semantischen Gegensatzpaaren tendenziell zu erkennen. Für die drei Differentiale selbstbewusst/ängstlich, zielstrebig/unentschlossen und friedlich/aggressiv gilt: Versuchsgruppe 3 urteilt positiver als Versuchsgruppe 2, welche selbst positiver urteilt als Versuchsgruppe 1. Dagegen zeigt ein Gegensatzpaar, das durchaus sinnvoll als Indikator eines semantischen Primings zum Thema Tempolimit betrachtet werden könnte, ein gegenläufiges Mittelwertmuster: Beim Differential aus günstig und teuer (mögliche Assoziationen: „Tempolimit senkt den Benzinverbrauch"; „Langsame Autos kosten weniger Geld" etc.) urteilt die erste Versuchsgruppe positiver als die zweite. Versuchsgruppe 3 folgt erst an dritter Stelle.

Überprüfung der dritten Hypothese: Entscheidung zugunsten eines Tempolimits

Überprüft wurde abschließend der Einfluss eines in der Höhe variierten Umfragewerts pro Tempolimit auf das Entscheidungsverhalten zugunsten oder zuungunsten einer Geschwindigkeitsbegrenzung. Vor dem Hintergrund der Verankerungsheuristik wurde angenommen: Je positiver die Umfrageergebnisse für eine zur Wahl stehende Alternative, desto eher wird diese gewählt. Diese Erwartung steht nach den bisherigen Befunden dieses Experiments allerdings unter dem Vorbehalt einer möglicherweise mangelhaften Verankerung des dargebotenen Umfragewerts und einer folgerichtig ausgebliebenen Aktivation ankerkonsistenter Gedächtnisinhalte. Somit bliebe auch eine Entscheidung über die Einführung eines Tempolimits unbeeinflusst von semantischer, den Umfragewert bestätigender Information. Eine Entscheidungsdifferenz zwischen den drei Versuchsgruppen wäre dann ebenso wenig zu erwarten wie eine hypothesenkonforme Verteilung der Mittelwerte.

Abbildung 8:   Detailbeurteilung eines Tempolimits

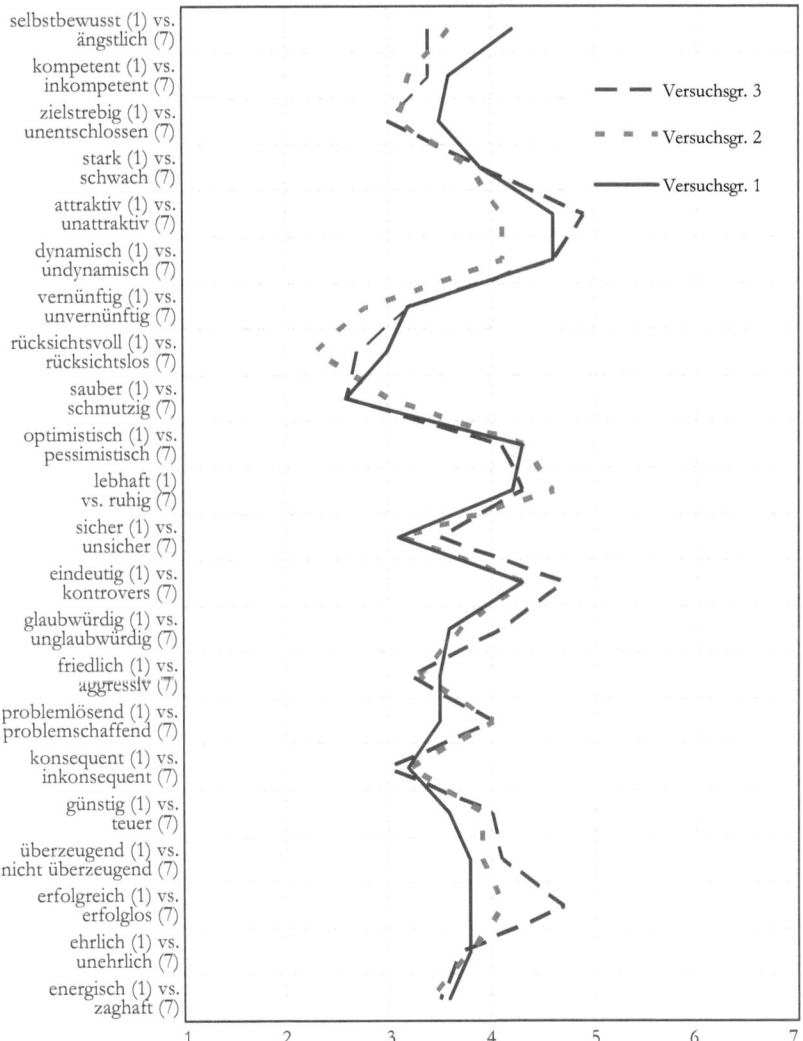

Das Entscheidungsverhalten der Probanden wurde dichotom erfasst. Einer tatsächlichen Abstimmung nachempfunden wurden die Versuchspersonen aufgefordert, sich zwischen den Alternativen pro oder contra Tempolimit zu entscheiden. Tabelle

12 dokumentiert die Verteilung der Präferenzen in den Versuchsgruppen. Das Treatment führt bei den Versuchspersonen offensichtlich nicht zu dem vorab angenommen Entscheidungsmuster: Aus Versuchsgruppe 1 entscheiden sich 39,3 Prozent der Probanden für ein Tempolimit. In Versuchsgruppe 3 ist der Zuspruch für eine Geschwindigkeitsbegrenzung stärker ausgeprägt. Hier befürworten 50,0 Prozent der Versuchspersonen eine solche Maßnahme. Den mit 54,3 Prozent größten Anteil an Tempolimitbefürwortern weist Versuchsgruppe 2 auf. Bei der statistischen Überprüfung entpuppen sich die Messdifferenzen zwischen den Versuchsgruppen als nicht bedeutsam unterschiedlich. Hypothese 3 muss demnach erneut verworfen werden.

Tabelle 12:   Entscheidung zugunsten eines Tempolimits

	Versuchsgruppe		
Selbstbekundete Präferenz in Sachen Tempolimit			
[Frage: „*Einmal angenommen, es könnte in Deutschland zu einer Volksabstimmung über die Einführung eines Tempolimits kommen, würden Sie dann für oder gegen eine Geschwindigkeitsbegrenzung stimmen?*"; Antwortmöglichkeiten: „dafür", „dagegen"]	1 (Anker: 44%; n=28)	2 (Anker: 48%; n=35)	3 (Anker: 52%; n=32)
Prozentanteil der Versuchspersonen, die sich für ein Tempolimit entscheiden würden	39,3	54,3	50,0

(Alle Messdifferenzen zwischen den Versuchsgruppen sind statistisch nicht signifikant.)

Einflüsse des Treatments in Abhängigkeit von Probandenmerkmalen

Zwischen den im Fragebogen eruierten Probandenmerkmalen und dem Treatment zeigen sich keine statistisch bedeutsamen Wechselwirkungen. Das Treatment führt z.B. bei weiblichen Probanden ebenso wenig zu einem messbaren Einfluss auf die wesentlichen abhängigen Variablen (Fragen 5, 6 und 8 im Fragebogen) wie bei männlichen Versuchspersonen. Auch die Betrachtung von politischem Interesse, Alter oder Umfrageaffinität der Probanden führt zu diesem Ergebnis. Das gleiche

Bild ergibt sich auch für die erfasste Nutzung des Automobils, der eine mögliche Relevanz für das experimentelle Ergebnis zugeschrieben wurde – eine Wechselwirkung mit dem Stimulus kann nicht dokumentiert werden. Somit bleiben in diesem Experiment die Hypothesen 1 bis 3 auch unter Berücksichtigung möglicher Interaktionen unbestätigt.

Betrachtung der Probandenurteile in Abhängigkeit des wahrgenommenen Meinungsklimas

Der Einfluss eines rezipierten Umfragewerts auf die Wahrnehmung des Meinungsklimas ist in einer Vielzahl von Studien dokumentiert worden. Auch die Ergebnisse des Thüringen-Experiments zeigen eine Orientierung der Probanden an dem dargebotenen Referenzwert in der erwarten Art und Weise. Für dieses zweite Experiment wurde ein erneuter Beleg eines solchen Zusammenhangs erwartet – freilich ohne in den Messergebnissen Bestätigung zu finden. Der durchschnittlich vermutete Anteil der Tempolimit-Befürworter in der Bevölkerung verändert sich nicht signifikant mit der Höhe des diesbezüglichen Umfragewerts.

Die ausgeprägte Varianz der Schätzurteile lässt über die Qualität der Auseinandersetzung mit den dargebotenen Umfragewerten spekulieren. Möglicherweise hat eine Anzahl von Versuchspersonen den Stimulus gar nicht verarbeitet und wurde folgerichtig nicht verankert. Das in seiner Gesamtheit negative Befundbild spricht für diese Annahme, die zugleich impliziert, dass auch eine Aktivation ankerkonsistenter Gedächtnisinhalte ausgeblieben ist. Demnach kann etwaige Umfragewirkung im Sinne der Verankerungsheuristik nur bei solchen Probanden als möglich erachtet werden, die sich für ihre Schätzung an dem ihnen zur Verfügung stehen Referenzwert orientierten. Um diese Annahme zu überprüfen soll deshalb ergänzend zur vorangegangen Betrachtung der Probanden in ihrer Gesamtheit ein Blick auf jene Versuchspersonen geworfen werden, die sich mit ihrem Schätzurteil wahrscheinlich auf den dargebotenen Referenzwert berufen haben. Bei dieser Analyse finden daher nur jene Probanden Berücksichtigung, die sich mit ihrer Einschätzung des Meinungsklimas zwischen 29 Prozent und 67 Prozent Zustimmung für ein Tempolimit bewegen. Innerhalb dieser Spanne, die definiert wird durch den niedrigsten Stimuluswert (44 Prozent) minus 15 Prozentpunkte und den höchsten (52) plus 15 Prozentpunkte, liegen 84 Prozent aller abgegebenen Schätzurteile. Für alle in diese Betrachtung berücksichtigten Probanden ergibt sich in den Versuchsgruppen diese Einschätzung des Meinungsklimas:

Tabelle 13:   Schätzurteile der Vpn mit Schätzungen zwischen 29 und 67 Prozent

	Versuchsgruppe		
Einschätzung des Meinungsklimas [Basis: alle Vpn mit Schätzwerten zwischen 29 und 67 Prozent]	1 (Anker: 44%; n=25)	2 (Anker: 48%; n=29)	3 (Anker: 48%; n=27)
Durchschnittlicher geschätzter Anteil der Befürworter eines Tempolimits	40,4 %	41,7 %	42,4 %

(Alle Messdifferenzen zwischen den Versuchsgruppen sind statistisch nicht signifikant.)

Tabelle 13 bestätigt auf den ersten Blick knapp einen Einfluss des präsentierten Umfragewerts auf das Schätzurteil der hier betrachteten Probanden: Das Schätzmittel der dritten Versuchsgruppe liegt mit 42,4 Prozent über jenem der zweiten (41,7 Prozent) und dieses wiederum über jenem von Versuchsgruppe 1, die einen Bevölkerungsanteil von 40,4 Prozent als Befürworter eines Tempolimits einstuft. Statistisch betrachtet bleiben die tendenziell hypothesenkonformen Messdifferenzen zwischen den Versuchsgruppen zwar unbedeutend, angesichts des dokumentierten Mittelwertmusters kann über eine Verankerung der hier betrachteten Versuchspersonen jedoch spekuliert werden.

Eine solche Verankerung der Probanden sollte nicht ohne Konsequenzen für die Bewertung des einschlägigen Sachverhalts bleiben. Wie in Hypothese 2 formuliert, wird erwartet, dass die leichter abrufbaren ankerkonsistenten Gedächtnisinhalte auch auf die Bewertung eines allgemeinen Tempolimits auswirken. Nach Tabelle 14 verbessert sich bei den mutmaßlich verankerten Probanden die Bewertung eines Tempolimits jedoch nicht in der erwarteten Art und Weise: Die Probanden der ersten Versuchsgruppe vergeben an die Idee eines Tempolimits auf deutschen Autobahnen durchschnittlich eine Schulnote von 3,2 und damit exakt dieselbe Note wie ihre Pendants aus den Versuchsgruppen 2 und 3. Zugleich entwickelt sich auch der Anteil der ein Tempolimit gut oder sehr gut bewertenden Versuchspersonen nicht hypothesenkonform. Mit 44,8 Prozent liegt dieser Anteil in Versuchsgruppe 2 knapp über dem in Versuchsgruppe 3 (40,7 Prozent). Mit 36,0 Prozent ist dieser Anteil in Versuchsgruppe 1 am geringsten.

Tabelle 14: Gesamtbeurteilung der Vpn mit Schätzungen zwischen 29 und 67 Prozent

Bewertung eines Tempolimits	Versuchsgruppe		
[Basis: alle Vpn mit Schätzwerten zwischen 29 und 67 Prozent]	1 (Anker: 44%; n=25)	2 (Anker: 48%; n=29)	3 (Anker: 52%; n=27)
Durchschnittliche Schulnote	3,2	3,2	3,2
Anteil Schulnoten 1 und 2	36,0 %	44,8 %	40,7 %

(Alle Messdifferenzen zwischen den Versuchsgruppen sind statistisch nicht signifikant.)

Die schließlich in Hypothese 3 formulierte Erwartung, dass ein verankerter Umfragewert auch das Entscheidungsverhalten beeinflusst und zwar erneut über die im Rahmen eines semantischen Primings aktivierten Gedächtnisinhalte, wird hier auf den ersten Blick erfüllt. Tabelle 15 zeigt, dass in der dritten Versuchsgruppe (55,6 Prozent) ein größerer Anteil von Probanden für ein Tempolimit stimmt als in der zweiten Versuchsgruppe (51,7). Den geringsten Zuspruch findet ein Tempolimit in Versuchsgruppe 3 (43,5 Prozent). Dieser tendenziell hypothesenkonforme Befund bleibt allerdings ohne statistische Bedeutsamkeit.

Die als mögliche intervenierende Variable in Betracht gezogene Fahrgewohnheit trägt für diese zumindest tendenziell hypothesenkonformen Befunde keine Verantwortung: Anders als für die Gesamtheit der Versuchspersonen ergibt sich für die hier betrachteten Versuchspersonen keine signifikant unterschiedliche Verteilung dieses Merkmals zwischen den Stimulusgruppen. Zudem lässt sich kein signifikanter Einfluss der Fahrgewohnheit auf eine der drei dargestellten abhängigen Variablen ausmachen.

3.3.4 Zusammenfassung und Fazit

Für diese zweite experimentelle Studie zur möglichen Wirkung veröffentlicher Umfragen wurden den Versuchspersonen analog zu Experiment 1 zwei angebliche Presseartikel vorgelegt, die sich derselben fiktiven Umfrage zur gesellschaftlichen Stimmung hinsichtlich eines Tempolimits auf deutschen Autobahnen widmeten. Über die Variation des Anteils der Befürworter eines Tempolimits wurden zufällig drei Versuchsgruppen gebildet. Probanden der ersten Versuchsgruppe wurden mit einen Befürworteranteil von 44 Prozent konfrontiert, jene der zweiten Versuchsgruppe mit einem Anteil von 48 Prozent und jene der dritten Versuchsgruppe mit einem Anteil von 52 Prozent. Ziel der Untersuchung war es abseits des voreinstellungsstarken Wahlkontextes zu überprüfen, ob erstens die Höhe eines dargebotenen Umfragewerts zugunsten eines Tempolimits einen Einfluss auf die Beurteilung des gesellschaftlichen Meinungsklima hat. Zweitens wurde getestet, ob zugleich die Bewertung eines Tempolimits profitiert und ob drittens auch die Bereitschaft zunimmt, einem Tempolimit auf deutschen Autobahnen zuzustimmen.

Tabelle 15:   Präferenz der Vpn mit Schätzungen zwischen 29 und 67 Prozent

	Versuchsgruppe		
Selbstbekundete Präferenz in Sachen Tempolimit [Basis: alle Vpn mit Schätzwerten zwischen 29 und 67 Prozent]	1 (Anker: 44%; n=23)	2 (Anker: 48%; n=29)	3 (Anker: 52%; n=27)
Prozentanteil der Versuchspersonen, die sich für ein Tempolimit entscheiden würden	43,5	51,7	55,6

(Alle Messdifferenzen zwischen den Versuchsgruppen sind statistisch nicht signifikant.)

Die Rezeption des für tauglich befundenen Stimulusmaterials hatte nicht die erwarteten Konsequenzen. Zumindest auf den ersten Blick stützt kein Befund dieser zweiten Untersuchung eine der drei a priori formulierten Hypothesen zur Wirkung des Stimulus. Es zeigt sich kein (statistisch bedeutsamer oder wenigstens tendenzieller) Einfluss des Treatments auf die Wahrnehmung der gesellschaftlichen Stimmung zugunsten oder zuungunsten einer Geschwindigkeitsbegrenzung auf deutschen Autobahnen, wie er in der ersten Hypothese postuliert wurde. Probanden aus der dritten Versuchsgruppe erwarten zwar einen größeren Anteil Tempolimitbefürworter als ihre Pendants aus der ersten Versuchsgruppe, allerdings schätzen die Versuchspersonen aus Versuchsgruppe 2 den Anteil am größten ein. Erneut nicht bestätigt werden kann auch Hypothese 2, nach welcher auch die Beurteilung einer Geschwindigkeitsbegrenzung von der Höhe des in der Umfrage ausgewiesenen Anteils der Tempolimitbefürworter hätte profitieren sollen. Dabei ergeben sich weder für die Globalbewertung noch die Detailbewertungen zumindest tendenziell hypothesenkonforme Befunde. Für Hypothese 3 bleibt eine Bestätigung ebenfalls aus: Auch hier lässt sich ein Einfluss des Treatments nicht nachweisen. Der in den beiden Artikeln transportierte Referenzwert beeinflusst nicht die selbstberichtete Präferenz der Probanden zugunsten oder zuungunsten einer Geschwindigkeitsbegrenzung.

Angesichts des negativen Befunds zu Hypothese 1, also der nicht zu messenden Beeinflussung des wahrgenommen Meinungsklimas durch den Stimulus, ist über eine ausgebliebene Verankerung der Probanden zu spekulieren: Erstens weil der Einfluss von Umfragewerten auf das wahrgenommene Meinungsklima bereits in einer Vielzahl von Studien gezeigt werden konnte, unter anderem in Rahmen des ersten Experiments dieser Arbeit. Zweitens weil eine große Varianz der Schätzurteile zum Meinungsklima erkennbar ist. Die Einbindung des präsentierten Referenzwerts könnte also zumindest bei solchen Probanden ausgeblieben sein, die die Verteilung von Befürwortern und Gegner eines Tempolimits stark abweichend von den vorgegebenen Anteilen einschätzen. Drittens schließlich weil die in ihrer Gesamtheit negativen Befunde im Sinne der Verankerungsheuristik als konsequent gedeutet werden können: Ohne Verankerung nämlich gibt es keine Aktivation ankerkonsistenter Gedächtnisinhalte und somit keinen Einfluss dieser auf das Urteils- und Entscheidungsverhalten der Probanden.

Die Betrachtung all jener Versuchspersonen, die sich mit einer gewissen Wahrscheinlichkeit an den Referenzwerten orientiert haben, zeichnet zumindest zum Teil ein anderes Bild. Die Schätzurteile solcher Probanden, die den Anteil der Tempolimitbefürworter maximal 15 Prozentpunkte abweichend vom niedrigsten bzw. höchsten Umfragewert pro Tempolimit einschätzen, entsprechen in der Verteilung der Schätzurteile auf die Versuchsgruppen tendenziell dem in Hypothese 1 konkretisierten Trend. Demnach schätzt die dem 52-Prozent-Stimulus ausgesetzte dritte Versuchsgruppe den Anteil der Tempolimitbefürworter größer ein als Versuchsgruppe 2 (48 Prozent-Stimulus). Die mit dem niedrigsten Umfragewert konfrontierte erste Versuchsgruppe weist das im Vergleich kleinste Schätzmittel aus. Die mittleren Globalbewertungen einer Geschwindigkeitsbegrenzung gleichen sich hingegen in den drei Versuchsgruppen. Bei der selbstbekundeten Präferenz wiederum zeigt sich eine erwartungsgemäße Verteilung des Zuspruchs für ein Tempolimit. Allen Messdifferenzen zwischen den drei Stimulusgruppen kann aber keine statistische Bedeutsamkeit attestiert werden.

Dass die gezeigten Messdifferenzen zwischen den Versuchsgruppen selbst bei den Versuchspersonen mit Schätzurteilen zwischen 29 und 67 Prozent kaum ins Gewicht fallen, könnte sich zumindest für die meinungsrelevanten Urteile in der theoretisch denkbaren Gegenwart von langfristigen Orientierungen hinsichtlich eines Tempolimits begründen. Angesichts der nahezu konstanten Meinungsklimaschätzungen könnten die Messergebnisse aber auch Folge der gewählten Stimulusausprägungen sein: Zwar entsprechen diese jenen des ersten Experiments, doch mit dem veränderten Bezugsrahmen hat sich womöglich auch die relative und damit semantische Bedeutung der Umfragewerte verändert. Im Sinne dieser bereits erörterten Möglichkeit (vgl. Kap. 2.3.3) könnte hier entscheidend sein, dass ein Zuspruch von 52 Prozent im Wahlkontext mit einer machtvollen absoluten parlamentarischen Mehrheit in Verbindung gebracht werden kann, derselbe Umfragewert bei einer sachpolitischen Fragestellung hingegen nicht mehr als einen knappen Vorsprung bezeichnet. Ein Referenzwert von 52 Prozent könnte demnach im Wahlkontext eher zu einer Fülle positiver Assoziationen führen als derselbe Referenzwert im Rahmen einer sachpolitischen Thematik.

Zugleich kann vermutet werden, dass dieselben drei Stimulusausprägungen in Abhängigkeit des thematischen Zusammenhangs die Verfügbarkeit ankerkonsistenter Information auch unterschiedlich stark differenzieren. Das heißt, während im Wahlkontext die Variation des Stimulus zwischen 44 Prozent, 48 Prozent und 52 Prozent möglicherweise mit einer deutlich unterschiedlich ausgeprägten Menge positiv mit dem Urteilsgegenstand verknüpfter Gedächtnisinhalte verbunden sein könnte, führt dieselbe Abstufung im Tempolimit-Kontext womöglich zu einer nur wenig differenten mentalen Informationslage. Vor diesem Hintergrund wurde in einem dritten Experiment noch einmal die Wirkung eines demoskopisch quantifizierten Meinungsklimas abseits der Wahlentscheidung überprüft und mit zudem stärker unterschiedlichen Stimulusausprägungen. Um zugleich den in Hypothese 4 konkretisierten Einfluss von Voreinstellungen testen zu können, wurde über den thematischen Kontext experimentell eine intervenierende Variable eingeführt.

3.4 Experiment 3: Umfragewirkung und Voreinstellungen

3.4.1 Ziel der Untersuchung

Das dritte Experiment dieser Arbeit rückte erneut den etwaigen Einfluss eines rezipierten Umfrageergebnisses auf die aus den Hypothesen 1 bis 3 abgeleiteten abhängigen Variablen in den Fokus. Zudem wurde die in drei Teil-Hypothesen formulierte vierte Hypothese im Rahmen dieser Untersuchung experimentell überprüft. Nach dieser wird jenen auch als Voreinstellungen bezeichneten, besonders zugänglichen Gedächtnisinhalten ein etwaige Umfragewirkungen überdeckender Einfluss bei meinungsrelevanten Urteilen unterstellt. Die Bedeutung von Voreinstellungen als intervenierende Variable, die sich mutmaßlich auch in den Ergebnissen aus Experiment 1 zur Landtagswahl in Thüringen abzeichnet, wird umgekehrt bei Schätzurteilen zum Meinungsklima nicht erwartet. Es gilt:

H4a: Unabhängig davon, ob ein Urteilsgegenstand mit Voreinstellungen verknüpft ist, haben rezipierte Umfragewerte Einfluss auf die Einschätzung des Meinungsklimas.

H4b: Ist ein Urteilsgegenstand mit Voreinstellungen verknüpft, haben rezipierte Umfragewerte *keinen* Einfluss auf die Bewertung dieses Urteilsgegenstands.

H4c: Ist ein Urteilsgegenstand mit Voreinstellungen verknüpft, haben rezipierte Umfragewerte *keinen* Einfluss auf die Entscheidung zugunsten oder zuungunsten einer in diesem Kontext zur Wahl stehenden Alternative.

Untersucht wurde hier, ob sich in Abhängigkeit einer sachpolitischen Fragestellung bzw. ihrer Bedeutung für die Wertvorstellungen des Individuums erstens die Wahrnehmung des Meinungsklimas mit der Höhe eines dargestellten Umfragewerts in Richtung desselben verändert (Schätzurteil), ob sich zweitens die Bewertung der demoskopisch begünstigten sachpolitischen Alternative durch die selektive Zugänglichkeit ankerkonsistenter Information verbessert und ob sich drittens die Bereitschaft der Versuchspersonen vergrößert, sich für die in der Umfrage dominante sachpolitische Alternative auszusprechen. Die Prüfung der Hypothesen erfolgte einmal mehr durch eine experimentelle Variation des Umfragewerts. Zugleich wurde im Sinne der vierten Hypothese der thematische Kontext unter Berücksichtigung der mutmaßlichen Verfügbarkeit langfristiger Orientierungen variiert.

3.4.2 Versuchsaufbau

Überblick

Am 16. und 17. Juli 2007 konnten insgesamt 205 Studierende der Johannes Gutenberg-Universität Mainz zur Teilnahme an einem dritten Experiment zur Wirkung rezipierter Umfragen bewegt werden. Insgesamt wurden sechs unterschiedliche Versionen des Stimulusmaterials ausgegeben: Diese unterschieden sich einerseits hinsichtlich der abgebildeten Umfragewerte (dreifach), außerdem wurde das Thema der Artikel zweifach variiert. Unter Verwendung fiktiver demoskopisch gezeichneter Stimmungsbilder setzte sich das Stimulusmaterial entweder mit dem seinerzeit tatsächlich geplanten Bau eines Steinkohlekraftwerks in Mainz (voreinstellungsstark) oder dem ebenfalls geplanten Umbau des zentralen Mainzer Schillerplatzes (voreinstellungsschwach) auseinander. Der Einfluss des Stimulusmaterials auf die Einschätzung des Meinungsklimas, die Bewertung des jeweiligen Sachverhalts sowie die persönliche Präferenz in dieser Sache wurde durch einen von den Probanden abschließend auszufüllenden Fragebogen gemessen.

Stimulusmaterial

Das verwendete Stimulusmaterial basierte weitgehend auf den Layout-Vorlagen des Tempolimit-Experiments. Als erster Stimulusträger diente erneut ein in das Layout der *Frankfurter Allgemeinen Zeitung* eingebetteter Artikel. Ein zweiter Artikel, wurde als Beitrag der *Allgemeinen Zeitung* aus Mainz ausgegeben. Hier wurde für eine weitgehend realitätsnahe Gestaltung des Stimulusmaterials das Layout des DIN A4-Faksimiles vollständig jenem der *AZ* nachempfunden. Das heißt, sowohl Schriftgrad und Schriftart als auch grafische Bestandteile orientierten sich am Original. Alle weiteren auf dem DIN A4-Ausschnitt zu erkennenden Textbeiträge hatten entsprechend der angeblichen Platzierung im Lokalteil der Zeitung auch lokalen Bezug und waren seinerzeit in Ausgaben der *AZ* an dieser Stelle veröffentlicht worden. Auch die den fiktiven *FAZ*-Beitrag umgebenden Artikel hatten basierten auf tatsächlichen Beiträgen im Regionalteil der Frankfurter Qualitätszeitung.

Inhaltlich setzten sich beide Artikel je nach Stimulusversion entweder mit dem geplanten Neubau eines Steinkohlekraftwerks in Mainz oder dem ebenfalls geplanten Umbau des in der Mainzer Altstadt gelegenen Schillerplatzes auseinander. Die Fokussierung zweier städtischer Baumaßnahmen ermöglichte trotz experimenteller Variation des Berichterstattungsgegenstands die Konstanz aller verbleibenden inhaltlichen Merkmale des Stimulusmaterials. Dies dokumentiert beispielhaft der Lead des vermeintlichen *FAZ*-Beitrags:

> Eine Mehrheit der Mainzer ist für [den geplanten Bau eines neuen Mainzer Steinkohlekraftwerks / die geplante Umgestaltung des Schillerplatzes in der Altstadt]. Das hat eine repräsentative Umfrage des Meinungsforschungsinstituts *Forsa* ergeben. 58 Prozent würden demnach das Vorhaben begrüßen. 31 Prozent der Befragten lehnen dieses ab, elf weitere Prozent sind unentschieden. Das Projekt wird von Mainzer Bürgerinitiativen seit seiner Ankündigung immer wieder kritisiert. Der Mainzer Stadtrat hatte sich zuletzt trotzdem mehrheitlich für [den Bau des Kraftwerks / die Umgestaltung des Platzes] ausgesprochen.

Für eine authentische inhaltliche Gestaltung der Stimulusartikel wurde auf eine Reihe tatsächlicher Presseartikel (u.a. Erfurth, 2007; Heinze, 2007) zurückgegriffen sowie auf eine von der Greenpeace-Gruppe Mainz/Wiesbaden (vgl. Ochse, 2007) verfasste „Chronologie Projekt Steinkohlekraftwerk Mainz". Grundsätzlich wurden dabei nur solche Informationen zur Erstellung des Stimulusmaterials verwendet, die im Rahmen beider zum Zuge gekommener Themen als sinnvoller inhaltlicher Bestandteil gelten konnten.

Analog zu den vorangegangenen Experimenten wurde den Probanden erneut die Qualität von Umfrageberichterstattung in deutschen Tageszeitungen als angeblicher Untersuchungsgegenstand dargelegt. Dementsprechend setzte sich der vermeintliche *FAZ*-Beitrag weniger ausführlich mit dem Berichterstattungsgegenstand

auseinander als der Regionalzeitungsartikel. Letzterer bereitete die Umfrageergebnisse zudem wieder in einem Balkendiagramm auf und beachtete auch mehr der
bereits eingeführten Qualitätskriterien der Umfrageberichterstattung. Während der
fiktive *FAZ*-Artikel allein das Umfrageinstitut auswies, erfuhren die Probanden aus
dem angeblichen *AZ*-Beitrag zusätzlich, wer der Auftraggeber der Studie war, wie
viele Personen befragt wurden, welche Frageformulierung verwendet wurde und für
welche Grundgesamtheit die Ergebnisse repräsentativ sein sollten.

Experimentelle Variation

Zur abermaligen Überprüfung der grundlegenden ersten drei Hypothesen wurden
in Analogie zu den beiden vorangegangenen Experimenten die im Stimulusmaterial
ausgewiesenen Umfrageergebnisse in ihrer Höhe variiert. Um zudem den in Hypothese 4 konkretisierten moderierenden Einfluss von Voreinstellungen testen zu
können, wurde in diesem dritten Experiment über die Variation des thematischen
Kontextes ein zweiter experimenteller Faktor eingeführt. Die Variation dieser Variablen erfolgte dabei zweifach: In einer ersten Variante nahmen die Umfrageergebnisse Bezug auf den von öffentlichen Protesten begleiteten Neubau eines Steinkohlekraftwerks in Mainz, in einer zweiten Version wurde der ebenfalls tatsächlich
geplante Umbau des in der Mainzer Innenstadt gelegenen Schillerplatzes zum Gegenstand von Umfrage und Berichterstattung. Während letzterer bis zur Durchführung des Experiments nur wenig Aufmerksamkeit erfuhr, ist bereits weit im Vorfeld
dieser Untersuchung eine intensive öffentliche Debatte um das in Planung befindli-
che neue Mainzer Kohlekraftwerk geführt worden:
   Nach der Chronologie der kraftwerkskritischen *Greenpeace*-Gruppe Mainz-
Wiesbaden (vgl. Ochse, 2007) datiert der Beginn der Auseinandersetzung auf April
2005. Seinerzeit sei erstmals öffentlich geworden, „dass die Kraftwerke Mainz-
Wiesbaden (KMW) in Mainz ein Steinkohlekraftwerk bauen wollen." Der Chronologie weiter folgend, feierte die Kraftwerksopposition bereits einen Monat später
mit einer „gut besuchten Informationsveranstaltung" der Mainzer Grünen ihren
ersten Höhepunkt. Im Juli 2006 beschließen die KMW dennoch den Bau des Steinkohlekraftwerks. „Mit der Veröffentlichung eines kritischen Interviews mit dem
Mainzer Physik-Professor Konrad Kleinknecht in der Mainzer Allgemeinen Zeitung
(AZ) über die Auswirkungen des Kohlekraftwerks auf das Klima" setzte nach Angaben von Greenpeace dann im August 2006 eine verstärkte öffentliche Debatte
über das Projekt ein. Im Mai 2007 sprachen sich 49 Professoren der Hochschulen
in Mainz, Wiesbaden und Darmstadt in einen offenen Brief an die Oberbürgermeis-
ter der drei am geplanten Kraftwerksbau beteiligten Städte gegen den Kraftwerksbau aus. Zu einer Demonstration im selben Monat fanden sich laut Greenpeace

rund „800 Teilnehmern von Wiesbaden aus und 1.700 Leute von der Mainzer Seite" auf der die beiden Landeshauptstädte verbindenden Theodor-Heuss-Brücke ein.

Impulse erhielt die – wie das Engagement von *Greenpeace* belegt – vor allem den Umweltschutz fokussierende Debatte um das Mainzer Steinkohlekraftwerk auch durch den im Februar 2007 veröffentlichten Weltklimabericht der *Vereinten Nationen*[82], dessen Verfasser „so sicher wie nie zuvor [feststellen], dass der Mensch das Klima der Erde und damit seine Lebensgrundlage verändert" (Lemke, 2007). Bis zur Durchführung dieses Experiments wurde die Kontroverse um den Bau des neuen Kohlekraftwerks dementsprechend nicht nur durch eine intensive Berichterstattung in regionalen Medien des Rhein-Main-Gebiets begleitet, vielmehr erfuhr die grundsätzliche Problematik möglicher Kohlekraftwerksneubauten durch ihre klimapolitische Bedeutung auch in überregionalen Medien Beachtung. Bei den in diesem Experiment als Versuchspersonen zum Zuge kommenden Mainzer Studierenden wurde in Anbetracht der medialen und vor allem gesellschaftspolitischen Bedeutung dieses Sachverhalts die Verfügbarkeit von Voreinstellungen a priori angenommen.[83]

Dem Umbau des Mainzer Schillerplatzes, als thematisches Pendant auserkoren, fehlt hingegen eine äquivalente gesellschaftliche Relevanz. Dies dokumentieren nicht zuletzt die von der Presse begleiteten Teile der Kontroverse um die Neugestaltung des innerstädtischen Freiraums. In den ausschließlich berichtenden regionalen bzw. lokalen Publikationen zeichnete sich bis zur Durchführung des Experiments eine lokalpolitische Debatte zwischen Haushaltsdisziplin und dem Wunsch des Einzelhandels nach Investitionen am Standort ab: Vor Ort engagierte Geschäftsleute begrüßten den Beschluss zur geplanten Aufwertung des Platzes (vgl. Erfurth, 2007), Grüne und ÖDP/Freie Wähler bezeichneten die Pläne dagegen als „überflüssigen Luxus" („Lieber Bildung als Blumen", 2007). Vor diesem Hintergrund wurde der Umbau des Schillerplatzes a priori als voreinstellungsschwacher Sachverhalt definiert. Angesichts der gleichwohl attestierbaren Relevanz des Neugestaltungsprojekts für Mainz und seine Bürger wurde dennoch eine der Verarbeitung des Stimulus' förderliche persönliche Betroffenheit der Versuchspersonen angenommen.

Als unabhängige Variable wurde erneut der in Umfrageergebnissen ausgewiesene Zuspruch für die jeweilige sachpolitische Alternative definiert, also den Kohlekraftwerksbau bzw. die Platzumgestaltung. Angesichts der durch die Ergebnisse des

---

[82] Tatsächlich veröffentlicht wird der Bericht vom *Intergovernmental Panel on Climate Change* (*IPCC*). Das *IPCC* mit Sitz in Genf wurde 1988 vom Umweltprogramm der *Vereinten Nationen* (*Unep*) und der ebenfalls zu den Vereinten Nationen gehörenden *World Meteorological Organization* (*WMO*) gegründet.

[83] Diese Annahme wird im Rahmen des Experiments über eine Reihe von Indikatoren auch empirisch überprüft. Die mutmaßlich große Relevanz des Themas Kraftwerksneubau für Mainzer Studierende wird im Übrigen dadurch dokumentiert, dass das Thema in einer kurz vor der Durchführung dieses Experiments erschienen Ausgabe der auf dem gesamten Campus (u.a. in der zentralen Mensa) kostenlos erhältlichen Studentenzeitung *STUZ* auf die Agenda rückte (vgl. Bernartz, 2007).

zweiten Experiments angefachten Spekulation über die relative Bedeutung von Umfragewerten, wurde der Anteil der Kraftwerks- bzw. Neugestaltungsbefürworter nun je nach Version auf entweder 48 Prozent, 58 Prozent oder 68 Prozent der in Mainz lebenden Personen über 18 Jahre festgelegt. Auf eine noch ausgeprägtere Spreizung der dargestellten Mehrheitsverhältnisse wurde verzichtet, um etwaige Umfragewirkungen aus Isolationsfurcht mit großer Wahrscheinlichkeit ausschließen zu können. Analog zu den Experimenten 1 und 2 wurden auch die vermeintlichen Stimmanteile der Gegner eines Neubaus bzw. einer Neugestaltung konstant gehalten. Lediglich der Anteil der weder ablehnenden noch zustimmenden Befragten wurde wieder zwischen einem und 21 Prozent variiert, um trotz der unterschiedlich hohen Befürworter-Werte kumulierte Stimmanteile von insgesamt 100 Prozent ausweisen zu können.

Experimentelles Design

Aus der zweifachen Variation des Berichterstattungsthemas zwischen Kraftwerksbau und Neugestaltung des innerstädtischen Schillerplatzes sowie der dreifachen Variation des Anteils der Befürworter des jeweiligen kommunalen Vorhabens zwischen 48 Prozent, 58 Prozent und 68 Prozent ergab sich folgendes 3x2-Design mit sechs Versuchsgruppen:

Tabelle 16:   Experimentelles Design des dritten Experiments

	Variation der Umfrageergebnisse (Anteil der Befürworter)		
Variation des Themas	48 %	58 %	68 %
Thema: Steinkohlekraftwerk	1 (n=36)	2 (n=35)	3 (n=34)
Thema: Schillerplatz	4 (n=35)	5 (n=31)	6 (n=34)

Versuchspersonen und Durchführung des Experiments

Durchgeführt wurde dieses Experiment am 16. und 17. Juli 2007. An beiden Tagen konnten insgesamt 205 Studierende der Universität Mainz als Versuchspersonen gewonnen werden. Die Versuchspersonen wurden analog zu Experiment 2 in der zentralen Mensa der Universität angesprochen und um eine Teilnahme vor Ort gebeten. Wieder wurden nur Studierende ohne Begleitung kontaktiert, um eine Kommunikation zwischen Versuchspersonen zu verhindern – andernfalls hätte die Enttarnung des eigentlichen Untersuchungszwecks befürchtet werden müssen. Die Booklets wurden nach der Bearbeitung durch die Probanden vom Verfasser bzw. von dessen Mitarbeitern eingesammelt. Wegen der seinerzeit großen lokalpolitischen Brisanz des Themas Steinkohlekraftwerk wurden die Mitarbeiter des Verfassers über die umfassende Künstlichkeit des Stimulusmaterials sowie den grundsätzlich experimentellen Charakter der Studie in Kenntnis gesetzt. Dies sollte ein Debriefing der Versuchspersonen an Ort und Stelle ermöglichen.

Messinstrument

Über jenen im Booklet enthaltenen Fragebogen wurde wie in den vorangegangenen Experimenten wieder zuerst die wahrgenommene Qualität des Stimulusmaterials gemessen und zwar global (Schulnote) und detailliert (semantisches Differential). Auch bei den abhängigen Variablen zur Hypothesenprüfung wurden die aus Experiment 2 bekannten Messinstrumente beibehalten. Das heißt, die Vorstellungen der Probanden über das sie umgebende Meinungsklima wurden auf einer prozentgenauen Skala erfasst, die Bewertungen des dargestellten Sachverhalts wurden global (Schulnote) sowie unterstützend im Detail (semantische Differential) gemessen und die persönliche Präferenz wurde als selbstberichtete Handlungsintension dichotom eruiert („pro" oder „contra"). Erneut erhoben wurde auch eine Reihe bekannter Probandenmerkmale (Geschlecht, Alter, Umfrageaffinität, politisches Interesse, Tageszeitungslektüre), um die Versuchsgruppen auf ihre Vergleichbarkeit überprüfen zu können. Diesbezüglich wurde in diesem dritten Experiment zusätzlich erfasst, ob die Versuchspersonen nach Mainz einpendeln oder in Mainz wohnen, da es sich bei beiden Sachverhalten zumindest vordergründig um „Mainzer" Themen handelt.

Ebenfalls abweichend von dem aus Experiment 2 bekannten Fragenkatalog hatten die Probanden darüber hinaus noch ihr persönliches Interesse an der dargestellten Thematik (*Wie interessant finden Sie persönlich das Thema [Kraftwerksbau in Mainz / Umgestaltung des Schillerplatzes]?*; siebenstufige Skala) abzutragen sowie die Intensität ihrer bisherigen Auseinandersetzung mit dem Sachverhalt (*Und wie intensiv haben Sie sich bisher mit diesem Thema beschäftigt?*; siebenstufige Skala). Weiterhin erfasst wurden eine dem Berichterstattungsgegenstand zugeschriebene allgemeine (*Wie weit würden Sie folgenden Aussagen zustimmen? Das Thema ist allgemein wichtig*; siebenstufige Skala) und persönliche Wichtigkeit (*Das Thema ist mir persönlich wichtig*; siebenstufige Skala). Alle vier Fragen sollten den Beziehungen der Probanden zu dem berichteten Sachverhalt

Transparenz verleihen und so auch den Erfolg der über die Variation des Berichterstattungsgegenstands operationalisierten Verfügbarkeit von Voreinstellungen beschreiben helfen.

Vergleichbarkeit der Versuchsgruppen

Ein Vergleich der sechs Versuchsgruppen offenbart keine bedeutsamen Differenzen hinsichtlich der folgenden Probandenmerkmale (vgl. Tabelle c-1 im Anhang): Geschlecht, politisches Interesse, Umfrageaffinität und Tageszeitungslektüre. Über die Versuchsgruppen hinweg nahezu gleichverteilt ist überdies der Anteil der in Mainz wohnenden Versuchspersonen. Für das Alter ergibt sich hingegen eine signifikante Messdifferenz zwischen den Versuchsgruppen. Da sich bei den zentralen Variablen der Hypothesenprüfung jedoch keine Wechselwirkung zwischen diesem Probandenmerkmal und den experimentellen Faktoren ergibt, wird diese Messdifferenz nachfolgend vernachlässigt. Die sechs Versuchsgruppen werden demnach als ausreichend vergleichbar zusammengesetzt betrachtet.

3.4.3 Ergebnisse des dritten Experiments

Themenbezug der Versuchspersonen

Anhand von vier Fragen wurde den Probanden eine Beurteilung des rezipierten Berichterstattungsgegenstands abverlangt. Eruiert wurden das Interesse am Thema, die Intensität der bisherigen Auseinandersetzung mit dem Thema sowie die allgemeine und persönliche Wichtigkeit des Sachverhalts. Über diese vier Indikatoren sollte die Beziehung der Probanden zu dem berichteten Sachverhalt messbar gemacht werden (vgl. Daschmann, 2001: 244), um die a priori angenommene Beschaffenheit der Themen empirisch überprüfen und Ableitungen über die Verfügbarkeit von Voreinstellungen treffen zu können. Erwartet wurde vor allem, dass alle vier Indikatoren die postulierte Bedeutung des Themas Steinkohlekraftwerk stützen. Das Delta der Beurteilungen sollte aufgrund der umwelt- respektive gesellschaftspolitischen Bedeutung des Themas Steinkohlekraftwerk bei der zugeschriebenen allgemeinen Wichtigkeit besonders groß sein. Auch die gemessene Intensität der bisherigen Auseinandersetzung sollte angesichts der intensiven Berichterstattung deutlich zugunsten des Themas Steinkohlekraftwerk ausschlagen. Für das thematische Interesse hingegen dürften geringere Messdifferenzen erwartet werden, da sich in diesem Indikator die ebenfalls vorhandene Relevanz des Themas Schillerplatz für Mainzer Studierende am deutlichsten manifestiert haben sollte.

Die Messergebnisse stützen die formulierten Erwartungen (vgl. Tabelle 17) an die Beschaffenheit beider Themen. Bei allen vier Indikatoren ergibt sich eine signifikante Messdifferenz zwischen den Urteilen der Rezipienten des Themas Steinkohlekraftwerk und jenen Urteilen der mit dem Thema Schillerplatz konfrontierten Versuchspersonen: Im Vergleich wird das Thema Steinkohlekraftwerk erstens als interessanter bewertet, zweitens war die Auseinandersetzung mit diesem Thema bis zur Durchführung des Experiments intensiver und schließlich wird dem umweltpolitischen Thema eine größere allgemeine und auch persönliche Wichtigkeit zugeschrieben. Zugleich ergibt sich für die vier Indikatoren die postulierte Hierarchie: Während beim Interesse das Urteilsdelta zwischen beiden Themen nur einen Skalenpunkt beträgt, ergibt sich für die allgemeine Wichtigkeit eine Messdifferenz von 2,1 Punkten. Sowohl für die persönliche Wichtigkeit als auch für bisherigen Grad der Auseinandersetzung kann ebenfalls ein deutliches Urteilsgefälle von 1,7 Skalenpunkten ausgewiesen werden.

Tabelle 17:　　Beurteilung der Themen durch die Versuchspersonen

Themenbezug der Versuchspersonen	Rezipierter Berichterstattungsgegenstand		Δ
	Steinkohlekraftwerk (n=103)	Schillerplatz (n=97)	
Interesse am Thema* (sehr interessant (1) - völlig uninteressant (7))	3,5 (σ=1,8)	4,5 (σ=1,9)	-1,0
Intensität der Auseinandersetzung** (bereits sehr intensiv (1) - überhaupt nicht (7))	5,0 (σ=1,7)	6,7 (σ=0,8)	-1,7
Aussage: Thema allg. wichtig*** (trifft voll zu (1) - trifft gar nicht zu (7))	2,2 (σ=1,1)	4,1 (σ=1,7)	-2,1
Aussage: Thema pers. wichtig**** (trifft voll zu (1) - trifft gar nicht zu (7))	3,9 (σ=2,1)	5,6 (σ=1,6)	-1,7

*t-Test: $t=3,79$; $df=197$; $p=0,000$; **t-Test: $t=8,71$; $df=143,1$; $p=0,000$; ***t-Test: $t=9,63$; $df=158,6$; $p=0,000$; ****t-Test: $t=6,45$; $df=190,3$; $p=0,000$

Die absoluten Einschätzungen der Probanden lassen ebenfalls auf die dem Thema Steinkohlekraftwerk a priori zugeschriebene Bedeutung schließen: Mit 2,2 bewegt sich die Zustimmung zu der Aussage, das Thema Steinkohlkraftwerk sei allgemein wichtig, am positiven Ende der siebenstufigen Skala. Zugleich bezeugt die geringe Standardabweichung hier große Einmütigkeit der Probanden. Das Interesse der Versuchspersonen ist mit einem Wert von 3,5 zudem überdurchschnittlich ausgeprägt und auch die persönliche Wichtigkeit liegt mit einem Wert von 3,9 immerhin noch über dem Mittel der Skala von 4,0. Die bei einem Wert von 5,0 nur unterdurchschnittliche Befasstheit geht mit einer im Themenvergleich hohen Standardabweichung einher (1,7). Das heißt, die Intensität der Auseinandersetzung mit dem Thema Steinkohlekraftwerk variiert deutlich zwischen den Versuchspersonen. Anders beim Thema Schillerplatz: Hier wird die Intensität der Auseinandersetzung durch ein Mittel (6,7) nahe dem negativen Ende der Skala beschrieben. Die deutlich geringere Standardabweichung von 0,8 Punkten spricht für ein großes Einvernehmen in diesem Punkt. Das Interesse der Probanden am Thema Schillerplatz-Neugestaltung findet mit einem Wert von 4,5 eine Ausprägung nahe der Skalenmitte. Zudem sprechen die Probanden dem Thema eine mittlere allgemeine Wichtigkeit zu (4,1) bei freilich nur gering ausgeprägter persönlicher Wichtigkeit (5,6). Unterschiedliche Beurteilungen der Themen zwischen den jeweils drei Versuchsgruppen je Berichterstattungsgegenstand können im Übrigen nicht dokumentiert werden (vgl. Tabelle c-2 im Anhang).

Zusammenfassend lassen sich Urteile der Probanden als Bestätigung der gewählten Operationalisierung interpretieren: Zweifelsfrei wird das Thema Steinkohlekraftwerk als bedeutsamer erachtet, wobei die von den Probanden einmütig zugewiesene große allgemeine Wichtigkeit zugleich für eine generelle Werthaltigkeit des Themas spricht. Angesichts des darüber hinaus gemessenen überdurchschnittlichen Interesses an der Thematik sowie der ebenfalls überdurchschnittlichen persönlichen Wichtigkeit kann die Verfügbarkeit von Voreinstellungen angenommen werden. Eine vergleichbare Bedeutung wird dem Thema Schillerplatz nicht zugeschrieben, wenngleich das geäußerte Interesse am Thema und die dem Thema attestierte allgemeine Wichtigkeit gegen eine der Stimulusverarbeitung womöglich abträgliche Belanglosigkeit des Sachverhalts sprechen. Wie auf Grund der nur geringen medialen Bedeutung des Themas Schillerplatz erwartet wurde, bekunden die Versuchspersonen, sich bislang kaum mit diesem Thema befasst zu haben. Ein Einfluss von Voreinstellungen ist vor diesem Hintergrund folgerichtig kaum zu erwarten.

Vergleichbarkeit des Stimulusmaterials

Bei der Beurteilung des Stimulusmaterials wiederholt sich das aus den Experimenten 1 und 2 bekannte Bild: Der erste, vermeintlich der *Frankfurter Allgemeinen Zeitung* entstammende Stimulusartikel wird von den Versuchspersonen durchschnittlich etwas schlechter bewertet als der zweite, der *Allgemeinen Zeitung* zugeschriebene Artikel. Die von den sechs Versuchsgruppen vergebenen Schulnoten bewegen sich für den *FAZ*-Beitrag zwischen 2,8 und 3,3 auf der von 1 (sehr gut) bis 6 (ungenügend) reichenden Skala, der *AZ*-Artikel kommt auf Noten zwischen 2,0 und 2,4 (vgl. Tabelle 18). Damit wird der erste Artikel erneut als befriedigend eingestuft, während der zweite Artikel wieder für gut befunden wird. Dieser Befund gilt unabhängig von der Variation des Themas. Keinen Einfluss auf die Beurteilung dieses ersten Stimulusartikels hat auch die Variation des Umfragewerts pro Kraftwerksbau bzw. pro Neugestaltung des Schillerplatzes: Zwischen den drei Versuchsgruppen je Thema offenbaren sich nur geringe Bewertungsdifferenzen, die keine statistische Relevanz haben und keine mit der Stimulusvariation verbundene Tendenz erkennen lassen.

Tabelle 18:   Gesamtbewertung der Stimulusartikel durch die Vpn

	Versuchsgruppe					
	Thema: Steinkohlekraftwerk			Thema: Schillerplatz		
Beurteilung des Stimulusmaterials	1 (n=36)	2 (n=35)	3 (n=34)	4 (n=35)	5 (n=31)	6 (n=34)
Globalbewertung *FAZ*-Artikel (Schulnotenskala)	2,8	3,3	3,1	3,3	2,9	3,3
Globalbewertung *AZ*-Artikel (Schulnotenskala)	2,0	2,3	2,1	2,3	2,3	2,4

(Alle Messdifferenzen zwischen den Versuchsgruppen sind statistisch nicht signifikant.)

Auch die Detailbewertung des Stimulusmaterials auf dem semantischen Differential zeichnet wieder ein eindeutiges Bild zugunsten des ausführlicheren zweiten Stimulusartikels (vgl. Tabelle c-3 im Anhang). Die Versuchspersonen beschreiben den vermeintlichen *AZ*-Beitrag als lebhafter, informativer, überzeugender, anschaulicher, interessanter, besser geschrieben, eindeutiger und professioneller als den knapperen *FAZ*-Beitrag. Der *AZ*-Artikel gilt weiterhin als verständlicher, ausgewogener und glaubwürdiger, wenngleich sich hier geringere Differenzen offenbaren. Einzig die zugeschriebene Sachlichkeit erreicht bei beiden Artikeln vergleichbares Niveau.

Wie bei der Gesamtbeurteilung ergeben sich auch bei der Detailbewertung keine signifikanten Einflüsse der Variationen innerhalb des Stimulusmaterials. Das heißt, weder die Umfrageausprägung noch der Berichterstattungsgegenstand hat bedeutsame Konsequenzen für die Wahrnehmung des Stimulusmaterials. Tendenziell zeichnet sich allein ab, dass die Probanden in Abhängigkeit des Themas die Beiträge für abweichend interessant befinden. Hier bestätigt sich also der oben eruierte Themenbezug der Probanden. Insgesamt kann dennoch eine weitgehend vergleichbare Wahrnehmung des Stimulusmaterials durch die Probanden aller sechs Versuchsgruppen attestiert werden. Die durchschnittlich befriedigende (*FAZ*-Artikel) bzw. gute (*AZ*-Artikel) Gesamtbeurteilung des Stimulusmaterials und dessen große Glaubwürdigkeit (Werte zwischen 2,0 und 2,7) erlauben schließlich die Annahme, dass auch bei diesem dritten Experiment zur Wirkung rezipierter Umfragen die Authentizität des Stimulusmaterials nicht in Zweifel gezogen wurde.

Überprüfung der Hypothesen 1 und 4a: Wahrnehmung des Meinungsklimas

Gemäß des in Hypothese 1 postulierten Zusammenhangs wird hier überprüft, ob sich die vermutete Zustimmung für ein städtisches Bauvorhaben in Abhängigkeit eines zwischen 48 Prozent, 58 Prozent und 68 Prozent variierten Umfragewerts pro Bauvorhaben in Richtung desselben verändert. Weil ebenso das Bauvorhaben zwischen Steinkohlkraftwerk und Schillerplatz zweifach experimentell variiert wurde, kann zugleich kontrolliert werden, ob sich ein Einfluss von Voreinstellungen auf den in Hypothese 1 formulierten Zusammenhang abzeichnet oder ob, wie in Hypothese 4a formuliert, ein Schätzurteil auf Basis der Verankerungsheuristik von Voreinstellungen unbeeinflusst bleibt. Um die Wirkung der Stimuli prüfen zu können, wurden die Probanden im Anschluss an die Stimulusrezeption gebeten einzuschätzen, wie viel Prozent der Mainzer für den Bau eines neuen Kohlekraftwerks bzw. für die Neugestaltung des in der Innenstadt gelegenen Schillerplatzes entscheiden würden. Die Wahrnehmung des Meinungsklimas wurde erneut auf der bereits aus den Experimenten 1 und 2 bekannten, von 0 bis 100 Prozent reichenden Lineal-Skala erfasst.

Die Gesamtschätzmittel über beide Themen verteilen sich im Sinne der formulierten Erwartung über die drei numerischen Stimulusgruppen (vgl. Tabelle 19): Auf insgesamt 40,2 Prozent taxieren die mit dem 48-Prozent-Stimulus konfrontierten Versuchspersonen den Anteil der Befürworter, auf 48,7 Prozent jene der 58-Prozent-Versuchsgruppen. Mit einem mittleren Anteil von 52,5 Prozent schätzen die dem stärksten Umfragewert (68 Prozent) ausgesetzten Probanden die Befürworterschaft am größten ein. Die Messdifferenzen sind statistisch bedeutsam.

Für das als voreinstellungsschwach definierte Thema Neugestaltung des innerstädtischen Schillerplatzes ergibt sich gleichermaßen ein signifikanter Einfluss des rezipierten Umfrageergebnisses im Sinne der ersten Hypothese. Während die einem Umfragewert von 48 Prozent ausgesetzten Probanden (Versuchsgruppe 4) eine zusprechende Haltung bei 41,3 Prozent der Mainzer vermuten, erwarten die Probanden der 58-Prozent-Versuchsgruppe (5) einen Anteil von 50,5 Prozent an Befürwortern. Die mit einer vermeintlichen Zustimmung von 68 Prozent konfrontierte sechste Versuchsgruppe schätzt das Meinungsklima noch deutlicher zugunsten einer Neugestaltung ein: 55,0 Prozent der Mainzer würden demzufolge für einen Umbau des Platzes votieren. Zwar belegt der Post-Hoc-Test nur eine signifikante Messdifferenz zwischen der vierten Versuchsgruppe und den Versuchsgruppen 5 und 6, die sich selbst nicht signifikant voneinander unterscheiden – da sich das erwartete Schätzmuster aber deutlich abzeichnet, wird Hypothese 1 für das Thema Neugestaltung des Schillerplatzes als bestätigt betrachtet.

Abseits der Hypothesenprüfung fallen die deutlich unterhalb des jeweiligen Referenzwerts rangierenden Schätzmittel auf. Auch die Modi der Versuchsgruppen werden abermals nicht durch die Referenzwerte gebildet, sondern durch die Werte 40 Prozent (Versuchsgruppen 4 und 5) sowie 60 Prozent (Versuchsgruppe 6), die ebenfalls durchweg unterhalb des einschlägigen Umfragewerts liegen. Die Standardabweichungen innerhalb der Versuchsgruppen entsprechen in ihren Ausprägungen jenen aus Experiment 2 und liegen bei 11,5 Prozentpunkten (Versuchsgruppe 4), 12,3 Prozentpunkten (5) und 13,5 Prozentpunkten (6). Ähnlich wie beim Thema Tempolimit und anders als beim Thema Wahlen fehlen den Probanden möglicherweise Schätzsicherheit gebende alternative Daten zum Meinungsklima.

Auch für das Thema Steinkohlekraftwerk ergibt sich das nach Hypothese 1 erwartete Schätzmuster: Versuchsgruppe 1, mit einem Umfragewert von 48 Prozent konfrontiert, schätzt den Befürworteranteil auf 39,0 Prozent der Mainzer Bevölkerung. Versuchsgruppe 2, dem 58-Prozent-Stimulus ausgesetzt, erwartet einen deutlich größeren Anteil von 47,1 Prozent pro Kraftwerksbau. Dieser rangiert allerdings noch unterhalb des Schätzmittels von Versuchsgruppe 3 (68-Prozent-Stimulus). Diese erkennt durchschnittlich einen Anteil von 50,1 Prozent an Kraftwerksbefürwortern. Die exakte Ausprägung der Schätzmittel dieser ersten drei Versuchsgruppen verhält sich dabei analog zu jener der Versuchsgruppen 4 bis 6: Wieder ergibt sich eine große Differenz zwischen dem niedrigen numerischen Stimulus und mittleren Zustimmungswert, während der Abstand der Schätzungen zwischen den jeweils mit absoluten Mehrheiten konfrontierten Stimulusgruppen geringer ausfällt. Entsprechend weist auch beim Thema Steinkohlekraftwerk der Post-Hoc-Test nur eine signifikante Differenz zwischen der ersten Versuchsgruppe und den Versuchsgruppen 2 und 3 aus, wogegen sich letztere nach der statistischen Analyse nicht überzufällig voneinander unterscheiden. Angesichts der wiederholt hypothesenkonformen Verteilung der Schätzmittel kann dem entsprechenden Befund dennoch Bedeutsamkeit beigemessen werden. Hypothese 1 darf damit als bestätigt gelten.

Ein Blick auf die einzelnen Schätzurteile der Kraftwerks-Probanden belegt einmal mehr eine hohe Standardabweichung in allen drei Versuchsgruppen des Themas, die zudem mit Höhe des Umfragewerts zunimmt. Mit einem Wert von 16,6 Prozentpunkten ist sie in Versuchsgruppe 3 entsprechend am größten. Es folgen Versuchsgruppe 2 (σ=11,7) und Versuchsgruppe 1 (σ=9,6). Während das Schätzminimum in allen Versuchsgruppen 20 Prozent beträgt, ist das Maximum mit 80 Prozent in Versuchsgruppe 3 am stärksten ausgeprägt, auch hier folgt Versuchsgruppe 2 mit 70 Prozent. Deutlich kleiner ist das Maximum in Versuchsgruppe 1. Mit einem vermuteten Befürworteranteil von 52 Prozent liegt dieses nur knapp oberhalb der 50-Prozent-Marke. Die Modi werden durch die Werte 35 Prozent und 48 Prozent (Versuchsgruppe 1), 50 Prozent und 55 Prozent (2) sowie 40 Prozent (3) beschrieben.

Tabelle 19:   Durchschnittlich geschätzter Anteil der Befürworter

	Berichteter Umfragewert Befürworter		
Einschätzung des Meinungsklimas nach Berichterstattungsgegenstand			
[Frage: „*Wenn es in Mainz zu einem Bürgerentscheid kommen würde, was schätzen Sie persönlich: Wie viel Prozent der Mainzer würden sich für ... aussprechen?*"; Skala von 0 bis 100 %]	48 Prozent	58 Prozent	68 Prozent
Bau Steinkohlekraftwerk* (geschätzter Anteil Befürworter)	39,0 %[a] (n=36)	47,1 %[b] (n=34)	50,1 %[b] (n=34)
Umbau Schillerplatz** (geschätzter Anteil Befürworter)	41,3 %[a] (n=35)	50,6 %[b] (n=31)	55,0 %[b] (n=34)
Gesamt*** (geschätzter Anteil Befürworter)	40,2 %[a] (n=71)	48,7 %[b] (n=65)	52,5 %[b] (n=68)

Unterschiedliche Kennbuchstaben bezeichnen Werte, die sich nach Student-Newman-Keuls bzw. Dunnet-T3 mit p>0,05 unterscheiden. Varianzanalysen: *F(df=2/n=104)=6,94; p<0,01; **F(df=2/n=100)=10,79; p<0,001; ***F(df=2/n=204)=17,03; p<0,001; (keine Wechselwirkung zwischen der Höhe des rezipierten Umfragewerts und Berichterstattungsgegenstand)

Die für beide Berichterstattungsgegenstände weitgehend vergleichbare Befundlage
zur Wirkung eines rezipierten demoskopischen Stimulus spricht bereits auf den
ersten Blick für einen von Voreinstellungen unabhängigen Einfluss rezipierter Umfragewerte auf die Wahrnehmung des Meinungsklimas. Dieser in Hypothese 4a
konkretisierte Zusammenhang bestätigt sich durch die statistische Kontrolle: Wie
postuliert, ergeben sich hinsichtlich der Wahrnehmung des Meinungsklimas keine
signifikanten Wechselwirkungen zwischen dem Berichterstattungsgegenstand, das
heißt der entsprechenden Verfügbarkeit von Voreinstellungen und der Höhe eines
rezipierten Umfragestimulus. Auch Hypothese 4a wird daher als bestätigt betrachtet.

Überprüfung der Hypothesen 2 und 4b: Bewertung des Bauvorhabens

Der in Hypothese 2 postulierte Einfluss der Höhe eines rezipierten Umfragewerts
auf die Bewertung eines Sachverhalts fußt auf der grundlegenden Annahme, dass
mit der Verarbeitung der Umfragewerte die Aktivation ankerkonsistenter Gedächtnisinhalte einhergeht. Diese Gedächtnisinhalte entfalten einen entscheidenden Einfluss auf das abzugebende Urteil, weil sie wegen ihres aktuell hohen Aktivationsniveaus eher zu dessen Bildung herangezogen werden als andere mit dem Urteilsgegenstand assoziierte Informationen. Dies sollte jedoch nur dann gelten, wenn mit
dem Urteilsgegenstand keine oder kaum Voreinstellungen verknüpft sind. Voreinstellungen nämlich sind als Gedächtnisinhalte zu verstehen, die aufgrund vorangegangener Auseinandersetzungen mit einem Sachverhalt sehr stark mit diesem verbunden sind, also ein per se hohes Aktivationsniveau besitzen und deshalb auch
neuerliche Auseinandersetzungen mit großer Wahrscheinlichkeit beeinflussen. Existieren also solche Voreinstellungen für einen Sachverhalt, sollten diese daher selbst
dann meinungsrelevante Urteile zu prägen in Lage sein, wenn zugleich ankerkonsistente Informationen aktiviert sind. Exakt diesen Zusammenhang beschreibt Hypothese 4b und begrenzt damit den in Hypothese 2 formulierten Wirkungszusammenhang auf voreinstellungsschwache Sachverhalte.

Das vom Thema unabhängige Gesamtbewertungsmittel zumindest verteilt sich
nicht gemäß Hypothese 2 über die drei numerischen Stimulusgruppen (vgl. Tabelle
20). Zwar bewerten die mit dem 68-Prozent-Stimulus konfrontierten Probanden das
jeweilige Bauvorhaben mit einer Note von 3,7 am besten, an zweiter Stelle folgt
jedoch das Bewertungsmittel der dem 48-Prozent-Stimulus ausgesetzten Probanden
mit einer Note von 4,0. Bei einer mittleren Schulnote von 4,1 werden die Projekte
von jenen mit dem 58-Prozent-Stimulus konfrontierten Versuchspersonen am
schlechtesten beurteilt. Hypothesengemäß verteilen sich dagegen in dieser Gesamt-
betrachtung die Anteile guter und sehr guter Zensuren über die drei numerischen
Stimulusgruppen: Der 48-Prozent-Stimulus führt zu einem 11,9-prozentigen, der

58-Prozent-Stimulus zu einem 14,3-prozentigen Anteil solcher Zensuren. Von jenen mit dem 68-Prozent-Stimulus konfrontierten Probanden schließlich vergeben 20,0 Prozent gute und sehr gute Noten für die kommunalen Bauvorhaben. Dieser Befund bleibt allerdings ohne statistische Bedeutsamkeit.

Tabelle 20:   Gesamtbeurteilung der Bauvorhaben

	Berichteter Umfragewert Befürworter		
Bewertung nach Berichterstattungsgegenstand [Frage: „*Wenn Sie dem Plan, ..., eine Schulnote geben müssten, welche wäre das?"*]	48 Prozent	58 Prozent	68 Prozent
Bau Steinkohlekraftwerk	(n=35)	(n=33)	(n=34)
Mittelwerte auf Schulnotenskala	4,5	4,6	4,1
Anteil Schulnoten 1 und 2	5,7 %	6,3 %	11,8 %
Umbau Schillerplatz	(n=32)	(n=30)	(n=26)
Mittelwert auf Schulnotenskala	3,4	3,5	3,1
Anteil Schulnoten 1 und 2	18,8 %	23,3 %	30,8 %
Gesamt	(n=67)	(n=63)	(n=60)
Mittelwert auf Schulnotenskala	4,0	4,1	3,7
Anteil Schulnoten 1 und 2	11,9 %	14,3 %	20,0 %

(Alle Messdifferenzen zwischen den Versuchsgruppen innerhalb eines Themas sind statistisch nicht signifikant. Eine Wechselwirkung zwischen Höhe des rezipierten Umfragewerts und Berichterstattungsgegenstand liegt nicht vor.)

Als voreinstellungsschwacher Sachverhalt wird in diesem dritten Experiment die geplante Neugestaltung des Schillerplatzes ausgewiesen. Hier sollte sich demnach der in Hypothese 2 formulierte Wirkungszusammenhang zwischen rezipiertem Umfragewert und Urteil ergeben, weil keine stark verknüpften Gedächtnisinhalte den Einfluss der ankerkonsistenten Informationen begrenzen. Die experimentellen

Ergebnisse können diese Erwartung nicht auf Anhieb stützen.[84] Mit einer Schulnote von 3,4 beurteilen die Probanden der vierten Versuchsgruppe (48 Prozent) den geplanten Umbau des Schillerplatzes nicht schlechter als die Probanden der fünften Versuchsgruppe (58 Prozent), die eine durchschnittliche Note von 3,5 vergeben. Erwartungsgemäß am positivsten fallen die Urteile der sechsten Versuchsgruppe (68 Prozent) aus. Hier wird eine Neugestaltung des Platzes mit einer Note von 3,1 am besten bewertet. Die Messdifferenzen zwischen den drei Versuchsgruppen sind nicht signifikant. Hypothese 2 findet demnach keine Bestätigung. Hypothesenkonform verhält sich allerdings die Verteilung guter oder sehr guter Zensuren. Der Anteil dieser positiven Bewertungen einer Neugestaltung fällt in Versuchsgruppe 4 mit 18,8 Prozent deutlich geringer aus als in Versuchsgruppe 5, in der sich 23,3 Prozent für eine gute oder sehr gute Zensur entscheiden. In Versuchsgruppe 6 schließlich sind der kumulierten Anteile dieser beiden Noten mit 30,8 Prozent am größten. Zwar lässt sich auch für diese Verteilung zwischen den Versuchsgruppen keine Überzufälligkeit attestieren, das deutlich der in Hypothese 2 formulierten Erwartung entsprechende Muster ist dennoch bemerkenswert.

Bei der Bewertung des a priori als voreinstellungsstark definierten Themas Steinkohlekraftwerk ergibt sich ein analoges Mittelwertmuster: Auch hier bewertet die dem 48-Prozent-Stimulus ausgesetzte Versuchsgruppe 1 das geplante Bauvorhaben mit einer Schulnote von 4,5 etwas besser als die mit dem 58-Prozent-Stimulus konfrontierte Versuchsgruppe 2 (4,6). Bei einer Zensur von 4,1 zeichnet sich in Versuchsgruppe 3 mit dem 68-Prozent-Stimulus die freundlichste Bewertung ab. Diese Verteilung der Mittelwerte entpuppt sich bei der statistischen Analyse als nicht signifikant, Hypothese 2 findet daher auch beim Thema Kraftwerk keine Bestätigung. Die Verteilung guter und sehr guter Noten in den Versuchsgruppen zeigt dagegen erneut den in Hypothese 2 postulierten Zusammenhang tendenziell auf: Sind es in Versuchsgruppe 1 nur 5,7 Prozent, die den geplanten Bau eines Steinkohlekraftwerks derart positiv bewerten, steigt der gemessene Anteil kraftwerksfreundlicher Zensuren in Versuchsgruppe 2 auf 6,3 Prozent an, um in Versuchsgruppe 3 schließlich 11,8 Prozent zu betragen.

---

[84] Auffällig: Nur 88 Vpn trauen sich zu, der Neugestaltung des Schillerplatzes eine Gesamtnote zu geben. Bei der Detailbewertung zeigt sich dieselbe Zurückhaltung. In Randnotizen wird die Unkenntnis des Projekts vermerkt. Den Verdacht, dass sich damit womöglich all jene Vpn einem Urteil entzogen hätten, die aufgrund ihrer besonders gering ausgeprägten Beziehung zu dem Projekt (fehlende Voreinstellungen) für etwaige Ankereffekte besonders empfänglich gewesen wären, kann die statistische Analyse jedoch nicht erhärten. Hinsichtlich des Themenbezugs (Fragen 9 bis 11) offenbart der statistische Vergleich der zwölf Vpn, die keine allgemeine Bewertung vornahmen, mit jenen 88, die eine Bewertung des Sachverhalts abtrugen, keine überzufälligen Differenzen bei der zugeschriebenen allgemeinen und persönlichen Wichtigkeit des Themas sowie beim Interesse am Thema. Bezüglich der Intensität der bisherigen Auseinandersetzung mit dem Thema ergibt sich eine zwar signifikante, aber letztlich äußerst geringe (0,3 Punkte auf der 7-stufigen Skala) Messdifferenz zwischen den Testgruppen. Daher wird diesem Phänomen bei der Ergebnisbetrachtung keine weitere Bedeutung beigemessen.

Abbildung 9:   Detailbeurteilung eines Kraftwerkneubaus

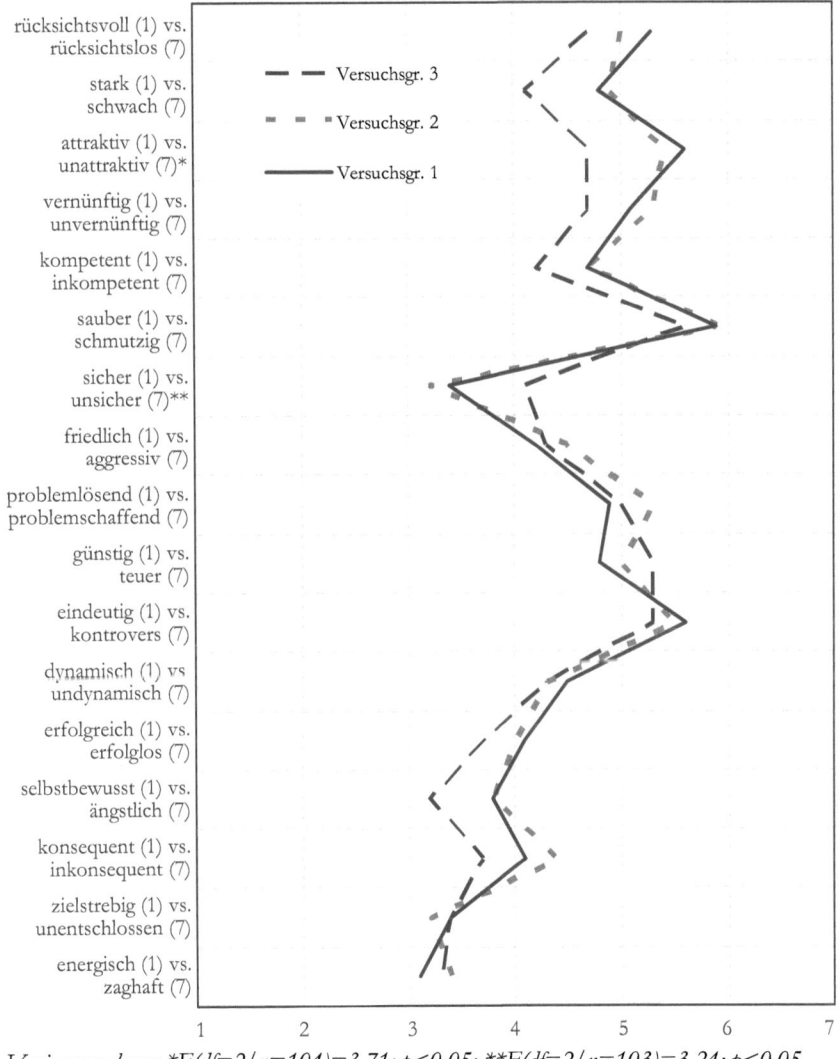

*Varianzanalysen: *F(df=2/n=104)=3,71; p<0,05; **F(df=2/n=103)=3,24; p<0,05*

Als überzufällig können diese Messdifferenzen freilich nicht ausgewiesen werden. Somit bleibt Hypothese 2 auch auf diesem Weg eine statistisch fassbare Bestätigung versagt. Vor dem Hintergrund der für beide Themen nicht belastbar nachweisbaren Umfragewirkung im Sinne der zweiten Hypothese kann auch eine statistisch signifikante Wechselwirkung zwischen der Höhe des rezipierten Umfragewerts und dem Berichterstattungsgegenstand nicht nachgewiesen werden. Demnach muss auch Hypothese 4b hier verworfen werden.

Dass Hypothese 4b auch tendenziell nicht haltbar ist, verdeutlicht ein erneuter Blick auf die Verteilung der Anteile guter und sehr guter Zensuren: Bei beiden Themen ergibt sich ansatzweise das in Hypothese 2 postulierte Muster der Messergebnisse. Zugleich fällt der Zuwachs positiver Zensuren beim Thema Schillerplatz absolut betrachtet stärker aus als beim Thema Kraftwerk. Bei einem Blick auf die relativen Zuwächse wird aber deutlich, dass sich zwischen den rezipierten Umfragewerten und ihrem thematischen Bezugsrahmen keine Interaktion im Sinne der vierten Hypothese (b) dokumentieren lässt: Fällt der relative Zuwachs positiver Zensuren von Versuchsgruppe 4 zu 5 (Schillerplatz) mit 24 Prozent noch etwas stärker aus als jener von Versuchsgruppe 1 zu 2 (Kraftwerk, 11 Prozent), kehrt sich das Bild bei Betrachtung der starken numerischen Stimuli um: Von Versuchsgruppe 5 zu 6 (Schillerplatz) beträgt der Zuwachs positiver Bewertungen 32 Prozent, von Versuchsgruppe 2 zu 3 (Kraftwerk) nimmt der Anteil um 87 Prozent zu. Zwischen der Versuchsgruppe mit dem niedrigsten und der mit dem höchsten Umfragewert ergibt sich beim Thema Schillerplatz eine Zunahme positiver Urteile um 64 Prozent, beim Thema Kraftwerk beträgt die Zunahme 107 Prozent.

Auch die Detailurteile der Probanden entsprechen nicht den formulierten Erwartungen (vgl. Abbildungen 9 und 10): Beim Thema Steinkohlekraftwerk setzen sich zwar bei zehn von 17 Gegensatzpaaren die mittleren Urteile der 68-Prozent-Versuchsgruppe positiv von den Bewertungen der beiden verbleibenden Versuchsgruppen ab, aber nur bei drei Gegensatzpaaren zeigt sich zugleich ein zu Hypothese 2 konformes Mittelwertmuster (positiver Pol: rücksichtsvoll, attraktiv und erfolgreich). Von diesen drei relevanten Messergebnissen wiederum entpuppt sich nur eines als statistisch belastbar: Probanden der 68-Prozent-Versuchsgruppe halten das Projekt Steinkohlekraftwerk für attraktiver als die Probanden der zweiten Versuchsgruppe (58), welche ihrerseits das Projekt für attraktiver befinden als Probanden der Versuchsgruppe 1 (48). Signifikante Messdifferenzen ergeben sich auch für das Gegensatzpaar sicher vs. unsicher, wobei sich Versuchsgruppe 2 exponiert, gefolgt von den Versuchsgruppen 1 und 3. Beim Thema Schillerplatz weisen vier der 17 Wortpaare hypothesenkonforme Mittelwertverteilungen auf: Eine Neugestaltung wird von Versuchsgruppe 6 als vernünftiger, günstiger (oder: weniger teuer), eindeutiger und problemlösender bewertet als von Versuchsgruppe 5. Die niedrigsten Werte vergibt jeweils Versuchsgruppe 4. Allerdings unterschieden sich nur die Mittelwerte problemlösend vs. problemschaffend signifikant. Ebenfalls signifikant, nicht aber der Hypothese entsprechend, differieren die Mittelwerte für das Gegensatzpaar kompetent vs. inkompetent. Alle weiteren Detailurteile sind unauffällig, auch die für das Thema Steinkohlekraftwerk gemessene Bedeutung des stärksten numerischen Reizes findet hier keine Bestätigung.

Abbildung 10: Detailbeurteilung einer Neugestaltung des Schillerplatzes

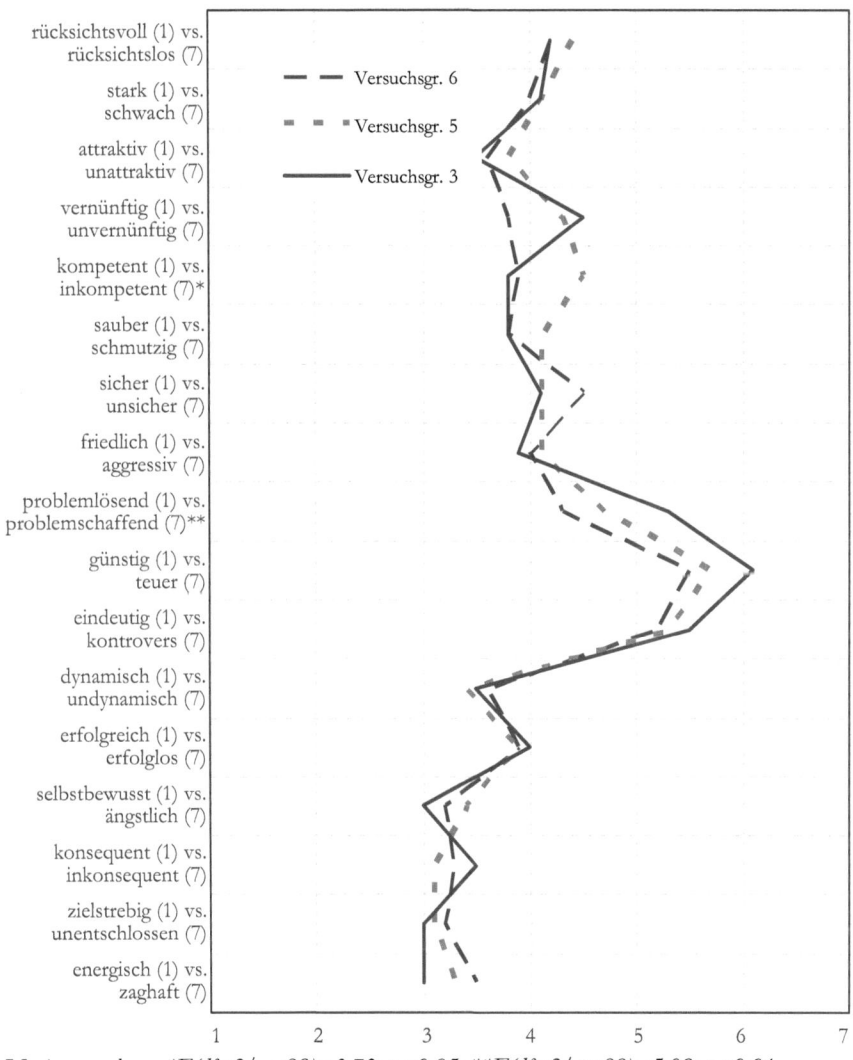

Varianzanalysen: *F(df=2/n=88)=3,73; p<0,05; **F(df=2/n=88)=5,08; p<0,01

Zusammenfassend wird Hypothese 2 weder durch der Detailurteile zum Thema Steinkohlekraftwerk noch zum Thema Schillerplatz nachdrücklich gestützt. Da sich zugleich für sämtliche Gegensatzpaare keine Wechselwirkungen zwischen Höhe des rezipierten Umfragewerts und Berichterstattungsgegenstand dokumentieren lassen, bleibt auch Hypothese 4b bis auf weiteres unbestätigt.

Überprüfung der Hypothesen 3 und 4c: Präferenzbekundung

Überprüft wird abschließend der Einfluss eines rezipierten Umfragewerts auf die Präferenz der Versuchspersonen. Weil Entscheidungen wie Bewertungen meinungsrelevant sind, sollte eine Wirkung rezipierter Umfragewerte im Sinne der dritten Hypothese nur möglich sein, wenn mit dem Urteilsgegenstand keine oder kaum Voreinstellungen verknüpft sind. Ist dies dagegen der Fall und existieren Voreinstellungen für einen Sachverhalt, sollten diese Entscheidungen prägen und die Rolle ankerkonsistenter Information marginalisieren können. Diesen Zusammenhang beschreibt die ebenfalls zu prüfende Hypothese 4c. Für das voreinstellungsschwache Thema Neugestaltung des Schillerplatzes wird daher eine Entscheidungsrelevanz der Umfragewerte erwartet, umgekehrt sollten beim voreinstellungsstarken Thema Kraftwerksbau Voreinstellungen ausschlaggebenden Charakter haben. Das Entscheidungsverhalten der Probanden wurde wie in Experiment 2 dichotom erfasst. Einer tatsächlichen Abstimmung nachempfunden waren die Versuchspersonen aufgefordert, sich zwischen den Alternativen pro oder contra Platzneugestaltung bzw. Kraftwerksbau zu entscheiden.

Die gemessene Verteilung der Präferenzen dokumentiert Tabelle 21:[85] Über beide Themen weisen die Mittel der drei numerischen Stimulusgruppen tendenziell den in Hypothese 3 proklamierten Zusammenhang zwischen Höhe des Umfragewerts und Präferenz aus. Den mit 38,3 Prozent größten Anteil an Befürwortern gibt es dementsprechend unter den 68-Prozent-Probanden. Es folgen die dem 58-Prozent-Stimulus ausgesetzten Versuchspersonen – hier entschließen sich 21,7 Prozent zu einem positiven Votum. Der geringste Zuspruch findet sich unter den 48-Prozent-Probanden. Hier liegt der Befürworteranteil mit 21,2 Prozent freilich nur knapp darunter. Als signifikant lassen sich die Messdifferenzen nicht ausweisen.

Beim Thema Neugestaltung des Schillerplatzes zeichnet sich gleichermaßen ein Entscheidungsmuster ab, wie es Hypothese 3 vorsieht. Den geringsten Zuspruch

---

[85] Analog zur Bewertungsdimension sticht zunächst die abermals geringere Antwortbereitschaft der Schillerplatz-Probanden ins Auge. 14 Probanden äußern hier keine Präferenz, während sich beim Thema Kraftwerk fast alle Teilnehmer für oder gegen das Bauprojekt entscheiden können. Da es sich bei den Probanden ohne Präferenzbekundung aber weitgehend um dieselben Versuchspersonen handelt, die sich auch einer Bewertung der Neugestaltung entzogen haben, wird diesem Phänomen aus den dargelegten Gründen erneut keine Bedeutung zugeschrieben.

findet die Neugestaltung in Versuchsgruppe 4 (48-Prozent-Stimulus) mit 31,3 Prozent. Etwas größer ist der Anteil an Umgestaltungsbefürwortern in Versuchsgruppe 5 (58-Prozent-Stimulus) mit 32,1 Prozent. Die vergleichsweise stärkste Befürworterschaft findet sich in Versuchsgruppe 6, in welcher sich 53,8 Prozent der mit einem Umfragewert von 68 Prozent konfrontierten Probanden für eine Umgestaltung des in der Mainzer Innenstadt gelegenen Platzes aussprechen. Die statistische Kontrolle kann die gemessenen Differenzen indes nicht als bedeutsam ausweisen, Hypothese 3 bleibt damit ohne Bestätigung.

Tabelle 21:   Selbstberichtete Präferenz der Probanden

	Berichteter Umfragewert Befürworter		
Selbstberichtete Präferenz nach Berichterstattungsgegenstand			
[Frage: *„Einmal angenommen, es würde in Mainz zu einem Bürgerentscheid über ... kommen, würden Sie dann für ... stimmen oder dagegen?"*; Antwortmöglichkeiten: „dafür" oder „dagegen"]	48 Prozent	58 Prozent	68 Prozent
Bau Steinkohlekraftwerk (Anteil Befürworter)	(n=34) 11,8 %	(n=32) 12,5 %	(n=34) 26,5 %
Umbau Schillerplatz (Anteil Befürworter)	(n=32) 31,3 %	(n=28) 32,1 %	(n=26) 53,8 %
Gesamt (Anteil Befürworter)	(n=66) 21,2 %	(n=60) 21,7 %	(n=60) 38,3 %

(Alle Messdifferenzen zwischen den Versuchsgruppen innerhalb eines Themas sind statistisch nicht signifikant. Eine Wechselwirkung zwischen Höhe des rezipierten Umfragewerts und Berichterstattungsgegenstand liegt nicht vor.)

Dasselbe gilt für das Thema Steinkohlekraftwerk. Auch hier kann Hypothese 3 statistisch nicht bestätigt werden, obwohl die Verteilung der Befürworterschaft zwischen den Versuchsgruppen wieder ein hypothesenkonformes Muster aufweist. So sind in Versuchsgruppe 1 (48-Prozent-Stimulus) 11,8 Prozent der Probanden für einen Bau des Kraftwerks, in Versuchsgruppe 2 (58-Prozent-Stimulus) äußern sich 12,5 Prozent zustimmend. Die größte Zustimmung findet sich wiederum in Versuchsgruppe 3 (68-Prozent-Stimulus), hier befürworten 26,5 Prozent der Probanden einen Bau des Kraftwerks und damit deutlich mehr als in den beiden anderen Stimulusgruppen. Die Themenvariation führt demnach zu keinen bedeutsamen Effekten. Dass Hypothese 4c nicht zu halten ist, zeigt schon der Blick auf die Verteilung der Zustimmungsanteile in den Versuchsgruppen. Bei beiden Themen weisen die Versuchsgruppen mit dem 48- bzw. 58-Prozent-Stimulus Befürworteranteile auf vergleichbarem Niveau mit leichten Vorteilen für den stärkeren Stimulus aus, während das jeweilige Bauvorhaben in jenen mit dem 68-Prozent-Umfragewert konfrontierten Versuchsgruppen deutlich größere Zustimmung findet. Im Vergleich zur 58-Prozent-Versuchsgruppe liegt der relative Zuwachs an Befürwortern bei 67,6 Prozent (Thema Schillerplatz) bzw. 112 Prozent (Thema Steinkohlekraftwerk). Der Zuwachs an Befürwortern von der 48-Prozent-Stimulusgruppe zur mittleren Stimulusgruppe liegt indes nur bei 2,6 Prozent (Thema Schillerplatz) bzw. 5,9 Prozent (Thema Steinkohlekraftwerk). Unabhängig vom thematischen Kontext ergibt sich damit eine offenbar besondere „Zugkraft" des 68-Prozent-Stimulus.

Einflüsse des Treatments in Abhängigkeit von Probandenmerkmalen und Themeneigenschaften

Bei beiden Sachverhalten zeigt sich für die meisten im Fragebogen eruierten Probandenmerkmale keine statistisch bedeutsame Wechselwirkung mit dem Treatment. Die Variation des Umfragewerts führt z.B. bei in Mainz ansässigen Probanden zu keinem anderen Einfluss auf die wesentlichen abhängigen Variablen (Fragen 5, 6 und 8 im Fragebogen) als bei außerhalb von Mainz wohnenden Versuchspersonen. Die Betrachtung von Geschlecht, Alter oder Umfrageaffinität der Probanden führt zu eben diesem Ergebnis. Auch für das Gros der Themeneigenschaften kann eine Interaktion mit dem Treatment nicht dokumentiert werden. So zeigt die empfundene allgemeine Wichtigkeit des jeweiligen Themas keine Wechselwirkung mit der Umfragevariation. Mit dieser interagiert ebenso wenig der selbstbekundete Grad der bisherigen Auseinandersetzung. Für die persönliche Wichtigkeit deutet sich eine solche Wechselwirkung zwar an, allerdings konstatieren nur wenige Probanden beider thematischen Treatments eine hohe persönliche Wichtigkeit des im Artikel dargestellten Sachverhalts, sodass eine sinnvolle Analyse von Subgruppen nicht möglich ist.

Während sich beim Thema Schillerplatz auch bei den verbleibenden Merkmalen keine Interaktionen ergeben, können für das Thema Kohlekraftwerk sehr wohl Wechselwirkungen identifiziert werden. Beim politischen Interesse insbesondere ergeben sich zwischen stark interessierten und wenig bzw. uninteressierten Versuchspersonen deutliche – und im Sinne der a priori formulierten Hypothesen interpretierbare – Urteilsdifferenzen (vgl. Tabelle 22):[86]

Tabelle 22:   Probandenurteile in Abhängigkeit des bekundeten politischen Interesses

		Berichteter Umfragewert pro Kraftwerk		
Probandenurteile nach pol. Interesse		48 Prozent	58 Prozent	68 Prozent
		(n=22)	(n=27)	(n=25)
polit. interessiert (Werte 1-3)	Meinungsklima* (geschätzt. Ant. pro KKW)	39,5 %a	46,4 %a,b	49,7 %b
	Bewertung° (MW auf Schulnotenskala)	4,4	4,8	4,3
	Präferenz°° (Anteil Befürworter)	13,6 %	11,5%	16,0 %
		(n=14)	(n=6)	(n=9)
polit. nicht interessiert (Werte 4-7)	Meinungsklima** (geschätzt. Ant. pro KKW)	38,4 %	48,7 %	51,1 %
	Bewertung*** ° (MW auf Schulnotenskala)	4,6	4,7	3,6
	Präferenz**** °° (Anteil Befürworter)	8,3 %	20,0 %	55,6 %

Unterschiedliche Kennbuchstaben bezeichnen Werte, die sich nach Dunnet-T3 mit $p<0,05$ unterscheiden. Varianzanalysen: * $F(df=2/74)=3,45$; $p<0,05$; ** $F(df=2/29)=3,74$; $p<0,05$; *** $F(df=2/28)=2,32$; $p=0,12$ (nahezu signifikant); **** $F(df=2/26)=2,76$; $p=0,12$ (nahezu signifikant); ° Wechselwirkung zwischen politischem Interesse und Treatment nahezu signifikant ($p=0,15$); °° Wechselwirkung zwischen politischem Interesse und Treatment bei $p<0,05$ signifikant

Die Einschätzung des Meinungsklimas variiert sowohl bei den politisch interessierten Probanden (Interesse bei 1 bis 3 auf der 7-stufigen Skala) als auch bei den weniger interessierten (Interesse bei 4 bis 7) überzufällig entsprechend Hypothese 1:

---

[86] Für das mit dem politischen Interesse signifikant korrelierende selbstbekundete Interesse am Thema Kraftwerk kann eine vergleichbare Wechselwirkung mit dem Stimulus identifiziert werden.

Die nach eigenem Bekunden politisch Interessierten schätzen den Befürworteranteil in Mainz je nach Versuchsgruppe auf 39,5 Prozent (48), 46,4 Prozent (58) oder 49,7 Prozent (68). Dasselbe hypothesenkonforme Muster ergibt sich bei den politisch weniger interessierten Versuchspersonen. Hier variiert der vermutete Fürsprecheranteil zwischen 38,4 Prozent (48), 48,7 Prozent (58) und 51,1 Prozent (68). Bei den politisch Interessierten hat die zwischen den Stimulusgruppen differente Wahrnehmung des Meinungsklimas keine messbaren Folgen für die Bewertung des geplanten Kraftwerkbaus. Probanden der 68-Prozent-Versuchsgruppe beurteilen mit einer Schulnote von 4,3 den geplanten Bau unwesentlich besser als Probanden der 48-Prozent-Versuchsgruppe (4,4). Die schlechteste Note erhält das Bauprojekt bei Probanden der mittleren Versuchsgruppe (58) mit 4,8. Anders das Bild bei den politisch weniger Interessierten: Hier urteilen die Probanden der 48-Prozent-Versuchsgruppe bei einer mittleren Schulnote von 4,6 am negativsten, gefolgt von den Probanden der zweiten Versuchsgruppe (58), die eine Zensur von 4,2 vergeben. Deutlich positiver fällt mit einer Note von 3,6 das Urteil der politisch weniger interessierten Probanden der 68-Prozent-Versuchsgruppe aus. Das Hypothese 2 entsprechende Mittelwertmuster ist nur knapp nicht statistisch bedeutsam. Als nahezu überzufällig lässt sich auch die Wechselwirkung zwischen politischem Interesse und rezipiertem Umfrageergebnis ausweisen.

Ein vergleichbares Bild ergibt sich schließlich für die selbstbekundete Präferenz der Probanden. Trotz des Ankereffekts bei der Einschätzung des Meinungsklimas lässt sich hier für die politisch interessierten Versuchspersonen weder eine hypothesenkonforme noch signifikant unterschiedliche Verteilung der Befürworteranteile zwischen den Stimulusgruppen messen: 13,6 Prozent der Probanden aus der 48-Prozent-Versuchsgruppe sind für einen Bau des Kraftwerks, unter den Probanden der 58-Prozent-Versuchsgruppe sind es 11,5 Prozent. Bei jenen mit dem 68-Prozent-Stimulus konfrontierten politisch Interessierten ist der Befürworteranteil mit 16,0 Prozent nur unwesentlich größer. Bei den politisch weniger Interessierten ergibt sich hingegen das in Hypothese 3 postulierte Messmuster nahezu signifikant. Während unter den Probanden der 48-Prozent-Versuchsgruppe 8,3 Prozent den Kraftwerksbau befürworten, sind es unter jenen mit dem 58-Prozent-Stimulus konfrontierten 20,0 Prozent. Den größten Zuspruch erhält das Projekt bei den politisch weniger interessierten Versuchspersonen der 68-Prozent-Versuchsgruppe mit mehrheitsfähigen 55,6 Prozent. Die hier dokumentierte Wechselwirkung zwischen politischem Interesse und Treatment ist statistisch signifikant. Offensichtlich ergeben sich also intervenierende Einflüsse des politischen Interesses auf die Stimuluswirkung bei meinungsrelevanten Urteilen, nicht aber bei Schätzurteilen zum Meinungsklima. Dieses Muster beschreibt demnach eine Rolle des politischen Interesses, wie sie in Hypothese 4 für Voreinstellungen konkretisiert wurde.

3.4.4 Zusammenfassung und Fazit

Untersucht wurde in dieser dritten experimentellen Studie, ob sich in Abhängigkeit einer sachpolitischen Fragestellung bzw. der damit verbundenen Verfügbarkeit von Voreinstellungen (Hypothese 4a bis 4c) erstens die Wahrnehmung des Meinungsklimas mit der Höhe eines dargestellten Umfragewerts in Richtung desselben verändert (Hypothese 1), ob sich zweitens die Bewertung der demoskopisch begünstigten sachpolitischen Alternative durch die selektive Zugänglichkeit ankerkonsistenter Information verbessert (Hypothese 2) und ob sich drittens die Bereitschaft der Versuchspersonen vergrößert, die in der Umfrage führende sachpolitische Alternative zu favorisieren (Hypothese 3). Die Prüfung der Hypothesen 1 bis 3 erfolgte einmal mehr durch eine experimentelle Variation des Umfragewerts, zur Prüfung von Hypothese 4 wurde der thematische Kontext unter Berücksichtigung der mutmaßlichen Verfügbarkeit langfristiger Orientierungen variiert.

Insgesamt wurden sechs unterschiedliche Versionen des Stimulusmaterials ausgegeben: Unter Rückgriff auf fiktive demoskopisch bestätigte Befürworteranteile, variiert zwischen 48, 58 und 68 Prozent, setzten sich das Stimulusmaterial entweder mit dem seinerzeit tatsächlich geplanten Bau eines Steinkohlekraftwerks in Mainz oder dem ebenfalls geplanten Umbau des in der Mainzer Innenstadt gelegenen Schillerplatzes auseinander. Dem Thema Steinkohlekraftwerk wurde dabei eine Verfügbarkeit von Voreinstellungen zugeschrieben, für das Thema Schillerplatz hingegen wurde eine geringe Präsenz solcher Gedächtnisinhalte erwartet. Diese a priori angenommene Beschaffenheit der Themen konnte durch das Ergebnis der empirischen Kontrolle untermauert werden.

Der in Hypothese 1 postulierte Einfluss eines rezipierten Umfragewerts auf die Wahrnehmung des Meinungsklimas kann in dieser Arbeit zum zweiten Mal dokumentiert werden. Es zeigt sich in statistisch signifikanter Weise: Je größer der in Umfragen ausgewiesene Anteil der Befürworter einer Alternative, desto größer ist auch der von den Probanden vermutete Anteil der Befürworter dieser Alternative. Da sich dieser Zusammenhang unabhängig vom thematischen Kontext offenbart, kann auch Hypothese 4a als bestätigt gelten, nach welcher die Verfügbarkeit von Voreinstellungen keinen Einfluss auf Schätzurteile entfalten sollte.

Der in Hypothese 2 formulierte Zusammenhang kann indes nicht belastbar belegt werden, wenngleich sich auch hier eine Wirkung der rezipierten Umfrageergebnisse andeutet: So kann zwar bei Betrachtung der Bewertungsmittel weder insgesamt noch für eines der beiden Themen eine mit zunehmender Höhe des rezipierten Umfragewerts verbesserte mittlere Beurteilung der in den Umfragen bevorzugten Alternative erkannt werden. Die Verteilung guter und sehr guter Schulnoten dagegen entspricht bei beiden Themen tendenziell dem erwarteten Muster. Das heißt, der Anteil dieser positiven Bewertungen nimmt mit der Höhe des rezipierten Umfragewerts zu. Die von den Probanden ebenfalls eingeforderte Detailbewertung kann zur Stützung der zweiten Hypothese wiederum nur wenig beitragen. Die Verteilung der jeweiligen Bewertungsmittel ist im Sinne der zweiten Hypothese weitgehend unauffällig. Das erwartete Beurteilungsmuster lässt sich über beide Themen nur zweimal in überzufälliger Weise dokumentieren: Beim Thema Steinkohlekraftwerk profitiert die von den Probanden empfundene Attraktivität des Projekts signifikant von der Höhe des in der Umfrage ausgewiesenen Befürworteranteils, beim Thema Schillerplatz gilt dies für die wahrgenommene Fähigkeit einer Neugestaltung, Probleme zu lösen. Vor dem Hintergrund dieser Ergebnisse kann auch eine statistisch signifikante Wechselwirkung zwischen der Höhe des rezipierten Umfragewerts und dem Berichterstattungsgegenstand nicht nachgewiesen werden. Demnach muss auch Hypothese 4b verworfen werden, nach welcher sich ein Einfluss der rezipierten Befragungsergebnisse gemäß Hypothese 2 in der Bewertung des voreinstellungsschwachen Sachverhalts hätte manifestieren sollen.

Für Hypothese 3 ergibt sich ebenfalls keine belastbare Bestätigung, allerdings weisen die Versuchsgruppen beider Themen tendenziell den postulierten Zusammenhang zwischen Höhe des Umfragewerts und selbstbekundeter Präferenz aus. Dabei exponieren sich die beiden Versuchsgruppen mit dem 68-Prozent-Stimulus, während sich die Befürworteranteile in den beiden anderen Versuchsgruppen auf etwa einem Niveau bewegen. Das für beide Themen analoge Verteilungsmuster der Präferenzen zwischen den Versuchsgruppen offenbart zugleich, dass Hypothese 4c hier nicht zu halten ist.

Dieses Befundbild spricht womöglich für einen Einfluss rezipierter Umfragewerte selbst auf meinungsrelevante Urteile. Für eine moderierende Bedeutung vor Voreinstellungen spricht es zunächst jedoch nicht. Zumindest lässt sich über die angebotene Operationalisierung die vermutete Rolle langfristiger Orientierungen nicht nachvollziehen. An anderer Stelle nämlich zeichnet sich der postulierte intervenierende Einfluss von langfristigen Gedächtnisinhalten offenbar ab: Beim politisch brisanten Thema Steinkohlekraftwerk ergibt das Urteilsverhalten der Versuchspersonen in Abhängigkeit ihres selbstbekundeten politischen Interesses ein Muster, wie es Voreinstellungen bewirken sollten. Das heißt, für Versuchspersonen, die sich politisch weniger interessiert zeigen, kann ein Einfluss von Umfragen im Sinne der Hypothesen 1 bis 3 dokumentiert werden. Bei politisch interessierten Probanden hingegen ergibt sich eine Stimuluswirkung allein im Sinne der ersten Hypothese. Für die meinungsrelevanten abhängigen Variablen bleibt ein Umfrageeffekt aus. Es zeigt sich für den Faktor politisches Interesse also die mit Voreinstellungen in Verbindung gebrachte Wechselwirkung mit dem Stimulus.

Den hieraus ableitbaren Zusammenhang aus politischem Interesse und Verfügbarkeit langfristiger Orientierungen können Schmitt-Beck und Weick (vgl. 2001: 4f) auf Basis einschlägiger Daten des *Sozio-ökonomischen Panels* (*SOEP*) der Jahre 1984 bis 1999 stützen: Demnach sind politisch interessierte Bürger stärker motiviert, sich gedanklich mit politischen Fragen auseinander zu setzen. Sie kumulieren so politisches Wissen und verfestigen auf diesem Wege Orientierungen, erhöhen also die Zugänglichkeit bestimmter Gedächtnisinhalte. Politisch weniger interessierte Bürger setzen sich hingegen in geringem Umfang mit politischen Fragen auseinander. Ihre politischen Überzeugungen sind daher weniger stabil. Folgerichtig kann das selbstbekundete politische Interesse der hiesigen Versuchspersonen mit der Verfügbarkeit von Voreinstellungen in Verbindung gebracht werden, zumal bei einem Thema, das starke Bezüge zu traditionellen Politikfeldern wie Umwelt- und Energiepolitik aufweist. Hypothese 4 erfährt auf diesem Wege also durchaus Zuspruch.

Eine vergleichbare Rolle des politischen Interesses lässt dich für das voreinstellungsschwache Thema (Schillerplatz) allerdings nicht dokumentieren. Dies könnte auf die Natur des präsentierten Sachverhalts zurückführbar sein. So ist für dieses Thema mit seiner nur geringen gesellschaftspolitischen Bedeutung womöglich deshalb keine Interaktion zwischen politischem Interesse und demoskopischen Lagedaten messbar, weil selbst bei politisch Interessierten kaum langfristige Orientierungen tangiert werden, die ein meinungsrelevantes Urteil beeinflussen könnten. Dass vor diesem Hintergrund die vermuteten Effekte bei der Gesamtheit der Schillerplatz-Probanden nicht stärker zu Tage treten, also in ähnlicher Weise wie bei politisch uninteressierten Kraftwerksbau-Probanden, muss auf den ersten Blick verwundern. Den Grundlagen der Verankerungsheuristik folgend sind aber mögliche Gründe für diesen Befund anführbar: Denkbar ist erstens, dass zum Thema Schillerplatz nicht nur keine assoziationsstarken Gedächtnisinhalte vorliegen, sondern überhaupt nur wenige verknüpfte Informationen verfügbar sind und daher in diesem Kontext auch kaum differenzierende ankerkonsistente Gedächtnisinhalte zugänglich gemacht werden können. Gegen diese Interpretation sprechen allerdings die beeinflusste Wahrnehmung des Meinungsklimas sowie die sich abzeichnende Zugkraft des stärksten Stimulus. Beide Wirkungen nämlich setzen im Sinne der präferierten Mechanismen der Verankerungsheuristik ein messbares Mehr an aktivierter ankerkonsistenter Information voraus.

Vielversprechender dürfte daher der Ansatz sein, erneut die relative Stärke des Ankers bei der Deutung des Befunds zu bemühen. So könnte die positive Hypothesenprüfung des Umfragewerts für die beiden schwächeren Stimuli zu einer ähnlichen Zahl passender semantischer Information führen, wenn die Wahrscheinlichkeit ihrer Anwendbarkeit in etwa gleich groß ist. Oder anders formuliert: Wenn in Unsicherheit um das wahre Meinungsklimas zwei Umfrageergebnisse ungefähr dieselbe Bedeutung besitzen (hier etwa: „überschaubare Mehrheit" sowohl beim 48- als auch 58-Prozent-Stimulus), dann sollte sich auch die Zugänglichkeit ankerkonsistenter Gedächtnisinhalte ungefähr gleichen. Wenn dagegen die Strittigkeit eines Sachverhalts bekannt ist (und dieser Aspekt könnte beim Thema Kraftwerksbau auch politisch weniger interessierten Probanden geläufig sein), dann ist umgekehrt zu erwarten, dass die Prüfung des vorgeschlagenen Referenzwerts zu einer differenzierteren Zugänglichkeit ankerkonsistenten Wissens führt. Zwar steht auch dieser Erklärungsansatz insofern im Widerspruch zu den von Mussweiler und Strack angebotenen Hintergründen der Verankerungsheuristik, als die hypothesenkonform beeinflusste Wahrnehmung des Meinungsklimas bereits ein messbarer Ausdruck eines semantischen Primings ankerkonsistenter Gedächtnisinhalte sein sollte. Womöglich bezeugt dieser Befund aber vielmehr, dass der Ankereffekt auf dem Zusammenspiel semantischer und numerischer Mechanismen beruht. Diese Überlegung wird in der Diskussion sämtlicher Befunde (vgl. Kap. 4.1) noch einmal vertieft.

3.5 Zusammenfassung der experimentellen Ergebnisse

Mit dem Ziel, einen Beitrag zur Erforschung von Umfrageeffekten zu leisten, wurde die Verankerungsheuristik als mögliche Ursache etwaiger Umfragewirkungen vorgestellt und experimentell überprüft. Grundlegende Annahme einer solchen Umfragewirkung auf Basis der Verankerungsheuristik ist die kognitive Verarbeitung rezipierter Umfrageresultate, wie sie kognitionspsychologische Erkenntnisse zur menschlichen Informationsverarbeitung einfordern und auch bisherige Befunde zur Wirkung rezipierter Umfragen nahe legen. Die Verankerungsheuristik selbst ist eine zuerst von Amos Tversky und Daniel Kahneman beschriebene Urteilsroutine, die das menschliche Individuum anwendet, wenn numerische Schätzurteile ohne ausreichende Informationsgrundlage abgegeben werden müssen. Aus ökonomischen Gründen wird das Schätzurteil in einem solchen Fall unter intuitiver Zuhilfenahme eines nahe liegenden Referenzwerts entwickelt. Dieser Referenzwert kann ein Schätzurteil in seine Richtung verzerren und damit einen sogenannten Ankereffekt auslösen. Den kognitionspsychologischen Grundlagen folgend begrenzt sich der Ankereffekt jedoch nicht auf das zu treffende Schätzurteil allein. Zur Prüfung der Qualität des zur Hilfe genommenen Referenzwerts werden bei der Bildung des Schätzurteils semantische Gedächtnisinhalte aktiviert, die den Referenzwert als sinnvoll bestätigen können, sogenannte ankerkonsistente Informationen. Die erhöhte Zugänglichkeit dieser für den Urteilsgegenstand relevanten Gedächtnisinhalte kann dann über das Schätzurteil hinaus zu einer Verzerrung nachfolgender Urteile und Entscheidungen führen.

Veröffentlichte Umfrageresultate sind numerischer Natur und kommen daher grundsätzlich als möglicher Referenzwert in Betracht, wenn das soziale Wesen Mensch das umgebende Meinungsklima einzuschätzen versucht (vgl. Noelle-Neumann, 1979: 148). Weil der Ankereffekt als Verzerrung eines Urteils in Richtung des Referenzwertes, also als Assimilationseffekt definiert ist, wurde in drei Hypothesen angenommen: Je größer der demoskopisch gemessene Bevölkerungsanteil für eine Alternative ausfällt, desto besser schätzt auch der Rezipient solcher

Umfrageresultate die gesellschaftliche Stimmung zugunsten dieser Alternative ein, desto besser fällt seine Beurteilung dieser Alternative aus und desto wahrscheinlicher ist eine Entscheidung des Rezipienten zugunsten dieser Alternative. Die experimentelle Überprüfung der entsprechenden Hypothesen sowie einer vierten Hypothese zur intervenierenden Rolle von Voreinstellungen führte zu folgenden Ergebnissen:

Hypothese 1: Wahrnehmung des Meinungsklimas

Auf Basis der theoretischen Überlegungen wurde folgende erste Hypothese abgeleitet und in drei experimentellen Untersuchungen kumulativ überprüft:

H1: Versuchspersonen, denen unterschiedliche Umfragewerte zur Popularität einer Alternative präsentiert werden, unterscheiden sich signifikant in ihren Beurteilungen des sie umgebenden Meinungsklimas bezüglich der Popularität dieser Alternative. Die Schätzungen sind in Richtung des herangezogenen Umfrageresultats verändert.

Über zwei angebliche Zeitungsartikel wurde entsprechend ein Umfragewert zugunsten einer Alternative als unabhängige Variable eingeführt. Als abhängige Variable wurde in allen drei Experimenten das von den Probanden einzuschätzende Meinungsklima definiert. Das verlangte Schätzurteil konnten die Probanden prozentgenau auf der einem Lineal nachempfunden Skala von 0 Prozent bis 100 Prozent abgeben.

Zwei von drei experimentellen Befunden dieser Arbeit können den postulierten Zusammenhang bestätigen. In Experiment 1 beeinflusst der fiktive Umfragewert für die CDU die Erwartung der Probanden signifikant gemäß der ersten Hypothese. Das heißt: Je höher der dargebotene Umfragewert, desto größer der erwartete Stimmanteil der CDU am Wahltag. Ebenso eindeutig fällt der Befund aus Experiment 3 aus. Für beide thematischen Varianten ergibt sich gleichermaßen ein signifikanter Einfluss des rezipierten Umfrageergebnisses auf das wahrgenommene Meinungsklima im Sinne der ersten Hypothese. Dieser Befund gilt folgerichtig auch für den Vergleich der Gesamtschätzmittel der drei sich über beide Themen ergebenden numerischen Stimulusgruppen. Zu abweichenden Ergebnissen führt indes Experiment 2: Das ausgewiesene Mittelwertmuster entspricht hier nicht dem in Hypothese 1 prognostizierten. Das heißt, die Erwartung an den Anteil der Tempolimit-Befürworter in der Bevölkerung verändert sich nicht mit der Höhe des in der Umfrage dargebotenen Bevölkerungsanteils pro Geschwindigkeitsbegrenzung. Allerdings gilt dieser Befund nur für die Gesamtheit aller – im Übrigen stark streuenden – Schätzurteile der Versuchspersonen. Die begrenzte Betrachtung solcher Probanden, denen mit gewisser Wahrscheinlichkeit der dargebotene Umfragewert als Referenz gedient haben könnte (Schätzwerte zwischen 29 Prozent und 67 Prozent), zeigt zumindest tendenziell den erwarteten Einfluss des rezipierten Umfragewerts auf die Wahrnehmung des Meinungsklimas auf.

Insgesamt lassen sich die Befunde dieser Arbeit als Bestätigung vorangegangener Untersuchungen interpretieren, die einen Zusammenhang zwischen rezipierten Mehrheitsverhältnissen und wahrgenommenem Meinungsklima erkennen können (vgl. Kap. 2.2.3). Darüber hinaus wird deutlich, dass für die Wirkung eines Umfragewerts offenbar nicht (allein) entscheidend ist, ob dieser den Standpunkt der Mehrheit oder der Minderheit bedient. In den Experimenten dieser Arbeit nämlich führen unterschiedlich stark ausgeprägte Mehrheiten zu einer differenten Wahrnehmung des Meinungsklimas. Wie in Hypothese 1 postuliert, ist damit die Einschätzung des umgebenden Meinungsklimas anscheinend abhängig von der Ausprägung des für das Schätzurteil herangezogenen Umfrageergebnisses und folgerichtig nicht ausschließlich von der Mehrheitsfähigkeit des entsprechend ausgewiesen Bevölkerungsanteils.

Hypothese 2: Beurteilung des Umfragegegenstands

Das Modell selektiver Zugänglichkeit von Strack und Mussweiler (vgl. Kap. 2.3.3) erklärt den das Schätzurteil prägenden Ankereffekt über die Aktivation ankerkonsistenter Informationen im Langzeitspeicher des menschlichen Gedächtnisses. Weil die Aktivation von Gedächtnisinhalten zu einer zumindest temporär erhöhten Zugänglichkeit derselben führt, sollte ankerkonsistenten Informationen damit auch über das Schätzurteil hinaus Urteilsrelevanz zukommen. Folgerichtig wurde folgende zweite Hypothese über den Einfluss rezipierter Umfragen formuliert:

> H2: Versuchspersonen, denen unterschiedliche Umfragewerte zur Popularität einer Alternative präsentiert werden, unterscheiden sich signifikant in ihren Bewertungen dieser Alternative. Dabei gilt: Je positiver die Umfrageresultate für eine Alternative, desto besser die Bewertung derselben.

Dieser postulierte, dem Wirken ankerkonsistenter Gedächtnisinhalte zugeschriebene Einfluss wurde in den drei Experimenten dieser Arbeit kumulativ überprüft und über eine Globalbeurteilung sowie ergänzend über eine Batterie von semantischen Gegensatzpaaren gemessen. In ihrer Gesamtheit können die entsprechenden Befunde den in Hypothese 2 postulierten Zusammenhang nicht ohne weiteres stützen. Allerdings sprechen die empirischen Anhaltspunkte auch gegen eine Wirkungslosigkeit des rezipierten Umfrageergebnisses.

Im Wahlkontext kann kein hypothesenkonformer Einfluss der demoskopischen Ergebnisse auf die Bewertung der in den Umfragen bevorzugten Alternative gezeigt werden. Bei konstanten Notenmitteln in allen drei Versuchsgruppen verhält sich die Globalbewertung der CDU nicht hypothesenkonform und auch die unterstützend eingeführte Beurteilung des Umfragegegenstands auf dem semantischen Differential führt zu keinen auffälligen Messergebnissen. In Sachen Globalbewertung bemerkenswert ist freilich, dass sich in der Versuchsgruppe mit dem stärksten Stimulus (52 Prozent pro CDU) etwa doppelt so viele Probanden wie in den beiden anderen Versuchsgruppen für gute und sehr gute Gesamtbeurteilungen der Christdemokraten entscheiden können. Die Zufälligkeit dieses Messergebnisses kann allerdings nicht ausgeschlossen werden.

Dieses Phänomen wiederholt sich mit Nachdruck bei Experiment 3. Die mittleren Globalbewertungen offenbaren hier bei beiden Themen denselben positiven Effekt des stärksten Stimulus (68 Prozent pro Kraftwerk/Neugestaltung Schillerplatz): Rund eine halbe Schulnote besser als in den jeweils anderen beiden Versuchsgruppen fallen die durchschnittlichen Urteile aus. Die Verteilung guter und sehr guter Schulnoten bildet dieses Bewertungsgefälle in zugleich hypothesenkonformer Weise ab. Das heißt, hinter den 68-Prozent-Versuchsgruppen reihen sich – allerdings mit deutlichem Abstand – jeweils zuerst die 58-Prozent-Versuchsgruppen ein, gefolgt von den 48-Prozent-Versuchsgruppen. Für das Thema Kraftwerk ergibt sich zudem auffälliges Messmuster auf dem semantischen Differential: Bei mehr als der Hälfte der semantischen Gegensatzpaaren setzen sich die mittleren Urteile der 68-Prozent-Versuchsgruppe von den Bewertungen der beiden verbleibenden Versuchsgruppen ab, dreimal im Rahmen einer hypothesenkonformen Reihung der Messergebnisse. Zwar kann die statistische Prüfung keinen der genannten Befunde als überzufällig ausweisen (mit Ausnahme einer einzigen Detailbewertung: nämlich das Differential attraktiv/unattraktiv), nicht zuletzt vor dem Hintergrund der Ergebnisse aus Experiment 1 ist die wiederholt gemessene „Zugkraft" des stärksten Stimulus aber bemerkenswert. Die Möglichkeit eines Einflusses rezipierter Umfrageergebnisse auf die Bewertung eines Sachverhalts wird schließlich nachdrücklich durch das hypothesenkonforme Urteilsverhalten politisch uninteressierter Probanden beim Thema Kraftwerksbau gestützt.

Zu abweichenden Ergebnissen führt Experiment 2: Bei der Bewertung eines Tempolimits zeichnet sich zwischen den Urteilen der Versuchsgruppen weder ein hypothesenkonformes Bild ab, noch eines, das die besondere Bedeutung des stärksten Stimulus stützen könnte. Dies gilt gleichermaßen für das Globalurteil wie auch die Urteile der Probanden auf dem semantischen Differential. Vor dem Hintergrund eines nicht messbaren Einflusses des Stimulus auf das wahrgenommene Meinungsklima ist die hier zu attestierende Wirkungslosigkeit der rezipierten Umfrageergebnisse pro Geschwindigkeitsbegrenzung aber nachvollziehbar: Ohne eine unterschiedliche Wahrnehmung des Meinungsklimas (mögliche Gründe: 1. Abwesenheit eines Ankereffekts bzw. 2. vergleichbare relative Stärken der Anker) als messbare Manifestation einer Aktivierung differierender ankerkonsistenter Gedächtnisinhalte ist auch keine unterschiedlicher mentale Informationslage zu erwarten, die Grundlage einer unterschiedlichen Bewertung sein könnte.

Zusammenfassend lässt sich ein Befundbild konstatieren, das Hypothese 2 nicht belastbar stützen kann, zugleich aber Spekulationen über die hier postulierte Wirkung rezipierter Umfragen nicht ausschließt. Die Messergebnisse aus Experiment 1 mit nur leichten Tendenzen zum stärksten Stimulus könnten sich in der Anwesenheit von Voreinstellungen begründen, welche die ankerkonsistenten Gedächtnisinhalte bei meinungsrelevanten Urteilen überlagern. Die Ergebnisse aus Experiment 3 legen noch deutlicher einen Einfluss der Stimulusstärke zumindest insofern nahe, als der vergleichsweise stärkste Umfragewert zu deutlich besseren Beurteilungen führt. Zugleich ergibt sich eine hypothesenkonforme Verteilung der Anteile guter und sehr guter Bewertungen über die drei numerischen Stimulusgruppen je Thema sowie vor allem ein der Erwartung entsprechendes Bewertungsmuster politisch uninteressierter Probanden beim Thema Kraftwerksbau.

Hypothese 3: Präferenz hinsichtlich Umfragegegenstands

Kern der einst von Cantril (1940: 212) mit der Frage nach „Dr. Jekyll or Mr. Hyde" umschriebenen Debatte um den mutmaßlichen Einfluss von Bevölkerungsumfragen ist eine in Folge der Umfragerezeption veränderte Präferenz des Individuums (vgl. Kap. 2.2). Weil sich dieser Zusammenhang theoretisch über die Verankerungsheuristik, das heißt über den Einfluss der durch ein vorhergehendes Schätzurteil selektiv aktivierten Gedächtnisinhalte konstruieren lässt, wurde in dieser Arbeit folgende dritte Hypothese über die Wirkung rezipierter Umfragen formuliert:

> H3: Versuchspersonen, denen unterschiedliche Umfragewerte zur Popularität einer Alternative präsentiert werden, unterscheiden sich signifikant in ihren Präferenzen. Hier gilt: Je positiver die Umfrageergebnisse für eine zur Wahl stehende Alternative, desto eher wird diese gewählt.

Hypothese 3 wurde ebenfalls in allen drei Experimenten dieser Arbeit überprüft, wobei unterschiedliche Instrumente zur Messung der Präferenz verwendet wurden: Während in den Experimenten 2 und 3 das verwendete Messinstrument eine klare Entscheidung der Versuchspersonen für oder gegen den jeweils mehrheitlich ausgewiesen Standpunkt einforderte, wurde in Experiment 1 auf eine vergleichbar direkte Abfrage verzichtet. Statt der voraussichtlichen Wahlentscheidung wurde die mutmaßlich von Voreinstellungen weniger beeinflusste, weil leichter spontan zu treffende Wahrscheinlichkeit erfasst, mit welcher sich der Proband für eine Wahl der CDU entscheiden könnte.[87]

Unabhängig von dem jeweils verwendeten Messinstrument können die erhobenen Daten den in Hypothese 3 postulierten Zusammenhang in keinem Fall statistisch belastbar stützen. Immerhin: Tendenziell finden sich die erwarteten Messergebnisse in Experiment 2 wieder – hier allerdings nur bei solchen Probanden, deren Schätzurteile zwischen 29 Prozent und 67 Prozent eine erfolgreiche Verankerung nahe legen. Auch die Daten des dritten Experiments deuten auf die Richtigkeit von Hypothese 3 hin. Neben dem nahezu signifikant hypothesenkonformen Steinkohlekraftwerk-Befund bei politisch uninteressierten Versuchspersonen ergibt sich auch insgesamt eine tendenziell dem numerischen Reiz folgende Verteilung der Präferenzen. Auffällig ist dabei insbesondere das deutlich in Richtung des Umfragewerts abweichende Messergebnis für die mit dem stärksten Stimulus (68 Prozent) konfrontierten Probanden. Anders als in der Bewertungsdimension zeichnet sich diese Tendenz zum stärksten Stimulus in den Daten des ersten Experiments allerdings nicht ab. So ist der Anteil jener Probanden, die eine Wahl der CDU als eher wahrscheinlich denn unwahrscheinlich bezeichnen, in der Versuchsgruppe mit dem stärksten Stimulus augenscheinlich kleiner als in den beiden anderen Versuchsgruppen. Die aufgrund des in Experiment 1 verwendeten Messinstruments mögliche Betrachtung der Mittelwerte zeigt zudem keinen Vorteil des stärksten numerischen Reizes.

Den Ergebnissen zur Bewertung (Hypothese 2) eines demoskopisch aufgearbeiteten Sachverhalts folgend, könnte auch das hiesige Befundbild auf eine Wirkung der rezipierten Umfrageergebnisse hindeuten. Abermals legen insbesondere die Ergebnisse aus Experiment 3 einen Einfluss demoskopisch erfasster Stimmungsbilder nahe. Signifikant ist dieser Befund analog zu jenem für Hypothese 2 allerdings in keinem Fall. Vor dem Hintergrund der theoretischen Überlegungen sind die Konsistenzen bei der Prüfung beider Hypothesen aber konsequent: Weil sich die aktivierten und damit urteilsrelevanten Gedächtnisinhalte bei Bewertung und Präferenzbildung weitgehend gleichen sollten, müssen auch die Ergebnisse beider Urteilsprozesse Analogien aufweisen.

Hypothese 4: Umfragewirkung und Voreinstellung

Befunde zur Wirkung rezipierter Mehrheitsverhältnisse legen einen Einfluss von Voreinstellungen auf meinungsrelevante Urteile und Entscheidungen nahe (vgl.

---

[87] Darüber hinaus ist im Wahlkontext die Zahl der Entscheidungsalternativen (Anzahl der Parteien) deutlich größer als im Rahmen von Sachentscheidungen (pro oder contra). Die größere Empfindlichkeit des präferierten Messinstruments sollte auch aus diesem Grund dem Untersuchungszweck dienlich sein.

Kap. 2.2.5). Voreinstellungen sind Gedächtnisinhalte, die aufgrund der Historie des Individuums im Netzwerk des Langzeitspeichers besonders stark mit dem Urteilsgegenstand verknüpft sind. Fehlen entsprechende Erfahrungswerte und damit solche stark assoziierten Gedächtnisinhalte, sollten für das Urteils- und Entscheidungsverhalten andere, etwa ankerkonsistente Informationen ausschlaggebend sein können. Den im Zuge eines Schätzurteils aktivierten Informationen kann demnach ein besonders großer Einfluss auf ein Urteil unterstellt werden, wenn der Urteilsgegenstand keine langfristigen Orientierungen des Individuums tangiert. Umgekehrt steht zu vermuten, dass bei Urteilen zu vorerfahrungsintensiven Themen Einstellungsinformationen verfügbar sind und dass diese ankerkonsistente Gedächtnisinhalte in den Hintergrund drängen. Folgende vierte Hypothese – in drei Teil-Hypothesen unterteilt – wurde daher formuliert:

H4a: Unabhängig davon, ob ein Urteilsgegenstand mit Voreinstellungen verknüpft ist, haben rezipierte Umfragewerte Einfluss auf die Einschätzung des Meinungsklimas.

H4b: Ist ein Urteilsgegenstand mit Voreinstellungen verknüpft, haben rezipierte Umfragewerte *keinen* Einfluss auf die Bewertung dieses Urteilsgegenstands.

H4c: Ist ein Urteilsgegenstand mit Voreinstellungen verknüpft, haben rezipierte Umfragewerte *keinen* Einfluss auf die Entscheidung zugunsten oder zuungunsten einer in diesem Kontext zur Wahl stehenden Alternative.

Der postulierte Einfluss von Voreinstellungen wurde in der dritten Untersuchung dieser Arbeit experimentell überprüft. Hierzu wurde der thematische Bezug der präsentierten Umfrageergebnisse unter Berücksichtigung der mutmaßlichen Verfügbarkeit langfristiger Orientierungen zweifach variiert. Alle anderen Informationen – mit Ausnahme der Umfrageergebnisse als unabhängige Variable – wurden konstant gehalten.

Die Daten stützen Hypothese 4a: Für die Wahrnehmung des Meinungsklimas kann keine Wechselwirkung zwischen Berichterstattungsgegenstand und rezipiertem Umfrageergebnis dokumentiert werden. Sowohl für den voreinstellungsstarken wie auch für den voreinstellungsschwachen Berichterstattungsgegenstand ergibt sich ein Einfluss rezipierter Umfragewerte auf die Einschätzung der Stimmung in der Mainzer Bevölkerung gemäß Hypothese 1. Nicht bestätigt werden kann hingegen Hypothese 4b. Angesichts der bei beiden Themen statistisch nicht nachweisbaren Umfragewirkung bleibt anders als a priori vermutet auch hier eine statistisch signifikante Wechselwirkung zwischen der Höhe des rezipierten Umfragewerts und dem Berichterstattungsgegenstand aus. Eine Interaktion deutet sich dabei nicht einmal tendenziell an: Bei beiden Themen exponiert sich die mit dem 68-Prozent-Stimulus konfrontierte Versuchsgruppe in ähnlicher Weise. Dies gilt gleichermaßen für die

Präferenzbekundungen der Probanden. Auch hier führt die Themenvariation zu keinen bedeutsamen Effekten, wobei bei beiden Themen die Versuchsgruppen mit dem 48- bzw. 58-Prozent-Stimulus Befürworteranteile auf vergleichbarem Niveau ausweisen, während das jeweilige Bauvorhaben in jenen dem 68-Prozent-Umfragewert ausgesetzten Versuchsgruppen deutlich größere Zustimmung findet. Es bleibt also auch Hypothese 4c ohne Bestätigung.

Diese Befundlage spricht gegen einen Einfluss des als experimenteller Faktor eingeführten Sachkontexts und damit zunächst auch gegen die moderierende Wirkung von Voreinstellungen. Dennoch: Für die in Hypothese 4 postulierte, aus dem Forschungsstand destillierte Rolle von Voreinstellung finden sich auch in den Daten dieses dritten Experiments Indizien: Die Kontrolle des politischen Interesses, das als Prädiktor für die Existenz politischer Voreinstellungen gelten kann (vgl. Schmitt-Beck & Weick, 2001: 4), fördert nämlich die erwartete moderierende Funktion langfristiger Orientierung zu Tage. Begrenzt auf den voreinstellungsstarken Sachverhalt (Steinkohlekraftwerk) zeigt sich bei politisch uninteressierten Probanden statistisch signifikant (H1) bzw. nahezu signifikant (H2 und H3) tatsächlich ein Umfrageeinfluss im Sinne der Hypothesen 1 bis 3. Bei politisch interessierten Probanden hingegen ergibt sich ausschließlich eine Stimuluswirkung im Sinne der ersten Hypothese. Für die meinungsrelevanten abhängigen Variablen bleibt ein Umfrageeffekt aus, es zeigt sich also die in Hypothese 4 prognostizierte Wechselwirkung bei Beurteilung und Präferenz.

4 Diskussion

Die experimentellen Ergebnisse der vorliegenden Arbeit lassen ein abschließendes Urteil über Wirkung oder Wirkungslosigkeit medial vermittelter Umfrageergebnisse zunächst nicht greifbarer erscheinen. Dem eingangs beklagten diffusen Befundbild bisheriger Forschung kann diese Arbeit keine eindeutigen Ergebnisse entgegensetzen. Zumindest gilt dies für die Wirkung rezipierter Umfragen über einen Einfluss auf das wahrgenommene Meinungsklima hinaus. Denn dass die gesellschaftliche Stimmung in Anwesenheit demoskopischer Lagedaten anders beurteilt wird und zwar in Anlehnung an die rezipierten Vorgaben, kann durch die Daten dieser Untersuchung (einmal mehr) untermauert werden. Dass sich dieser Einfluss schließlich auch in meinungsrelevanten Urteilen des Rezipienten manifestiert, ist zwar nicht mit statistischer Sicherheit zu erkennen, allerdings – um Robert Louis Stevensons Romanfiguren ein letztes Mal zu bemühen: Die vorliegenden Daten liefern weitere Indizien dafür, dass veröffentlichten Meinungsumfragen nicht nur Dr. Jekyll innewohnt, sondern auch Mr. Hyde.

Der Beitrag dieser Studie zur Forschungsdiskussion besteht indes nicht allein in der erneuten empirischen Auseinandersetzung mit dem etwaigen Einfluss rezipierter Umfrageergebnisse auf die Präferenzen des Stimmbürgers. Vielmehr wurde zugleich dem Versäumnis vorangegangener Auseinandersetzungen Rechnung getragen, eine von Umfrageergebnissen ausgelöste Änderung der Präferenz weitgehend unbegründet anzunehmen. Der populären, aber nicht nur von Wissenschaft und Demoskopie äußerst kritisch beäugten Erklärung eines Präferenzwechsels aus bloßem Affekt wurde hier ein Konstrukt aus der kognitiven Psychologie entgegengesetzt: die Verankerungsheuristik. Vor dem theoretischen Hintergrund dieser alltagsrationalen Urteilsroutine, die dem Menschen numerische Schätzurteile selbst in Unkenntnis urteilsrelevanter Informationen ermöglicht, ließen sich Umfrageeffekte als Folge einer erhöhten Zugänglichkeit bestimmter, nämlich ankerkonsistenter Gedächtnisinhalte erklären. Die Befunde der auf eine Prüfung diese Konstrukts ausgelegten Experimente können die postulierte Bedeutung der Verankerungsheuristik zwar nicht auf statistisch signifikante Weise stützen, konkrete Verdachtsmomente für eine kognitiv basierte Umfragewirkung auf Grundlage der Verankerungsheuristik ergeben sich allerdings. Vor diesem Hintergrund gilt es nun, die vorliegenden Befunde in den Forschungsstand einzuordnen, um abschließend ein Fazit dieser Untersuchung zu ziehen.

4.1 Einordnung der Forschungsergebnisse

Rekapitulation des Forschungsstands zur Wirkung rezipierter Umfragen

Wie im theoretischen Teil dieser Untersuchung dargelegt wurde, hat sich die Vermutung, rezipierte Umfrageergebnisse könnten sich auf die individuelle Präferenz des Stimmbürgers, also seine Entscheidung für oder wieder eines Angebots, auswirken, in der fortwährend geführten Wirkungsdebatte als äußerst einflussreich erwiesen. Bereits im Ursprungsjahrgang der Fachpublikation Public Opinion Quarterly wurde dabei die Möglichkeit eines „bandwagon rush" (Robinson, 1937) diskutiert, also ein auf die Rezeption von Umfrageergebnissen zurückführbares Abstimmungsverhalten der Bürger zugunsten des designierten Wahlsiegers. Diese schnell auch im deutschen Sprachraum als Bandwagon-Effekt etikettierte Wirkungsvermutung unterstellt dem Wähler also, sich trotz eigentlich abweichender (oder nicht vorhandener) Präferenz zugunsten der vermeintlich mehrheitlich unterstützten Alternative umzuorientieren. Ohne vergleichbaren Widerhall in der öffentlich geführten Debatte zu erfahren, wird dem Bandwagon-Effekt der sogenannte Underdog-Effekt gegenüber gestellt, der eine Wahlentscheidung zugunsten des vermeintlichen Wahlverlierers beschreibt. Die Möglichkeit eines Bandwagon-Effekts hat in zahlreichen Studien auch empirischen Zuspruch erfahren. Ursachenforschung wurde hingegen wenig umfänglich betrieben. Zumeist sind lediglich simplifizierende Erklärungen und Wirkungsvorstellungen erkennbar. Kenney und Rice (1994: 924) ziehen deshalb eine kritische Bilanz der theoretischen Unterfütterung gemessener Wirkungen: „For the most part, the theories [to explain why individuals show bandwagon behavior] are imprecise and underdeveloped."

Diesem Dilemma zum Trotz sind in empirischen und theoretischen Auseinandersetzungen vier unterschiedliche Erklärungsansätze für den Schwenk zugunsten einer in Umfragen als bevorzugt ausgewiesenen Alternative identifizierbar: Erstens kognitive Prozesse, zweitens die von Noelle-Neumann beschriebene Isolationsfurcht. Diese konzeptualisiert einen Stimmbürger, der sich von der eigentlich bevorzugten, aber nur von einer Minderheit unterstützten Alternative abwendet, um sich nicht gesellschaftlich zu isolieren. Drittens rationale Erwägungen: Hier verzichtet der Stimmbürger auf eine Wahl des vermeintlich erfolglosen Angebots der ersten Präferenz und gibt stattdessen einem vermeintlich erfolgreicheren Angebot der zweiten Präferenz seine Stimme, um die Wahl einer dritten, unerwünschten Alternative zu verhindern. Besonders populär ist viertens der Versuch, den Präferenzwechsel affektiv zu erklären. Dabei wird recht schlicht angenommen, der Stimmbürger fühle sich durch die Attraktivität des vermeintlichen Wahlgewinners angezogen und entscheide sich deshalb für dessen Wahl. Mutz (1992: 96) beschreibt die dabei postulierte Neigung der Wähler, sich auf die Seite der siegreichen Bataillone schlagen zu wollen, als „cultural truism" ohne große Erklärungskraft. Ebenso erwarten Lang und Lang (vgl. 1984: 129) eine Reaktion auf Umfrageergebnisse „in more diverse ways", als dies die klassische Bandwagon-Idee nahe legt. Doch offenbar stützt die Einfachheit des rein emotionalen Ansatzes seit jeher dessen große Popularität.[88]

Wirkungsansätze im Spiegel der hiesigen Befunde

Die vorliegenden Befunde können einen Beitrag dazu leisten, die scheinbar umfassende Anwendbarkeit eines affektiven *voting for the winner* in der Umfragewirkungsdebatte einzuschränken. In den drei Experimenten zur Wirkung rezipierter Umfrageergebnisse wurden den Probanden nämlich ausschließlich mehrheitsfähige Stimmverteilungen zugunsten einer Alternative präsentiert. Weil die empirischen Befunde dennoch einen Einfluss des rezipierten Stimmenanteils auf die von den Probanden selbstbekundete Präferenz erahnen lassen, dürfte hinter Umfragewirkungen mehr stecken, als die Attraktivität der vermeintlich favorisierten Alternative. Zur Erinnerung: Die Daten des dritten Experiments deuten auf einen Einfluss der Höhe des rezipierten Umfragewerts zugunsten einer städtischen Baumaßnahme auf die individuellen Präferenzen hinsichtlich derselben hin. Auffällig ist dabei insbesondere das deutlich in Richtung des Umfragewerts abweichende Messergebnis für die mit dem stärksten Stimulus konfrontierten Probanden. Für das Thema Steinkohlekraftwerk zeigt sich bei politisch uninteressierten Probanden zudem ein nahezu signifikanter, von der Höhe des dargestellten Umfragewerts abhängiger Einfluss auf die selbstbekundete Präferenz. Schwach ausgeprägt, aber tendenziell erkennbar findet sich der Einfluss unterschiedlich ausgeprägter Mehrheiten auf die Präferenzbildung schließlich auch in Experiment 2 zur Einführung eines Tempolimits (Probanden mit Schätzurteilen zwischen 29 Prozent und 67 Prozent). Allein im mutmaßlich voreinstellungsstarken Wahlkontext (Experiment 1) zeichnet sich kein Einfluss von Umfragedaten in der erwarteten Weise ab.

In ihrer Gesamtheit lassen die Befunde erahnen, dass die präzise Ausprägung einer Mehrheit (bzw. ihr numerischer Ausdruck) für das individuelle Urteils- und Entscheidungsverhalten durchaus von Bedeutung ist. Diese Interpretation lässt sich überdies mit Messergebnissen der bereits erwähnten experimentellen Studie von Hardmeier und Roth (vgl. 2003: 189) in Einklang bringen, die ebenfalls eine Präferenzbildung in Abhängigkeit unterschiedlich ausgeprägter Zustimmungswerte zeigen kann. Eine affektive Komponente ist freilich auch für diese Messergebnisse nicht auszuschließen, ebenso wenig erlauben die vorliegenden experimentellen Ergebnisse eine Aussage über die grundsätzliche Existenz eines *voting for the winner-*

---

[88] Kunczik und Zipfel (vgl. 2006: 18) sehen die gesamte Medienwirkungsforschung als gutes Beispiel einer so genannten *Do It Yourself Social Science*, bei der als Faustregel gelte: Je einfacher eine These, desto attraktiver und erfolgreicher deren öffentliche Karriere.

Phänomens. Sollten die sich hier andeutenden Wirkungen in weiteren Studien Bestätigung finden, wäre aber zumindest die in der Wirkungsdebatte übliche Reduktion auf den Aspekt der Attraktivität einer in Umfragen führenden Alternative unzureichend. Unter Rekurs auf die gängige Bandwagon-Metapher müsste dann vielmehr formuliert werden: *Es ist nicht (allein) entscheidend, wo die Kapelle spielt, sondern (auch): wie laut.*

Ein solcher Zusammenhang zwischen Mehrheitsausprägungen und Abstimmungsverhalten lässt sich selbstverständlich auch über die *Theorie der Schweigespirale* herleiten. Eine mit der Popularität einer Alternative verknüpfte Isolationsfurcht zur Erklärung der sich hier andeutenden Effekte heranzuziehen, erscheint indes wenig hilfreich: Erstens sind die in allen drei Experimenten gewählten Zustimmungsanteile selbst in ihren stärksten Ausprägungen nur schwer mit einer Isolationsproblematik in Verbindung zu bringen. Zweitens sollte den Versuchspersonen der anonym durchgeführten Studie ersichtlich gewesen sein, dass ihr Verhalten mit keinen sozialen Konsequenzen einhergehen würde. Drittens schließlich erwartet Noelle-Neumann (1989: 419) insbesondere Einflüsse des Meinungsklimas auf „Meinungen, Verhaltensweisen in wertgeladenen Bereichen". Die sich im Rahmen des dritten Experiments beim Thema Schillerplatz andeutenden Effekte würden allerdings auch für Umfragewirkungen abseits solcher Sachzusammenhänge sprechen und damit einmal mehr gegen den Versuch, Angst vor gesellschaftlicher Isolation als allgemeingültigen Grundsatz etwaiger Umfragewirkungen zu bemühen.

Auch über die Wasted-vote-These wären Effekte, wie sie sich in den vorliegenden Daten andeuten, nicht zu erklären. In den Experimenten 2 und 3 wurden den Probanden Sachentscheidungen abverlangt, die nur ein Für oder Wider kennen, eine taktische Komponente also ausschließen. Das erste Experiment wiederum wurde vor dem Hintergrund einer für alle Stimulusversionen gültigen absoluten parlamentarischen Mehrheit der CDU durchgeführt. Eine auf Basis taktischer Überlegungen vergrößerte oder verkleinerte Wahrscheinlichkeit zur Wahl der CDU ließe sich unter diesen Bedingungen nicht nachvollziehbar begründen. Allein das prognostizierte Scheitern der Thüringer FDP an der Fünf-Prozent-Hürde böte Raum für Spekulationen um Stimmverschiebungen zugunsten des um die parlamentarische Präsenz bangenden bürgerlichen Partners. Ein etwaiger Leihstimmen-Effekt sollte freilich mit der in Umfragen ausgewiesen Höhe des CDU-Wahlsiegs zunehmen: denn je sicherer der CDU-Triumph, desto entbehrlicher jede Stimme für die Union (vgl. Gallus, 2002: 34). Eine konsequent abnehmende Wahlwahrscheinlichkeit bei zunehmendem Umfragewert lassen die experimentellen Daten jedoch nicht erkennen.

Sowohl dem strategischen Motiv als auch der Isolationsfurcht wurde bereits a priori unterstellt, Umfrageeffekte nur unter bestimmten Randbedingungen erklären zu können. Würdigt man die sich hier andeutende Wirkung von Umfragen in Abhängigkeit des Ausmaßes eines ohnehin mehrheitlichen Zuspruchs, darf die Vermutung einer begrenzten Erklärungskraft der beiden Ansätze als bestätigt betrachtet werden. Auf Basis der vorliegenden Daten sind zudem Zweifel an der nahezu rituellen Verquickung vermuteter Umfrageeffekte und rein emotionalem *voting for the winner* angebracht. Zwar könnte ein affektives Moment auch mit der gewinnenden Aura von Mehrheiten in Abhängigkeit ihrer Ausprägung in Verbindung gebracht werden (dafür spricht hier das hypothesengemäße Mittelwertmuster des semantischen Wortpaares attraktiv-unattraktiv beim Thema Steinkohlekraftwerk, dagegen das konträre Messergebnis für dasselbe Attribut beim ersten Experiment), als exklusiver theoretischer Unterbau erscheint die emotional abgestützte Erklärung aber fragwürdig. Immerhin könnte im Rahmen der vorliegenden Experimente nicht einmal der von Mutz (1992: 96) bereits als erklärungsschwach eingestufte „thrill of victory" als Begründung einer rein affektiv veränderten Präferenz dienen.

Von den hier grundsätzlich unterschiedenen vier Erklärungsmustern zur Wirkung rezipierter Umfragen verbleibt somit das kognitive als letzte mögliche Alternative. Vor dem Hintergrund der weithin anerkannten Grundlagen der menschlichen Informationsverarbeitung sowie der sich in Studien zur Wirkung rezipierter Umfragen abzeichnenden Interventionskraft von Voreinstellungen dürfte der kognitiv abgestützte Erklärungsversuch als der fruchtbarste gelten. Mit der Fokussierung mentaler Aktivität rückt der kognitive Erklärungsansatz dabei die Prozesse zwischen Umfragewahrnehmung und Präferenzbekundung ins Blickfeld, die bislang allzu häufig ausgeblendet wurden. Als vernachlässigte abhängige Variablen eines Umfrageeinflusses dürfen gelten: erstens die Wahrnehmung des Meinungsklimas und zweitens die Beurteilung eines in Umfragen zugespitzten Sachverhalts. Während sich in puncto Wahrnehmung des Meinungsklimas noch eine Reihe empirischer Befunde ausfindig machen lässt, die auch einen Einfluss der rezipierten demoskopischen Informationen belegen kann (vgl. Kap. 2.2.5), sind Befunde zur Beurteilungsdimension rar. Zugleich deuten sich aber in solchen Arbeiten, die von Probanden auch eine Bewertung des Sachverhalts einfordern, Einflüsse des rezipierten Meinungsklimas an (vgl. Atkin, 1969; Daschmann, 2001: 275).

Auch die vorliegenden Befunde lassen erahnen, dass sich zwischen der Rezeption veröffentlichter Umfrageergebnisse und einer anschließenden Präferenzbekundung mentale Aktivität manifestiert: So können die Experimente 1 und 3 eine veränderte Wahrnehmung des Meinungsklimas in Abhängigkeit der Stimulusstärke deutlich belegen. Dass dabei die konkreten meinungsklimatischen Einschätzungen der Probanden nur vereinzelt den exakten Stimuluswert ausweisen, in der Regel aber von diesem abweichen, stützt die Annahme einer über die schlichte Wiedergabe hinaus gehenden mentalen Verarbeitung von akquirierten Umfrageergebnissen zudem. Weiteren Zuspruch erfährt das Postulat kognitiver Aktivität durch den Zusammenhang zwischen Stimulusausprägung und Bewertung eines einschlägigen Sachverhalts, wie er sich bei Experiment 1 andeutet und bei Experiment 3 abzeichnet, zumal für das Thema Steinkohlekraftwerk bei politisch uninteressierten Pro-

banden. Mangels statistischer Belastbarkeit ist bei der Bewertung dieser Messergebnisse zwar Vorsicht geboten, die Vielzahl der Indizien spricht aber für eine Interpretation der Befunde im Sinne der ersten forschungsleitenden Annahme, nach welcher rezipierte Umfrageergebnisse aus Medienberichten kognitiv verarbeitet werden
und daher die Urteils- und Entscheidungsfindung grundsätzlich beeinflussen können.

Voreinstellungen als intervenierende Variable

Einflüsse auf Urteile und Entscheidungen haben aus kognitionspsychologischer
Perspektive Gedächtnisinhalte dann, wenn sie während der Urteilsfindung mental
besonders zugänglich sind. Zugänglichkeit erfahren Informationen einerseits situa-
tionsbedingt, also beispielsweise direkt im Zuge ihrer Wahrnehmung. Die Zugänglichkeit von Gedächtnisinhalten ist aber zugleich aus Erfahrungswerten des Individuums ableitbar (vgl. Kap. 2.3.1). Das heißt, bestimmte Informationseinheiten können im assoziativen Netzwerk des menschlichen Gedächtnisses besonders stark mit
einem zu beurteilenden Sachverhalt verknüpft sein, wenn sie bereits bei vorangegangenen Auseinandersetzungen mit diesem oder verwandten Sachverhalten aktiviert wurden. Diese in erster Linie aus ökonomischen Gründen (effiziente Informationsverarbeitung, schnelle Urteils- und Entscheidungsfindung) kontextspezifisch
per se größere Zugänglichkeit bestimmter Informationen kann den Einfluss kurzfristig zugänglicher Gedächtnisinhalte insbesondere auf meinungsrelevante Urteile
und Entscheidungen begrenzen.

Studien zur Wirkung rezipierter meinungsklimatischer Daten dokumentieren
dementsprechend, wie in vorerfahrungsintensiven und verwandten Kontexten Informationen über gesellschaftliche Stimmungen durch langfristige Orientierungen
überlagert werden können und ein Einfluss des rezipierten Meinungsklimas auf
meinungsrelevante Urteile ausbleibt (vgl. u.a. Hardmeier & Roth, 2003; Joslyn,
1997; West, 1991). Ganz ähnlich weisen Untersuchungen zur Kandidatenpräferenz
im Rahmen der US-amerikanischen Vorwahlen auf einen ausgeprägteren Einfluss
wahrgenommener Meinungsverteilungen zu Kampagnenbeginn hin, dann also,
wenn der Informationsstand (also die Menge stark assoziierter Informationseinheiten) zu den Kandidaten gering ist. Mit näher rückendem Vorwahltermin verfestigen
sich dann die Einstellungen zu den Kandidaten (d.h. die Menge stark assoziierter
Gedächtnisinhalte nimmt zu) und der Einfluss rezipierter Mehrheitsverhältnisse
schwindet (vgl. Bartels, 1988).

Auch die vorliegenden experimentellen Daten lassen sich vorsichtig als Bestätigung der in einer dritten forschungsleitenden Annahme postulierten „verhal-
tensprädiktiven" (Hannover et al., 2004: 192) Rolle solcher gewachsenen Gedächtnisinhalte interpretieren. Zwar kann die experimentelle Operationalisierung zur

Prüfung dieses Zusammenhangs (Hypothese 4 über Experiment 3) diese Schluss-folgerung zunächst nicht stützen. Der erwartete Einfluss von Voreinstellungen zeichnet sich allerdings a posteriori bei der Kontrolle individueller Prädisponiertheit der Versuchspersonen ab: So ist bei politisch interessierten Probanden eine Wir-kung rezipierter Umfrageergebnisse zur Popularität eines Kraftwerkbaus über eine veränderte Wahrnehmung des Meinungsklimas hinaus nicht messbar. Bei Ver-suchspersonen, die sich als weniger bis gar nicht politisch interessiert bezeichnen, kann hingegen die Beeinflussung selbst meinungsrelevanter Urteile durch das rezi-pierte Meinungsklima nahezu signifikant dokumentiert werden. Dabei ist plausibel anzunehmen, dass bei politisch interessierten Versuchspersonen Gedächtnisinhalte zum öffentlich diskutierten Thema Kohlekraftwerk durch vorangegangene persönli-che Auseinandersetzungen mit dieser Thematik oder assoziierten Themen (Um-weltpolitik, Energiepolitik) in stark zugänglicher Weise vorliegen. Umgekehrt mö-gen bei politisch weniger interessierten Probanden solche stark verknüpften Infor-mationseinheiten fehlen (oder nicht in diesem Maße vorhanden sein). Für die postu-lierte Rolle von Voreinstellungen spricht schließlich auch, dass im gemeinhin als voreinstellungsstark bezeichneten Wahlkontext (Experiment 1) zwar ein signifikan-ter Einfluss des rezipierten Umfragewerts für die CDU auf die Einschätzung des Meinungsklimas gemessen werden kann, in der Beurteilung der CDU sowie bei der Bereitschaft zur Wahl derselben sich hingegen kaum Effekte widerspiegeln, die mit der rezipierten Stimmungslage in Verbindung gebracht werden können.

Umfragewirkung als Ankereffekt

Trotz der sich nicht nur in dieser Untersuchung andeutenden kognitiven Grundla-gen eines Einflusses rezipierter Meinungsverteilungen sind bislang kaum kognitiv abgestützte Wirkungsansätze auszumachen. In Studien, die sich um die Beleuchtung kognitiver Aktivität als Ursache einer Umfragewirkung verdient gemacht haben, wird der Zusammenhang von Umfragerezeption und beeinflusster Beurteilung entweder konsistenztheoretisch konzeptualisiert (vgl. Atkin, 1969) oder über eine schließlich zu erhöhter mentaler Verfügbarkeit führenden Auseinandersetzung mit Gründen hergeleitet, die eine Mehrheitsmeinung bestätigen können (vgl. Mutz, 1992). Im Fokus dieser Betrachtungen steht allerdings jeweils die An- bzw. Abwe-senheit von Unterstützung, nicht aber der Grad des rezipierten Zuspruchs. Die grundsätzliche Problematik einer Wirkung rezipierter Umfrageergebnisse wird somit selbst bei kognitiv abgestützten Erklärungsversuchen auf die Zugkraft einer ver-meintlich siegreichen Alternative reduziert. Und auch der Rolle von Umfrageergeb-nissen als numerische Information wird nicht weiter nachgegangen.

Angesichts der gängigen medialen Präsentationen von Umfrageergebnissen in prozentualen Anteilen von Grundgesamtheiten verblüfft die Abwesenheit eines numerischen Fokus. Die Vernachlässigung des numerischen Aspekts mag sich auch darin begründen, dass unter Rückgriff auf das Phänomen der *Base-Rate-Fallacy* prozentualen Angaben immer wieder unterstellt wird, „überhaupt keine Einflüsse auf Alltagsurteile über Häufigkeiten und Verteilungen" (Daschmann, 2001: 36) entfalten zu können. Tatsächlich aber dürfen die Einflüsse der *Base-Rate-Fallacy* als begrenzt gelten und zwar auf Situationen, in denen das Individuum die Urteilsrelevanz statistischer Angaben nicht erkennt und deshalb auf vermeintlich relevante Einzelfallinformationen zurückgreift (vgl. Fiske & Taylor, 1991: 362). Bar-Hillel (1980: 216) bestätigt diesen Zusammenhang ebenso: „subjects ignore base-rate information, when they do, because [...] the base rates seem to them irrelevant to the judgment." Die mutmaßlich große Relevanz rezipierter Befragungsergebnisse bei der Beurteilung des Meinungsklimas spricht somit für die Betrachtung des numerischen Reizes bzw. möglicher mentaler Konsequenzen desselben.[89]

Mit der Verankerungsheuristik wurde deshalb ein Konstrukt zur Erklärung von Umfrageeffekten überprüft, das Zahlenrezeption, kognitive Aktivität und Urteilsverhalten verknüpft. Die vorliegenden experimentellen Befunde, die auf eine Präsentation dreier unterschiedlich starker, jeweils aber mehrheitsfähiger numerischer Ausdrücke zurückgehen, lassen eine Bedeutung dieser Urteilsheuristik im Kontext rezipierter numerischer Umfragewerte zunächst allerdings nur erahnen: Deutlich ergeben sich immerhin Einflüsse von Umfrageergebnissen auf Einschätzungen zum Meinungsklima in der erwarteten Form. Das heißt, je höher ein rezipierter Umfragewert zugunsten einer Alternative, desto höher fällt die entsprechende Einschätzung des öffentlichen Zuspruchs aus. Dieser Effekt wurde a priori über das Modell selektiver Zugänglichkeit (vgl. Kap. 2.3.3) erklärt, welches die mit einer Beurteilung des Referenzwerts einhergehende Aktivation ankerkonsistenter Informationseinheiten des menschlichen Langzeitgedächtnisses für das veränderte Schätzurteil verantwortlich macht. Vor dem Hintergrund der auf diesem Weg beeinflussten mentalen Informationslage wurde weiter erwartet, dass sich die Beurteilung einer Alternative mit zunehmender Ausprägung des rezipierten Umfragewerts verbessert und folgerichtig auch die Bereitschaft zunimmt, diese Alternative zu präferieren.

Für diese beiden aus der zweiten forschungsleitenden Annahme abgeleiteten Postulate finden sich in den vorliegenden Daten jedoch keine statistisch belastbaren Belege. Tendenziell ist der vermutete Einfluss eines rezipierten Umfrageergebnisses auf die Bewertung eines Sachverhalts indes zu erkennen. Dies gilt ebenso für die Präferenzbekundung der Probanden. Am deutlichsten (nämlich nahezu signifikant) drängt sich die Möglichkeit des postulierten Einflusses der Verankerungsheuristik

---

[89] Dafür, dass prozentuale Mehrheitsdarstellungen einer speziellen Verarbeitungsroutine folgen, sprechen auch Befunde von Lamp (vgl. 2001) zum Einfluss numerischer Äquivalente auf das Antwortverhalten bei Bevölkerungsumfragen.

bei jenen politisch uninteressierten Probanden auf, die sich bei unterschiedlichen Zustimmungswerten mit dem Bau eines Kohlekraftwerks auseinandersetzen mussten (Experiment 3). In der erwarteten Weise manifestiert sich hier allem Anschein nach die mentale Gegenwart des Ankers bzw. ankerkonsistenter Informationen bei der Wahrnehmung des Meinungsklimas, bei der globalen Beurteilung des Kraftwerkbaus sowie bei der selbstbekundeten Präferenz bezüglich dieses kontroversen Sachverhalts.

Dass die Messergebnisse für die politisch interessierten Probanden beim Thema Kraftwerksbau zugleich keine Effekte aktivierter ankerkonsistenter Information auf meinungsrelevante Urteile dokumentieren können, lässt sich mit der Verfügbarkeit von Voreinstellungen begründen. Auf dieselbe Weise werden auch die Ergebnisse aus Experiment 1 zur Thüringer Landtagswahl nachvollziehbar. Beim voreinstellungsschwachen Thema Schillerplatz (Experiment 3) hingegen hätten die durch das Schätzurteil zugänglich gewordenen Informationseinheiten anschließende meinungsrelevante Urteile genauso prägen sollen, wie sich dies nahezu idealtypisch bei politisch uninteressierten Kraftwerksbau-Probanden abzeichnet. Doch obwohl die Einschätzung des Meinungsklimas deutlich der Stimulusausprägung in der postulierten Weise folgt, deutet sich der postulierte Einfluss des Ankers bei Bewertung und Präferenz in Sachen Schillerplatz nur an. Erkennbar ist vor allem ein (nicht signifikanter) Effekt des stärksten Stimulus, während die beiden schwächeren Stimuli nur zu geringfügig unterschiedlichen Urteilen führen.

Zur Deutung dieses Befunds wurde bereits die relative Stärke des Ankers bemüht. Demnach könnte die mentale Prüfung des Umfragewerts für die beiden schwächeren Stimuli zu einer ähnlichen Zusammensetzung aktivierter semantischer Information geführt haben. Wenn nämlich in umfassender Unkenntnis des tatsächlichen Meinungsklimas zwei Umfrageergebnisse in etwa dieselbe Bedeutung besitzen (für die beiden schwächeren Stimuli beim Schillerplatz-Experiment beispielsweise: „überschaubare Mehrheit"), dann könnte sich auch die Menge zugänglicher ankerkonsistenter Informationen ungefähr gleichen – mit entsprechenden Konsequenzen für kontextspezifische Urteile des Rezipienten. Umgekehrt könnte der 68-Prozent-Stimulus als vergleichsweise stark wahrgenommen werden und so zu einer ungleich größeren Zugänglichkeit positiver Assoziationen zur Neugestaltung des Schillerplatzes führen.

Dieser Ansatz einer Erklärung des Befunds steht im Widerspruch zu den zunächst präferierten Hintergründen der Verankerungsheuristik, nach welchen bereits das Schätzurteil Ausdruck der jeweils mit einem Anker verbundenen Zugänglichkeit semantischer Information sein sollte (Modell selektiver Zugänglichkeit). Das heißt, ist das Schätzurteil erkennbar an den Vorgaben des Ankers orientiert (wie beim Thema Schillerplatz), dann sollten (in Abwesenheit von Voreinstellungen) aufgrund der spezifischen Zugänglichkeit ankerkonsistenter Gedächtnisinhalte auch meinungsrelevante Urteile den Vorgaben des Ankers in vergleichbarer Ausprägung folgen. Dementsprechend hätte sich die auf einem Umfragewert von 58-Prozent basierende, zu den beiden anderen Stimulusgruppen nahezu äquidistante Einschätzung des Meinungsklimas zugunsten einer Umgestaltung des Schillerplatzes in einer gleichermaßen differenzierten Bewertung des Sachverhalts manifestieren sollen – mit denselben Folgen für die Präferenzbildung.

Die von diesem Postulat abweichenden Messergebnisse sprechen womöglich dafür, dass der Einfluss des numerischen Reizes auf das Schätzurteil über die Aktivierung ankerkonsistenter semantischer Gedächtnisinhalte hinausgeht. Hierfür könnte ein Zusammenspiel unterschiedlicher Mechanismen bei der Entstehung des Ankereffekts verantwortlich sein, wie dies auch Mussweiler und Strack (2001: 159) für grundsätzlich möglich erklären. In einem ihrer Aufsätze regen die Vertreter des Modells selektiver Zugänglichkeit an: „to fully understand the anchoring phenomenon, one may have to take different psychological mechanisms into account" – dabei erörtern sie ein Zusammenspiel von mangelnder Anpassung (*adjustment*) und semantischem Priming. Ebenso kann über ein Miteinander von numerischem und semantischem Priming spekuliert werden, in welchem sich das Schätzurteil einerseits auf den rezipierten Umfragewert selbst zurückführen lässt (vgl. u.a. Reitsmavan Rooijen & Daamen, 2006; Jacowitz & Kahneman, 1995), zugleich aber im Rahmen einer positive Hypothesenprüfung auch semantische Gedächtnisinhalte aktiviert werden, um die Qualität des Schätzurteils zu sichern.

In beiden Fällen hätte dann nicht ausschließlich die bei der Prüfung des Referenzwerts selektiv aktivierte semantische Information Einfluss auf das Schätzurteil, sondern zugleich der numerische Referenzwert selbst. Weil die einer Einschätzung nachfolgenden meinungsrelevanten Urteile hingegen nicht durch den numerischen Referenzwert, sondern allein durch ankerkonsistente semantische Gedächtnisinhalte beeinflusst werden sollten, würden sich diese Urteile selbst bei differenten Referenzwerten gleichen können, wenn mit deren unterschiedlichen Ausprägungen (etwa die Schillerplatz-Umfragewertewerte von 48 und 58 Prozent) keine veränderte inhaltliche Bedeutung einhergeht. Nachvollziehbar würde so neben den Schillerplatz-Befunden auch die sich vor dem Hintergrund aktivierter Voreinstellungen nur sachte andeutende Zugkraft des stärksten (womöglich weil über 50 Prozent liegenden) Stimulus bei der Bewertung der Thüringer CDU in Experiment 1 sowie die zugleich auf einem Niveau verharrende Bewertung in den Versuchsgruppen mit den beiden niedrigen Stimuli.

Allein für die ohnehin nur schwer einzuordnenden Ergebnisse des zweiten Experiments (Tempolimit) erscheint dieser Erklärungsversuch unzureichend: Die meinungsklimatischen Einschätzungen der Probanden hätten sich bei einem Zusammenspiel numerischer und semantischer Mechanismen bereits wegen der unterschiedlichen numerischen Einflüsse zwischen den Versuchsgruppen unterscheiden müssen – unabhängig von einer etwaigen inhaltlich vergleichbaren Bedeutung der Stimuli und einer daher kaum differenten Zugänglichkeit ankerkonsistenter semantischer Gedächtnisinhalte. Womöglich ist daher die bereits geäußerte Vermutung noch einmal zu bekräftigen, nach welcher in Experiment 2 die Verankerung bei einer Vielzahl von Probanden gänzlich ausgeblieben ist und die Messergebnisse deshalb insgesamt kaum Aussagekraft besitzen. Konkrete Ansatzpunkte für diese Vermutung können abseits der experimentellen Ergebnisse jedoch nicht benannt werden, zumal zur Sicherung der Validität der Messergebnisse besondere Anstrengungen unternommen wurden.

Validität der Messergebnisse

Die Validität experimenteller Befunde zur Wirkung von Medieninhalten auf den Rezipienten ist von unterschiedlichen Faktoren (vgl. Kap. 3.1.2) abhängig. Erstens dürfen die Versuchspersonen die Echtheit des ihnen vorgelegten Stimulusmaterials keinesfalls anzweifeln. Um bei den hier durchgeführten Experimenten die Wahrnehmung des Stimulusmaterials als authentisch zu gewährleisten, wurden die als Stimulusträger fungierende Zeitungsartikel deshalb in das Layout renommierter regionaler und überregionaler deutscher Tageszeitungen eingepasst und auch sprachlich entsprechend aufbereitet. Zur Sicherung der Validität ist es zweitens notwendig, das wahre Untersuchungsinteresse zu verschleiern. Nur auf diese Weise lassen sich sogenannte demand artifacts oder demand effects minimieren, also ergebnisrelevante Versuche der Probanden, sich im vermeintlichen Sinne der Studie zu verhalten. In den Untersuchungen dieser Arbeit wurden die Probanden daher unter keinen Umständen gebeten, an Experimenten teilzunehmen. Vielmehr wurden jeder Versuchsperson zwei der erstellten Stimulusartikel vorgelegt, deren Vergleich als angeblicher Untersuchungszweck dargelegt wurde.

Die relevanten Befunde dieser Arbeit sprechen für eine erfolgreiche Täuschung der Probanden – sowohl hinsichtlich der Echtheit des Stimulusmaterials als auch hinsichtlich des wahren Untersuchungszwecks: Denn zum einen bewegt sich die den Artikeln durchschnittlich zugeschriebene Glaubwürdigkeit in allen Untersuchungen deutlich oberhalb des Skalenmittels der verwendeten siebenstufigen Skala. Zum anderen weist die auf einer Schulnotenskala abgetragene Gesamtbeurteilung der Beiträge in allen drei durchgeführten Experimenten gute bis befriedigende Zensuren aus, wobei dem vorgetäuschten Untersuchungszweck entsprechend (Qualität der Umfrageberichterstattung deutscher Tageszeitungen) ein Gefälle zwischen beiden jeweils zusammen dargebotenen Artikeln messbar ist. Wie a priori erwartet, bewerten die Versuchspersonen in allen drei Experimenten den ausführlicheren der beiden zu vergleichenden Stimulusartikel gut und damit rund eine Schulnote besser als den knappen, deutlich weniger auf die methodischen Hintergründe der Umfrage eingehenden Beitrag.

Weil Zeitungsinhalte an fast jedem Ort und zu fast jeder Zeit rezipiert werden können, wurde in allen drei Experimenten auf ein Laboratorium verzichtet. Eine Vermeidung desselben ist vor allem deshalb geboten, weil sich Versuchspersonen unter offensichtlich künstlichen äußeren Bedingungen besonders intensiv als Teil einer Untersuchung wahrnehmen können und sich folgerichtig die Wahrscheinlichkeit von Versuchspersoneneffekten vergrößert. In Experiment 1 zur Wirkung rezipierter Umfragen im Wahlkontext wurden dementsprechend studentische Versuchspersonen in kommunikationswissenschaftlichen Kursen um eine Teilnahme an der Studie gebeten, die sich eben vorgeblich der Qualität von Umfrageberichterstattung widmete und damit einem für Kommunikationswissenschaftler typischen Sachverhalt. Eine ebenso wenig künstliche Rezeptionssituation lag den Experimenten 2 und 3 zur Wirkung rezipierter Umfragen im Kontext sachpolitischer Entscheidungen zugrunde. Hier wurden die Versuchspersonen in der zentralen Mensa der Mainzer Johannes Gutenberg-Universität akquiriert, einer Umgebung, in welcher die Rezeption printmedialer Inhalte insbesondere durch allein Speisende üblich ist. Dafür, dass eine etwaige Künstlichkeit das Verhalten der Probanden beeinflusst haben könnte, so etwa die Qualität der Bearbeitung, geben überdies die eingesammelten Fragebögen keinerlei Anhaltspunkte.

Ein bei experimentellen Studien zur Wirkung von Medieninhalten kaum zu umgehendes Dilemma ist der keinesfalls eigeninitiative Vorgang der Mediennutzung. Um diesem Faktor möglichst geringen Einfluss zuzubilligen, wurde in allen drei Experimenten auf Themen von Relevanz für die Versuchspersonen zurückgegriffen. Das heißt, es wurden Themen verwendet, denen unter anderem Umständen ebenso die Aufmerksamkeit der Versuchspersonen zu Teil werden könnte. Das gilt in jedem Fall für das Thema Landtagswahl, das Thema Kraftwerksbau und das Thema Tempolimit. Durch seine lokale Bedeutung darf auch dem Thema Neugestaltung des Mainzer Schillerplatzes Relevanz zugesprochen werden. Bewusst wurde im Sinne der allgemeinen Aussagekraft der Befunde auf die Verwendung solcher Themen verzichtet, die ausschließlich für Studierende von Relevanz sind (etwa das Thema Studiengebühren). Aus statistischer Perspektive sind die Ergebnisse der drei Experimente natürlich ohnehin nicht generalisierbar, da nicht mit repräsentativen Stichproben einer bestimmten Grundgesamtheit gearbeitet wurde. Da aber auch keine Gründe erkennbar sind, warum bei den hier untersuchten Zusammenhängen die nicht-repräsentativen studentischen Samples zu spezifischen Ergebnissen führen sollten, kann inhaltlich über die grundsätzliche Gültigkeit der hier präsentierten Ergebnisse spekuliert werden.

Forschungspotenziale

An dieser Stelle gilt es festzuhalten, dass mit der vorliegenden Untersuchung Neuland betreten wurde. Dies betrifft sowohl die theoretisch entwickelten Annahmen zur Wirkung rezipierter Umfrageergebnisse auf Basis der Verankerungsheuristik, als auch das konkrete methodische Vorgehen zur empirischen Überprüfung derselben. Hier ist ein kognitionspsychologisches Konstrukt in einen neuen Rahmen überführt worden, in welchem die Versuchsanlagen klassischer Experimente zur Verankerungsheuristik (z.B. Komparationsfrage) nicht angewendet werden können, ohne eine dem Untersuchungsziel abträgliche Künstlichkeit zu schaffen. Vor diesem Hintergrund muss die vorliegende Arbeit als ein erster Versuch verstanden werden, eine etwaige Verantwortlichkeit der Verankerungsheuristik bei der Wirkung numerischer demoskopischer Informationen zum Meinungsklima auf Urteile und Entscheidungen zu überprüfen.

Ausgangspunkt der postulierten Einflüsse rezipierter Umfrageergebnisse ist das Modell selektiver Zugänglichkeit. Dieses konzeptualisiert die Orientierung an einem Referenzwert über die Aktivierung solcher semantischer Informationen, die eine Anwendbarkeit dieses Referenzwerts bestätigen können (positive Prüfung). Demnach gehen hohe Anker besonders mit der Aktivierung solcher Gedächtnisinhalte einher, die diesen hohen Anker bestätigen können. Umgekehrt führen niedrige Anker zur Aktivierung von Informationen, die einen niedrigen Anker bestätigen können. Numerische Schätzurteile basieren demnach nicht (nur) auf numerischer Information, sondern (vor allem) auf semantischen Gedächtnisinhalten, die mit Ausprägungen von Zahlen bzw. deren Bedeutung vereinbar sind. Weil die erhöhte Zugänglichkeit dieser Gedächtnisinhalte über das Schätzurteil hinaus Urteilseinflüsse entfalten kann, wurde Umfrageergebnissen nicht nur ein Einfluss auf ein Schätzurteil zum Meinungsklima unterstellt, sondern gleichermaßen ein Einfluss auf nachfolgende kontextspezifische Urteile und Entscheidungen.

Die Überprüfung dieser Wirkungsvermutung ist auch hinsichtlich des Messinstruments als besondere Herausforderung zu begreifen: In kognitionspsychologischen Studien zur Verankerungsheuristik nämlich ist das Schätzurteil zentrale abhängige Variable. Zwar untersuchen jüngere Studien etwa mit der Zugänglichkeit von ankerkonsistenter Information (Reaktionszeitstudien, vgl. Mussweiler & Strack, 2000a) oder beeinflussten Anschlussurteilen (z.B. juristisches Strafmaß: u.a. Englich, 2005; medizinische Behandlung: Brewer et al., 2007) weitere abhängige Variablen. Verfahren zur Messung von Beurteilungen und Präferenzen im Kontext medial vermittelter meinungsklimatischer Informationen, wie sie hier als abhängige Variablen definiert wurden, sind allerdings bislang nicht angewendet worden. Die verwendeten Messinstrumente sind daher sowohl an Studien zur Verankerungsheuristik als auch an experimentelle Studien der Medienwirkungsforschung angelehnt, etwa solchen zur Wirkung von Fallbeispielen (u.a. Daschmann, 2001). In den vorliegenden Messergebnissen deuten sich die postulierten Einflüsse der Verankerungsheuristik an, also auch Wirkungen von Referenzwerten über das Schätzurteil hinaus. Dieser Befund lässt sich vorsichtig als Bestätigung der angewendeten Messinstrumente im Kontext der Verankerungsheuristik auslegen. Gleichwohl könnte es sich anbieten, der Aktivierung von ankerkonsistenten Gedächtnisinhalten im Zusammenhang mit der Rezeption von Umfrageergebnissen noch einmal in anderer Form nachzugehen. Zu denken ist hier an die von Mussweiler und Strack (vgl. 2000a) vorgeschlagene so genannte lexikalische Entscheidungsaufgabe (Reaktionszeitstudie). Bei diesem Messinstrument wird computergestützt über Reaktionszeiten zur Worterkennung die Zugänglichkeit von Gedächtnisinhalten erhoben. In der Studie der beiden Forscher wurden die Probanden zuerst mit unterschiedlich hohen Autopreisen konfrontiert, um anschließend sinnvolle von sinnfreien Wörtern unterscheiden zu müssen. Unter die sinnvollen Wörter wurden auch Namen von Automobilherstellern und Fahrzeugtypen gemischt. Die Studienergebnisse dokumentieren, dass sinnvolle Wörter dann besonders schnell erkannt werden, wenn diese als konsistent zur Höhe des Ankers gelten dürfen. Schnell als sinnvoll identifiziert wurden also die Namen teurer Autos bei hohem Anker und die günstigerer Fabrikate bei niedrigem Anker. Im Kontext rezipierter Umfragen könnte folgerichtig untersucht werden, ob die lexikalische Entscheidungsaufgabe die Zugänglichkeit bestimmter Informationen mit der Höhe demoskopischer Lagedaten in Verbindung bringen kann. Der Vorteil dieses Instruments: Selbst bei voreinstellungsstarken Sachverhalten sollten Zugänglichkeitseffekte messbar sein, da die lexikalische Entscheidungsaufgabe keine meinungsrelevanten Urteile einfordert. Anders also als bei dem hier für eine differenzierte Messung der Beurteilung herangezogenen semantischen Differential werden den Probanden bei einer solchen Reaktionszeitstudie leichter zu treffende Urteile über die Sinnhaftigkeit von Wörtern abverlangt.

Die lexikalische Entscheidungsaufgabe sollte auch geeignet sein, die zur Erklärung der Schillerplatz-Befunde herangezogene relative Bedeutung von Ankerstärken empirisch auszuloten. Über die spezifischen Reaktionszeiten je Umfrageergebnis nämlich müsste ein vergleichbarer Zugänglichkeitseffekt zweier unterschiedlicher numerischer Anker nachweisbar sein, wenn diese tatsächlich durch das Individuum als vergleichbar stark wahrgenommen werden und daher mit einem vergleichbar großen Pool aktivierter semantischer Gedächtnisinhalte einhergehen. Grundsätzlich bietet es sich in diesem Zusammenhang wohl auch an, die Bandbreite der als Stimuli dienenden Umfrageergebnisse zu vergrößern, um die postulierte relative Bedeutung von Umfrageergebnissen umfassender analysieren zu können. Vorbildcharakter könnte hier die Bandbreite der Stimulusvariation einer experimentellen Umfragewirkungsstudie von Hardmeier und Roth (vgl. 2003: 189) haben. Von den beiden

Zürcher Forschern wurden Zustimmungswerte zu Sachverhalten zwischen 25 Prozent und 75 Prozent quasi kontinuierlich abgebildet und deren Effekt auf die individuelle Präferenz gemessen. Der sich dort abzeichnende Einfluss des rezipierten Meinungsklimas (dort das Experiment zum Sachthema E-Marktgesetz) ist im Hinblick auf die hier postulierte relative Bedeutung von Ankerstärken zudem bemerkenswert: Die grundsätzlich positive Korrelation von rezipiertem Zustimmungswert und Präferenzbekundung setzt im Bereich zwischen 40 und 60 Prozent rezipierter Zustimmung nahezu aus.[90] In diesem Bereich ergeben sich im Mittel also so gut wie keine veränderten Präferenzen trotz differenter Stimuli. Dieser Befund ähnelt deutlich den hiesigen Ergebnissen zum Thema Schillerplatz, nach welchen die beiden zwischen 40 und 60 Prozent liegenden Stimuli (nämlich 48 und 58 Prozent) zu vergleichbaren und vor allem anderen Effekten führen als der 68-Prozent-Stimulus.

Durch die Verankerungsheuristik initiierte Zugänglichkeitseffekte, wie sie hier postuliert werden, sind analog zu anderen Priming-Phänomenen zunächst als kurzfristige Wirkungen einzuordnen. Allerdings wird deren verhältnismäßig große Beständigkeit in jüngeren kognitionspsychologischen Untersuchungen betont:

> Anchoring effects are remarkably durable. [...] In fact our data even suggest that the magnitude of anchoring remains unchanged over this period of time [one week]. Thus, the effects of judgmental anchoring appear to be even more robust than knowledge accessibility effects in other paradigms such as judgmental priming (Mussweiler, 2001: 439).

Der mit der Anwendung der Verankerungsheuristik verbundene Zugänglichkeitseffekt gilt deshalb als besonders ausdauernd, weil das Individuum den Pool semantischer Gedächtnisinhalte durch die mentale Auseinandersetzung mit dem Referenzwert selbst generiert. Die im Vergleich zum einfachen Priming besondere Haltbarkeit selbstgenerierter Zugänglichkeit wird dabei auf die intensivere Auseinandersetzung mit einschlägigen Informationseinheiten und eine damit verbundene stärkere Aktivation derselben zurückgeführt (vgl. Mussweiler, 2001). Im hiesigen Zusammenhang wäre daher zu spekulieren, dass die in Abhängigkeit rezipierter Umfragewerte selbstgenerierten Assoziationen zum Bau des Mainzer Kohlekraftwerks nicht nur sehr kurzfristig mit einer erhöhten Zugänglichkeit ausgestattet sind, sondern durchaus über einen Zeitraum mehrerer Tage. Somit sollte die Wahrscheinlichkeit, dass ankerkonsistente Informationen bei nachfolgenden Auseinandersetzungen mit dem Kraftwerksbau erneute Urteilsrelevanz erfahren, auch noch Tage nach der Beurteilung des Meinungsklimas erhöht sein. Vor dem Hintergrund einer zu konstatierenden Anwendbarkeit der Verankerungsheuristik im Kontext rezipierter Umfrageresultate wäre daher eine Annäherung an die Haltbarkeit von Umfrage-

---

[90] Dies gilt bezogen auf den ausgewiesenen Durchschnitt, dessen exaktes Zustandekommen leider nicht näher erläutert wird (vgl. Hardmeier & Roth, 2003: 189).

effekten bzw. der hiermit verknüpften Zugänglichkeit semantischer Information anzuregen.

Verzichtet werden sollte hierbei allerdings auf den Versuch, die Beständigkeit von Umfrageeffekten auf Bewertungen und Präferenzen in nicht-experimenteller Form über Selbstauskünfte der Probanden zu einem zuletzt wahrgenommenen Umfrageergebnis zu messen. Die so erinnerte meinungsklimatische Gemengelage könnte vor dem Hintergrund der hier postulierten kognitionspsychologischen Grundlagen nämlich weniger die Erinnerung an ein tatsächliches Umfrageergebnis sein als vielmehr ein sogenannter *Rückschaufehler* (*hindsight bias*). Dieser darf als Folge des rekonstruktiven Erinnerungsprozesses verstanden werden, in welchem stärker mit einem Urteilsgegenstand assoziierte Gedächtnisinhalte eine höhere Wahrscheinlichkeit besitzen, zur Erinnerung des Individuums beizutragen (vgl. Pohl et al., 2000: 83). Eine Erinnerung an beispielsweise positive Umfragewerte für einen Politiker könnte in diesem Sinne nicht etwa auf eine unlängst zurückliegende Auseinandersetzung mit positiven demoskopischen Lagedaten zurückgehen, sondern auf kontextspezifisch leicht zugängliche Gedächtnisinhalte, die ein positives Umfrageergebnis nahe legen („Politiker hat zuletzt gute Auftritte gehabt"; „Politiker ist bei meinen Bekannten beliebt" etc.). Weil diese semantischen Gedächtnisinhalte zugleich Bewertungen und Präferenzen prägen können, ließe sich womöglich ein Zusammenhang zwischen vermeintlich wahrgenommenem Meinungsklima und meinungsrelevanten Urteilen messen, ohne tatsächlich Umfrageeffekte zu dokumentieren.[91]

4.2 Fazit und Ausblick

Umfrageeffekte als Ankereffekte? Zumindest theoretisch hat diese Forschungsarbeit das Potenzial der Verankerungsheuristik als Mechanismus hinter den Wirkungen rezipierter Umfragen plausibel aufarbeiten können: Über das zu ihrer Erklärung herangezogene Modell selektiver Zugänglichkeit konnte hergeleitet werden, wie rezipierte demoskopische Messergebnisse imstande sein sollten, die Urteilsbildung in Richtung eines rezipierten Referenzwerts zu beeinflussen. Damit wurde just jene Wirkungsrichtung theoretisch untermauert, die sich etikettiert als Bandwagon-Effekt bei Mehrheits-Minderheitskonstellationen bereits vergleichsweise großen

---

[91] Die hier formulierte Verantwortung selektiver Zugänglichkeit kann womöglich auch einen Beitrag zur Debatte um die Einflussrichtung innerhalb des *Preference-Expectation-Links* (s. auch Projektionseffekt; vgl. u.a. Roth, 2003; 1997; Nadeau et al., 1994) leisten: Vielleicht nämlich beeinflusst weder die Erwartung an den Ausgang einer Abstimmung (*expectation*) die Präferenz (*preference*) noch umgekehrt die Präferenz die Erwartung. Vielmehr wäre in Betracht zu ziehen, dass beide Variablen von demselben Faktor abhängig sind, daher stark korrelieren und sich nur in Abhängigkeit der Untersuchungsanlage (also den für die selektive Zugänglichkeit verantwortlichen Umständen) vermeintliche Wirkrichtungen ergeben.

empirischen Zuspruch sichern konnte. Mehr als die Wirkungsrichtung hat der hiesige Ansatz mit dem klassischen *voting for the winner* allerdings nicht gemein: Mit der postulierten Verantwortlichkeit der Verankerungsheuristik nämlich hat er sich von traditionellen Vorstellungen entfernt, nach welchem nur die Wahrnehmung einer Mehrheit auf den Rezipienten wirkt. Mit der einst von Tversky und Kahneman aufgebrachten Urteilsroutine ist vielmehr von einer quasi kontinuierlichen Umfragewirkung auszugehen. Das heißt: Grundsätzlich jede Umfrage kann in Abhängigkeit ihrer Ausprägung Einflüsse entfalten.

Die empirischen Ergebnisse dieser Untersuchung können die theoretisch aufgezeigte Möglichkeit einer Verantwortung der Verankerungsheuristik im Umfragekontext insgesamt allerdings nicht belastbar stützen. Zwar kann ein entsprechender Einfluss rezipierter Zustimmungswerte auf die Wahrnehmung des Meinungsklimas dokumentiert werden. Darüber hinaus gehende Wirkungen sind in statistisch abgesicherter Weise aber nicht erkennbar. Weil sich die angenommenen Einflüsse rezipierter demoskopischer Informationen allerdings andeuten und weil sich ausbleibende Effekte auf Basis der diskutierten kognitiven Grundlagen theoretisch herleiten lassen, verleitet die Befundlage zu folgenden drei Folgerungen über die individuellen Einflüsse rezipierter Zustimmungswerte:

1. Rezipierte Zustimmungswerte verzerren Einschätzungen des Meinungsklimas in ihre Richtung.

2. Unterschiedliche rezipierte Zustimmungswerte können bei abweichender semantischer Bedeutung zu unterschiedlichen Bewertungen und Präferenzen führen.

3. Die spezifische Zugänglichkeit von Gedächtnisinhalten moderiert die Einflüsse rezipierter Zustimmungswerte auf Bewertungen und Präferenzen.

Die zwei letzten Folgerungen müssen angesichts der vorliegenden Messergebnisse natürlich mit aller Vorsicht formuliert werden. Die Befundlage gibt aber in jedem Fall Anlass, dem hier postulierten Wirken rezipierter Meinungsumfragen weiter nachzugehen, etwa auf die bereits angeregte Weise (z.B. Reaktionszeitstudien). Sollten sich diese drei Folgerungen in künftigen Untersuchungen schließlich allesamt als belastbar erweisen, wäre eine sachliche Fortsetzung der seit über sechzig Jahren währenden, oft populistisch geführten Debatte um die Einflüsse rezipierter Umfrageergebnisse dringend geboten: Einerseits nämlich könnte mit der dann konsequenten Abkehr vom rein emotional abgestützten Bandwagon-Effekt ein starke uniforme Wirkung rezipierter Umfrageergebnisse endgültig zu den Akten gelegt werden. Andererseits müsste von Wirkungen ausgegangen werden, die aufgrund der verantwortlichen kognitiven Mechanismen für den individuellen Meinungsbildungsprozess durchaus bedeutsam sein können. Umfrageeffekte als Ankereffekte wären zwar zunächst nur als kognitive Reaktionen zu charakterisieren, also als kurzfristige Medienwirkungen im Bereich der Wahrnehmung und der Vorstellungen des Rezipienten (vgl. Schenk, 2002: 702). Die bereits angesprochene Eigenschaft von Ankereffekten, auf einen selbstgenerierten ankerkonsistenten Informationspool zurückzugehen, führt aber erstens zu einem im Vergleich zu gewöhnlichen Priming-Effekten ungleich anhaltenderen Zugänglichkeitseffekt. Und zweitens kann unter Einnahme einer Prozessperspektive solchen kurzfristigen Effekten eine zumindest mittelfristige Bedeutung zugeschrieben werden, wenn durch nachfolgende Aktivierungen desselben Informationspools (etwa durch die Verarbeitung neuester Umfrageergebnisse) chronische Zugänglichkeiten entstehen (vgl. Matthes, 2007: 106).

Sicherlich, angesichts der Pluralität kognitiver Einflüsse im nicht-experimentellen, realen Umfeld ist die Überlagerung eines zugänglichen ankerkonsistenten Informationspools durch andere, ebenfalls leicht oder sogar noch leichter zugängliche Gedächtnisinhalte grundsätzlich möglich. Geht man zudem davon aus, dass unter denjenigen, die politische Partizipation pflegen, der Anteil politisch Versierter überproportional hoch ist, darf eine insgesamt begrenzte Bedeutung kurzfristiger Zugänglichkeitseffekte wohl als wahrscheinlich gelten. Es gilt allerdings zu bedenken, dass politisch weniger sachkundige und ungebundene Bürger politische Entscheidungen mitunter sehr kurzfristig treffen und bei diesen die Wahrscheinlichkeit eines Einflusses rezipierter Umfrageergebnisse deutlich vergrößert ist (vgl. Kaase, 2003: 5). Wie schließlich selbst ein Bruchteil der Wählenden ein Abstimmungsergebnis prägen kann, dokumentiert anschaulich das Ergebnis der 2008er Landtagswahl in Hessen: Bei mehr als 2,5 Mio. abgegebenen Voten hätte die CDU mit nur 3.512 Stimmen weniger den Auftrag zur Regierungsbildung an die SPD verloren, mit etwa ebenso vielen Stimmen weniger hätte Die Linke die Fünf-Prozent-Hürde unterschritten und damit ein schwarz-gelbes Bündnis ermöglicht. Kurzum: Selbst Umfrage- als Ankereffekte auf eine sehr begrenzte Anzahl von Abstimmenden könnten bei knappen Verhältnissen einen Wahlausgang entscheidend beeinflussen. Und die regelrechte Allgegenwart von Umfrageergebnissen in den Medien lässt auf eine beachtliche Wahrscheinlichkeit schließen, dass Umfrageergebnisse mittlerweile auch politisch weniger versierte Stimmbürger erreichen.

Sollten rezipierter Umfrageergebnisse tatsächlich auf dem Wege rationeller Urteilsroutinen die Zugänglichkeit semantischer Gedächtnisinhalte prägen können, wäre die normative Debatte um die Wirkungen veröffentlichter Umfragen wohl um eine Polemik reicher: Denn wenn Umfrageresultate nur die Zugänglichkeit ohnehin verfügbarer Informationseinheiten moderieren, könnte selbst manipulierten Umfrageergebnissen zunächst nur unterstellt werden, sowieso verfügbaren Gedächtnisinhalten Gewicht zu verleihen. Umgekehrt ließe sich vor dem Hintergrund einer alltagsrationalen Verarbeitung rezipierter Zustimmungswerte durchaus eine moralische Debatte um die Qualität veröffentlichter Umfragen führen, wie sie Bock (1976:

462) vor 30 Jahren anstieß, als er Journalisten verpflichtend aufforderte: „to guard
against publishing erroneous or manipulative instate election poll reports". Falls
eine Wirkung vorliege, so Bock weiter, sollten es wenigstens verlässliche Umfrageergebnisse sein, die ihren Einfluss entfalten – aus hiesiger Perspektive also für einen,
wenn man es so formulieren will, „angemessenen" Pool zugänglicher Gedächtnisinhalte sorgen.

An dieser Stelle ist natürlich noch auf die Möglichkeit von Einflüssen hinzuweisen, die sich durch potentielle numerische Referenzwerte abseits veröffentlichter
Umfrageergebnisse ergeben können: Mit Blick auf die 18%-Kampagne der FDP im
Bundestagswahlkampf 2002 beispielsweise kann vor dem Hintergrund der Verankerungsheuristik vermutet werden, dass auch ein solcher mental präsenter numerischer Wert als Anker die Einschätzung der Wahlchancen einer Partei in Richtung
des Wahlziels beeinflusst und damit womöglich auch Bewertungen und Präferenzen
einzelner Stimmbürger (vgl. Schuh, 2003). Auch deshalb ist der immer wieder hör-
bare Ruf nach einem Publikationsverbot für Umfragen vor Abstimmungen trotz
möglicher Umfrageeinflüsse äußerst kritisch zu würdigen. Denn wenn der letzte
verfügbare numerische Referenzwert zur Stärke einer politischen Alternative vor
einer Abstimmung ausgerechnet ein ebenso vehement kommuniziertes wie ambiti-
oniertes Wahlziel ist (ob nun „18" oder „45 plus X"), dürfte das dem eigentlichen
Anliegen eines Publikationsbanns zuwider laufen. Gegen ein Veröffentlichungsverbot spricht zudem die Haltbarkeit des Ankereffekts von mehreren Tagen. Im Falle
eines beispielsweise einwöchigen Veröffentlichungsverbots könnten auf diese Weise
veraltete, längst nicht mehr aktuelle Stimmungsbilder einen Einfluss auf Urteile und
Entscheidungen der Rezipienten entfalten. Die erfolgversprechendste Maßnahme
zur Minimierung etwaiger Umfrage- als Ankereffekte ist deshalb wohl nicht das
Verbot. Die erfolgversprechendste Maßnahme dürfte vielmehr ebenso juristisch
unproblematisch wie dem demokratischen Meinungsbildungsprozess zuträglich
sein: Nämlich eine hinsichtlich dringlicher gesellschaftspolitischer Sachverhalte
differenzierte und somit zumindest zur punktuellen politischen Versiertheit der
Bürger beitragende Berichterstattung der Medien. Denn je eher ein gesellschaftspolitischer Sachverhalt durch häufige und intensive Auseinandersetzung mit individuellen Überzeugungen, also chronisch zugänglichen Gedächtnisinhalten einhergeht, desto kleiner ist folgerichtig die Wahrscheinlichkeit, dass eine kurzfristig erhöhte Zugänglichkeit bestimmter, z.B. ankerkonsistenter, Gedächtnisinhalte auf
meinungsrelevante Urteile prägend wirkt.

5 Literatur

Abramson, Paul R., John H. Aldrich, Phil Paolino & David H. Rohde (1992). "Sophisticated" Voting in the 1988 Presidential Primaries. In: American Political Science Review, 86. S. 55-69.

Andersen, Robert (2000): Reporting Public Opinion Polls: The Media and the 1997 Canadian Election. In: International Journal of Public Opinion Research, 12. S. 285-298.

Anderson, John R (1983): A Spreading Activation Theory of Memory. In: Journal of Verbal Learning and Verbal Behavior, 22. S. 261-295.

Anderson, John R. (1989): Kognitive Psychologie. Heidelberg: Spektrum.

Anderson, John R. (1996): Kognitive Psychologie. Heidelberg: Spektrum.

Anderson, John R. (2001): Kognitive Psychologie. Heidelberg: Spektrum.

Anderson, John R. & Gordon H. Bower (1973): Human Associative Memory. Washington, DC: Winston.

Ansolabehere, Stephen & Shanto Iyengar (1994): Of Horseshoes and Horse Races: Experimental Studies of the Impact of Poll Results on Political Behavior. In: Political Communication, 11. S. 413-430.

Areni, Charles S., M. Elizabeth Ferell & James B. Wilcox (2000): The Persuasive Impact of Reported Group Opinions On Individuals Low vs. High in Need for Cognition: Rationalization vs. Biased Elaboration? In: Psychology & Marketing, 17. S. 855-875.

Arzheimer, Kai & Annette Schmitt (2005): Der ökonomische Ansatz. In: Jürgen W. Falter & Harald Schoen (2005): S. 243-303.

Asch, Solomon E. (1952): Social Psychology. Englewood Cliffs: Prentice-Hall.

Ataman, Ferda & Philipp Wittrock (2005, 9. September): Union und FDP ohne Mehrheit. In: Spiegel Online. Heruntergeladen am 9. September 2005 von http://www.spiegel.de/politik/deutschland/0,1518,373761,00.html.

Atkin, Charles K. (1969): The Impact of Political Poll Reports on Candidate and Issue Preferences. In: Journalism Quarterly, 46. S. 515-521.

Atkin, Charles K. & James Gaudino (1984): The Impact of Polling on the Mass Media. In: Annals of the American Academy of Political and Social Science, 472. Polling and the Democratic Consensus. S. 119-128.

Atkinson, Richard C. & Richard M. Shiffrin (1968): Human Memory: A Proposed System and its Control Processes. In: Kenneth W. Spence (1968): S. 89-195.

Augier, Mie & James G. March (2002): A Model Scholar: Herbert A. Simon (1916- 2001). In: Journal of Economic Behavior and Organization, 49. S. 1-17.

Backhaus, Klaus, Bernd Erichson, Wulff Plinke & Rolf Weiber (1996): Multivariate Analysemethoden: Eine anwendungsorientierte Einführung. Belin u.a.: Springer.

Bacon, Francis (1962): Neues Organ der Wissenschaften [Novum Organum]. Darmstadt: Wiss. Buchgesellschaft.

Baier, Horst, Hans Mathias Kepplinger & Kurt Reumann (Hrsg.) (1981): Öffentliche Meinung und sozialer Wandel – Public Opinion and Social Change. Für Elisabeth Noelle-Neumann. Opladen: Westdeutscher Verlag.

Bar-Hillel, Maya (1980): The Base-Rate Fallacy in Probability Judgments. In: Acta Psychologica, 44. S. 211-233.

Bartels, Larry M. (1988): Presidential Primaries and the Dynamics of Public Choice. Princeton: Princeton University Press.

Basil, Micheal D. (1996): The Use of Student Samples in Communication Research. In: Journal of Broadcasting & Electronic Media, 40. S. 431-440.

Bauer, Andreas (2004): E-Demokratie – neue Bürgernähe oder virtuelle Luftblase? In: Aus Politik und Zeitgeschichte, B18. S. 3-6.

Baumrind, Diana (1964): Some Thoughts on Ethics of Research: After Reading Milgram's "Behavioral Study of Obedience". In: American Psychologist 19, S. 421-423.

Benda, Ernst (1981): Meinungsforschung und repräsentative Demokratie. In: Horst Baier, Hans Mathias Kepplinger & Kurt Reumann (Hrsg.): S. 96-104.

Bentham, Jeremy (1948): An Introduction to the Principles of Moral and Legislation. New York: Hafner.

Berg, Thomas (Hrsg.) (2002): Moderner Wahlkampf. Opladen: Leske und Budrich.

Bernartz, Michael (2007): Saurer Regen als Notnagel: Interview mit Paul Crutzen. In: STUZ, 92. S. 20.

Bernays, Edward L. (1945): Attitude Polls – Servants or Masters. In: The Public Opinon Quarterly, 9. S. 264-268b.

Bewildered Digest To Try Poll Again (1936, 13. November): In: The New York Times. S. 8.

Bierhoff, Hans Werner (1998): Sozialpsychologie. Ein Lehrbuch. Stuttgart, Berlin & Köln: Kohlhammer.

Blumler, Jay G. & Dennis McQuail (1968): Television in Politics: Its Uses and Influence. London: Faber & Faber.

Bock, Harold de (1976): Influence of In-State Election Polls Reports on Candidate Preference in 1972. In: Journalism Quarterly, 53. S. 457-462.

Böhret, Carl & Dieter Grosser (Hrsg.) (1967): Interdependenzen von Politik und Wirtschaft – Festgabe für Gert von Eynern. Berlin: Duncker & Humblot.

Bortz, Jürgen (1984): Lehrbuch der empirischen Forschung für Sozialwissenschaftler. Berlin u.a.: Springer.

Bortz, Jürgen & Nicola Döring (2002): Forschungsmethoden und Evaluation für Human- und Sozialwissenschaftler. Berlin & Heidelberg: Springer.

Brennan, Ellen E. (1949): Last-Minute Swing in New York City Presidential Vote. In: The Public Opinion Quarterly, 13. S. 285-298.

Brettschneider, Frank (1991): Wahlumfragen. München: Minerva.

Brettschneider, Frank (1995): Öffentliche Meinung und Politik: Eine empirische Studie zur Responsivität des Deutschen Bundestages. Opladen: Westdeutscher Verlag.

Brettschneider, Frank (1997): The Press and the Polls in Germany, 1980-1994: Poll Coverage as an Essential Part of Election Campaign Reporting. In: International Journal of Public Opinion Research, 9. S. 248-265.

Brettschneider, Frank (2000): Demoskopie im Wahlkampf – Leitstern oder Irrlicht? In: Markus Klein et al. (2000): S. 477-505.

Brettschneider, Frank (2002): Spitzenkandidaten und Wahlerfolg: Personalisierung – Kompetenz – Parteien: ein internationaler Vergleich. Wiesbaden: Westdeutscher Verlag.

Brettschneider, Frank (2003): Wahlumfragen: Medienberichterstattung und Wirkungen. In: Andreas M. Wüst (2003.): S. 257-282.

Brettschneider, Frank (2005, 8. September): Wahlumfragen: Was Journalisten über sie denken und wie sie auf die Wähler wirken. Pressemeldung der Universität Augsburg.

Brewer, Noel T. & Gretchen B. Chapman (2002): The Fragile Basic Anchoring Effect. In: Journal of Behavioral Decision Making, 15. S. 65-77.

Brewer, Noel T., Gretchen B. Chapman, Janet A. Schwartz & George R. Bergus (2007): The Influence of Irrelevant Anchors on the Judgments and Choices of Doctors and Patients. In: Medical Decision Making, 27. S. 203-212.

Broadbent, Donald E. (1958): Perception and Communication. London: Pergamon Press.

Broh, Anthony C. (1980): Horse-Race Journalism: Reporting the Polls in the 1976 Presidential Election. In: The Public Opinion Quarterly, 44. S. 514-529.

Broh, Anthony C. (1983): Polls, Pols and Parties. In: The Journal of Politics, 45. S. 732-744.

Brosius, Hans-Bernd (1991): Schema-Theorie: Ein brauchbarer Ansatz in der Wirkungsforschung? In: Publizistik, 31. S. 285-297.

Brosius, Hans-Bernd (1995): Alltagsrationalität in der Nachrichtenrezeption: Ein Modell zur Wahrnehmung und Verarbeitung von Nachrichteninhalten. Opladen: Westdeutscher Verlag.

Brosius, Hans-Bernd & Friederike Koschel (2001): Methoden der empirischen Kommunikationsforschung: Eine Einführung. Opladen: Westdeutscher Verlag.

Bruner, Jerome S. (1957): On Perceptual Readiness. In: Psychological Review, 64. S. 123-152.

Burnstein, Eugene & Amiram Vinokur (1975): What a Person Thinks Upon Learning He Has Chosen Differently from Others: Nice Evidence for the Persuasive-Arguments Explanation of Choice Shifts. In: Journal of Experimental Social Psychology, 11. S. 412-426.

Campbell, Angus, Philip E. Converse, Warren E. Miller & Donald E. Stokes (1960): The American Voter. New York: Wiley and Sons.

Campbell, Angus, Philip E. Converse, Warren E. Miller & Donald E. Stokes (1966): Elections and the Political Order. New York: Wiley and Sons.

Cantril, Hadley (1940): The Public Opinion Polls: Dr. Jekyll or Mr. Hyde? In: The Public Opinion Quarterly, 4. S. 212-217.

Cappella, Joeseph N. & Kathleen Hall Jamieson (1997): Spiral of Cynicism: the Press and the Public Good. New York: Oxford University Press.

Ceci, Stephen J. & Edward L. Kain (1982): Jumping On the Bandwagon with the Underdog: The Impact of Attitude Polls On Polling Behavior. In: The Public Opinion Quarterly, 46. S. 228-242

Chaiken, Shelly (1987): The Heuristic Model of Persuasion. In: Mark P. Zanna, James M. Olson & C. Peter Herman. Social Influence: The Ontario Symposium (Vol. 5). Hillsdale: Erlbaum. S. 3-39.

Chaiken, Shelly & Yaacov Trope (1999a): Preface. In: Shelly Chaiken & Yaakov Trope (1999b): S. ix-x.

Chaiken, Shelly & Yaakov Trope (Hrsg.) (1999b): Dual-Process Theories in Social Psychology. New York: Guilford Press.

Chapman, Gretchen B. & Eric J. Johnson (1994): The Limits of Anchoring. In: Journal of Behavioral Decision Making, 7. S. 223-242.

Chapman, Gretchen B. & Eric J. Johnson (1999): Anchoring, Activation, and the Construction of Values. In: Organizational Behavior and Human Decision Processes, 79. S. 115-153.

Chapman, Gretchen B. & Eric J. Johnson (2002): Incorporating the Irrelevant: Anchors in Judgments of Belief and Value. In: Thomas Gilovich, Dale Griffin & Daniel Kahneman (2002): S. 120-138.

Chapman, Loren J. & Jean P. Chapman (1969): Illusory Correlations as an Obstacle to the Use of Valid Psychodiagnostic Signs. In: Journal of Abnormal Psychology, 74. S. 271-280.

Clarke, Harold D., Allan Kronberg & Marianne C. Stewart (2004): Referendum Voting as Political Choice: The Case of Quebec. In: British Journal of Political Science, 34. S. 345-355.

Collins, Allan M. & Elizabeth F. Loftus (1975): A Spreading-activation Theory of Semantic Processing. In: Psychological Review, 82. S. 407-428.

Collins, Allan. M. & M. Ross Quillian (1969): Retrieval Time from Semantic Memory. In: Journal of Verbal Learning and Verbal Behavior, 8. S. 240-247.

Cox, Gary W. (1997): Making Votes Count. Cambridge: Cambridge University Press.

Craik, Fergus I.M. & Robert S. Lockhart (1972): Levels of Processing: a Framework for Memory Research. In: Journal of Verbal Learning and Verbal Behavior, 11. S. 671-684.

Craik, Fergus I.M. & Endel Tulving (1975): Depth of Processing and the Retention of Words in Episodic Memory. In: Journal of Experimental Psyclogy: General, 104. S. 268-294.

Crespi, Irving (1980): Polls as Journalism. In: The Public Opion Quarterly, 44. S. 462-476.

Crewe, Ivor (1986): Saturation Polling, the Media and the 1983 Election. In: Ivor Crewe & Martin Harrop (1986): S. 233-253.

Crewe, Ivor & Martin Harrop (Hrsg.) (1986): Political Communications: The British General Election Campaign of 1983. Cambridge: Cambridge University Press.

Crossley, Archibald M. (1957): Early Days of Public Opinion Research. In: The Public Opinion Quarterly, 21. S. 159-164.

Csikszentmihalyi, Mihaly (1992): Öffentliche Meinung und die Psychologie der Einsamkeit. In: Jürgen Wilke (1992): S. 31-40.

Dahlem, Stefan (2001): Wahlentscheidung in der Mediengesellschaft: theoretische und empirische Grundlagen der interdisziplinären Wahlforschung. Freiburg: Alber.

Daschmann, Gregor (2000): Vox Pop & Polls: The Impact of Poll Results and Voter Statements in the Media on the Perception of a Climate of Opinion. In: International Journal of Public Opinion Research, 12. S. 160-181

Daschmann, Gregor (2001): Der Einfluß von Fallbeispielen auf Leserurteile: Experimentelle Untersuchungen zur Medienwirkung. Konstanz: UVK Verlagsgesellschaft.

Demers, David Pearce (1987): Use of Polls in Reporting Changes Slightly Since 1978. In: Journalism Quarterly, 64. S. 839-842.

Demers, David Pearce & Suzanne Nichols (1987): Precision Journalism. Newbury Park, CA: Sage.

Deutsche Forschungsgemeinschaft (2006, 4. Januar): Mitteilung der Deutschen Forschungs-gemeinschaft anlässlich der Verleihung des Gottfried Wilhelm Leibniz-Preises 2006. Heruntergeladen am 27. Februar 2008 von http://www.dfg.de/aktuelles_presse/preise/leibniz_preis/2006/mussweiler.html.

Donovitz, Frank (1999): Journalismus und Demoskopie: Wahlumfragen in den Medien. Berlin: Vistas.

Donsbach, Wolfgang (1982): Legitimationsprobleme des Journalismus: Gesellschaftliche Rolle der Massenmedien und berufliche Einstellung von Journalisten. Freiburg, München: Alber.

Donsbach, Wolfgang (1984): Die Rolle der Demoskopie in der Wahlkampfkommunikation: Empirische und normative Aspekte der Hypothese über den Einfluß der Meinungsfor-schung auf die Wählermeinung. In: Zeitschrift für Politik, 31. S. 388-407.

Donsbach, Wolfgang (1997): Survey Research at the End of the Twentieth Century: Thesis and Antithesis. In: International Journal of Public Opinion Research, 9. S. 17-28.

Donsbach, Wolfgang (2002): Stellungnahme. In: Parlamentarische Enquete Kommission (2002): S. 49-70.

Donsbach, Wolfgang & Jacques Antoine (1990): Journalists and the Polls. A Parallel Survey among Journalists in France and Germany. In: Marketing and Research Today, 18. S. 167-174.

Donsbach, Wolfgang & Kerstin Weisbach (2005): Kampf um das Meinungsklima. Quellen und Inhalte der Aussagen über den möglichen Wahlausgang. In: Elisabeth Noelle-Neumann, Wolfgang Donsbach & Hans Mathias Kepplinger (2005): S. 104-127.

Downs, Anthony (1957): An Economic Theory of Democracy. New York: Harper and Row.

Drobinski, Matthias (2005, 19. September): Debakel für Demoskopen: Die zittrige Hand des Wählers. In: Süddeutsche Zeitung. Heruntergeladen am 20. September 2005 von http://www.sueddeutsche.de/deutschland/artikel/901/60841/.

Edgington, Eugene S. (1966): Statistical Inference and Non-random Samples. In: Psychologi-cal Bulletin, 66. S. 485-487.

Ehmig, Simone (2000): Generationswechsel im deutschen Journalismus: Zum Einfluß histo-rischer Ereignisse auf das journalistische Selbstverständnis. Freiburg, München: Alber.

Eine Nachwahl in Dresden könnte zum Zünglein an der Waage werden (2005, 12 Septem-ber): In: Das Parlament. Heruntergeladen am 27. Februar 2008 von http://www.bundestag.de/dasparlament/2005/37/kulissen/002.html.

Engelkamp, Johannes & Hubert D. Zimmer (2006): Lehrbuch der Kognitiven Psychologie. Göttingen u.a.: Hogrefe.

Englich, Birte (2005): „Geben Sie ihm doch einfach fünf Jahre!" – Einflüsse parteiischer Zwischenrufer auf richterliche Urteile. In: Zeitschrift für Sozialpsychologie, 36. S. 215-225.

Englich, Birte, Thomas Mussweiler & Fritz Strack (2006): Playing Dice with Criminal Sen-tences: The Influence of Irrelevant Anchors on Experts' Judicial Decision Making. Per-sonality and Social Psychology Bulletin, 32. S. 188-200.

Epley, Nicholas & Thomas Gilovich (2002): Putting Adjustment Back in the Anchoring and Adjustment Heuristic. In: Thomas Gilovich, Dale Griffin & Daniel Kahneman (2002): S. 139-149.

Erfurth, Michael (2007, 1. Juni): Neues Grünkonzept für Schillerplatz. In: Allgemeine Zeitung. Heruntergeladen am 3. Juli 2007 von http://www.main-rheiner.de/region/ objekt.php3?artikel_id=2845358.

Ernste, Dominik H. (1998): Entscheidungsheuristiken: Filterprozesse, Habits und Frames im Alltag. In: Kölner Zeitschrift für Soziologie und Sozialpsychologie, 50. S. 442-470.

Esch, Marion (2001): Nachrichten verstehen. Ein Beitrag zu einer systemtheoretischen Soziologie der Nachrichtenkommunikation. Berlin: Unveröffentlichte Dissertation.

Falter, Jürgen, Oscar W. Gabriel & Hans Rattinger (Hrsg.) (2000): Wirklich ein Volk? Die politischen Orientierungen von Ost und Westdeutschen im Vergleich. Opladen: Leske und Budrich.

Falter, Jürgen W. & Harald Schoen (Hrsg.) (2005): Handbuch Wahlforschung. Wiesbaden: VS Verlag für Sozialwissenschaften.

Fazio, Russel H. (1990): Multiple Processes by Which Attitudes Guide Behavior: The Mode Model As an Integrative Framework. In: Mark P. Zanna (1990): S. 75-109.

Ferejohn, John A. & Morris P. Fiorina (1975): Closeness Counts Only in Horseshoes and Dancing. American Political Science Review, 69. S. 920-925.

Ferejohn, John A. & James H. Kuklinski (Hrsg.) (1990): Information and Democratic Processes. Urbana, Chicago: University of Illinois Press.

Field, Harry H., Paul F. Lazarsfeld, Claude G. Robinson & Edward L. Bernays (1945): The Discussion Goes On. In: The Public Opinion Quarterly, 9. S. 403-410.

Fiske, Susan T. & Shelly E. Taylor (1991): Social Cognition. Signapore: McGraw Hill.

Fleck, Christian (2002): Nekrolog: In memoriam David Riesman (22.09.1909-10.05.2002). In: Kölner Zeitschrift für Soziologie und Sozialpsychologie, 54. S. 815-816.

Fleitas, Daniel W. (1971): Bandwagon and Underdog Effects in Minimal-Information Elections. In: The American Political Science Review, 65. S. 434-438.

Foundation for Information (2003): The Freedom to Publish Opinion Poll Results: Report on a Worldwide Update. Heruntergeladen am 27. Februar 2008 von http://www. unl.edu/WAPOR/Opinion%20polls%202003%20final%20version.pdf.

Frankovic, Kathleen A. (1998): Public Opinion and Polling. In: Doris Graber, Dennis McQuail & Pippa Norris (1998): S. 150-170.

Frey, Dieter & Martin Irle (Hrsg.) (1985): Theorien der Sozialpsychologie III: Motivations-, Selbst- und Informationsverarbeitungstheorien. Bern: Huber.

Frey, Dieter & Martin Irle (Hrsg.) (2002): Theorien der Sozialpsychologie III: Motivations- und Informationsverarbeitungstheorien Bern: Huber.

Fröhlich, Werner D. (1998): Wörterbuch Psychologie. München: Deutscher Taschenbuch Verlag.

Fuchs, Dieter & Steffen Kühnel (1994): Wählen als rationales Handeln: Anmerkungen zum Nutzen des Rational-Choice-Ansatzes in der empirischen Wahlforschung. In: Hans-Dieter Klingemann & Max Kaase (1994): S. 305-364.

Fuchs, Douglas A. (1966): Election-Day Radio-Television And Western Voting. In: The Public Opinion Quarterly, 30. S. 226-236.

Gale, Anabelle de, Lila Arzua & Curtis Morgan (2000, 3. Dezember): If the Vote Were Flawless...: Gore Would Have Had the Edge in Glitch-free Florida Balloting, Based on a Herald Analysis. In: Miami Herald. S. 1A.

Gallup, George H. (1944): A Guide to Public Opinion Polls. Princeton: Princeton University Press.

Gallup, George H. (1965): Polls and the Political Process – Past, Present, and Future. In: The Public Opinion Quarterly, 29. S. 544-549.

Gallup, George H. & Saul Forbes Rae (1940): Is There a Bandwagon Vote? In: The Public Opinion Quarterly, 4. S. 244-249.

Gallus, Alexander (2002): Demoskopie in Zeiten des Wahlkampfs. In: Aus Politik und Zeitgeschichte, 15-16. S. 29-36.

Gallus, Alexander (2003): Wahl als „Demoskopiedemokratie?": Überlegungen zur Meinungsforschung und ihren Wirkungen aus Anlass der Bundestagswahl 2002. In: Eckhard Jesse (2003b): S. 123-138.

Gardner, Lindzey (Hrsg.) (1954): Handbook of Social Psychology Vol. II: Special Fields and Applications. Cambridge: Addison-Wesley.

Gayer, Kurt (1969): Das große Verhör: Fug und Unfug der Demoskopie. Gütersloh: Bertelsmann Sachbuchverlag.

Giammo, Joseph D. (2003): Polls, Predispositions, and Participation: The Impact of Polling Information on Voter Turnout. Paper prepared for the 61st Annual National Conference of the Midwest Political Science Association. Chicago, April 3-6, 2003.

Gigerenzer, Gerd (1996): On Narrow Norms and Vague Heuristics: A Reply to Kahneman and Tversky. In: Psychological Review, 103. S. 592-596.

Gilovich, Thomas & Dale Griffin (2002): Heuristics and Biases: Then and Now. In: Thomas Gilovich, Dale Griffin & Daniel Kahneman (2002): S. 1-18.

Gilovich, Thomas, Dale Griffin & Daniel Kahneman (Hrsg.) (2002): Heuristics and Biases: The Psychology of Intuitive Judgment. Cambridge: Cambridge University Press.

Glanzer, Murry & Anita R. Cunitz (1966): Two Storage Mechanisms in Free Recall. Journal of Verbal Learning and Verbal Behavior, 5. S. 351-360.

Goldman, Eric F. (1944): Poll On the Polls. In: The Public Opinion Quarterly, 8. S. 461-467.

Gollin, Albert E. (1987): Polling and the News Media. In: The Public Opinion Quarterly, 51. Supplement: 50th Anniversary Issue. S. S86-S94.

Graber, Doris, Dennis McQuail & Pippa Norris (Hrsg.) (1998): The Politics of News – the News of Politics. Washington: Congressional Quarterly Press.

Gschwend, Thomas (2000): Ticket-splitting and Strategic Voting. Evidence from the 1998 Election in Germany. Paper presented at the annual meeting of the American Political Science Association, Washington. August 30-September 3, 2000.

Güllner, Manfred, Hermann Dülmer, Markus Klein, Dieter Ohr, Markus Quandt, Ulrich Rosar & Hans-Dieter Klingemann (Hrsg.) (2005): Die Bundestagswahl 2002: Eine Untersuchung im Zeichen hoher politischer Dynamik. Wiesbaden: VS Verlag für Sozialwissenschaften.

Haas, Hannes (1990): Journalismus und Sozialforschung: Zwillinge oder ungleiche Brüder. In: Wolfgang Langenbucher (1990): S. 213-222.

Haas, Hannes (1999): Empirischer Journalismus: Verfahren zur Erkundung gesellschaftlicher Wirklichkeit. Wien u.a.: Böhlau.

Hannover, Bettina, Martina Mauch & Stefanie Leffelsend (2004): Sozialpsychologische Grundlagen der Medienpsychologie. In: Roland Mangold, Peter Vorderer & Gary Bente (2004): S. 175-197.

Hardmeier, Sybille (1999): Political Poll Reporting in Swiss Print Media: Analysis and Suggestions for Quality Improvements. In: International Journal of Public Opinion Research, 11. S. 257-274.

Hardmeier, Sybille (2000): Meinungsumfrage im Journalismus: Nachrichtenwert, Präzision und Publikum. In: Medien & Kommunikation, 48. S. 371-396.

Hardmeier, Sybille & Marie-Christine Fontana (2006): Overreporting: Ein vernachlässigtes Problem und die Schwierigkeit von Gegenmaßnahmen. In: ZUMA-Nachrichten, 58. S. 50-80.

Hardmeier, Sybille & Hubert Roth (2001): Towards a Systematic Assessment of the Impact of Polls on Voters: A Meta-analytical Overview and Theoretical Framework.. Paper prepared for the WAPOR 54th Annual Conference. Session G „Polls and Voting". Rome, September 20-22, 2001.

Hardmeier, Sybille & Hubert Roth (2003): Die Erforschung der Wirkung politischer Meinungsumfragen: Lehren vom „Sonderfall" Schweiz. In: Politische Vierteljahresschrift, 44. S. 174-195.

Hartenstein, Wolfgang (1967): Mit Prognosen leben: Der Einfluß von Wahlvoraussagen auf das Wahlverhalten. In: Carl Böhret & Dieter Grosser (1967): S. 285-306.

Hastie, Reid (1986): A Primer of Information-Processing Theory for the Political Scientist. In: Richard R. Lau & David O. Sears (1986): S. 11-41.

Heinemann, Pia (2002): Rationalität? Logik? Weniger ist mehr. In: McK Wissen 02. S.74-79.

Heinze, Michael (2007, 7. Juli): Per Einwendung gegen Kraftwerk. In: Allgemeine Zeitung. S. 10.

Hennis, Wilhelm (1957): Meinungsforschung und repräsentative Demokratie. Zur Kritik politischer Umfragen. Tübingen: Mohr.

Hennis, Wilhelm (1968): Politik als praktische Wissenschaft. München: Piper.

Hetterich, Volker (2000): Von Adenauer zu Schröder – Der Kampf um Stimmen. Opladen: Leske und Budrich.

Holtz-Bacha, Christina (2002): Massenmedien und Wahlen: Die Professionalisierung der Kampagnen. In: Aus Politik und Zeitgeschichte, 15-16. S. 23-28.

Holtz-Bacha, Christina (Hrsg.) (2003): Die Massenmedien im Wahlkampf: Die Bundestagswahl 2002. Wiesbaden: Westdeutscher Verlag.

Holtz-Bacha, Christina (2008): Polls and the Media in Germany: a productive relationship. Paper prepared for the 2008 Annual Meeting of the American Political Science Association. Session 38-4 on Polls, Politics and Media of the Political Communication Section. Boston, August 28-31, 2008.

Hovland, Carl I. (1959): Reconciling Conflicting Results Derived From Experimental and Survey Studies of Attitude Change. In: American Psychologist, 14. S. 8-17.

Hovland, Carl I., Arthur. A. Lumsdaine & Fred. D. Sheffield (1965): Experiments on Mass Communication. Princeton: Princeton University Press.

Hussy, Walter (1998): Denken und Problemlösen. Stuttgart: Kohlhammer.

IMAS (2002): Stellungnahme. In: Parlamentarische Enquete Kommission (2002).: S. 33-35.

Infratest dimap (o.J.): Wahlreport: Landtagswahl Sachsen-Anhalt 1998. Heruntergeladen am 27. Juni 2005 von http://www.infratest-dimap.de/?id=125&aid=27.

Institut für Demoskopie (2006): Allensbacher Computer- und Technikanalyse ACTA 2006. Allensbach.

Irwin, Galen A. & Joop M. van Holsteyn (2002): According to the Polls: The Influence of Public Opinion Polls on Expectations. In: The Public Opinion Quarterly, 66. S. 92-104.

Iyengar, Shanto (1990): Shortcuts to Political Knowledge: The Role of Selective Attention and Accessibility. In: John A. Ferejohn & James H. Kuklinski (1990): S. 160-185.

Iyengar, Shanto & Donald R. Kinder (1987): News That Matters: Television and American Opinion. Chicago, London: University of Chicago Press.

Iyengar, Shanto & William J. McGuire (Hrsg.) (1995): Explorations in Political Psychology. Durham: Duke University Press.

Jäckel, Michael & Sabine Wollscheid (2007): „Mehr Dinge zur gleichen Zeit". Eine empirische Analyse von medialen Haupt- und Nebenaktivitäten am Beispiel des Fernsehens. In: Zeitschrift für Medienpsychologie 19. S. 23-33.

Jacowitz, Karen E. & Daniel Kahneman (1995): Measures of Anchoring in Estimation Tasks. In: Personal and Social Psychology Bulletin, 21. S. 1161-1166.

James, William (1890): Principles of Psychology, Vol. I. New York: Dover.

Jesse, Eckhard (2003a): Zwei Parteiensysteme? Parteien und Parteiensystem in den alten und neuen Bundesländern vor und nach der Bundestagswahl 2002. In: Eckhard Jesse (2003b): S. 15-35.

Jesse, Eckhard (Hrsg.) (2003b): Bilanz der Bundestagswahl 2002: Voraussetzungen, Ergebnisse, Folgen. München: Bayerische Landeszentrale für politische Bildungsarbeit.

Jesse, Eckhard & Roland Sturm (Hrsg.) (2006): Bilanz der Bundestagswahl 2005: Voraussetzungen, Ergebnisse, Folgen. München: Bayerische Landeszentrale für politische Bildungsarbeit.

Johnston, Richard, André Blais, Henry E. Brady & Jean Crête (1992): Letting the People Decide: Dynamics of Canadian Election. Stanford: Stanford University Press.

Joslyn, Mark R. (1997): The Public Nature of Personal Opinion: The Impact of Collective Sentiment on Individual Appraisal. In: Political Behavior, 19. S. 337-363.

Jungermann, Helmut, Hans-Rüdiger Pfister & Katrin Fischer (2005): Die Psychologie der Entscheidung: eine Einführung. München: Elsevier, Spektrum.

Kaase, Max (1999): Wahlforschung und Demokratie. Eine Bilanz am Ende des Jahrhunderts. In: ZUMA-Nachrichten, 44. S. 62-82.

Kaase, Max (2000): Entwicklung und Stand der empirischen Wahlforschung in Deutschland. In: Markus Klein et al. (2000): S. 17-40.

Kaase, Max (2003): Die Bundesrepublik Deutschland nach der Bundestagswahl 2002 – Überlegungen eines Wahlsoziologen. In: Politische Vierteljahresschrift, 44. S.3-9.

Kaase, Max & Hans-Dieter Klingemann (Hrsg.) (1990): Wahlen und Wähler: Analysen aus Anlaß der Bundestagswahl 1987. Opladen: Westdeutscher Verlag.

Kahneman, Daniel & Shane Frederick (2002): Representativeness Revisited: Attribute Substitution in Intuitive Judgment. In: Thomas Gilovich, Dale Griffin & Daniel Kahneman (2002): S. 49-81.

Kahneman, Daniel, Paul Slovic & Amos Tversky (1982a): Preface. In: Daniel Kahneman, Paul Slovic & Amos Tversky (1982b): S. xi

Kahneman, Daniel, Paul Slovic & Amos Tversky (Hrsg.) (1982b): Judgment under Uncertainty: Heuristics and Biases. Cambridge: Cambridge University Press.

Keller, Felix (2001): Archäologie der Meinungsforschung. Mathematik und die Erzählbarkeit des Politischen. Konstanz: UVK Verlagsgesellschaft.

Kenney, Patrick J. & Tom W. Rice (1994): The Psychology of Political Momentum. In: Political Research Quarterly, 47. S. 923-938.

Kepplinger, Hans Mathias (1989): Theorien der Nachrichtenauswahl als Theorien der Realität. In: Aus Politik und Zeitgeschichte, 15. S. 3-16.

Kepplinger, Hans Mathias & Marcus Maurer (2005): Abschied vom rationalen Wähler: Warum Wahlen im Fernsehen entschieden werden. Freiburg: Alber.

Kirchgässner, Gebhard (2000): Homo oeconomicus: Das ökonomische Modell individuellen Verhaltens und seine Anwendung in den Wirtschafts- und Sozialwissenschaften. Tübingen: Mohr Siebeck.

Klayman, Joshua & Young-Won Ha (1987): Confirmation, Disconfirmation, and Information in Hypothesis Testing. In: Psychological Review, 94. S. 211-228.

Klein, Markus, Wolfgang Jagodzinski, Ekkehard Mochmann & Dieter Ohr (Hrsg.) (2000): 50 Jahre Empirische Wahlforschung in Deutschland: Entwicklung, Befunde, Perspektiven, Daten. Wiesbaden: Westdeutscher Verlag.

Klingemann, Hans-Dieter & Max Kaase (Hrsg) (1994): Wahlen und Wähler. Analysen aus Anlaß der Bundestagswahl 1990. Opladen: Westdeutscher Verlag.

Klingemann, Hans-Dieter & Max Kaase (Hrsg.) (2001): Wahlen und Wähler: Analysen aus Anlaß der Bundestagswahl 1998. Opladen: Westdeutscher Verlag.

Königlich Schwedische Akademie der Wissenschaften (2002): Pressemeldung anlässlich des von der Schwedischen Reichsbank in Erinnerung an Alfred Nobel gestifteten Preises für Wirtschaftswissenschaften des Jahres 2002.

Kunczik, Michael (1996): Public Relations: Konzepte und Theorien. Köln u.a.: Böhlau.

Kunczik, Michael & Astrid Zipfel (2006): Gewalt und Medien: Ein Studienhandbuch. Köln u.a.: Böhlau.

Kutsch, Arnulf (1995): Einstellungen zum Nationalsozialismus in der Nachkriegszeit: Ein Beitrag zu den Anfängen der Meinungsforschung in den westlichen Besatzungszonen. In: Publizistik, 40. S. 415-447.

Ladd, Everett Carll & John Benson (1992): The Growth of News Polls in American Politics. In: Thomas E. Mann & Gary R. Orren (1992): S. 19-31.

Lamp, Erich (2001): Ist einer von drei gleich jedem Dritten? Der Einfluss numerischer Äquivalente auf die Wahrnehmung und Bewertung identischer Sachverhalte. In: ZA-Information, 49. S. 49-68.

Lang, Annie (1996): The Logic of Using Inferential Statistics with Experimental Data from Nonprobability Samples: Inspired by Cooper, Dupagne, Potter, and Sparks. In: Journal of Broadcasting & Electronic Media, 40. S. 422-430.

Lang, Kurt & Gladys Engel Lang (1968): Voting and Nonvoting: Implications of Broadcasting Returns Before Polls Are Closed. Waltham, Toronto & London: Blaisdell Publishing Company.

Lang, Kurt & Gladys Engel Lang (1984): The Impact of Polls on Public Opinion. In: Annals of the American Academy of Political and Social Science: Vol. 472 – Polling and the Democratic Consensus. S. 129-142.

Langenbucher, Wolfgang (Hrsg.) (1990): Paul F. Lazarsfeld. Die Wiener Tradition der empirischen Sozial- und Kommunikationsforschung. Konstanz: Universitätsverlag.

Lau, Richard R. & David O. Sears (Hrsg.) (1986): Political Cognition. Hillsdale: Erlbaum.

Lavrakas, Paul J. & Jack H. Holley (Hrsg.) (1991): Polling and Presidential Election Coverage. Newbury Park, London, New Dehli: Sage Publications.

Lavrakas, Paul J. & Michael W. Traugott (Hrsg.) (2000): Election Polls, the News Media, and Democracy. New York: Chatham House.

Lazarsfeld, Paul F. (1957): Public Opinion and the Classical Tradition. In: The Public Opinion Quarterly, 21. S. 39-53.

Lazarsfeld, Paul F., Bernard Berelson & Hazel Gaudet (1965): The People's Choice: How the Voter Makes Up His Mind in a Presidential Campaign. New York: Columbia University Press.

Le Bon, Gustave (1964): Psychologie der Massen. Stuttgart: Kröner.

Lemke, Peter (2007, 2. Februar): Weltklimabericht: Eine Superwarmzeit steht bevor. In: Frankfurter Allgemeine Zeitung, S. 33.

Lewis, I. A. (Bud) (1991): Media Polls, the Los Angeles Times Poll, and the 1988 Presidential Election. In: Paul J. Lavrakas & Jack H. Holley (1991): S. 57-82.

Leyens, Jacques-Philippe, Vincent Yzerbyt & Olivier Corneille (1996): The Role of Applicability in the Emergence of Overattribution Bias. Journal of Personality and Social Psychology, 70. S. 219-229.

„Lieber Bildung als Blumen" (2007, 4. Juni): In: Allgemeine Zeitung. Heruntergel. am 3. Juli 2007 von http://www.main-rheiner.de/region/objekt.php3?artikel_id=2848297.

Lieske, Sandra (2003): Deutscher Wahlkampf made in USA? Eine qualitative Analyse der deutschen Wahlkampfliteratur und der Berichterstattung deutscher Printmedien zur Frage der Amerikanisierung von Bundestagswahlkämpfen. Mainz: Unveröffentlichte Magisterarbeit.

Lippmann, Walter (1922): Public Opinion. New York: Macmillan.

Lippmann, Walter (1955): The Public Philosophy. Boston, Toronto: Little, Brown and Company.

Lipset, Seymour M. & Stein Rokkan (Hrsg.) (1967): Party Systems and Voter Alignments. New York: Free Press of Glencoe.

Lipset, Seymour M., Paul F. Lazarsfeld, Allen H. Barton & Juan Linz (1954): The Psychology of Voting: An Analysis of Political Behavior. In: Lindzey Gardner (1954): S. 1124-1175.

Lodge, Milton & Patrick Stroh (1995): Inside the Mental Voting Booth: An Impression-Driven Process Model of Candidate Evaluation. In: Shanto Iyengar & William J. McGuire (1995): S. 225-263.

Loewenstein, Karl (1971): Vorschläge zur Kontrolle der politischen Meinungsforschung. In: Juristenzeitung, 26. S. 529-532.

Lomborg, Bjorn (2002): How Healthy Is the World? In: British Medical Journal, 325. S. 1461-1466.

Machiavelli, Niccolo (1977): Discorsi: Gedanken über Politik und Staatsführung. Stuttgart: Kröner.

Mangold, Roland, Peter Vorderer & Gary Bente (Hrsg.) (2004): Lehrbuch der Medienpsychologie. Göttingen: Hogrefe.

Mann, Thomas E. & Gary R. Orren (Hrsg.) (1992): Media Polls in American Politics. Washington, D.C.: The Brookings Institution.

Marsh, Catherine. (1984): Back on the Bandwagon: The Effect of Opinion Polls on Public Opinion. In: British Journal of Political Science, 15. S. 51-74.

Marsh, Catherine & John O'Brien (1989): Opinion Bandwagons in Attitudes Towards the Common Market. In: Journal of the Market Research Society, 31. S. 295-305.

Massing, Peter (Hrsg.) (2004): Mediendemokratie. Schwalbach/Ts.: Wochenschau-Verlag.

Matthes, Jörg (2007): Framing-Effekte: Zum Einfluss der Politikberichterstattung auf die Einstellungen der Rezipienten. München: Verlag Reinhard Fischer.

Mauss, Alexander (2003): Wissen, was andere denken. In: Marco Allthaus & Vito Cecere (Hrsg.): Kampagne!2: Neue Strategien für Wahlkampf, PR und Lobbying. Münster: LIT Verlag. S. 132-150.

McAllister, Ian & Donley T. Studlar (1991): Bandwagon, Underdog, or Projection? Opinion Polls and Electoral Choice in Britain, 1979-1987. In: The Journal of Politics, 53. S. 720-741.

McNamara, Timothy P. (1992): Priming and Constraints it Places on Theories of Memory and Retrieval. In: Psychological Review, 99. S. 650-662.

Meisner, Matthias (2004, 7. Juni): Geschwindigkeit ist keine Raserei. In: Der Tagesspiegel. Heruntergeladen am 5. Januar 2006 von http://www.tagesspiegel.de/zeitung/Fragen-des-Tages;art693,1900474.

Mendelsohn, Harold (1966): Western Voting and Broadcasts of Results on Presidential Election Day. In: The Public Opinion Quarterly, 30. S.212-225.

Merten, Klaus, Helmut Giegler & Friederike Uhr (1992): Grundlegende Ansätze und Methoden der Medienwirkungsforschung. Materialien zur Bevölkerungswissenschaft, Sonderheft 20. Wiesbaden: Bundesinstitut für Bevölkerungsforschung.

Merton, Robert K. & Paul K. Hatt (1949): Election Polling Forecasts and Public Images of Social Science. A Case Study in the Shaping of Opinion among a Strategic Public. In: The Public Opinion Quarterly, 13. S. 185-222.

Meyen, Michael (2002): Die Anfänge der empirischen Medien- und Meinungsforschung in Deutschland. In: ZA-Info, 50. S. 59-80.

Meyer, David E. & Roger W. Schvaneveldt (1971): Facilitation in Recognizing Pairs of Words: Evidence of a Dependence between Retrieval Operations. In: Journal of Experimental Psychology, 90. S. 227-234.

Meyer, Philip (1973): Precision Journalism: A Reporter's Introduction to Social Science Methods. Bloomington, London: Indiana University Press.

Milgram, Stanley (1963): Behavioral Study of Obedience. In. Journal of Abnormal and Social Psychology, 67. S. 371-378.

Mill, John Stuart (1965): A System of Logic: Rationative and Inductive – Being a Connected View of the Principles of Evidence and the Methods of Scientific Investigation. London: Longmans, Green and Co Ltd.

Mill, John Stuart (2002): Der Utilitarismus. Stuttgart: Reclam.

Miller, Mark M. & Robert Hurd (1982): Conformity to AAPOR Standards in Newspaper Reporting of Public Opinion Polls. In: The Public Opinion Quarterly, 46. S. 243-249.

Mussweiler, Thomas (2001): The Durability of Anchoring Effects. In: European Journal of Social Psychology, 31. S. 431-442.

Mussweiler, Thomas, Jens Förster & Fritz Strack (1997): Der Ankereffekt in Abhängigkeit von der Anwendbarkeit ankerkonsistenter Information: Ein Modell selektiver Zugänglichkeit. In: Zeitschrift für Experimentelle Psychologie, 44. S. 589-615.

Mussweiler, Thomas & Adam D. Galinsky (2002): Strategien der Verhandlungsführung: Der Einfluss des ersten Gebotes. In: Wirtschaftspsychologie, 4. S. 21-27.

Mussweiler, Thomas & Fritz Strack (1999): Hypothesis-consistent Testing and Semantic Priming in the Anchoring Paradigm: A Selective Accessibility Model. In: Journal of Experimental Social Psychology, 35. S. 136-146.

Mussweiler, Thomas & Fritz Strack (2000a): Comparing is Believing: A Selective Accessibility Model of Judgmental Anchoring. In: Wolfgang Stroebe & Miles Hewstone (2000): S. 135-167.

Mussweiler, Thomas & Fritz Strack (2000b): Numeric Judgments under Uncertainty: The Role of Knowledge in Anchoring. In: Journal of Experimental Social Psychology, 36. S. 495-518.

Mussweiler, Thomas & Fritz Strack (2001): Considering the Impossible: Explaining the Effects of Implausible Anchors. In: Social Cognition, 19. S. 145-160.

Mutz, Diana C. (1992): Impersonal Influence: Effects of Representations of Public Opinion on Political Attitudes. In: Political Behavior, 14. S. 89-122.

Nadeau, Richard, Edouard Cloutier & J. H. Guay (1993): New Evidence about the Existence of a Bandwagon Effect in the Opinion Formation Process. In: International Political Science Review, 14. S. 203-213.

Nadeau, Richard, Richard G. Niemi & Timothy Amato (1994): Expectations and Preferences in British General Elections. In: The American Political Science Review, 88. S. 371-383.

National Council of Public Polls (o.J.): Presidential Poll Performance 2000. Heruntergeladen am 8. Mai 2006 von http://www.ncpp.org/poll_perform.htm.

Navazio, Robert (1977): An Experimental Approach to Bandwagon Research. In: The Public Opinion Quarterly, 41. S. 217-225.

Neisser, Ulric (1967): Cognitive Psychology. New York: Appleton-Century-Crofts.

Neisser, Ulric (1979): Kognition und Wirklichkeit: Prinzipien und Implikationen der kognitiven Psychologie. Stuttgart: Klett-Cotta.

Neumann, Erich Peter (1958): Erkenntnisse aus der Umfrageforschung. In: Zeitungs-Verlag und Zeitschriftenverlag, 55. S. 16-18.

Neumann, John von & Oskar Morgenstern (1947): Theory of Games and Economic Behavior. Princeton: Princeton University Press.

Neumann, Odmar (1985a): Informationsverarbeitung, künstliche Intelligenz und die Perspektiven der Kognitionspsychologie. In: Odmar Neumann (1985b): S. 3-38.

Neumann, Odmar (Hrsg.) (1985b): Perspektiven der Kognitionspsychologie. Berlin: Springer.

Niemann, Heinz (1993): Meinungsforschung in der DDR. Die geheimen Berichte des Instituts für Meinungsforschung an das Politbüro der SED. Köln: Bund Verlag.

Nisbett, Richard E. & Lee Ross (1980): Human Inference. Englewood Cliffs: PrenticeHall.

Noelle, Elisabeth (1940): Meinungs- und Massenforschung in USA. Berlin: Unveröffentlichte Dissertation.

Noelle, Elisabeth (1971): Umfragen in der Massengesellschaft: Einführung in die Methoden der Demoskopie. Reinbek: Rowohlt.

Noelle-Neumann, Elisabeth (1965): Die Rolle des Experiments in der Publizistikwissenschaft. In: Publizistik, 10. S. 239-250.

Noelle-Neumann, Elisabeth (1979): Public Opinion and the Classical Tradition: A ReEvaluation. In: The Public Opinion Quarterly, 43. S. 143-156.

Noelle-Neumann, Elisabeth (1980): Interview des Monats: „Wahlprognosen" auch im Wahljahr 1980. In: Interview und Analyse, 7. S. 4-5.

Noelle-Neumann, Elisabeth (1989): Die Theorie der Schweigespirale als Instrument der Medienwirkungsforschung. In: Max Kaase & Winfried Schulz (Hrsg.): Massenkommunikation: Sonderheft 20 der Kölner Zeitschrift für Soziologie und Sozialpsychologie. Opladen: Westdeutscher Verlag.

Noelle-Neumann, Elisabeth (1990): Meinungsklima und Wahlforschung. In: Max Kaase & Hans-Dieter Klingemann (1990): S. 481-530.

Noelle-Neumann, Elisabeth (1997): Öffentliche Meinung. In: Elisabeth Noelle-Neumann, Winfried Schulz & Jürge Wilke (1997b): S. 366-382.

Noelle-Neumann, Elisabeth (2001): Die Schweigespirale: Öffentliche Meinung: Unsere soziale Haut. München: Langen Müller.

Noelle-Neumann, Elisabeth, Wolfgang Donsbach & Hans Mathias Kepplinger (Hrsg.) (2005): Wählerstimmungen in der Mediendemokratie. Analysen auf der Basis des Bundestagswahlkampfs 2002. Freiburg, München: Alber.

Noelle-Neumann, Elisabeth & Renate Köcher (Hrsg.) (2002): Allensbacher Jahrbuch der Demoskopie 1998-2002. Band 11. München: K.G. Saur Verlag und Allensbach: Verlag für Demoskopie.

Noelle-Neumann, Elisabeth & Thomas Petersen (1996): Alle, nicht jeder: Einführung in die Methoden der Demoskopie. München. Deutscher Taschenbuch Verlag.

Noelle-Neumann, Elisabeth & Thomas Petersen (2005): Alle, nicht jeder: Einführung in die Methoden der Demoskopie. München. Deutscher Taschenbuch Verlag.

Noelle-Neumann, Elisabeth, Winfried Schulz & Jürgen Wilke (1997a): Einleitung. In: Elisabeth Noelle-Neumann, Winfried Schulz & Jürgen Wilke (1997b).

Noelle-Neumann, Elisabeth, Winfried Schulz & Jürge Wilke (Hrsg.) (1997b): Fischer Lexikon Publizistik Massenkommunikation. Frankfurt am Main: Fischer Taschenbuch Verlag.

Northcraft, Gregory B. & Margaret A. Neale (1987): Experts, Amateurs and Real Estate: An Anchoring and Adjustment Perspective on Property Pricing Decisions. In: Organizational Behavior and Human Decision Processes, 39. S. 84-97.

Ochse, Susanne (2007): Chronologie Projekt „Steinkohlekraftwerk Mainz". Zusammenstellung für die Greenpeace-Gruppe Mainz/Wiesbaden. Heruntergeladen am 8. Juni 2007 von http://gruppen.greenpeace.de/mainz/klima/kohlekraftwerk/kohlekraftwerk_Mainz_eine_Chronologie_Mai07.pdf.

Ohr, Dieter (2005): Wahlen und Wählerverhalten im Wandel: Der individualisierte Wähler in der Mediendemokratie. In: Manfred Güllner et al. (2005): S. 15-30.

Orne, Martin T. (1962): On the Social Psychology of the Psychological Experiment: With Particular Reference to Demand Characteristics and Their Implications. In: American Psychologist, 17. S. 776-783.

Orne, Martin T. (1969): Demand Characteristics and the Concept of Quasi-Controls. In: Robert Rosenthal & Ralph L. Rosnow (1969): S. 143-179.

Paletz, David L., Jonathan Y. Short, Helen Baker, Barbara Cookman Campbell, Richard J. Cooper & Rochelle M. Oeslander (1980): Polls in the Media: Content, Credibility, and Consequences. In: The Public Opinion Quarterly, 44. S. 495-513.

Parkin, Alan J. (1996), Gedächtnis. Weinheim: Psychologie Verlags Union.

Parlamentarische Enquete Kommission (Hrsg.) (2002): Bericht betreffend mögliche Beeinflussung von Wahlkämpfen bzw. Wahlergebnissen durch Veröffentlichung von Meinungsumfragen unmittelbar vor Wahlen bzw. durch Bekanntgabe von Teilwahlergebnissen vor dem amtlichen Wahlende. Beilagen zu den Stenographischen Protokollen des Nationalrates XXI. GP, 1004. Wien.

Patterson, Thomas E. (2003): Diminishing Returns: A Comparison of the 1968 and 2000 Election Night Broadcasts. Cambridge: Joan Shorenstein Center on the Press, Politics and Public Policy.

Paul, Mario (2006): Warum überraschte das Votum der Wähler? Eine Antwort mit Hilfe eines integrativen Modells zur Erklärung des Wahlverhaltens. In: Eckhard Jesse & Roland Sturm (2006): S. 189-210.

Peter, Jochen (2002): Medien-Priming – Grundlagen, Befunde und Forschungstendenzen. In: Publizistik, 47. S. 21-44.

Peterson, Cameron R. & Lee R. Beach (1967): Man as an Intuitive Statistician. In: Psychological Bulletin, 68. S. 29-46.

Pierce, Walter M. (1940): Climbing on the Bandwagon. In: The Public Opinion Quarterly, 4. S. 241-243.

Pitzke, Marc (2004, 1. November): Wahlkampf-Endspurt: Die Orakel sind ratlos. In: Spiegel Online. Heruntergeladen am 1. November 2004 von http://www.spiegel.de/politik/ausland/0,1518,325899,00.html.

Pohl, Rüdiger F. (1996): Der Rückschaufehler: Eine systematische Verfälschung der Erinnerung. Report Psychologie, 21. S. 596-609.

Pohl, Rüdiger F., Oliver Hardt & Markus Eisenhauer (2000): SARA – Ein kognitives Prozeßmodell zur Erklärung von Ankereffekt und Rückschaufehler. In: Kognitionswissenschaft, 9. S. 77-92.

Pomper, Gerald M. (2001): The Presidential Election. In: Gerald M. Pomper (Hrsg.): The Election of 2000. Chatham House. S. 125-154.

Popkin, Samuel L. (1994): The Reasoning Voter: Communication and Persuasion in Presidential Campaigns. Chicago: University of Chicago Press.

Radunski, Peter (1980): Wahlkämpfe. Moderne Wahlkampfführung als politische Kommunikation. München, Wien: Olzog.

Raupp, Juliana (2003): Information, Instrumentalisierung, Reflexion: Die widerspruchsvolle Verwendung von Umfragen in der Wahlberichterstattung. In: Christina Holtz-Bacha (2003): S. 116-137.

Raupp, Juliana (2007): Politische Meinungsforschung: Die Verwendung von Umfragen in der politischen Kommunikation. Konstanz: UVK Verlagsgesellschaft.

Reitsma van Rooijen, Margreet & Dancker D. L. Daamen (2006): Subliminal Anchoring: The Effects of subliminally Presented Numbers on Probability Estimates. Journal of Experimental Social Psychology, 42. S. 380-387.

Requate, Jörg (1995): Journalismus als Beruf: Entstehung und Entwicklung des Journalistenberufs im 19. Jahrhundert; Deutschland im internationalen Vergleich. Göttingen: Vandenheock und Ruprecht.

Reumann, Kurt (1983a, 10. Februar): Demoskopie und Manipulation. In: Frankfurter Allgemeine Zeitung.

Reumann, Kurt (1983b, 9. März): Gibt es den Fallbeil-Effekt für die kleinen Parteien? Zum Streit um die Veröffentlichung von Umfrage-Ergebnissen vor Wahlen. In: Frankfurter Allgemeine Zeitung.

Riesman, David (1968): Die einsame Masse. Eine Untersuchung der Wandlungen des amerikanischen Charakters.Reinbek: Rowohlt.

Ritov, Ilana (1996): Anchoring in Simulated Competitive Market Negotiations. In: Organizational Behavior and Human Decision Processes, 67. S. 16-25.

Robinson, Claude E. (1937): Recent Developments in the Straw-Poll Field – Part 2. In: The Public Opion Quarterly, 1. S.42-52.

Roper, Burns W. (1980): The Media and the Polls: A Boxscore. In: Public Opinion, 3. S. 46-49.

Rosenthal, Robert & Ralph L. Rosnow (Hrsg.) (1969): Artifact in Behavioral Research. New York: Academic Press.

Ross, Lee, David Greene & Pamela House (1977): The "False Consensus Effect": An Egocentric Bias in Social Perception and Attribution Processes. Journal of Experimental Social Psychology, 13. S. 279-301.

Rössler, Patrick (2003): Big Pollsters Are Watching You! In: Christina Holtz-Bacha (2003): S. 138-161.

Rudolf, Walter (1983): Wähler-Umfragen, Wähler-Nachfragen. Demoskopie bei Wahlen. In: Frankfurter Allgemeine Zeitung vom 5. März 1983. S. 10.

Salwen, Michael B. (1985a): The Reporting of Public Opinion Polls During Presidential Years, 1968-1984. In: Journalism Quarterly, 62. S. 272-277.

Salwen, Michael B. (1985b): Does Poll Coverage Improve As Presidential Vote Nears? In: Journalism Quaterly, 62. S. 887-891.

Sarcinelli, Ulrich (Hrsg.) (1998): Politikvermittlung und Demokratie in der Mediengesellschaft. Beiträge zur politischen Kommunikationskultur. Bonn: Bundeszentrale für politische Bildung.

Sarcinelli, Ulrich & Heribert Schatz (2002a): Von der Parteien- zur Mediendemokratie: Eine These auf dem Prüfstand. In: Ulrich Sarcinelli & Heribert Schatz (2002b): S. 9-32.

Sarcinelli, Ulrich & Heribert Schatz (Hrsg.) (2002b): Mediendemokratie im Medienland? Inszenierungen und Thematisierungsstrategien im Spannungsverhältnis von Medien und Parteieliten am Beispiel der nordrhein-westfälischen Landtagswahl im Jahr 2000. Opladen: Leske und Budrich.

Sawyer, Alan G. (1975): Demand Artifacts in Laboratory Experiments in Consumer Research. In: The Journal of Consumer Research, 1. S. 20-30.

Saxer, Ulrich (1998): Mediengesellschaft: Verständnisse und Mißverständnisse. In: Ulrich Sarcinelli (1998): S. 52-73.

Schaefer, Wolfgang & Mungo Miller (1998): Schwierigkeiten der Umfrageforschung in den fünfziger Jahren in Deutschland: Erinnerungen und Beobachtungen. In: ZUMA-Nachrichten, 43. S. 8-35.

Schenk, Michael (2002): Medienwirkungsforschung. Tübingen: Mohr Siebeck.

Scheufele, Dietram A. & Patricia Moy (2000): Twenty-Five Years of the Spiral of Silence: A Conceptual Review and an Empirical Outlook. In: International Journal of Public Opinion Research, Vol. 12. S. 3-28.

Schmidtchen, Gerhard (1961): Die befragte Nation. Über den Einfluß der Meinungsforschung auf die Politik. Freiburg: Verlag Rombach.

Schmitt-Beck, Rüdiger & Peter R. Schrott (1994): Dealignment durch Massenmedien? Zur These der Abschwächung von Parteibindungen als Folge der Medienexpansion. In: Hans-Dieter Klingemann & Max Kaase (1994): S. 543-572.

Schmitt-Beck, Rüdiger & Stefan Weick (2001): Die dauerhafte Parteiidentifikation – nur noch ein Mythos? In: ISI – Informationsdienst Soziale Indikatoren, 26. S. 1-5.

Schnell, Rainer, Paul B. Hill & Elke Esser (1992): Methoden der empirischen Sozialforschung. München: R. Oldenbourg.

Schoen, Harald (2000): Appelle zu taktischem Wahlverhalten: Effektive Werbung oder verfehlte Wahlkampfrhetorik? In: Jürgen Falter, Oscar W. Gabriel & Hans Rattinger (2000): S. 641-673.

Schoen, Harald (2002): Wirkungen von Wahlprognosen auf Wahlen. In: Thomas Berg (2002): S. 171-191.

Schoen, Harald (2003): Wählerwandel und Wechselwahl. Eine vergleichende Analyse, Wiesbaden: Westdeutscher Verlag.

Scholl, Armin & Siegfried Weischenberg (1998): Journalismus in der Gesellschaft: Theorie, Methodologie und Empirie. Opladen: Westdeutscher Verlag.

Schuh, Steven (2003): Die 18%-Kampagne als Erfolgsfaktor der FDP-Wahlkampfkommunikation im Bundestagswahlkampf 2002? Eine experimentelle Untersuchung zum Einfluss von Ankereffekten auf die Wahlchancen einer Partei. Mainz: Unveröffentlichte Magisterarbeit.

Schulz, Winfried (1970): Kausalität und Experiment in den Sozialwissenschaften: Methodologie und Forschungstechnik. Mainz: v. Haase und Koehler Verlag GmbH.

Schulz, Winfried (1997): Nachricht. In: Elisabeth Noelle-Neumann, Winfried Schulz & Jürgen Wilke (1997b): S. 307-337.

Schwarz, Norbert & Leigh Ann Vaughn (2002): The Availability Heuristic Revisited: Ease of Recall and Content of Recall as Distinct Sources of Information. In: Thomas Gilovich, Dale Griffin & Daniel Kahneman (2002): S. 103-119.

Shahla, Hossein (2001): Der sachlich abwägende Wähler: Zum Stellenwert sachlich-rationaler Motive der Wahlentscheidung im Rahmen des Rational-Choice-Ansatzes. In: Hans-Dieter Klingemann & Max Kaase (2001): S. 647-694.

Sherif, Muzafer (1937): An Experimental Approach to the Study of Attitudes. In: Sociometry, 1. S. 90-98.

Silbermann, Alphons (1982): Handwörterbuch der Massenkommunikation und Medienforschung. Band 1. Berlin.

Simon, Herbert A. (1954): Bandwagon und Underdog Effects and the Possibility of Election Predictions. In: The Public Opinion Quarterly, 18. S. 245-253.

Simon, Herbert A. (1956): Rational Choice and the Structure of the Environment. In: Psychological Review, 63. S. 129-138.

Skalaban, Andrew (1988): Do the Polls Affect Elections: Some 1980 Evidence. In: Political Behavior, 10. S. 136-150.

Smith, Tom W. (1987) The Art of Asking Questions, 1936-1985. In: The Public Opinion Quarterly, 51. S. S95-S108.

Smith, Tom W. (1990): The First Straw?: A Study of the Origins of Election Polls. In: The Public Opinion Quarterly, 54. S. 21-36.

Smith III, Ted J. & Derek O. Verrall (1985): A Critical Analysis of Australian Televsion Coverage of Election Opinion Polls. In: The Public Opinion Quarterly, 49. S. 58-79.

Solso, Robert L. (2005): Kognitive Psychologie. Heidelberg: Springer.

Sontheimer, Kurt (1964): Meinungsforschung und Politik: Eine kritische Auseinandersetzung mit den Ansprüchen der Demoskopie. In: Der Monat, 16 (187). S. 41-46.

Spence, Kenneth W. (Hrsg.) (1968): The Psychology of Learning and Motivation: Advances in Research and Theory, Vol. 2. New York: Academic Press

Sprickmann Kerkerinck, Detlef (2003): Die „Erfindung" des Politbarometers. In: Andreas M. Wüst (2003.): S. 17-28.

Squire, Peverill (1988): Why the 1936 Literary Digest Poll Failed. In: The Public Opinion Quarterly, 52. S. 125-133.

Stovall, James Glenn & Jacqueline H. Solomon (1984): The Polls as a News Event in the 1980 Presidential Campaign. In: The Public Opinion Quarterly, 48. S. 615-623.

Strack, Fritz (1985): Urteilsheuristiken. In: Dieter Frey & Martin Irle (1985): S. 239-267.

Strack, Fritz & Roland Deutsch (2002), Urteilsheuristiken. In: Dieter Frey & Martin Irle (2002): S. 352-384.

Strack, Fritz & Thomas Mussweiler (1997): Explaining the Enigmatic Anchoring Effect: Mechanisms of Selective Accessibility. In: Journal of Personality and Social Psychology, 73. S. 437-446

Straw Ballots (1936, 13. November): In: The New York Times. S. 22.

Stroebe, Wolfgang & Miles Hewstone (Hrsg.) (2000): European Review of Social Psychology, Vol. 10. Chicester: Wiley.

The Times Looks Back: Presidential Election 1896-1996 (o.J.): In: The New York Times on the Web: Learning Network. Heruntergeladen am 1. Januar 2006 von http://www.nytimes.com/learning/general/specials/elections.

Traugott, Michael W. (1992): The Impact of Media Polls on the Public. In: Thomas E. Mann & Gary R. Orren (1992): S. 125-149.

Traugott, Michael W. & Mee-Eun Kang (2000): Public Attention to Polls in an Election Year. In: Paul J. Lavrakas & Michael W. Traugott (2000): S. 185-205.

Traugott, Michael W. & John P. Katosh (1979): Response Validity in Surveys of Voting Behavior. In. The Public Opinion Quarterly, 43. S. 359-377.

Tuchmann, Sam & Thomas E. Coffin (1971): The Influence of Election Night Television in a Close Election. In: The Public Opinion Quarterly, 35. S. 315-326.

Tversky, Amos & Daniel Kahneman (1974): Judgment under Uncertainty: Heuristics and Biases. In: Science, 185. S. 1124-1131.

Tversky, Amos & Daniel Kahneman (1982): Judgment under Uncertainty: Heuristics and Biases. In: Daniel Kahneman, Paul Slovic & Amos Tversky (1982b): S. 3-22.

Tversky, Amos & Daniel Kahneman (2002): Extensional versus Intuitive Reasoning: The Conjunction Fallacy in Probability Judgment. In: Thomas Gilovich, Dale Griffin & Daniel Kahneman (2002): S. 19-48.

U.S. National Archives and Record Administration (o.J.): Historical Election Results: Electoral College Box Scores 1789-1996. Heruntergeladen am 21. Juli 2005 von http://www.archives.gov/federal-register/electoral-college/scores.html#1936.

Von Hoffman, Nicholas (1980): Public Opinion Polls: Newspapers Making Their Own News? In: The Public Opinion Quarterly, 44. S. 572-573.

Wansink, Brian, Robert J. Kent & Stephen J. Hoch (1998): An Anchoring and Adjustment Model of Purchase Quantity Decisions. Journal of Marketing Research, 35. S. 71-81.

Weaver, David & Sung Tae Kim (2002): Quality in Public Opinion Poll Reports: Issues, Salience, Knowledge, and Conformity to AAPOR/WAPOR Standards. In: International Journal of Public Opinion Research, 14. S. 202-212.

Weimann, Gabriel (1990): The Obsession to Forecast: Pre-Election Polls in the Israeli Press. In: The Public Opinion Quarterly, 54. S. 396-408.

Weisberg, Robert W. (1986): Creativity: Genius and Other Myths. New York: W.H. Freeman.

Werth, Lioba & Jennifer Mayer (2008): Sozialpsychologie. Berlin, Heidelberg: Springer.

Wessels, Michael G. (1994): Kognitive Psychologie. München & Basel: E. Reinhardt.

West, Darrell M. (1991): Polling Effects in Election Campaigns. In: Political Behavior, 13. S. 151-163.

Whyte, Glen & James K. Sebenius (1997): The Effect of Multiple Anchors on Anchoring in Individual and Group Judgment. In: Organizational Behavior and Human Decision Processes, 69. S. 75-85.

Wilke, Jürgen (Hrsg.) (1992): Öffentliche Meinung – Theorie, Methoden, Befunde. Beiträge zu Ehren von Elisabeth Noelle-Neumann. Freiburg & München: Alber.

Wilson, Timothy D., Christopher Houstin, Kathryn. M. Etling & Nancy Brekke (1996): A New Look at Anchoring Effects: Basic Anchoring and Its Antecedents. In: Journal of Experimental Psychology: General, 4. S. 387-402.

Wilton, David (2006, 8. April): Bandwagon, Jump on the. In: Wordoringins.org. Heruntergeladen am 27. Februar 2008 von http://www.wordorigins.org/index.php/site/comments/bandwagon_jump_on_the/.

Wong, Kim F. E. & Jessica Y. Y. Kwong (2002): Is 7300m Equal to 7,3km? Same Semantics but Different Anchoring Effects. In: Organizational Behavior and Human Decision Processes, 82. S. 314-333.

Worcester, Robert M. (1980): Pollsters, the Press, and Political Polling in Britain. In: The Public Opinion Quarterly, 44. S. 548-566.

Wüst, Andreas M. (Hrsg.) (2003): Politbarometer. Opladen: Leske & Budrich.

Wyer, Robert S. (1974): Cognitive Organization and Change: An Information Processing Approach. Potomac: Erlbaum.

Wyer, Robert S. & Victor C. Ottati (1995): Political Information Processing. In: Shanto Iyengar & William J. McGuire (1995): S. 264-295

Yamada, Shigeru & Nicolaos E. Synodinos (1994): Public Opion Survey in Japan. In: International Journal of Public Opinion Research, 6. S. 118-138.

Yankelovich, Daniel (1996): A New Direction for Survey Research. In: International Journal of Public Opinion Research, 8. S. 1-9.

Zanna, Mark P. (Hrsg.) (1990): Advances in Experimental Social Psychology, 23. San Diego: Academic Press.

Zeitungs Marketing Gesellschaft (2004): Zeitungsqualitäten 2005: Leistungsdaten der Zeitungen im intermedialen Vergleich. Frankfurt am Main.

Zillmann, Dolf & Hans-Bernd Brosius (2000): Exemplification in Communication: The Influence of Case Reports on the Perception of Issues. Mahwah: Erlbaum.

Anhang – Ergebnistabellen

Experiment 1:

Tabelle a-1) Zusammensetzung der Versuchsgruppen

Probandenmerkmale	Versuchsgruppe		
	1 (n=30)	2 (n=28)	3 (n=23)
Geschlecht (Anteil weiblicher Vpn in %)	56,7	67,9	65,2
Alter (Jahre)	23,2	23,0	22,2
politisches Interesse (1=sehr interessiert, 7=gar nicht interessiert)	3,8	3,2	3,0
Umfrageaffinität (1=findet Umfragen sehr gut, 7=findet Umfragen sehr schlecht)	3,9	3,4	3,7
Nähe zur CDU (explizit) (explizit; 1=sehr fern, 10=sehr nah)	4,4	3,7	4,3
Nähe zur CDU (implizit) (implizit; Anteil Vpn in % mit CDU-Nähe oberhalb des individuellen Gesamtpartei-nähemittels)	54,2	42,3	55,0

(Alle Messdifferenzen zwischen den Versuchsgruppen sind statistisch nicht signifikant.)

Tabelle a-2) Beurteilung des Stimulusmaterials

		Versuchsgruppe		
Beurteil. des Stimulusmaterials		1 (n=30)	2 (n=28)	3 (n=23)
informativ (1) vs.	FAZ-Artikel	2,7	2,4	2,5
nicht informativ (7)	TA-Artikel	2,0	2,0	1,9
überzeugend (1) vs.	FAZ-Artikel	4,1	4,3	4,1
nicht überzeugend (7)	TA-Artikel	2,5	2,8	2,7
sachlich (1) vs.	FAZ-Artikel	2,6	2,6	2,7
unsachlich (7)	TA-Artikel	2,1	2,7	2,3
interessant (1) vs.	FAZ-Artikel	4,5	4,2	4,4
uninteressant (7)	TA-Artikel	2,8	2,5	2,8
schlecht geschrieben (1) vs. gut geschrieben (7)	FAZ-Artikel	4,1	4,4	4,4
	TA-Artikel	2,7	2,9	2,8
eindeutig (1) vs.	FAZ-Artikel	3,0	3,3	2,9
widersprüchlich (7)	TA-Artikel	2,6	3,0	2,6
anschaulich (1) vs.	FAZ-Artikel	4,4	4,3	4,3
nicht anschaulich (7)	TA-Artikel	2,5	2,3	2,6
lebhaft (1) vs.	FAZ-Artikel	5,6	5,6	5,4
nicht lebhaft (7)	TA-Artikel	3,7	3,1	3,2
verständlich (1) vs.	FAZ-Artikel	2,8	2,8	3,3
unverständlich (7)	TA-Artikel	2,0	2,1	2,4
ausgewogen (1) vs.	FAZ-Artikel	4,5	4,3	4,0
einseitig (7)	TA-Artikel	2,8	3,0	2,8

(Fortsetzung nächste Seite)

Tabelle a-2) Beurteilung des Stimulusmaterials *(Fortsetzung)*

	Versuchsgruppe		
Beurteil. des Stimulusmaterials	1 (n=30)	2 (n=28)	3 (n=23)
glaubwürdig (1) vs. unglaubwürdig (7)	FAZ-Artikel 3,0	3,4	2,9
	TA-Artikel 2,4	3,0	2,2
professionell (1) vs. amateurhaft (7)	FAZ-Artikel 3,8	3,5	3,7
	TA-Artikel 2,4	2,7	2,7

(Alle Messdifferenzen zwischen den Versuchsgruppen sind statistisch nicht signifikant.)

Experiment 2:

Tabelle b-1) Zusammensetzung der Versuchsgruppen

	Versuchsgruppe		
Probandenmerkmale	1 (n=30)	2 (n=28)	3 (n=23)
Geschlecht (Anteil weiblicher Vpn in %)	31,0	37,1	40,6
Alter (Jahre)	23,6	23,9	24,5
politisches Interesse (1=sehr interessiert, 7=gar nicht interessiert)	2,9	2,7	2,6
Umfrageaffinität (1=findet Umfragen sehr gut, 7=findet Umfragen sehr schlecht)	3,5	3,3	3,6
Nutzung eines Automobils (Anteil Vpn in %, die seltener als mehrmals im Monat Auto fahren)	17,2	28,6	34,4

(Alle Messdifferenzen zwischen den Versuchsgruppen sind statistisch nicht signifikant.)

Tabelle b-2) Beurteilung des Stimulusmaterials

		Versuchsgruppe		
Beurteilung des Stimulusmaterials		1 (n=30)	2 (n=34)	3 (n=32)
informativ (1) vs. nicht informativ (7)	FAZ-Artikel	3,6	3,3	3,3
	AZ-Artikel*	2,2[a,b]	2,7[a]	1,8[b]
überzeugend (1) vs. nicht überzeugend (7)	FAZ-Artikel	4,7	4,4	4,0
	AZ-Artikel	3,1	3,4	2,9
sachlich (1) vs. unsachlich (7)	FAZ-Artikel	2,9	3,1	2,5
	AZ-Artikel	2,9	3,4	2,8
interessant (1) vs. uninteressant (7)	FAZ-Artikel**	4,5[a]	4,4[a]	3,6[b]
	AZ-Artikel	3,1	3,0	2,5
schlecht geschrieben (1) vs. gut geschrieben (7)	FAZ-Artikel	3,8	3,8	3,6
	AZ-Artikel	3,1	3,0	2,8
eindeutig (1) vs. widersprüchlich (7)	FAZ-Artikel	3,5	3,8	3,5
	AZ-Artikel	2,9	3,5	2,9
anschaulich (1) vs. nicht anschaulich (7)	FAZ-Artikel	3,7	4,1	3,8
	AZ-Artikel	2,5	2,7	2,4
lebhaft (1) vs. nicht lebhaft (7)	FAZ-Artikel	4,9	5,0	5,0
	AZ-Artikel	2,9	3,0	2,9
verständlich (1) vs. unverständlich (7)	FAZ-Artikel	2,3	2,7	2,4
	AZ-Artikel	2,3	2,2	2,2
ausgewogen (1) vs. einseitig (7)	FAZ-Artikel	3,6	3,9	3,6
	AZ-Artikel	3,7	3,4	2,9

(Fortsetzung nächste Seite)

Tabelle b-2) Beurteilung des Stimulusmaterials *(Fortsetzung)*

Beurteil. des Stimulusmaterials		Versuchsgruppe		
		1 (n=30)	2 (n=34)	3 (n=32)
glaubwürdig (1) vs. unglaubwürdig (7)	FAZ-Artikel	2,8	3,1	2,9
	TA-Artikel	2,8[a,b]	2,9[a]	2,1[b]
professionell (1) vs. amateurhaft (7)	FAZ-Artikel	3,5	3,6	3,2
	TA-Artikel	3,1	2,9	2,5

Unterschiedliche Kennbuchstaben bezeichnen Werte, die sich nach Student-Newman-Keuls bzw. Dunnet-T3 mit p>0,05 unterscheiden; *F (df=2/n=97)=6,53; p<0,01; **F(df=2/n=95)=3,32; p<0,05; ***F (df=2/n=96)=4,10; p<0,05

Experiment 3:

Tabelle c-1) Zusammensetzung der Versuchsgruppen

Probandenmerkmale	Versuchsgruppe					
	Steinkohlekraftwerk			Schillerplatz		
	1 (n=36)	2 (n=35)	3 (n=34)	4 (n=35)	5 (n=31)	6 (n=34)
Geschlecht (Anteil weiblicher Vpn in %)	27,8	21,2	26,5	45,5	32,3	37,5
Alter* (Jahre)	24,0	27,2	23,6	23,5	25,6	25,2
Wohnhaft in Mainz (Anteil in %)	72,2	69,7	70,6	78,8	67,7	71,9
politisches Interesse (1=sehr interessiert, 7=gar nicht interessiert)	3,4	2,7	3,2	3,2	3,3	2,9

(Fortsetzung nächste Seite)

Tabelle c-1) Zusammensetzung der Versuchsgruppen *(Fortsetzung)*

| | Versuchsgruppe | | | | | |
| | Steinkohlekraftwerk | | | Schillerplatz | | |
Probandenmerkmale	1 (n=36)	2 (n=35)	3 (n=34)	4 (n=35)	5 (n=31)	6 (n=34)
Umfrageaffinität (1=findet Umfragen sehr gut, 7=findet Umfragen sehr schlecht)	3,0	3,5	2,9	2,7	2,6	3,2
Lektüre Tageszeitungen (Anteil „täglich, fast täglich" in %)	25,0	48,5	23,5	33,3	29,0	31,3
Lektüre Mainzer Tageszeitungen (Anteil „täglich, fast täglich" in %)	5,6	15,2	5,9	6,1	3,2	12,5

$*F$ $(df=5/n=199)=2,77$; $p<0,05$ (Alle anderen Messdifferenzen zwischen den Versuchsgruppen sind statistisch nicht signifikant.)

Tabelle c-2) Themenbezug der Versuchspersonen

| | Versuchsgruppe | | | | | |
| | Steinkohlekraftwerk | | | Schillerplatz | | |
Themenbezug der Versuchspersonen	1 (n=36)	2 (n=35)	3 (n=34)	4 (n=35)	5 (n=31)	6 (n=34)
Interesse am Thema* (sehr interessant (1) - völlig uninteressant (7))	3,8[a,b]	3,6[a,b]	3,3[a]	4,7[b]	4,3[a,b]	4,6[b]
Intensität der Auseinandersetzung** (bereits sehr intensiv (1) - überhaupt nicht (7))	5,0[a]	5,0[a]	5,1[a]	6,6[b]	6,7[b]	6,7[b]
Aussage: Thema allgemein wichtig*** (trifft voll zu (1) - trifft gar nicht zu (7))	2,1[a]	2,2[a]	2,2[a]	4,4[b]	3,9[b]	4,1[b]

(Fortsetzung nächste Seite)

Tabelle c-2) Themenbezug der Versuchspersonen *(Fortsetzung)*

	Versuchsgruppe					
	Steinkohlekraftwerk			Schillerplatz		
Themenbezug der Versuchspersonen	1 (n=36)	2 (n=35)	3 (n=34)	4 (n=35)	5 (n=31)	6 (n=34)
Aussage: Thema persönlich wichtig**** (trifft voll zu (1) - trifft gar nicht zu (7))	3,8[a]	3,9[a]	4,0[a,b]	5,9[b]	5,4[a,b]	5,5[a,b]

Unterschiedliche Kennbuchstaben bezeichnen Werte, die sich nach Student-Newman-Keuls bzw. Dunnet-T3 mit p<0,05 unterscheiden; *F(df=5/n=200)=3,35; p<0,01; **F (df=5/n=200)=14,38; p<0,001; ***Welch-Test (df=5/n=200)=19,24; p<0,001; ****F (df=5/n=199)=8,41; p<0,001

Tabelle c-3) Beurteilung des Stimulusmaterials

		Versuchsgruppe					
		Steinkohlekraftwerk			Schillerplatz		
Beurteilung des Stimulusmaterials		1 (n=36)	2 (n=35)	3 (n=34)	4 (n=35)	5 (n=31)	6 (n=34)
informativ (1) vs. nicht informativ (7)	FAZ-Artikel	3,1	3,1	3,4	3,7	3,3	3,7
	AZ-Artikel	1,7	2,0	2,0	2,1	2,2	2,4
überzeugend (1) vs. nicht überzeugend (7)	FAZ-Artikel	4,1	4,2	4,1	4,4	3,7	4,5
	AZ-Artikel	2,8	3,3	2,5	2,8	3,0	2,9
sachlich (1) vs. unsachlich (7)	FAZ-Artikel	2,6	2,9	2,4	2,7	2,5	3,1
	AZ-Artikel	2,7	2,5	2,5	3,0	2,5	2,7
interessant (1) vs. uninteressant (7)	FAZ-Artikel	3,8	4,4	3,9	4,7	4,5	4,4
	AZ-Artikel	2,6	2,7	2,6	3,9	3,0	2,9
schlecht geschrieben (1) vs. gut geschrieben (7)	FAZ-Artikel	3,6	4,1	3,7	3,9	3,3	4,2
	AZ-Artikel	2,5	2,7	2,5	2,7	2,7	2,7

(Fortsetzung nächste Seite)

Tabelle c-3) Beurteilung des Stimulusmaterials *(Fortsetzung)*

Beurteilung des Stimulusmaterials		Versuchsgruppe					
		Steinkohlekraftwerk			Schillerplatz		
		1 (n=36)	2 (n=35)	3 (n=34)	4 (n=35)	5 (n=31)	6 (n=34)
eindeutig (1) vs.	FAZ-Artikel	3,1	3,4	3,5	3,5	3,2	3,9
widersprüchlich (7)	AZ-Artikel	2,5	2,7	2,5	2,7	2,7	2,7
anschaulich (1) vs.	FAZ-Artikel	3,6	4,1	4,0	4,6	4,2	4,8
nicht anschaulich (7)	AZ-Artikel	2,1	2,5	2,1	2,3	2,6	2,7
lebhaft (1) vs.	FAZ-Artikel	4,9	5,4	5,4	5,8	4,9	5,6
nicht lebhaft (7)	AZ-Artikel	4,1	3,7	3,1	3,0	3,1	3,2
verständlich (1) vs.	FAZ-Artikel	2,7	2,8	2,8	3,2	2,9	3,4
unverständlich (7)	AZ-Artikel	1,9	2,1	2,2	2,1	2,2	2,7
ausgewogen (1) vs.	FAZ-Artikel	3,6	4,0	3,5	4,1	3,5	3,9
einseitig (7)	AZ-Artikel	2,7	3,4	3,2	3,5	3,2	3,1
glaubwürdig (1) vs.	FAZ-Artikel	2,6	3,0	2,6	2,5	2,7	2,6
unglaubwürdig (7)	AZ-Artikel	2,5	2,4	2,0	2,3	2,7	2,4
professionell (1) vs.	FAZ-Artikel	3,5	3,6	3,5	3,7	3,3	3,9
amateurhaft (7)	AZ-Artikel	2,7	2,7	2,6	2,9	2,7	2,8

(Alle Messdifferenzen zwischen den Versuchsgruppen sind statistisch nicht signifikant.)

MIX
Papier aus verantwortungsvollen Quellen
Paper from responsible sources
FSC® C105338

If you have any concerns about our products,
you can contact us on
ProductSafety@springernature.com

In case Publisher is established outside the EU,
the EU authorized representative is:
Springer Nature Customer Service Center GmbH
Europaplatz 3, 69115 Heidelberg, Germany

Printed by Libri Plureos GmbH
in Hamburg, Germany